Alla Sacharow

Russische Küche

600 Original-Rezepte

Weltbild

Genehmigte Lizenzausgabe für Verlagsgruppe Weltbild GmbH,
Steinerne Furt, 86167 Augsburg
Copyright © 2004 by Collection Rolf Heyne GmbH & Co. KG, München
Umschlaggestaltung: Werbeagentur Kontur Design GmbH, Bielefeld
Gesamtherstellung: Offizin Andersen Nexö Leipzig GmbH,
Spenglerallee 26–30, 04442 Zwenkau
Printed in Germany

ISBN 3-8289-1182-x

2006   2005   2004
Die letzte Jahreszahl gibt
die aktuelle Lizenzausgabe an.

Einkaufen im Internet: *www.weltbild.de*

Inhaltsverzeichnis

SODERSCHANIE

VORWORT VON DANIEL SPOERRI 7

EINFÜHRUNG 9

VORSPEISEN UND ZWISCHENGERICHTE 11

SUPPEN UND EINTÖPFE 33

FLEISCH 77

INNEREIEN 117

GEFLÜGEL UND WILD 129

FISCH 155

SAUCEN 189

GEMÜSE 203

GRÜTZE, TEIGWAREN UND QUARKGERICHTE 225

PFANNKUCHEN UND BLINY 241

PIROGGEN UND PASTETEN 253

DESSERTS UND PASKA 275

KUCHEN, KLEINGEBÄCK UND TORTEN 293

EINGELEGTE GEMÜSE UND KONFITÜRE 309

GETRÄNKE 315

REGISTER 323

Vorwort

VON DANIEL SPOERRI

Alla Sacharow ist in allem das Gegenteil von mir: Sie glaubt an Gott; an ihre Heimat; an die Traditionen ihrer Küche, und sie lebt danach. Durch widrige Umstände ist sie gezwungen worden, ihre Heimat zu verlassen, und sie wird immer darunter leiden. Deswegen stürzt sie sich in diese Kochorgien traditioneller russischer Küche, die man – zum Beispiel zum orthodoxen Osterfest – einmal erlebt haben muß, um es zu glauben. Tagelang arbeitet sie an den Vorbereitungen, die sich dann zu einem gastronomischen Lexikon der russischen Küche auftürmen, das schier unfaßlich ist.

So hat sie auch ausnahmslos sämtliche Speisen, die in diesem Buch abgebildet sind, von A bis Z selbst gekocht, und das in einer Studio-Küche, also nicht in der eigenen Wohnung, wo man die Handgriffe beherrscht. Auch sind die 600 hier präsentierten Rezepte nur die »Spitze vom Eisberg«. Buchstäblich Tausende hat sie übersetzt, und wenn man sie fragt, ob sie auch alle kochen könne, antwortet sie ganz verdutzt: »Selbstverständlich.«

Ich persönlich finde es schade, daß dieser Auswahl auch so farbige und exotische Rezepte zum Opfer fallen mußten wie gefüllter tartarischer Pferdemagen oder gefüllter Schweinedarm, der dann ausgerechnet »Kindermädchen« heißt. Aber wer hätte denn diese Absonderlichkeiten heute noch gekocht, wo man leider immer mehr zum täglichen Hamburger greift, der auf der ganzen Welt ganz genau gleich schmeckt (oder greift man gerade aus diesem Grund nach ihm?)! Früher und in jeder traditionellen Küche (auch in der bayerischen) wurde das ganze geschlachtete Tier aufgegessen, vom Schwanz bis zu den Ohren, und so gab es für jeden Teil auch originale Rezepte.

Auch haben die langen Fastenzeiten der orthodoxen Kirche zu einer eigenständigen vegetarischen Küche geführt, die heute vom vegetarischen Trend und Naturkost-Boom wiederentdeckt werden könnte, wie Grütze, Graupen, Buchweizen, Brennnesseln; aber auch Sauerrahm, Sauerkraut, saure Gurken, saure Tomaten und ganzer Weißkohl gehören dazu.

Insgesamt ist die Russische Küche eine der ganz großen Kulturleistungen aller slawischen Völker, obwohl verständlicherweise auch wieder enorme Unterschiede festzustellen sind.

Ich verlasse mich auf Alla, wenn sie sagt, daß die klassisch-russische Küche wenig Schweine-, Lamm- und Kalbsrezepte kennt (»die Kälber sind nur zum Streicheln da«, sagt sie), wogegen Rind, Wild, Fisch und vor allem Geflügel, und nicht nur Huhn, sondern häufig auch Ente und Gans vorherrschen.

Und noch eines betont sie: Nie würde in Rußland nur eine einzige Hauptspeise serviert; ohne mehrere Vorspeisen sei ein Essen gar nicht vorstellbar, und das nicht nur bei den Reichen, sondern überall – bis hinunter zu den Ärmsten.

Bedauern aber plagt sie angesichts des Verfalls dieser Traditionen. Nicht nur die Knappheit der Lebensmittel sei daran schuld, meint sie, sondern die Einstellung zum Leben; und das ist ja bei uns nicht anders. Hier wird ja auch mehr und mehr aus Tüten und Büchsen gekocht, während man in einem schönen Kochbuch blättert.

Dieses Buch mag denn auch ein sorgfältiger gemachtes und präziseres Kochbuch sein, als sie heute in Rußland erscheinen. Zurückübersetzt könnte es dort ein Klassiker werden, eine Ironie, die nicht ohne Präzedenzien ist, denn schon das ganze 19. Jahrhundert beeinflußte die russische Küche die französische und umgekehrt.

Ich habe anfangs gesagt, daß Alla Sacharow in allem das Gegenteil von mir ist. Ich habe Glauben und Kirche aufgegeben, bin ein überzeugt Heimatloser und dementsprechend an allen Kochformen, Kocharten und Traditionen interessiert. Um es überspitzt auszudrücken: Kantinenkost interessiert mich genauso wie Drei-Sterne-Essen.

Genau deswegen liebe ich diese Menschen wie Alla oder den Drei-Sterne-Koch oder auch den überzeugten Körnerpropheten mit einer leichten Melancholie so sehr: Alle haben sie in ihrer spezifischen Küche ihre Heimat, von der aus sie die Welt sehen, beurteilen und bewerten.

Daniel Spoerri

Einführung

WSTUPLENIE

Nach einem guten Essen ist der Mensch klüger... behaupten meine Landsleute und beherzigen nur allzugern diese Lebensregel. In der Tat wurde und wird in Rußland ausgiebig und gut gegessen und getrunken, und man nimmt sich Zeit – zum Kochen und zum Genießen. Wir sind gesellig, gastfreundlich und traditionsbewußt, und unsere Küche wird diesen Eigenschaften vollauf gerecht. Sie ist überaus vielfältig, denn das riesengroße Rußland, das sich über zwei Kontinente erstreckt, ist ein Vielvölkerstaat, und jede Volksgruppe hat ihre Spezialitäten. Ich hatte das große Glück, die kulinarische Kultur meiner Heimat kennenzulernen: in meiner Jugend in Südrußland, während meiner Studienzeit in Leningrad (Sankt Petersburg) und auf zahlreichen Reisen. Und ich habe gelernt, daß es auch in Zeiten der Not möglich ist, den Tisch reich zu decken und herrliche Feste zu feiern.

1978 wurde ich mit meiner Familie plötzlich aus unserer Kultur und Tradition herausgerissen. Wir mußten emigrieren und in kürzester Frist bestimmen, was wir von den liebgewordenen Dingen auf die Reise ins Unbekannte, in ein neues Leben mitnehmen sollten. Für mich war es schwer, zu entscheiden, was ich entbehren konnte und was ich unbedingt brauchte. Meinen Glauben an Gott, meine Erinnerungen und meine Muttersprache konnte mir niemand nehmen – sie würden mich ohnehin ein ganzes Leben lang begleiten. Aber ich wollte auch einen Gegenstand bei mir haben, der mich mit meiner russischen Heimat verbindet. Da fiel mir das Buch über die alte russische Küche ein, und da ich schon immer eine begeisterte Köchin war, erkannte ich plötzlich, daß es mir stets ein Stück Heimat zurückbringen würde, wo immer ich mich auch aufhielt. Wie durch ein Wunder war das Werk von Ignatjew über die Grundlagen der russischen Kochkunst, das ich schon als junges Mädchen geschenkt bekommen hatte, während der entsetzlichen nachrevolutionären Zeit nicht verlorengegangen.

Zusätzlich zu diesen traditionellen, gutbürgerlichen Gerichten habe ich zahlreiche Rezepte gesammelt, die mir meine Mutter, Verwandte und Freunde verraten haben. Schließlich habe ich hier im Westen interessante russische Kochbücher entdeckt, die in der Sowjetunion unbekannt sind. Meine Rezeptsammlung ist also inzwischen ziemlich umfangreich. Das brachte mich auf die Idee, ein Buch über die traditionelle russische Küche zu verfassen, zumal ich festgestellt habe, daß meine Freunde, die ich in meiner Münchner Wohnung bisweilen bewirte, keine Vorstellung von der Vielfalt der echten russischen Küche haben. Hier im Westen weiß man meistens nur, daß es in Rußland Kaviar und Wodka, Borschtsch und Piroggen gibt. Ebenso wie die Sprache war auch die russische Kochkunst fremden Einflüssen unterworfen. Ich möchte aber mit dem vorliegenden Buch die unverfälschte, traditionelle russische Küche vorstellen und habe nur solche Rezepte ausgesucht, von denen ich sicher war, daß sie nicht aus fremden Kulturkreisen stammen.

Alla I. Sacharow

Vorspeisen und Zwischen- gerichte

SAKUSKI

Kalte und warme Vorspeisen haben eine lange Tradition in der russischen Küche. Schon im 10. Jahrhundert servierte man vor dem eigentlichen Hauptgericht gedörrten oder eingesalzenen Fisch, Fleisch oder Geflügel in Aspik, marinierte Pilze, eingelegte Gemüse, gesalzene Zitronen usw. usw.

Im Laufe der Jahrhunderte haben russische Hausfrauen – stets darauf bedacht, ihre Gäste besonders zu verwöhnen – diesen schönen Brauch kultiviert und eine Fülle von phantasievollen Rezepten entwickelt. Doch die wichtigste, unverzichtbare Vorspeise war und ist das Brot – rund und frisch und duftend. Mit Brot und Salz auf einem bestickten Tuch empfängt man die Gäste und bietet ihnen die besten Plätze am Tisch an. Erst nachdem das Brot feierlich aufgeschnitten und verteilt ist, serviert man die vielfältigen Vorspeisen aus Fleisch, Fisch, Gemüse und – nicht zu vergessen – die berühmten und überaus beliebten Piroggen mit ihren regional unterschiedlichen Füllungen.

Dazu trinkt man Wodka und andere starke Getränke, z. B. *Perzowka, Sweroboj* usw. Und der besseren Bekömmlichkeit zuliebe reicht man selbstgemachten, scharf gewürzten Senf.

Zu Fest- oder auch Trauertagen hält man sich zwar an traditionelle Gerichte, aber im allgemeinen sind bei der Auswahl und Zusammenstellung von Vorspeisen der Phantasie keine Grenzen gesetzt. Sie werden immer liebevoll dekoriert und hübsch angerichtet, denn sie sollen ja nicht nur den Appetit anregen, sondern auch Alltagssorgen und schlechte Laune vergessen lassen. Aber Vorsicht: Meist ist das Angebot so verlockend und so üppig, daß für das nicht minder köstliche Hauptgericht kaum mehr Platz bleibt...

Russischer Salat

RUSSKIY SALAT

Für 4–6 Personen

---

1 schwarzer Rettich
½ mittelgroßer Kopf Weißkohl
2 Karotten, 2 Äpfel
1 Petersilienwurzel, Petersilie, Dill
Salz, Pfeffer, Zucker
2 EL Öl, 1 EL Essig

Rettich, Karotten, Äpfel und Petersilienwurzel fein raspeln, Kohl in sehr feine Streifen schneiden. Mit Öl, Essig, Salz, Zucker und Pfeffer gut vermischen und etwas ziehen lassen. Mit gehackten Kräutern bestreuen.

Schwarzer Rettichsalat

SALAT IS TSCHORNOIY REDKI

Für 4–6 Personen

2–3 schwarze Rettiche
je 1 Scheibe Roggen- und Weißbrot
1 Zwiebel
1 EL Gänseschmalz
Petersilie
Salz, 2 EL Öl, 1–2 EL Essig

Geschälte Rettiche raffeln, mit Salz bestreuen und etwas ziehen lassen. Mit Öl übergießen, mit Essig abschmecken und gründlich mischen.
Brot würfeln, mit etwas Salz bestreuen und im Rohr trocknen.
Gehackte Zwiebel in Gänseschmalz anbraten. Rettichsalat in eine Schüssel füllen, mit den Brotwürfeln umlegen, die gebratene Zwiebel darübergeben und mit Petersilie garnieren.

Schwarzer Rettichsalat ▷

Krautsalat

KAPUSTNIY SALAT

Für 4 Personen

½ mittelgroßer Kopf Weißkohl
4 Äpfel, 1 gekochte Karotte
1 EL gehackte Walnüsse
100 g geriebener Käse
Petersilie, Dill
3 EL Mayonnaise
Salz, Zucker, Zimt, Zitronensaft

Weißkohl von Strunk und dicken Blättern befreien, waschen und in feine Streifen (nudelig) schneiden. Den Kohl salzen und zwischen den Händen reiben.
Mit geschälten, entkernten und ebenfalls nudelig geschnittenen Äpfeln mischen.
Mayonnaise mit Zitronensaft, Salz, Zucker und Zimt verrühren, über den Salat gießen, gründlich mischen und gut durchziehen lassen. Mit geriebenem Käse bestreuen und mit zierlich zugeschnittenen Karottenscheiben, Nüssen, Petersilienblättern und Dill garnieren.

Moskauer Salat

MOSKOWSKIY SALAT ILI »OLIVIE«

Für 8–10 Personen

3 küchenfertige Haselhühner
(oder 1 großes Huhn)
5 gekochte Kartoffeln, 500 g frische Gurke
150 g Krebsfleisch, 50 g Oliven
50–100 g Cornichons, 2–3 Trüffeln
¼ l Aspik, Salatblätter, Dill, Petersilie
Sauce Provençale

Haselhühner braten und abkühlen lassen. Das Fleisch von den Knochen lösen und in kleine Würfel schneiden.
Die Knochen auskochen und aus dem Sud mit Gelatine (nach Vorschrift) ¼ l Aspik (siehe Rezept Seite 35) bereiten.
Kartoffeln, Gurke und Cornichons würfeln, Trüffel in feine Scheibchen schneiden, Krebsfleisch zerkleinern.

Eine Schüssel mit gewaschenen Salatblättern auslegen und die vorbereiteten Zutaten abwechselnd einfüllen. Jeweils mit etwas Sauce Provençale (siehe Grundrezept Seite 199) übergießen und mit Kräutern, Krebsfleisch und Trüffeln garnieren.
Aus dem erkalteten Aspik feine Streifen schneiden und netzartig über den Salat legen.
Man kann diesen Salat auch mit gekochtem, gehackten Ei, Apfel-, gekochten Karottenwürfeln oder feingeschnittenen Frühlingszwiebeln anreichern.

Sauerkrautsalat

SALAT IS KISLOIY KAPUSTI

Für 4 Personen

400 g Sauerkraut
2 Äpfel, 2 Zwiebeln
1 EL geriebener Meerrettich
100 g Mayonnaise

Sauerkraut (eventuell etwas wässern) mit geriebenen Äpfeln und Zwiebeln, Meerrettich und Mayonnaise gründlich mischen.

Bohnensalat mit Walnüssen

SALAT IS FASOLI S ORECHAMI

Für 2–3 Personen

300 g getrocknete rote Bohnen
150 g geschälte Walnüsse
2 kleine Zwiebeln
2–3 Zehen Knoblauch
½ Bund grüner Koriander
Salz, Weinessig

Eingeweichte Bohnen in Salzwasser weich kochen (sie dürfen nicht zerfallen!) und abgießen.
Walnüsse, Knoblauch und Korianderblätter mit Salz zerreiben und mit feingehackten Zwiebeln unter die Bohnen mischen. Mit Essig und eventuell noch etwas Salz abschmecken und mit Walnußhälften und Korianderblättern garnieren.

Mariniertes Kraut auf georgische Art

KAPUSTA MARINOWANNAJA
PO GRUSINSKI

Für 6 Personen

---

1 kg Weißkohl
300–400 g rote Bete
150–200 g Sellerie
6–8 Zehen Knoblauch
2–2 ½ EL Salz, 3 Chilischoten
Estragon, Basilikum, Minze, Dill

MARINADE
300 ml Essig, 500 ml Wasser
10 Pfefferkörner, 2 Lorbeerblätter
1 EL Salz, 2 EL Zucker

Kohl von Strunk und harten Blättern befreien, waschen und in 6–8 Teile schneiden. Abwechselnd mit kleingeschnittenen roten Beten, Sellerie, Knoblauch, Chili und Kräutern in einen Tontopf schichten und jede Lage salzen.

Für die Marinade alle Zutaten 2–3 Minuten kochen und etwas abgekühlt über das Gemüse gießen. Mit einem Tuch bedecken, etwas beschweren und 2–3 Tage an einem kühlen Ort (aber nicht im Kühlschrank!) marinieren.

Den Kohl aus der Marinade nehmen und mit etwas Öl übergossen servieren.

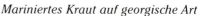

Mariniertes Kraut auf georgische Art

Russische »Vinaigrette«

RUSSKIY WENIGRET

Für 4–6 Personen

1 kg Zander, Stör, Lachs, Forelle oder Renke
3–4 rote Bete
3–4 Kartoffeln, 1 frische Gurke
(ersatzweise 1 Salzgurke)
150 g marinierte Pilze und Oliven
1 Trüffel, 1 Bund Petersilie
¼ l Aspik, Sauce Provençale

Gesäuberten Fisch im Rohr dünsten, das Fleisch auslösen und abgekühlt in mundgerechte Stücke teilen.
Rote Bete mit einem Schuß Essig weich kochen (oder im Rohr backen), schälen und abkühlen. Kleinschneiden und mit Öl übergießen, damit die roten Bete nicht die anderen Zutaten verfärben. Kartoffeln ebenfalls kochen, schälen und abkühlen lassen.
Gurke (oder Salzgurke) und Kartoffeln in Scheiben schneiden und Kreise, Rauten oder Sterne ausstechen. Die Reste fein hacken und mit etwas Sauce Provençale (siehe Grundrezept Seite 199) mischen.
In die Mitte einer Schüssel füllen und mit Fisch, Gemüsescheiben, Pilzen und Oliven umlegen. Mit Sauce Provençale übergießen und mit Petersilie und Trüffelscheiben garnieren. Aus abgekühltem Aspik Streifen schneiden und wie ein Netz über den Salat legen. Gut kühlen.
Man kann den Salat auch mit Krebsfleisch verzieren oder aus folgenden Zutaten bereiten:

1–2 Salzheringe
(oder auch gekochtes oder gebratenes Fleisch)
4–5 gekochte Kartoffeln
1–2 gegarte rote Bete, 1 gekochte Karotte
100 g gedünstete grüne Erbsen
100–150 g Sauerkraut
1 Apfel, 50 g marinierte Pilze
½ Bund Frühlingszwiebeln
Sauce aus 2–3 EL Öl, 1–2 EL Essig, 1 TL Senf
Salz, Zucker

◁ *Russische »Vinaigrette« (unten),*
Moskauer Salat (links),
Bohnensalat mit Walnüssen (rechts)

17

Rote-Bete-Salat

SALAT IS KRASNOIY SWEKLI

Für 4 Personen

---

400 g rote Bete, 4 Zwiebeln
100 g geriebener Meerrettich
50 g grüne Erbsen
1 EL Öl, 100 g Mayonnaise
Salz, 1 EL Essig, 1 TL Senf, Petersilie

Gekochte oder gebackene rote Bete schälen und in Würfel schneiden. Gehackte Zwiebeln in Öl braten, abkühlen und mit Meerrettich unter die roten Bete mischen, salzen. Mayonnaise mit Essig und Senf verrühren und den Salat damit anmachen. Mit grünen Erbsen und Petersilie verzieren.

Slawischer Salat

SLAWJANSKIY SALAT

Für 6 Personen

---

250 g Weißkohl
120 g rote Paprikaschote
120 g Sellerieknolle und Petersilienwurzel
120 g Steckrübe
120 g Äpfel, 120 g frische Gurke
200 g Wasser- oder Honigmelone
300 g Sahne
3–4 EL Preiselbeermarmelade
3–4 EL Zitronensaft

Kohl, Paprika, Sellerie, Petersilienwurzel und Steckrübe in feine Streifen schneiden, mit kochendem Wasser übergießen und 10–15 Minuten ziehen lassen. Gut abgetropft mit feingeschnittener Gurke und ebenfalls feingeschnittenen Äpfeln gründlich mischen.
Preiselbeermarmelade mit Zitronensaft glattrühren, über den Salat gießen und unterheben. Schaumig geschlagene Sahne unterziehen, den Salat noch einmal gut mischen und mit Melonenscheiben garnieren.

Pilz-Sülze

SALIWNOE IS GRIBOW

Für 4 Personen

---

50 g getrocknete Steinpilze
200–300 g frische Pilze
150 g marinierte Pilze
1 Bund Suppengrün
je 1 Bund Petersilie und Dill, Kresse
2–3 Zehen Knoblauch
Zitronen- und Karottenscheiben
6 Blatt Gelatine, Salz

Trockenpilze einweichen, gründlich waschen und mit frischem Wasser, Suppengrün und etwas Salz weich kochen. Abseihen (den Sud aufbewahren!) und die abgetropften Pilze zerkleinern.
Frische Pilze in kochendem, leicht gesalzenen Wasser kurz blanchieren, abtropfen und blättrig schneiden.
½ l Pilzsud mit durchgepreßtem Knoblauch und Salz kräftig würzen und mit Gelatine (nach Pakkungsvorschrift) Aspik bereiten.
Eine Glasschale kalt ausspülen und einen dünnen Spiegel Aspik eingießen. Erstarren lassen und mit marinierten Pilzen, Zitronen- und Karottenscheiben dekorativ belegen. Mit Aspik überziehen und wieder erstarren lassen. Die blanchierten frischen Pilze mit Petersilie darüberfüllen, Aspik angießen, fest werden lassen und schließlich die getrockneten Pilze und restlichen Aspik zufügen. Im Kühlschrank mehrere Stunden kühlen.
Zum Servieren die Schüssel kurz in heißes Wasser tauchen, die Sülze auf eine Platte stürzen und mit Kresse und Dill garnieren.

Pilz-Sülze ▷

Russische Eier

FARSCHIROWANNIE JAIZA

Für 4 Personen

---

4 Eier, 1 Apfel
1 kleine Zwiebel, 1 Heringsfilet
1 EL Mayonnaise, 1 TL Butter
Petersilie, Kapern, rote Paprikaschote

Die Eier hart kochen, abschrecken und der Länge nach halbieren. Das Eigelb mit einem Löffel herausheben und mit Apfel, Zwiebel, Heringsfilet, Mayonnaise und Butter fein pürieren. Die Eihälften mit dieser Masse füllen und mit Petersilie, Kapern und Paprikastreifen garnieren.

Gefüllte Eier

JAIZA FARSCHIROWANNIE
SAPETSCHONIE

Für 4 Personen

---

4 Eier
2 EL Sahne, 1 EL Butter
Pilze, Krabben, Anchovis, Kräuter
Parmesan, Trüffel etc.

Hartgekochte Eier der Länge nach halbieren, Dotter herausheben und mit Sahne und weicher Butter geschmeidig rühren. Nach Geschmack (und Vorrat!) mit Pilzen, Krabben usw. mischen, die Eihälften damit füllen und wieder zusammensetzen.
Die Eier in eine feuerfeste Form legen, mit etwas beliebiger Sauce (z. B. Béchamel- oder Tomatensauce, siehe Rezepte Seite 191 und 194) überziehen und mit geriebenem Käse bestreuen. Im Rohr goldbraun überbacken.

Man kann die gefüllten Eier auch fritieren und mit fritierter Petersilie servieren. Eine pikante Sauce dazu reichen.

Auberginen-Kaviar

BAKLASCHANNAJA IKRA

Für 4 Personen

---

3 Auberginen, 2 Zwiebeln
3–4 Zehen Knoblauch
1 EL Tomatenmark, 2½ EL Öl
Petersilie, Zwiebelgrün
Salz, Cayennepfeffer

Auberginen im Rohr bei 150–180° etwa 20 Minuten backen.
Kalt abschrecken, schälen und das Fruchtfleisch fein hacken.
Kleingeschnittene Zwiebeln in Öl bräunen, mit Tomatenmark verrühren und 2–3 Minuten dünsten. Auberginenfleisch, gepreßten Knoblauch, Salz und Pfeffer zufügen, gut mischen, einmal aufkochen und abkühlen lassen.
Mit gehacktem Zwiebelgrün und Petersilie bestreuen.

Pilz-Kaviar

GRIBNAJA IKRA

Für 4 Personen

---

400 g frische Pilze (oder 200 g marinierte oder 50 g getrocknete Pilze)
1 Zwiebel, 2 EL Öl, Zwiebelgrün
Salz, Pfeffer, Essig oder Zitronensaft

Frische, blättrig geschnittene Pilze im eigenen Saft dünsten, bis alle Flüssigkeit verdampft ist. (Marinierte Pilze abtropfen und zerkleinern, getrocknete Pilze weich kochen und abgetropft ebenfalls zerkleinern.)
Gehackte Zwiebel in Öl goldbraun braten, abgekühlt unter die Pilze mischen und mit Salz, Pfeffer, Essig oder Zitrone würzen.
Mit feingeschnittenem Zwiebelgrün bestreuen.

◁ Gefüllte Eier

Einfache Heringspastete

SELODOTSCHNIY PASCHTET

Für 4 Personen

---

500 g Weißbrot ohne Rinde
¼ l Milch
1 großer oder 2 kleine Salzheringe
1 Zwiebel, 50 g Butter, ¼ l Sahne
Paniermehl, Pfeffer

Weißbrot in Milch einweichen und etwas ausdrük-
ken. Mit sehr feingehackten Heringsfilets sorgfältig
verrühren.
Gehackte Zwiebel in Butter leicht rösten und mit
der Sahne unter die Brot-Heringsmischung rühren.
Mit Pfeffer würzen.
In eine feuerfeste Form füllen, mit Paniermehl
bestreuen und im Rohr bei Mittelhitze goldbraun
überbacken.

Marinierte Sardinen

MARINOWANNIE SARDINI

Für 4 Personen

---

500 g frische Sardinen
Ei, Mehl, Paniermehl
Dill, Petersilie, Öl, Salz

Geputzte Sardinen ausnehmen, gründlich waschen, trockentupfen und salzen. In Mehl, verquirltem Ei und Paniermehl wenden und in Öl
goldbraun braten. Abkühlen lassen.
(Es empfiehlt sich, die Sardinen vor dem Braten
10 Minuten in Salzwasser – 1 l Wasser, 2–3 EL Salz –
zu legen.)

MARINADE
4 Zwiebeln, 1 Karotte
1 Petersilienwurzel, 1 Stück Sellerie
4 EL Tomatenmark, 4 EL Öl
¼ l Fischbrühe
2–3 EL Essig oder Zitronensaft
Salz, Pfeffer, Zucker, Lorbeerblatt

Für die Marinade die kleingeschnittenen Gemüse
in Öl braten, Tomatenmark mitrösten, mit Fischbrühe aufgießen, würzen und 20 Minuten kochen.
Mit Essig oder Zitrone abschmecken, abkühlen
und über die gebratenen Sardinen gießen. 2–3
Stunden marinieren und mit gehackter Petersilie
und Dill bestreuen.

Fisch-Sülze

SALIWNOE IS SUDAKA I SCHUKI

Für 4 Personen

---

600 g Hecht, Zander oder Barsch
3 EL Butter, 1 Zwiebel
2 Scheiben Weißbrot
⅛ l Milch, 100 ml Bouillon, ⅛ l Sahne
Petersilie, Dill, Salz, Pfeffer, Muskat
Karotte und Zitrone etc. zum Verzieren
½ l Aspik (siehe Rezept Seite 35)

Fisch filetieren und in kleine Stücke schneiden.
Gehackte Zwiebel in 1 EL Butter hell rösten und den
Fisch mitbraten.
Weißbrot in Milch einweichen, ausdrücken und zu-
sammen mit der restlichen Butter, Fisch, Bouillon,
Sahne, Kräutern und Gewürzen sehr gut mischen
(eventuell durch den Fleischwolf drehen oder kurz
im Mixer pürieren).
Eine kalt ausgespülte Form mit einer dünnen
Schicht Aspik ausgießen, dekorativ mit Karotten-,
Zitronenscheiben und Kräutern verzieren, mit
Aspik überziehen und fest werden lassen. Die
Fischmasse und restliches Aspik einfüllen und im
Kühlschrank erstarren lassen.
Man kann diese Fischmasse auch als Pastetenfül-
lung verwenden.

Fisch-Sülze ▷

Marinierter Stör auf königliche Art

OSETRINA MARINOWANNAJA
PO-KOROLEWSKI

Für 4–6 Personen

---

1 kg Stör
¾ l Essig
je 1 Handvoll Weintrauben, Feigen, Rosinen
je 3–4 geschälte Orangen- und Zitronenscheiben
2–3 kleine Äpfel (geviertelt)
½ EL gehacktes Zitronat, 1 EL Senf
Salz, Pfeffer, Nelke, Lorbeerblatt, Zimt
etwas Öl

Gesäuberten Stör in leicht gesalzenem Wasser garen, abtropfen und filetieren.
Essig mit Senf, Salz, Pfeffer, Lorbeerblatt, Nelke und Zimt durchkochen, abseihen, über die Früchte gießen und einige Minuten kochen lassen. Wieder abseihen.
Die Störfilets abwechselnd mit den Früchten in ein Porzellan- oder Keramikgefäß schichten, mit dem abgekühlten Essig übergießen und mit etwas Öl beträufeln.
Das Gefäß verschließen und kühl stellen.

Kaulbarsch-Sülze

SALIWNOE IS KARASEI

Für 6 Personen

1000–1200 g Kaulbarsch
25 Krebsschwänze
1 Bund Suppengrün, 1 kleine frische Gurke
5 gekochte Kartoffeln
50 g Oliven, Eiweiß oder 50 g Kaviar
6–9 Blatt Gelatine
Dill, Salatblätter
Salz, Pfeffer, Lorbeerblatt

Gereinigte Fische ausnehmen und filetieren.
Aus Köpfen und Gräten mit Suppengrün, Salz, Pfeffer und Lorbeerblatt eine kräftige Fischbrühe kochen und abseihen.

Die Fischfilets 10 Minuten in der Brühe garen, herausnehmen und gut abtropfen.
Fischbrühe mit geschlagenem Eiweiß oder Kaviar klären und aus ¾–1 l mit Gelatine Aspik bereiten. Eine Kranz- oder Ringform mit kaltem Wasser ausspülen, mit Aspik ausgießen und lagenweise Fischfilets und Krebsschwänze (einige zum Garnieren übriglassen) einfüllen. Die Fischfilets dabei schuppenförmig anordnen. Jede Schicht mit Aspik übergießen und fest werden lassen, bevor die nächste Lage eingefüllt wird. Restliches Aspik einfüllen und im Kühlschrank erstarren lassen.
Zum Servieren die Form kurz in heißes Wasser tauchen und die Sülze auf eine Platte stürzen, die mit Salatblättern belegt wurde. In die Mitte in Streifen geschnittene Gurke, gewürfelte Kartoffeln und Oliven füllen, mit Krebsschwänzen garnieren und mit Dill bestreuen.

Sülze aus Lachs und Krebsfleisch

SALIWNOE IS OSETRINI I RAKOW

Für 6 Personen

800–1000 g Lachsfilet
Lachskopf und kleine Fische
für Fischbouillon (ca. 400 g)
200 g Krebsfleisch
200 g weißes Wurzelwerk
(Sellerie, Petersilienwurzel)
Petersilie, Dill, Kresse
6–9 Blatt Gelatine
Salz, Pfeffer, Lorbeerblatt, Zitrone

Lachskopf und kleine Fische (Plötze, Rotaugen etc.) säubern und mit ganzem Wurzelwerk, Salz, Pfeffer und Lorbeerblatt eine Fischbouillon kochen. Die fertige Brühe abseihen, mit einem verquirlten Eiweiß klären und durch ein Haarsieb gießen oder filtern (sie muß ganz klar sein).
Lachsfilet in nicht zu kleine Stücke schneiden und in der Fischbouillon auf kleiner Flamme etwa 10 Minuten garen. Herausnehmen und abkühlen.
Aus ½–¾ l Fischbrühe mit Gelatine Aspik bereiten.

Sülze aus Lachs und Krebsfleisch ▷

Die Petersilie fein hacken, das Wurzelwerk in Streifen, Rauten o.ä. schneiden.

Eine passende Form kalt ausspülen und eine dünne Schicht Aspik eingießen. Erstarren lassen und mit Gemüsestreifen, Zitronenscheiben und Petersilienblättern dekorativ belegen. Mit Aspik überziehen und wieder erstarren lassen.

Nun lagenweise Krebsfleisch, Petersilie, Lachs, wieder Petersilie und noch einmal Lachs einschichten. Jede Lage mit Aspik übergießen und fest werden lassen, bevor die nächste Schicht eingefüllt wird. Mit restlichem Aspik übergießen und im Kühlschrank mehrere Stunden erstarren lassen.

Zum Servieren die Schüssel kurz in heißes Wasser tauchen, die Sülze auf eine Platte stürzen, mit Kräutern garnieren und Meerrettichsauce dazu reichen. Die Fischbouillon muß sehr würzig und gut gesalzen sein, da sie durch die Gelatine etwas an Geschmack verliert.

Tintenfisch in Senfsauce

KALMARI W
GORTSCHITSCHNOM SOUSE

Für 4 Personen

500–700 g Tintenfisch
2 gekochte Eigelb
2 EL Senf, 2 EL Essig, Salz, Zucker

Tintenfisch gründlich waschen, in kaltem Wasser aufsetzen, schnell erhitzen und 2–3 Minuten kochen. Abtropfen, abkühlen und in feine Streifen (nudelig) schneiden.

Zerdrücktes Eigelb mit Senf und Essig glattrühren und mit Salz und Zucker würzen. Fisch mit der Sauce mischen und 2–3 Stunden im Kühlschrank durchziehen lassen.

Saziwi von Fisch

SAZIWI IS RIBI

Für 4 Personen

---

500 g Lachs, Stör
200–300 g geschälte Walnüsse
3–4 Zwiebeln, 2–3 Zehen Knoblauch
3 Eigelb, 100–150 g Essig
1 TL gemahlene Nelken und Koriander
1 g Safran, 1 Msp Zimt und Chili
Salz, Pfefferkörner, Lorbeerblätter

Gewaschenen Fisch in Portionsstücke schneiden und in Salzwasser mit Pfefferkörnern und Lorbeerblättern garen. Den Sud abgießen und die Fischstücke auf einer Platte anrichten.
Nüsse mit Knoblauch, Salz und Chili im Mörser zerreiben, mit den übrigen Gewürzen mischen und mit etwas Fischsud verrühren.
Gehackte Zwiebeln im Fischsud dünsten, Essig und die Nußmasse zufügen und 10 Minuten zu einer dickflüssigen Sauce kochen.
Die Eigelb mit etwas Fischbrühe verquirlen, 2–3 Minuten kräftig unter die Sauce schlagen, über den Fisch gießen und abkühlen.
Man kann den Fisch auch in Mehl panieren und braten.

Gefüllter Karpfen auf ukrainische Art

KARP FARSCHIROWANNIY PO UKRANINSKI

Für 4–6 Personen

---

1 Karpfen (ca. 1 kg)
100 g gekochter Schinken
100 g Zwiebeln, 1 EL Butter
1 Bund Suppengrün
Salz, Pfeffer
kalte Meerrettichsauce

Den gewaschenen Karpfen schuppen, am Rücken entlang aufschneiden, ausnehmen und die Gräten entfernen. Das Fleisch vorsichtig von der Haut lösen.

Aus den Gräten mit Suppengrün, Salz und Pfeffer eine Fischbrühe kochen und abseihen.
Fischfleisch mit dem Schinken sehr fein hacken (oder durch den Fleischwolf drehen) und mit in Butter gerösteten Zwiebeln mischen. Mit Salz und Pfeffer abschmecken und die Karpfenhaut damit füllen. In ein Baumwolltuch wickeln und in der Fischbrühe etwa 40 Minuten leise kochen.
Das Tuch entfernen, den Fisch abkühlen lassen und mit kalter Meerrettichsauce servieren.

Sülze

STUDEN

Für 4 Personen

---

1 Kalbskopf
4 Kalbs- oder Schweinsfüße
1–2 Karotten, 1–2 Zwiebeln
1 Knolle Knoblauch, 1 Bund Petersilie
Zitronenscheiben
schwarze und weiße Pfefferkörner
3–4 Lorbeerblätter
Salz, gemahlener schwarzer und weißer Pfeffer

Kalbskopf und Füße waschen, eventuell zerkleinern und mit kaltem Wasser bedecken. Auf kleiner Flamme zugedeckt 6–8 Stunden kochen. Während der letzten Stunde in Stücke geschnittene Karotten, Zwiebeln, Petersilie, Pfefferkörner und Lorbeerblätter mitkochen und die Brühe leicht salzen.
Abseihen, das Fleisch von den Knochen lösen und in kleine Würfel schneiden. In einen Topf legen, Knoblauch darüberpressen, mit abgeseihter (eventuell gefilterter) Brühe gut bedecken, mit Pfeffer und Salz kräftig würzen und einmal aufkochen.
In eine kalt ausgespülte Form (oder Portionsschälchen) einen dünnen Spiegel aus Brühe gießen, mit Zitronenscheiben, Petersilienblättern, ausgestochenen Karottenscheiben etc. hübsch belegen, mit etwas Brühe vorsichtig bedecken und im Kühlschrank erstarren lassen. Das Fleisch mit der Brühe darüberfüllen und die Sülze einige Stunden im Kühlschrank fest werden lassen.
Zum Servieren die Form kurz in heißes Wasser tauchen und die Sülze auf eine Platte stürzen.

Sülze ▷

Vorspeisenplatte

Geräucherte Fische: Hering, Aal, Stör, Sardinen, Brasse, Makrelen.
Gefüllter Aal, gekochter Stör, Anchovis, Krebsfleisch, Krabben.
Marinierte Pilze, Oliven, Sauerkraut in Paprikaschoten, eingelegte grüne und rote Tomaten,
gefüllte Eier, Zwergkürbis, Salzgurken, Zitronen.

Leberpastete mit Gemüse

PETSCHONOTSCHNIY PASCHTET

Für 4–6 Personen

---

500 g Kalbs- oder Schweineleber
250 g Speck
2 Karotten, 1 Zwiebel
1 Petersilienwurzel
3–4 Anchovisfilets
Pfeffer, Muskat

Gewaschene Leber von Sehnen und Fett befreien und in kleine Stücke schneiden (Schweineleber vorher 1 Stunde in Milch legen).
Speck klein würfeln und ausbraten, die zerkleinerten Gemüse zufügen und rösten und schließlich die Leber 5 Minuten mitdünsten (eventuell 1–2 EL Wasser zugeben). Abkühlen und mit den Anchovisfilets durch ein Sieb passieren oder zweimal durch die feine Scheibe des Fleischwolfs drehen.
Die Masse in einer Schüssel auf Eiswürfel stellen und so lange kräftig schlagen, bis sie hell und schaumig wird.
Mit Hilfe von Pergamentpapier eine Rolle formen und gut durchkühlen. Zum Servieren in Scheiben schneiden und Butter dazu reichen.

Saziwi von Geflügel

SAZIWI IS DITSCHI

Für 6–8 Personen

---

1 Hähnchen von 1200–1400 g oder
die gleiche Menge Ente, Gans oder Truthahn
1 Bund Suppengrün
200–300 g geschälte Walnüsse
300 g Zwiebeln, 2 Eigelb
2–3 Zehen Knoblauch
1 TL gemahlener Koriander
1 TL gemahlene Nelken und Zimt, 1 g Safran
Weinessig oder Granatapfelsaft
Salz, Pfeffer

Gewaschenes Hähnchen mit Suppengrün in kaltem Wasser aufsetzen und 30 Minuten kochen. Herausnehmen, salzen, in einen Bräter legen und etwas Brühe angießen. Im heißen Rohr fertigbraten und dabei mehrmals mit dem eigenen Saft übergießen.
Das gebratene Hähnchen abkühlen, in Portionsstücke teilen und auf einer tiefen Platte anrichten.
Gehackte Zwiebeln in etwas abgeseihtem Bratensaft weich dünsten.
Nüsse mit Knoblauch und den Gewürzen im Mörser zerreiben, zu den Zwiebeln geben, mit etwas Hähnchenbrühe verrühren und 10 Minuten kochen. Mit Granatapfelsaft oder Essig säuerlich abschmecken und einmal aufkochen.
Eigelb mit wenig Brühe glattrühren und kräftig unter die heiße Sauce schlagen. Über das Geflügel gießen und abkühlen lassen.

Hähnchenleber-Pastete

PASCHTET IS KURINOIY PETSCHONKI

Für 2 Personen

---

200 g Hähnchenleber
130 g Butter
1 Knoblauchzehe
Salz, Pfeffer

Gewaschene Leber von Sehnen befreien und fein hacken. Mit Knoblauch aus der Presse, Butterstückchen, Salz und Pfeffer in einen Topf füllen und unter ständigem Rühren im Wasserbad garen (die Masse muß goldgelb sein). Den Topf auf Eis stellen und gut kühlen. Zum Servieren mit einem Eisportionierer Kugeln abstechen und auf Salatblätter legen.

Entensülze

SALIWNOE IS UTKI

Für 6–8 Personen

---

1 küchenfertige Ente (1000–1200 g)
3–4 Zehen Knoblauch
1 EL Öl, 6–9 Blatt Gelatine
1 Orange, Weintrauben, marinierte Beeren
Salz

Die gewaschene, abgetrocknete Ente mit Salz und durchgepreßtem Knoblauch einreiben, mit Öl beträufeln und im Rohr braten.
Das Fleisch von den Knochen lösen und in Streifen schneiden.
Die Entenknochen mit gut ¾ l Wasser übergießen und 30 Minuten auskochen. Abseihen und aus der Brühe mit Gelatine nach Packungsvorschrift Aspik bereiten.
Eine kalt ausgespülte Schüssel mit etwas Aspik ausgießen (nach Belieben verzieren), das Entenfleisch einfüllen und das restliche Aspik darübergießen.
Im Kühlschrank erstarren lassen und die Sülze mit Orangenscheiben, Weintrauben und marinierten Beeren servieren.

Man kann auch Sülze aus gekochtem Hühnerfleisch bereiten, das lagenweise mit grünen Erbsen in die Form geschichtet wird.

Gekochtes Spanferkel

POROSÖNOK WARONIY HOLODNIY

Für 10–12 Personen

---

1 Spanferkel von ca. 3 kg
2–3 Karotten
1 Petersilienwurzel, 2 Zwiebeln
Salz, Zitronensaft
kalte Meerrettichsauce

Das Spanferkel beim Metzger vorbestellen und küchenfertig vorbereiten lassen. Es wird gründlich gewaschen, abgetrocknet und rundherum mit Zitronensaft eingerieben. In ein Baumwolltuch wickeln und in kaltem Wasser mit den zerkleinerten Gemüsen aufsetzen. Zugedeckt etwa drei Stunden leise kochen lassen. 20 Minuten vor Ende der Garzeit salzen.
Das Spanferkel in der Brühe erkalten lassen, in Scheiben bzw. Portionsstücke schneiden und mit Meerrettichsauce servieren.
Dazu reicht man Salzgurken, Sauerkraut, marinierte Äpfel, Petersilie.

Haselhuhnpastete in Aspik

PASCHTET IS RJABTSCHIKA W GELEE

Für 6–8 Personen

3–4 küchenfertige Haselhühner
(bzw. Rebhühner) oder 1 Fasan
200 g Kalbsleber
50 g frischer Speck, 5–7 Eier
3 Scheiben Weißbrot
¼ l Sahne, 30 g Trüffel
10–20 Krebsschwänze oder 100 g Krebsfleisch
200 g Butter, 1 Bund Petersilie
Salz, Pfeffer, Muskat, 1–2 Lorbeerblätter
1–2 l Aspik

Die Haselhühner sorgfältig waschen, abtrocknen, mit wenig Salz bestreuen und in Butter gar braten. Abkühlen, das Fleisch von den Knochen lösen und durch den Fleischwolf drehen.
Weißbrot in ⅛ l Sahne einweichen, mit 2 Eiern und 100 g Butter gründlich unter die Fleischmasse rühren (oder kurz im Mixer rotieren lassen).
Kleingewürfelten Speck ausbraten, in Stücke geschnittene Leber, Pfeffer und Lorbeerblätter zufügen und mitbraten.
Abgekühlt ebenfalls durch den Fleischwolf drehen und mit der Geflügelfarce mischen. Mit der restlichen Sahne, 3–5 Eiern und geriebener Trüffel kräftig verrühren und mit Salz, Pfeffer und Muskat abschmecken.
Eine Pasteten- oder Auflaufform sorgfältig buttern, die Masse einfüllen und bei 200° im Rohr 1½ Stunden backen.
Die fertige Pastete erkalten lassen.

In der Zwischenzeit nach dem Grundrezept (siehe Rezept Seite 35) 1–21 Aspik bereiten.

Eine beliebige Form bzw. Schüssel mit kaltem Wasser ausspülen. Aspik etwa 1 cm hoch hineingießen, Krebsfleisch darauf anordnen und mit Petersilienblättern verzieren. Vorsichtig mit Aspik bedecken und im Kühlschrank erstarren lassen.

Aus der erkalteten Pastete mit einem Eisportionierer Kugeln stechen und lagenweise in die Form schichten. Dabei jede Lage mit Aspik überziehen und fest werden lassen, ehe die nächsten Kugeln daraufgelegt werden.

Mit Aspik abschließen und im Kühlschrank mehrere Stunden erstarren lassen.

Die fertige Pastete zum Servieren auf eine Platte stürzen.

Kalte Spanferkel-Roulade

RULET IS POROSÖNKA HOLODNIY

Für 20 Personen

---

1 junges Spanferkel (3–4 kg)
300 g Speck
600 g Kalbs- oder Rinderzunge
450 g Kalbsleber
300 g gekochter Schinken
6 Eier, 12 Blatt Gelatine
2 Bund Suppengrün
Salz, Pfeffer

Das gewaschene Spanferkel an der Bauchseite mit einem scharfen Messer vom Hals bis zum Bauch aufschneiden, ausnehmen und alle Knochen entfernen. Kopf und Füße abtrennen. Das ausgenommene Spanferkel noch einmal gründlich waschen, abtrocknen und mit der Hautseite nach unten flach ausbreiten.

Inzwischen Zunge und Leber in schwach gesalzenem Wasser weich kochen. Herausnehmen (Zunge häuten), abkühlen lassen und in sehr feine Scheiben schneiden.

Speck und Schinken ebenfalls in kleine dünne Scheiben schneiden.

Gelatine nach Packungsvorschrift in Wasser einweichen.

Eier hart kochen und in Scheiben schneiden.

Das ausgebreitete Spanferkel salzen und pfeffern. Mit Speck, Zungenscheiben und 3 Blatt Gelatine belegen. Darauf kommt die Leber, 3 Blatt Gelatine, Schinken und wiederum 3 Blatt Gelatine, schließlich die Eierscheiben und die restliche Gelatine.

Das Spanferkel wie eine Roulade aufrollen und mit Garn umwickeln.

In ein großes Baumwoll- oder Leinentuch einschlagen und zubinden. Mit Schnüren an 2 Holzstäben befestigen und in einen ausreichend großen Kochtopf hängen. So viel Wasser in den Topf füllen, daß das Paket, das nicht den Boden berühren darf, bedeckt ist.

Suppengrün, Salz und ausgelöste Knochen zufügen und etwa 2 Stunden kochen. Die fertige Roulade aus dem Tuch nehmen, zwischen 2 Holzbretter legen, beschweren und kühl stellen.

Zum Servieren in Scheiben schneiden und mit Meerrettich reichen.

Suppen
und
Eintöpfe

SUPI I SOLJANKI

»Ein Haus, in dem keine Suppe gekocht wird, ist unglücklich«, sagt ein russisches Sprichwort. Und tatsächlich ist der dampfende Suppenkessel das Symbol für Wärme und Geborgenheit in der Familie – zumal im langen, russischen Winter. Suppen sind der Stolz der russischen Küche, die sich rühmen kann, unter allen Küchen der Welt über die größte Vielfalt an Suppenrezepten zu verfügen.

Suppen waren auch der Grund dafür, daß die Slawen in Rußland seßhaft wurden. Denn um eine kräftige, aromatische Suppe zu kochen, braucht man nicht nur Wasser und Fleisch oder Fisch, sondern auch Gemüse und Kräuter. Und die wiederum brauchen Zeit, um zu wachsen. Also mußte man sich notgedrungen niederlassen, um die Ernte abzuwarten... Und daß man schon 400 Jahre vor der Gabel den Löffel kannte, beweist zudem, daß man sich zuerst einmal an die Suppentöpfe hielt.

Im großen Rußland hat jede Region ihre eigenen, traditionellen Suppenrezepte, zum Beispiel:

Schtschi (Zentralrußland, Ural, Sibirien)
Mit diesem kurzen Wort werden alle, die jemals *Schtschi* gegessen haben, Erinnerungen und Emotionen verbinden! Über 80 verschiedene Zubereitungsarten kennt man; alle basieren auf sechs Grundzutaten: Kraut (Sauerkraut), Fleisch (Fisch), Pilze, Gemüse, Mehl, saure Sahne (Buttermilch). Zu *Schtschi* passen vorzüglich Schwarzbrot und gefüllte Piroggen.

Ucha (Wolgagebiet, Nordrußland, Sibirien)
»Die Mutter aller russischen Suppen« nennt man diese Fischsuppe, die schon im 12. Jahrhundert in der Literatur erwähnt wird. Sie wird in der Regel aus mehreren Fischarten bereitet, und es gibt unzählige Variationen. Danach unterscheidet man *Weiße Ucha* (mit Zander, Barsch, Renke etc.), *Schwarze Ucha* (mit Karpfen, Karausche, Rotbarsch etc.) und *Rote* oder *Bernstein-Ucha* (mit Stör, Lachs und anderen sibirischen Edelfischen). Auch zu *Ucha* serviert man gefüllte Piroggen und Schwarzbrot.

Borschtsch (Ukraine, Zentralrußland, Nordkaukasus, Baltische Republiken)
Um den Ursprung dieses überaus beliebten und populären Gerichts streiten sich mehrere europäische Länder, z. B. neben der Ukraine und Rußland auch Polen und Rumänien. Und wohl auch deshalb gibt es fast 100 verschiedene Zubereitungsarten für dieses kulinarische Werk, das aus bis zu 36 verschiedenen Zutaten bestehen kann und für das man sich mindestens drei Stunden Zeit nehmen sollte. *Borschtsch* wird heiß oder kalt, aber immer mit saurer Sahne serviert. Man ißt dazu Weißbrot oder spezielles Gebäck – niemals Schwarzbrot.

Rassolnik (Zentral- und Weißrußland)
Eine Suppe auf der Grundlage von sauren Gurken. Die wichtigsten Zutaten sind Innereien von Kalb, Rind oder Geflügel (oder Rindfleisch), saure Gurken, Kartoffeln, Möhren, Zwiebeln, Lauch und Sellerie, Rollgerste, Reis oder Buchweizen sowie Kräuter und Gewürze. Man serviert mit saurer Sahne und reicht fleischgefüllte Piroggen dazu.

Soljanka (Zentral- und Nordwestrußland, Nordkaukasus)
Eine dicke, scharfe Suppe (Eintopf), die auch als Hauptmahlzeit gereicht wird. *Soljanka* besteht aus Fleisch (auch Innereien, Schinken, geräucherter Wurst etc.) oder Fisch, verschiedenen Gemüsen, marinierten Pilzen, Salzgurken, Oliven, Kapern, Kräutern und Gewürzen. Der Eintopf wird mit saurer Sahne, geriebenem Käse oder Paniermehl serviert.

Okroschka (Zentral- und Südrußland, Sibirien)
Eine erfrischende kalte Köstlichkeit auf der Basis von Kwaß (oder auch von Sauerkrautsaft, saurer Milch, einer Marinade von eingelegten Gurken usw.), mit Fleisch oder Fisch, Gemüsen, Kräutern und Gewürzen. Dazu werden saure Sahne und gehackte hartgekochte Eier gereicht.

Die Königin unter den kalten Suppen ist *Botwinija*, ein Gericht aus Edelfischen, frischen Gemüsen und Kräutern, das in einem besonderen, mehrteiligen Geschirr mit Eiswürfeln serviert wird.

Fleisch- und Fischbrühe

MJASNOIJ BOUILLON, RIBNIY BOUILLON

(Grundrezept)

Fleisch- und Fischbrühen (Bouillon) werden in der russischen Küche mit viel Sorgfalt zubereitet. Sie sind nicht nur Grundlage von Suppen und Eintöpfen, sondern auch wichtiger Bestandteil von Saucen, Gemüsegerichten, Sülzen, Pasteten- und Piroggenfüllungen.

FLEISCHBRÜHE

Für eine kräftige Brühe rechnet man auf 300–350 ml Wasser 200 g Rindfleisch mit Knochen (Brustkern, Oberschale, Halsgrat), 50 g Kalbshaxe und 50 g Suppengemüse (Karotten, Sellerie, Petersilienwurzel, Lauch, Zwiebel).
Je nach Art der Zubereitung unterscheidet man »weiße«, »gelbe« oder »rote« Brühe.

»Weiße« Brühe

Fleisch in Stücke schneiden und mit zerhackten Knochen in kaltem Wasser aufsetzen. Aufkochen und den sich bildenden Schaum immer wieder abschöpfen. Zerkleinertes Suppengemüse zufügen, salzen und auf kleiner Flamme 2½–3 Stunden kochen. Damit die Bouillon hell (»weiß«) wird, sollte der Anteil an Karotten gering sein.

»Gelbe« Brühe

Dafür wird das Suppengemüse in etwas Fett angebraten, ehe es zum Fleisch kommt.

»Rote« Brühe

Fleisch, Knochen und Gemüse zerkleinern, mit wenig Wasser aufsetzen und zugedeckt so lange kochen, bis alle Flüssigkeit verdampft und das Fleisch glänzend braun geworden ist (häufig umrühren, damit nichts anbrennt!). Mit kaltem Wasser aufgießen und fertig kochen.

Fleischbrühe wird vor der Weiterverwendung abgeseiht und in den meisten Fällen entfettet (erkalten lassen und die erstarrte Fettschicht mit einem Löffel oder Tuch abnehmen). Gegebenenfalls muß die Bouillon dann noch geklärt werden: Zwei Eiweiß mit etwas kaltem Wasser verrühren und einige Minuten in der Brühe kochen, d.h. stocken lassen. Nachdem das Eiweiß die trüben Stoffe gebunden hat, die Brühe noch einmal durch ein Haarsieb gießen.
Auch eine Mischung aus 200 g Hackfleisch, einem Eiweiß und etwas Wasser eignet sich zum Klären. Die Masse wird ebenfalls einige Minuten mitgekocht und die Brühe durch ein Haarsieb gegossen. Mit dieser Methode wird zusätzlich der Geschmack verbessert.

FOND

Mit dieser konzentrierten Bouillon verfeinert man in erster Linie Saucen. Ochsenbein und Kalbshaxe (in Stücke geteilt) mit zerkleinertem Wurzelwerk in kaltem Wasser aufsetzen, aufkochen und abschäumen. Salzen und zugedeckt etwa 6 Stunden kochen. Abseihen, entfetten und die Brühe so lange weiterkochen, bis sie dickflüssig und geleeartig wird.

ASPIK

Klare Fleisch- oder Fischbouillon mit Kalbsfüßen und Kalbskopf kochen, mit Salz, Pfeffer, Lorbeerblättern und Essig kräftig würzen, abseihen, klären und sorgfältig entfetten. In der Flüssigkeit Gelatine nach Packungsvorschrift auflösen.

FISCHBRÜHE

Kopf, Haut und Gräten von Edelfischen (Renke, Zander, Forelle etc.) mit kleinen Suppenfischen (Plötze, Rotauge, Kaulbarsch etc.) 30–40 Minuten kochen. Helles Wurzelwerk (Lauch, Sellerie, Petersilienwurzel, Zwiebel), Lorbeerblätter, Pfefferkörner und Dill (eventuell auch Zitronenscheiben) zufügen und noch ½ Stunde kochen. Erst zum Schluß salzen. Die Bouillon abseihen und klären: 2 EL Rogen oder Kaviar mit 1 Eiweiß und etwas kaltem Wasser verrühren, einige Minuten mitkochen und die Brühe durch ein Haarsieb gießen. Karotten mit ihrem süßlichen Geschmack sind für Fischbrühe nicht geeignet.

Ukrainischer Borschtsch

UKRAINSKIY BORSCHTSCH

Für 5–6 Personen

---

400 g Rinderbrust
400 g durchwachsenes Schweinefleisch
250 g Suppengemüse
(Karotten, Lauch, Sellerie, Petersilienwurzel)
ca. 2 l Wasser, 400 g rote Bete
400 g Weißkraut, 5 mittelgroße
gekochte Kartoffeln
100 g gekochte weiße Bohnen
3 Tomaten (oder 1 EL Tomatenmark)
2 Zwiebeln
100 g gekochter Schinken
(oder geräucherte Würstchen)
50 g Butter, 50 g Mehl, 50 g roher fetter Speck
3 Knoblauchzehen, ¼ l saure Sahne
je 1 Bund Petersilie und Dill
Salz, 5–10 weiße Pfefferkörner
2 Lorbeerblätter, Essig

Nach dem Grundrezept aus Rind- und Schweinefleisch, der Hälfte des Suppengemüses, 1 Zwiebel, Salz, Pfefferkörnern und Lorbeerblättern in etwa 2 l Wasser eine kräftige Bouillon bereiten und abseihen.

Die geschälten, in kleine Streifen geschnittenen roten Bete in Butter oder abgeschöpftem Suppenfett andünsten, mit Salz und wenig Essig würzen, mit etwas Bouillon aufgießen und garen.

Restliches Suppengemüse und Zwiebel hacken und in Butter anrösten.

Gehobeltes Weißkraut in der abgeseihten Fleischbrühe etwa ½ Stunde kochen.

Vorbereitete rote Bete, angeröstetes Suppengemüse, gewürfelte gekochte Kartoffeln, weiße Bohnen, geschälte zerkleinerte Tomaten (oder Tomatenmark) und gewürfelten Schinken oder in Scheiben geschnittene geräucherte Würstchen zur Suppe geben und gut durchkochen.

Mehl mit etwas abgekühlter Brühe in einer kleinen Schüssel glattrühren und das Gericht damit binden.

Speck mit Knoblauch und Petersilie im Mörser zerstoßen (oder sehr fein hacken) und die Suppe mit dieser Mischung noch etwa 20 Minuten ziehen lassen.

Fleisch in mundgerechte Würfel schneiden und in der Suppe erhitzen.

Mit Salz und Essig leicht säuerlich abschmecken und mit gehacktem Dill bestreuen.

Jede Portion mit einem Eßlöffel saurer Sahne krönen und servieren.

Borschtsch auf Kiewer Art

BORSCHTSCH KIEWSKIY

Für 4–5 Personen

---

400 g Rindfleisch
200 g Lammfleisch
½ l Rote-Bete-Saft (Reformhaus), ca. 1 l Wasser
250 g rote Bete, 400 g Weißkraut, 300 g Kartoffeln
150 g Wurzelwerk
(Karotten, Sellerie, Petersilienwurzel)
1 Zwiebel, 2 säuerliche Äpfel
2–3 Tomaten
50 g Butter, 50 g roher fetter Speck
1 Bund Petersilie, ¼ l saure Sahne
Salz, Paprika, Pfeffer, Lorbeerblatt, Essig

Rindfleisch in Rote-Bete-Saft, Wasser und einem Schuß Essig weich kochen und die Brühe abseihen.

Geschälte, in Streifen geschnittene rote Bete mit kleingewürfeltem Lammfleisch in etwas Brühe weich dünsten. Tomaten zerkleinern, in wenig Butter dämpfen und durch ein Sieb streichen.

Gehacktes Wurzelwerk und Zwiebel in Butter anrösten. Speck mit Petersilie im Mörser zerstoßen (oder sehr fein hacken).

Gehobeltes Weißkraut und gewürfelte Kartoffeln 10 Minuten in der Fleischbrühe kochen, Rote-Bete-Lammfleischmischung, passierte Tomaten, angeröstetes Wurzelwerk, vorbereiteten Speck und geschälte, kleingewürfelte Äpfel dazugeben. Mit Salz, Paprika, Pfeffer und Lorbeerblatt würzen und so lange kochen, bis Kraut und Kartoffeln weich sind.

Gewürfeltes Rindfleisch in der Suppe erwärmen und das Gericht mit saurer Sahne servieren.

Ukrainischer Borschtsch ▷

Borschtsch auf Poltawer Art (mit Nockerln)

BORSCHTSCH POLTAWSKIY

Für 4–5 Personen

600 g Hühner- oder Gänsefleisch
1 Bund Suppengrün, ca. 1½ l Wasser
400 g Kartoffeln, 400 g Weißkraut
je 1 Karotte, Zwiebel, Petersilienwurzel
40 g Butter, 1 EL Tomatenmark
50 g roher fetter Speck
1 Bund Petersilie, 1 Bund Dill
¼ l saure Sahne
Salz, Pfeffer, Essig

NOCKERLN
150 g Buchweizenmehl
⅛ l Wasser, 1 Ei, Salz

Aus Hühner- bzw. Gänsefleisch mit Suppengrün und Salz nach dem Grundrezept eine Brühe kochen und abseihen.

Geschälte, in Streifen geschnittene rote Bete mit Essig und etwas Brühe weich dünsten.

Karotte, Petersilienwurzel und Zwiebel hacken, in Butter anbraten und mit Tomatenmark mischen.

Gewürfelte Kartoffeln und gehobeltes Kraut in der Geflügelbrühe 10 Minuten vorkochen.

Speck mit Petersilie im Mörser zerstoßen und zusammen mit vorbereitetem Wurzelwerk und roten Beten zur Suppe geben.

Mit Salz und Pfeffer würzen und so lange kochen, bis Kartoffeln und Kraut weich sind.

In der Zwischenzeit Nockerln zubereiten:
50 g Buchweizenmehl mit ⅛ l kochendem Wasser überbrühen, quellen lassen. In die erkaltete Masse das restliche Buchweizenmehl, das Ei und etwas Salz rühren. Mit zwei in kaltes Wasser getauchten Löffeln Nockerln abstechen und in siedendem Salzwasser so lange ziehen lassen, bis sie an die Oberfläche steigen. Mit einem Schaumlöffel herausnehmen und zusammen mit dem von den Knochen gelösten Geflügelfleisch zur fertigen Suppe geben, die mit gehacktem Dill bestreut und mit saurer Sahne serviert wird.

Polnischer Borschtsch

POLSKIY BORSCHTSCH

Für 6 Personen

800 g Rindfleisch
2 Bund Suppengrün, 2 l Kwaß
200 g geräuchertes Kassler
oder magerer, geräucherter Bauchspeck
600 g rote Bete
25 g getrocknete Steinpilze
1 mittelgroße Zwiebel
50 g Butter, 50 g Mehl, ¼ l saure Sahne
Salz, Pfeffer, Essig

Kwaß, geräuchertes Fleisch und geräucherte Würstchen geben dem Polnischen Borschtsch eine besondere Geschmacksnote. Anstelle von Kwaß kann man auch trockenen Apfelmost, Malzbier ohne Alkohol oder eine Mischung aus ½ l Rote-Bete-Saft und 1½ l Wasser verwenden.

Aus Rindfleisch, Suppengrün und Kwaß (bzw. einer der erwähnten Varianten) nach dem Grundrezept eine Brühe kochen. 1 Stunde vor Ende der Garzeit das geräucherte Fleisch und die eingeweichten, gut abgespülten Trockenpilze zugeben und alles zusammen gar kochen.

Brühe abseihen, Pilze und Rauchfleisch kleinschneiden (das Rindfleisch für ein anderes Gericht verwenden).

Die gehackte Zwiebel in Butter oder abgeschöpftem Suppenfett leicht anrösten. Geschälte, in Streifen geschnittene rote Bete kurz mit anbraten, mit etwas Bouillon aufgießen und weich dünsten.

Mit Mehl stauben und unter ständigem Rühren zu einer hellen Einbrenne andicken. Zur abgeseihten Brühe geben und gut durchkochen.

Rauchfleisch, Pilze und in Scheiben geschnittene Würstchen in der Suppe erhitzen.

Mit Salz, Pfeffer und etwas Essig abschmecken, saure Sahne unterrühren und servieren.

Borschtsch aus Karausche, Kaulbarsch oder Renke

BORSCHTSCH IS KARASEI

Für 4 Personen

600–800 g Karausche, Kaulbarsch oder Renke
1 l Wasser, 300 g Weißkraut, 200 g rote Bete
50 g getrocknete Steinpilze
oder 200 g frische Champignons
je 1 Karotte, Petersilienwurzel, Zwiebel
¼ Knolle Sellerie, 30 g Oliven
100 g Butter, 2 EL Mehl oder Paniermehl
¼ l Rote-Bete-Saft
Salz, 10 weiße Pfefferkörner
2 Lorbeerblätter, Essig

Karotte, Sellerie, Petersilienwurzel und ½ Zwiebel grob zerteilen und mit Pilzen, Salz, Pfefferkörnern und Lorbeerblättern zu einer Brühe kochen und abseihen.
Weißkraut und geschälte rote Bete kleinschneiden und in der Brühe weich kochen.
Eine halbe Zwiebel hacken, in etwas Butter goldbraun rösten, mit 1 EL Mehl verrühren und zur Suppe geben.
Rote-Bete-Saft und Oliven zufügen und mit Essig abschmecken.
Gesäuberten Fisch in Portionsstücke teilen, leicht in Mehl oder Paniermehl wenden und in reichlich Butter braten. Auf Küchenkrepp abtropfen lassen.
Unmittelbar vor dem Servieren den gebratenen Fisch in dem Borschtsch einmal aufkochen.

Grüner Borschtsch

BORSCHTSCH SELÖNIJ

Für 4–5 Personen

---

600 g Suppenfleisch vom Rind
1 Bund Suppengrün, 1½ l Wasser
250 g rote Bete, 300 g Spinat, 200 g Sauerampfer
500 g Kartoffeln
je 1 Karotte, Petersilienwurzel, Zwiebel
100 g Zwiebelgrün
30 g Butter, 1 EL Mehl, 1 EL Tomatenmark
2–3 hartgekochte Eier
1 Bund Dill, ¼ l saure Sahne
Salz, Pfeffer, Lorbeerblatt, Essig, Zucker

Nach dem Grundrezept aus Fleisch, Suppengrün und Salz eine Brühe bereiten und abseihen.
Geschälte, gehackte rote Bete in etwas abgeschöpftem Suppenfett mit Salz, Zucker, einem Schuß Essig und Tomatenmark weich dünsten.
Karotte, Petersilienwurzel und Zwiebel hacken, in Butter anbraten, mit Mehl bestäuben und durchrösten.
Spinat, Sauerampfer und Zwiebelgrün gut waschen und in feine Streifen schneiden.
Kartoffeln würfeln und in der abgeseihten Brühe 10–15 Minuten vorkochen. Die vorbereiteten Gemüse dazugeben, mit Salz, Pfeffer, Lorbeerblatt würzen und alles zusammen weich kochen.
Das gekochte Fleisch in mundgerechte Stücke schneiden, in die Suppenteller verteilen und mit heißem Borschtsch auffüllen. Jede Portion mit einem halben gekochten Ei, gehacktem Dill und einem Tupfen saure Sahne garnieren.

Borschtsch auf Kiewer Art mit Pilzen (vegetarisch)

BORSCHTSCH KIEWSKIY S GRIBAMI

Für 4 Personen

60 g getrocknete Steinpilze
1–1½ l Wasser
300 g Kartoffeln, 300 g Weißkraut, 100 g rote Bete
je 1 Petersilienwurzel, Karotte, Zwiebel
¼ l Rote-Bete-Saft (Reformhaus)
1 EL Tomatenmark
50 g Butter, 1 EL Mehl, ⅛ l saure Sahne
2 Eigelb, 1 Bund Petersilie
Salz, Pfeffer, Essig, Lorbeerblatt, Zucker

Getrocknete Pilze in warmem Wasser einweichen und gut abspülen. In 1–1½ l Wasser mit Salz, Pfeffer und Lorbeerblatt weich kochen und abseihen.
Pilze abtropfen lassen und kleinschneiden.
Geschälte rote Bete in Streifen schneiden und in etwas Pilzbrühe weich dünsten.
Karotte, Petersilienwurzel und die Zwiebel grob hacken, in Butter anrösten und mit Tomatenmark verrühren.
Die kleingeschnittenen Pilze ebenfalls in Butter anbraten.
Gewürfelte Kartoffeln und gehobeltes Kraut in der abgeseihten Pilzbrühe 15 Minuten kochen. Vorbereitete rote Bete, Wurzelwerk, Pilze und Rote-Bete-Saft zufügen und gut durchkochen.
Mehl mit etwas Pilzbrühe glattrühren und die Suppe damit binden.
Mit Salz, Pfeffer, Essig und Zucker abschmecken und so lange kochen, bis alle Zutaten gar sind.
Saure Sahne mit Eigelb verquirlen und auf die mit Borschtsch gefüllten Teller verteilen. Mit gehackter Petersilie bestreuen.

Schtschi mit gemischtem Fleisch

SCHTSCHI SBORNIJE (PETROWSKIJE)

Für 4 Personen

250 g Rindfleisch
200 g Lammfleisch, 100 g Schinken
100 g Hühnerfleisch
100 g Enten- oder Gänsefleisch
1½–2 l Wasser, 700 g Sauerkraut, 2 EL Butter
2 Zwiebeln, je 1 Karotte und Petersilienwurzel
4 Zehen Knoblauch, 1 Bund Dill
¼ l saure Sahne, Salz
10 schwarze Pfefferkörner, 3 Lorbeerblätter

Fleisch mit einer Zwiebel, Wurzelwerk, Salz und Pfeffer halbweich kochen, abseihen und das Fleisch in Würfel schneiden.
Sauerkraut in Butter andämpfen und mit der Bouillon aufgießen.
Fleischwürfel und die zweite, in Ringe geschnittene und in Butter geröstete Zwiebel zufügen, mit Lorbeerblättern, Salz und Pfeffer würzen und auf kleiner Flamme gar kochen (ca. 15 Minuten).
Kurz vor dem Servieren den durchgepreßten oder zerdrückten Knoblauch unterrühren, nochmals abschmecken und jede Portion mit gehacktem Dill oder gehackter Petersilie und saurer Sahne anrichten.

Schtschi

SCHTSCHI

Für 4–6 Personen

800 g Rindfleisch
400 g Schinken
1 Bund Suppengrün, 1½–2 l Wasser
600 g Sauerkraut
25 g getrocknete Pilze, 1 Zwiebel
1 EL Mehl, 1 EL Butter, ¼ l saure Sahne
Salz, Pfefferkörner, Lorbeerblätter

◁ *Schtschi mit gemischtem Fleisch*

Aus Rindfleisch, Schinken und Suppengrün eine Bouillon kochen und abseihen.

Trockenpilze einweichen, gut abspülen, in wenig Wasser weich kochen und abgießen.

Sauerkraut etwas ausdrücken (Saft aufheben), mit kochendem Wasser überbrühen, in einem Sieb abtropfen lassen und kleinschneiden.

Gehackte Zwiebel in Butter hell rösten, Sauerkraut zufügen und anbraten. Mit Lorbeerblättern und Pfefferkörnern würzen. Bouillon aufgießen und so lange kochen, bis das Kraut weich ist.

Mehl mit 1 EL Pilzbrühe glattrühren und die Suppe damit binden. Gut durchkochen.

Mit Salz und Pfeffer abschmecken. Falls die Suppe zu wenig sauer ist, mit dem Sauerkrautsaft nachwürzen.

Fleisch- und Schinkenwürfel und kleingeschnittene Pilze in der Suppe erhitzen und saure Sahne unterziehen.

Man kann die saure Sahne auch getrennt reichen und die Schtschi statt dessen mit Buchenweizengrütze servieren.

24-Stunden-Schtschi (Sauerkrautsuppe)

SCHTSCHI SUTOTSCHNIJE

Für 4 Personen

400 g geräucherte Rippchen
400 g Rinderbrust
1½ l Wasser, 700 g Sauerkraut
je 1 Karotte, Petersilienwurzel, weiße Rübe
1–2 Zwiebeln, 50 g Butter
4 Zehen Knoblauch, 4 EL saure Sahne
1 Bund Dill
Salz, 6 schwarze Pfefferkörner, 3 Lorbeerblätter

Geräucherte Rippchen auseinanderhacken, mit kaltem Wasser aufsetzen und etwa 1 Stunde kochen. Rinderbrust zufügen und noch 1–1½ Stunden sieden lassen.

Inzwischen Sauerkraut in etwas Butter andünsten. Gehacktes Wurzelwerk und Zwiebeln ebenfalls in Butter leicht anrösten und zusammen mit dem Sauerkraut zur kochenden Suppe geben.

Mit Salz, Pfeffer und Lorbeerblättern würzen und noch 1 Stunde kochen.

Die fertige Sauerkrautsuppe 3–4 Stunden an einem warmen Ort ziehen lassen und dann 24 Stunden (bzw. über Nacht) kühl stellen.

Vor dem Servieren die Suppe wieder erhitzen, das Fleisch in mundgerechte Stücke teilen und das Gericht mit Knoblauch (fein gehackt, zerdrückt oder durchgepreßt) würzen.

Jede Portion mit gehacktem Dill und saurer Sahne garnieren.

Grüne Schtschi

SCHTSCHI SELÖNIJE

Für 5 Personen

1 kg Rinderbrust
1 Bund Suppengrün, 2 l Wasser
600 g junge Brennesseln, 300 g Sauerampfer
1 Zwiebel, 100 g Butter, 1 EL Mehl
200 g saure Sahne
5 hartgekochte Eier
5 geräucherte Würstchen
Salz, Pfeffer

Aus Rindfleisch und Suppengrün eine Brühe kochen und abseihen. Fleisch würfeln und zugedeckt beiseite stellen.

In der Zwischenzeit Brennesseln verlesen, gründlich waschen, mit heißem Wasser überbrühen und aufkochen. Abtropfen lassen und hacken.

Kleingewürfelte Zwiebel in Butter anschwitzen, Brennesseln zufügen und fast weich dünsten.

Sauerampfer ebenfalls verlesen, waschen und hacken. Mit den Brennesseln bei geschlossenem Topf garen.

Aus 1 EL Butter und 1 EL Mehl eine helle Einbrenne bereiten, mit etwas Brühe ablöschen und das Gemüse damit binden.

Restliche Brühe aufgießen, alles gut verrühren und durchkochen.

Fleischwürfel und saure Sahne in der Suppe erhitzen und abschmecken.

Würstchen in Scheiben schneiden und in Butter anbraten.

Mit den halbierten Eiern unmittelbar vor dem Servieren zur Suppe geben.

Schtschi mit Spinat und Sauerampfer

SCHTSCHI S SCHAWELEM I SCHPINATOM

Für 4 Personen

300–400 g Spinat
300–400 g Sauerampfer, 150 g Wurzelwerk
(Lauch, Karotte, Sellerie, Petersilienwurzel)
1½ l Wasser, 50 g getrocknete Pilze
1–2 Zwiebeln
50 g Grieß, 1 EL Butter, 1 EL Mehl
¼ l saure Sahne
2–3 hartgekochte Eier, Salz, Pfeffer

Pilze einweichen, abspülen und mit Wurzelwerk, Grieß, Salz und Pfeffer zu einer Pilzbrühe kochen. Abseihen.
Pilze abtropfen, kleinschneiden und mit der gehackten Zwiebel in Butter anbraten. Mit Mehl stauben, anrösten und mit einigen Löffeln Pilzbrühe glattrühren.
Restliche Brühe aufgießen und gut durchkochen.
Spinat und Sauerampfer gründlich waschen, tropfnaß in einen Topf geben und weich dünsten.
Mit der Dünstflüssigkeit durch ein Sieb in die Suppe passieren. Umrühren, erhitzen und abschmecken.
Mit saurer Sahne servieren.
In Scheiben geschnittene hartgekochte Eier getrennt dazu reichen.

Ucha mit Backfisch

UCHA OPEKANNAJA

Für 4 Personen

1500 g Fisch
(z. B. Kabeljau, Goldbarsch, Heilbutt etc.)
1½ l Wasser, 2 Kartoffeln
2 Zwiebeln, 1 Karotte, 1 Petersilienwurzel
1 Ei, 1 EL Mehl, 1 EL Butter
je 1 Bund Petersilie und Dill
Salz, 8 schwarze Pfefferkörner, 3 Lorbeerblätter

◁ *Schtschi mit Spinat und Sauerampfer*

Fisch sorgfältig säubern und filetieren.
Kartoffeln würfeln, Karotte, Petersilienwurzel und Zwiebeln hacken.
Das Gemüse zusammen mit den Fischabfällen, Salz, Pfefferkörnern und Lorbeerblättern 20–30 Minuten bei schwacher Hitze kochen und anschließend abseihen.
Fischfilets in der Brühe 5 Minuten pochieren. Herausnehmen, trockentupfen, in verquirltem Ei und Mehl panieren und in Butter goldgelb braten.
Brühe aufkochen, eventuell mit Salz nachwürzen, den gebratenen Fisch einlegen und 5 Minuten ziehen lassen.
Mit gehackter Petersilie und Dill bestreut servieren.

Sauerkrautsuppe mit Stör- oder Lachsköpfen

SCHTSCHI S OSETROWOIJ GOLOWOIJ ILI PROSTO S OSETRINOIJ

Für 4 Personen

1200 g Stör- oder Lachsköpfe
1½ l Wasser, 600 g Sauerkraut
2–3 Zwiebeln
3–4 EL Öl oder Butter, 1 EL Mehl
1 Bund Petersilie, Salz, Pfeffer

Gewaschene Fischköpfe mit kaltem Wasser aufsetzen, aufkochen und den Schaum abschöpfen. Mit einer geviertelten Zwiebel, Salz und Pfeffer würzen und so lange sieden lassen, bis sich das Fleisch von den Gräten löst.
Brühe abseihen, Fischfleisch auslösen und zugedeckt beiseite stellen.
Sauerkraut leicht ausdrücken, mit 1–2 gehackten Zwiebeln in Öl oder Butter anrösten, zur Suppe geben und so lange kochen, bis das Kraut weich ist.
Mehl mit etwas warmem Wasser glattrühren und die Suppe damit binden.
Fischfleisch in die Suppenterrine legen, mit der heißen Suppe auffüllen und mit gehackter Petersilie bestreuen.

Fischsuppe Rachmanow

RACHMANOWSKIE SCHTSCHI

Für 5 Personen

600 g frischer Lachs
400–500 g Kleinfisch oder
Fischköpfe, -schwänze, -gräten
150 g Wurzelwerk
(Sellerie, Karotte, Petersilienwurzel)
1 Bund Küchenkräuter
1½ l Wasser, 600 g Spinat, 300 g Sauerampfer
3 EL Butter, 1 EL Mehl
5 Eier, 200 g saure Sahne
Salz, 6 Pfefferkörner, 2 Lorbeerblätter

Aus dem sorgfältig geputzten Kleinfisch (bzw. den Fischabfällen) mit Wurzelwerk, Kräutern, Salz, Pfefferkörnern und Lorbeerblättern eine Fischbouillon kochen und abseihen.

Lachs in der Brühe garen, herausnehmen und zugedeckt beiseite stellen.

Spinat und Sauerampfer gründlich waschen, mit heißem Wasser blanchieren, in 1 EL Butter mit etwas Fischbouillon dünsten und durch ein Sieb passieren.

Aus 1 EL Butter und 1 EL Mehl eine helle Einbrenne bereiten, das Spinat-Sauerampfer-Püree unterrühren, nach und nach mit der Fischbrühe aufgießen und aufkochen.

Die Suppe vom Herd nehmen und die saure Sahne unterziehen.

In der Zwischenzeit die Eier etwa 4 Minuten wachsweich kochen, abschrecken, schälen und mit dem in mundgerechte Stücke geteilten Lachs in die Suppenterrine legen.

Mit der heißen Suppe auffüllen und servieren.

Rassolnik mit Salzgurken und Nieren

RASSOLNIK S SOLÖNIMI
OGURZAMI I POTSCHKAMI

Für 4 Personen

600 g Rindfleisch (z. B. Hüfte)
2 Kalbsnieren, 1½ l Wasser,
5 mittelgroße Kartoffeln
5 mittelgroße Salzgurken
150 g Suppengemüse
(Karotte, Petersilienwurzel, Sellerie, Lauch)
1 Zwiebel, 100 g Rollgerste, 50 g Tomatenmark
50 g Butter, evtl. 2 EL Mehl
2 EL Salzgurkenlake, 125 g Crème fraîche
Salz, Pfeffer

Nieren gut säubern, dreimal mit kochendem Wasser blanchieren und mit warmem Wasser abspülen. Zusammen mit dem Rindfleisch in kaltem Wasser aufsetzen und mit der Hälfte des Suppengemüses, Salz und Pfeffer nach dem Grundrezept weich kochen. Während der letzten 10 Minuten die Schalen der Salzgurken in der Brühe ziehen lassen und abseihen.

Restliches Suppengemüse und Zwiebel hacken, in Butter anrösten, mit Tomatenmark verrühren. Gewürfelte Kartoffeln dazugeben, mit etwas Bouillon aufgießen und weich dünsten.

Rollgerste gut waschen, in kaltem Wasser aufsetzen und garen.

In einem Sieb mit heißem Wasser sorgfältig abspülen und abtropfen lassen.

Geschälte Salzgurken kleinschneiden, in Butter andünsten und mit etwas Brühe weich kochen.

Die so vorbereiteten Zutaten mit dem in mundgerechte Stücke geschnittenen Rindfleisch und der Salzgurkenlake in die Brühe geben und gut durchkochen.

Das Gericht eventuell mit Mehl, das mit etwas Bouillon glattgerührt wurde, binden.

Kurz vor dem Servieren die quer zur Faser feingeschnittenen Nieren in der Suppe erhitzen. Nicht mehr kochen!

Jede Portion vor dem Servieren mit einem Löffel Crème fraîche garnieren.

Rassolnik mit Salzgurken und Nieren ▷

Rassolnik mit Pilzen

RASSOLNIK S GRIBAMI

Für 4 Personen

---

50 g getrocknete Steinpilze
1½ l Wasser
2–3 Kartoffeln, 3 mittelgroße Salzgurken
⅛ l Salzgurkenlake
je 1 Zwiebel, Karotte und Petersilienwurzel
2 EL Butter, 2 EL gehackter Dill
4 EL saure Sahne
Salz, 8 schwarze Pfefferkörner, 3 Lorbeerblätter

Getrocknete Pilze 3–4 Stunden in kaltem Wasser einweichen und ohne Salz im Einweichwasser gar kochen.
Pilze herausnehmen, abspülen und in Streifen schneiden.
Pilzbrühe vorsichtig abgießen und eventuell filtern, um Sandrückstände zu vermeiden.
Zwiebel, Karotte und Petersilienwurzel in Streifen schneiden, in Butter anrösten und zusammen mit den gewürfelten Kartoffeln in der Brühe weich kochen.
Salzgurken schälen, entkernen, in Scheiben schneiden und mit Salzgurkenlake zur Suppe geben.
Mit Salz, Pfeffer und Lorbeerblättern würzen, die gekochten Pilze zufügen und weitere 10–15 Minuten kochen.
Mit gehacktem Dill bestreuen und mit saurer Sahne servieren.

Rassolnik
mit Hühnerklein

RASSOLNIK S POTROCHAMI

Für 4 Personen

---

500 g Rindfleisch
300 g Hühnerklein, 1½ l Wasser
3 mittelgroße Salzgurken
3 EL Reis, je 1 Karotte, Zwiebel, Petersilienwurzel
3 Zehen Knoblauch, 30 g Butter
je 1 Bund Dill und Petersilie, ⅛ l saure Sahne
Salz, 8 schwarze Pfefferkörner, 2 Lorbeerblätter

Aus Rindfleisch, Karotte, Zwiebel, Petersilienwurzel, Salz, Pfefferkörnern und Lorbeerblättern nach dem Grundrezept eine Bouillon bereiten und in der letzten Stunde das gewaschene Hühnerklein mitkochen.
Brühe abseihen und den Reis darin garen.
Salzgurken schälen und die Schalen in wenig Wasser etwa 15 Minuten kochen. Schalen entfernen, die kleingeschnittenen Salzgurken in der Gurkenbrühe weich dünsten und zur Suppe geben.
Noch 5–7 Minuten kochen und das gewürfelte Fleisch darin erhitzen.
Suppe vom Feuer nehmen und mit dem Knoblauch, der mit Salz und Butter zerrieben wurde, verrühren.
Mit gehacktem Dill und Petersilie bestreuen und mit saurer Sahne servieren.

Man kann anstelle von Hühnerklein auch Gänseklein verwenden.
In diesem Fall ersetzt man den Reis durch 50 g Perlgraupen.

Rassolnik vegetarisch

RASSOLNIK VEGETARIANSKIY

Für 4 Personen

6–8 Salzgurken, 400 g Wurzelwerk
(Karotten, Petersilienwurzel, Sellerie, Lauch)
400 g Kartoffeln, 1–1½ l Wasser
⅛ l Salzgurkenlake, 50 g Perlgraupen
2 Zwiebeln
1 Bund Küchenkräuter (Petersilie, Estragon, Dill)
50 g Butter, 1 EL Mehl
gehackter Dill, ¼ l saure Sahne
Salz, 8–10 Pfefferkörner (schwarz und weiß)
2 Lorbeerblätter

Salzgurken schälen. Aus den Schalen zusammen mit gehacktem, in Butter angeröstetem Wurzelwerk und Zwiebeln, Küchenkräutern, Salz, Pfeffer und Lorbeerblättern eine würzige Brühe kochen und abseihen.
Kleingeschnittene Salzgurken in etwas Butter andämpfen.

Gewaschene Perlgraupen in Wasser weich kochen, in ein Sieb schütten, mit heißem Wasser abspülen und abtropfen lassen.

Gewürfelte Kartoffeln in der abgeseihten Brühe weich kochen, Salzgurken und Graupen zufügen, mit Salzgurkenlake würzen und gut durchkochen.

Aus Butter und Mehl eine helle Einbrenne bereiten und das Gericht damit binden.

Die fertige Suppe mit gehacktem Dill bestreuen und jede Portion mit einem Löffel saurer Sahne servieren.

Ucha aus Süßwasserfischen

UCHA IS SIGA ILI SUDAKA

Für 4 Personen

---

500 g Kleinfisch
(Kaulbarsch, Karausche, Plötze, Gründling etc.)
800 g Edelfisch (Zander, Renke, Forelle)
1½ l Wasser, 2 Kartoffeln
2 Zwiebeln, 1 Karotte, 1 Petersilienwurzel
je 1 Bund Petersilie und Dill
Salz, 8 schwarze Pfefferkörner, 3 Lorbeerblätter

Fische gründlich waschen.

Edelfisch filetieren. Die Abfälle mit den Kleinfischen, gewürfelten Kartoffeln und gehacktem Gemüse in schwach gesalzenem Wasser etwa 20 Minuten auf kleiner Flamme sieden lassen.

Abseihen, mit Pfefferkörnern und Lorbeerblättern würzen und weitere 5 Minuten kochen.

Fischfilets in mundgerechte Stücke teilen und in der Brühe 15–20 Minuten garen.

Mit Salz abschmecken, gehackte Petersilie und Dill zufügen und die fertige Suppe noch etwa 10 Minuten ziehen lassen.

Man kann sie auch mit 50 g Perlgraupen, die in leicht gesalzenem Wasser weichgekocht wurden, servieren und mit saurer Sahne verfeinern.

Ucha aus Meeresfisch wird ebenso zubereitet, jedoch zum Schluß mit einem Döschen Safran, der in etwas Wodka oder trockenem Sherry aufgelöst wurde, gewürzt.

Fischrassolnik

RASSOLNIK IS RIBI

Für 6 Personen

Insgesamt 1200 g Fisch:
300 g Kleinfisch,
(Kaulbarsch, Plötze, Rotauge, Gründling etc.)
300 g Zander oder Renke, 300 g Stör
300 g Räucherlachs
2 l Wasser, 300 g weißes Wurzelwerk
(weiße Rüben, Sellerie, Petersilienwurzel)
8 mittelgroße Salzgurken, ⅛ l Salzgurkenlake
1–2 Zwiebeln, 1 Bund Küchenkräuter
ca. 100 g Butter, 2 EL Mehl, 1–2 Bund Dill
Salz, 10 weiße Pfefferkörner

Zander (oder Renke) und Stör filetieren.

Wurzelwerk säubern und die schönen Stücke in dekorative Scheiben schneiden.

Salzgurken schälen.

Aus gewaschenem Kleinfisch, Haut und Gräten der Edelfische, Salzgurkenschalen und -saft, den Resten des Wurzelwerks, Kräutern, geviertelten Zwiebeln, Salz und Pfefferkörnern eine kräftige Fischbrühe kochen und abseihen.

Den Sud wieder aufkochen, die Fischstücke darin gar ziehen lassen und herausnehmen.

Das vorgeschnittene Wurzelwerk in etwas Fischbrühe bißfest kochen.

Geschälte Salzgurken in Scheiben schneiden und in Butter dämpfen.

Räucherlachsstücke ebenfalls in Butter erwärmen.

Fischbrühe aufkochen und mit einer hellen Einbrenne aus 2 EL Butter und 2 EL Mehl binden.

Vorgegarten Fisch, Wurzelwerkscheiben und gedünstete Salzgurken in die Suppe geben, durchkochen und den Räucherlachs noch einige Minuten darin ziehen lassen.

In der Terrine mit gehacktem Dill bestreut servieren.

Diese köstliche Fischsuppe kann beliebig variiert werden: andere Fischsorten wählen – Einbrenne statt mit Butter mit Krebsbutter bereiten – Tomatenscheiben 10 Minuten vor dem Servieren einlegen – 50 g Perlgraupen (vorher in Wasser weichgekocht) zufügen.

Moskauer Krebssuppe

MOSKOWSKIY RAKOWIY SUP

Für 4 Personen

---

800 g Kaulbarsch, Plötze, Schleie etc.
1½ l Wasser
300 g Krebsfleisch (Dose)
600 g Zanderfilet
200 g helles Wurzelwerk
(Sellerie, Petersilienwurzel, Lauch)
1 Zwiebel
1 Bund Küchenkräuter
200 g süße Sahne, 30 g Krebsbutter
1 Bund Dill
Salz, Pfeffer, Lorbeerblatt

Kaulbarsch (oder andere kleine Fische) sorgfältig säubern und mit Wurzelwerk, Zwiebel, Kräutern und Gewürzen eine kräftige Fischbouillon kochen. Abseihen.
Zanderfilet mit Sahne und etwas Salz im Mixer pürieren. Mit 2 Teelöffeln, die zwischendurch immer wieder in kaltes Wasser getaucht werden, kleine Klößchen abstechen und in der siedenden Fischbrühe etwa 10 Minuten garen.
Krebsfleisch zur Suppe geben und erhitzen.
Mit Krebsbutter verfeinern und mit gehacktem Dill bestreut servieren.

ALTERNATIVE
(wie im Foto rechts dargestellt):
Fischbouillon vorbereiten wie oben beschrieben. Abseihen. Zanderfilet in feine Scheiben schneiden, Safran (1 g) in 10–15 ml Wodka lösen. Anschließend die Zanderfiletscheiben in die mit Safran versetzte Brühe geben, statt Krebsfleisch die gleiche Menge frische Garnelenschwänze hinzufügen und etwa 10 Minuten garen lassen.
Man serviert diese Suppe mit Rastegai (siehe Rezept Seite 270).

Moskauer Krebssuppe ▷

Soljanka mit Fisch und Kraut

SOLJANKA RIBNAJA S KAPUSTOJI

Für 4 Personen

500 g Kleinfisch
(Kaulbarsch, Plötze, Gründling etc.)
2 Lachsköpfe
je 200 g Stör, Zander, Lachs
100 g frische Garnelenschwänze
1½ l Wasser
1 Bund Wurzelwerk
(Petersilienwurzel, Sellerie, Karotte)
200 g Sauerkraut oder frisches Weißkraut
10 Oliven, 10 Champignons oder
1–2 frische Steinpilze
2 Salzgurken, ⅛ l Salzgurkenlake
1 Zwiebel
ca. 50 g Butter, 2 EL Mehl
3 EL saure oder süße Sahne
je 1 Bund Dill und Petersilie
Salz, Pfeffer, 2 Lorbeerblätter

Aus gesäubertem Kleinfisch, Lachsköpfen, Wurzelwerk, Salz, Pfeffer und Lorbeerblättern eine Fischbrühe kochen und abseihen.

Feingehackte Zwiebel in Butter anbraten, mit Mehl stauben, anrösten, in die Suppe rühren, aufkochen und wieder abseihen.

Sauerkraut (oder gehobeltes Weißkraut) blanchieren, in Butter und etwas Brühe dünsten und zusammen mit dem in Stücke geteilten Fisch (Stör, Zander, Lachs), Oliven, in Scheiben geschnittenen Champignons, geschälten, gewürfelten Salzgurken zur Suppe geben.

Aufkochen, mit Salzgurkenlake abschmecken und auf kleiner Flamme gar ziehen lassen. Zur besonderen, intensiveren Geschmacksgebung kann der Topf mit einer Scheibe Mürbeteig (siehe Rezept Seite 256) verschlossen werden, was auch besonders dekorativ aussieht.

Bei Tisch jede Portion mit einem Löffel saurer oder süßer Sahne garnieren und mit feingehacktem Dill und Petersilie bestreuen.

◁ *Soljanka mit Fisch und Kraut*

Krebscremesuppe
mit Reis

SUP PÜRE IS RAKOW S RISOM

Für 5–6 Personen

30–40 Krebse
ca. 2 l Wasser, 1 Zwiebel, 50 g Reis
1½ EL Butter
1 EL Mehl, ¼ l saure Sahne
2 Bund Dill, 1 Bund Petersilie
Salz

Krebse gründlich waschen. In kochendem, leicht gesalzenen Wasser mit gehackter Zwiebel und 1 Bund Dill 20–30 Minuten garen. Herausnehmen und die Brühe abseihen.
Krebsfleisch auslösen und mit etwas Bouillon bedeckt beiseite stellen.
Krebspanzer und -scheren im Mörser zerstoßen und in Butter anrösten. Mehl anstauben, leicht bräunen, mit der Krebsbrühe aufgießen, gut durchkochen und abseihen.
Inzwischen den Reis mit wenig Salz in Wasser weich kochen und abtropfen lassen.
Krebsfleisch, Reis und saure Sahne in der Suppe erhitzen und mit gehacktem Dill und Petersilie bestreut servieren.

Aalsuppe
mit grünen Erbsen

UCHA IS UGRJA S
SELÖNIM GOROSCHKOM

Für 4 Personen

1000–1200 g Aal, ca. 1½ l Wasser
½ Sellerieknolle, 1 Petersilienwurzel
1–2 Zwiebeln, 12 Schalotten
300 g grüne Erbsen, frisch oder tiefgekühlt
6 schwarze Pfefferkörner, 2 Lorbeerblätter
1 Bund Kräuter (Dill, Petersilie, Zwiebelgrün) Salz

Sellerie, Petersilienwurzel, Zwiebel und Schalotten zerkleinern, mit Salz, Pfefferkörnern und Lorbeerblättern etwa 2 Stunden kochen und abseihen.
Inzwischen den Aal gründlich waschen, ausnehmen, mit Salz abreiben und in Stücke schneiden. Aal in der Gemüsebrühe 30–40 Minuten gar kochen.
Die Erbsen in wenig Salzwasser dünsten, abtropfen und in der Suppenterrine warm halten.
Aalsuppe eventuell mit Salz nachwürzen, über die Erbsen in die Terrine füllen und mit gehackten Kräutern bestreut servieren.

Stör- oder Lachssuppe
mit Champagner

UCHA IS LOSOSJA S SCHAMPANSKIM

Für 5–6 Personen

1200 g Stör oder Lachs
800–1200 g verschiedene Fische
(Kaulbarsch, Rotauge, Schleie, Renke usw.)
oder 1 junges Huhn, 1½–2 l Wasser
200 g helles Wurzelwerk
(Sellerie, Petersilienwurzel, Lauch)
1 Bund Küchenkräuter, 1–2 Zwiebeln
½ Flasche Champagner
2 Eiweiß, 1 Bund Dill, 1 Zitrone
Salz, 6 weiße Pfefferkörner, 2 Lorbeerblätter

Die Fische (oder das Huhn) für die Bouillon gründlich säubern und mit Wurzelwerk, Kräutern, Zwiebeln und Gewürzen etwa 2 Stunden kochen. Den auftretenden Schaum immer wieder abschöpfen. Die Brühe abseihen, mit dem verquirlten Eiweiß klären und durch eine Serviette gießen oder filtern.
Den gewaschenen, portionierten Stör oder Lachs in der wieder aufgekochten Bouillon auf kleiner Flamme 20–30 Minuten gar ziehen lassen.
Fischstücke vorsichtig herausnehmen und in die Suppenterrine legen.
Bouillon mit ½ Flasche Champagner verfeinern, erhitzen (nicht mehr kochen!) und über den Fisch in die Terrine füllen.
Mit Dill bestreut servieren und geschälte, entkernte Zitronenscheiben dazu reichen.

Soljanka mit Kalbfleisch und Wachteln (oder Fasan)

SOLJANKA MJASNAJA S FASANOM

Für 6 Personen

---

600 g Suppenfleisch vom Rind
600 g Kalbfleisch mit Knochen
ca. 2 l Wasser
2 küchenfertige Wachteln (oder ½ kleiner Fasan)
200 g gekochter Schinken
(oder geräucherte Zunge)
2 Bund Suppengrün
je 50 g marinierte Pilze, Oliven, Cornichons
50 g Tomatenmark, 150–200 g Butter, 3 EL Mehl
200 g saure Sahne
Salz, Pfeffer

Nach dem Grundrezept aus Rindfleisch, Kalbsknochen, Suppengrün, Salz und Pfeffer eine kräftige Bouillon kochen und abseihen. Rindfleisch für ein anderes Gericht verwenden.
Kalbfleisch und Wachteln (oder Fasan) mit Salz und Pfeffer würzen und jeweils getrennt in Butter gar braten. Den dabei austretenden Fleischsaft zur Bouillon geben.
Fleisch abkühlen lassen und Geflügel entbeinen. Alles in mundgerechte Stücke teilen und zugedeckt beiseite stellen.
Marinierte Pilze, entkernte Oliven und Cornichons in Scheiben schneiden, in Butter andünsten, mit Tomatenmark verrühren und zur Brühe geben.
Aus 2 EL Butter und 2 EL Mehl eine helle Einbrenne bereiten und die Suppe damit binden. Gut durchkochen.
Saure Sahne einrühren und etwas ziehen lassen. Kurz vor dem Servieren Kalb- und Geflügelfleisch und kleingeschnittenen Schinken (oder Zunge) in der Suppe erhitzen.

Soljanka in der Kasserolle (auf Bauernart)

SOLJANKA NA SKOWORODE
(PO-KRESTJANSKI)

Für 6 Personen

---

800 g frischer Lachs
400 g Stockfisch
500 g Sauerkraut, 6 mittelgroße Kartoffeln
50 g getrocknete Steinpilze, 200 g marinierte Pilze
100 g Tomatenmark, 1 Zwiebel, 2 Gewürzgurken
10 Oliven, 2 EL Mehl, 100 g Butter
4 EL Sonnenblumenöl, 3 EL Paniermehl
Salz, Pfefferkörner, Lorbeerblatt, Zucker, Essig

Lachs und Stockfisch jeweils getrennt in wenig Wasser garen und im Sud erkalten lassen. Abgetropft in kleine Stücke teilen.
Getrocknete Pilze gut waschen und in ¾ l Flüssigkeit (aus Fischsud und Wasser) weich kochen. Abseihen und Pilze in Streifen schneiden.
Sauerkraut mit gehackter Zwiebel in etwas Butter anbraten. 1 EL Tomatenmark, kleingeschnittene Gewürzgurken und Oliven, Pfefferkörner und Lorbeerblatt zufügen und mit etwas Pilzbrühe weich schmoren.
Rohe Kartoffeln schälen, in dünne Scheiben schneiden und in Öl braten, bis sie gar sind. Mit Salz und Pfeffer würzen.
Marinierte Pilze abtropfen lassen, in Scheiben schneiden und in Butter andünsten.
Restliche Pilzbrühe aufkochen, mit einer hellen Einbrenne aus 2 EL Butter und 2 EL Mehl andicken, mit dem restlichen Tomatenmark verrühren und zu einer sämigen Pilz-Tomatensauce kochen.
Mit Salz, Pfeffer, eventuell Zucker und Essig pikant abschmecken.
In eine schwere, gut geölte Kasserolle füllt man die Hälfte des Sauerkrauts und belegt es mit den Fischstücken. Darüber schichtet man die mit den Pilzen vermischten Kartoffeln und bedeckt das Ganze mit dem restlichen Sauerkraut.
Mit der Pilz-Tomatensauce übergießen, damit die Soljanka saftig bleibt und mit Paniermehl bestreuen.
Im Backrohr bei mittlerer Hitze etwa 30–40 Minuten backen, bis sich eine goldbraune Kruste bildet.

Soljanka mit gemischtem Fleisch

SOLJANKA SBRONAJA MJASNAJA

Für 4 Personen

1½ l Fleischbrühe
200 g gekochtes oder gebratenes
Rind-, Kalb- oder Lammfleisch
200 g gebratene Kalbs- oder Rindernieren
100 g gekochter Schinken
100 g Würstchen, 200 g Zwiebeln, 100 g Salzgurken
50 g Kapern, 80 g Oliven, 1 Zitrone
50 g Tomatenmark, 50 g Butter, 100 g saure Sahne
je 1 Bund Petersilie und Dill
Salz, Pfefferkörner, Lorbeerblatt

Gehackte Zwiebeln in Butter hell rösten. Geschälte, rautenförmig geschnittene Salzgurken und Tomatenmark etwa 5 Minuten mitdünsten. Mit Salz, Pfefferkörnern, Lorbeerblatt, Kapern und der Hälfte der Oliven würzen.
Fleisch, Nieren, Schinken und Würstchen in feine Scheiben schneiden, zufügen, mit der Fleischbrühe aufgießen und 10 Minuten auf kleiner Flamme kochen.
Die Suppe mit Salz und Pfeffer abschmecken und jede Portion mit saurer Sahne, Oliven, geschälten Zitronenscheiben und gehackten Kräutern servieren.

Diese Soljanka eignet sich sehr gut als Resteverwertung, denn man kann sie auch mit gebratenem oder gekochtem Geflügel, Wild, Pökelzunge usw. zubereiten.

Soljanka mit gemischtem Fleisch ▷

Pilzsuppe mit Nudeln

LAPSCHA GRIBNAJA

Für 4–6 Personen

1½–2 l Pilzbrühe (siehe Rezept Seite 68)
1 Bund Suppengrün, 1 EL feingeschnittener Dill
4–5 Zehen Knoblauch
0,1 l saure Sahne
Nudeln aus 200 g Mehl
(siehe Grundrezept Seite 256)

Suppengrün kleinhacken und in der Pilzbrühe bißfest kochen. Vorgekochte Nudeln in der Suppe
erhitzen und mit Dill, gehacktem oder durchgepreßtem Knoblauch und saurer Sahne abschmecken.

Hühnerbrühe mit Nudeln

LAPSCHA S KURIZEI

Für 4–6 Personen

1½–2 l Hühnerbrühe
1 große Zwiebel, 1 EL Butter
2 EL gehackte Petersilie, 2 EL gehackter Dill
1 g Safran, 2–4 Zehen Knoblauch
Nudeln aus 200 g Mehl
(siehe Grundrezept Seite 256)

Feingeschnittene Zwiebel in Butter leicht anbraten
und mit Kräutern, Safran und gehacktem oder
durchgepreßtem Knoblauch in der heißen Hühnerbrühe kurz ziehen lassen. Die vorgekochten
Nudeln in der Suppe erhitzen und die Nudelsuppe
in gewärmten Tellern servieren.

Klare Ochsenschwanzsuppe

SUP IS BITSCHIYCH
HWOSTOW (PRASDNITSCHNIJI)

Für 12 Personen

OCHSENSCHWANZBRÜHE
3 Ochsenschwänze
(ca. 3000 g), in Stücke gehackt
300 g Wurzelwerk
(Karotten, Petersilienwurzel, Lauch, Pastinake)
1 Bund Küchenkräuter, ⅛ l Madeira

DUNKLE BRÜHE
2000–2400 g Rindfleisch
300 g Wurzelwerk, 2 Zwiebeln
400 g Rinderhack, 2 Eiweiß, ⅛ l Madeira
2 EL Kartoffelmehl

SUPPENEINLAGEN
2 große Karotten, ½–1 Knolle Sellerie
⅛ l Madeira, 400 g Hühnerfilet
2 Brötchen, 1 Ei, 200 g Kalbfleisch
15 g Champignons
100 g Sauerampfer, ⅛ l Tomatensaft

ca. 100 g Butter
Salz, Pfeffer, Zucker

Ochsenschwanzstücke 24 Stunden in kaltem Wasser, das mehrmals erneuert wird, einweichen.
Abgießen, mit warmem Wasser aufsetzen, aufkochen und kalt abspülen.
Ochsenschwänze mit frischem Wasser, grob zerkleinertem Wurzelwerk, Küchenkräutern, Madeira
und Salz gut zugedeckt 4–5 Stunden auf kleiner
Flamme kochen. Flüssigkeit immer wieder ergänzen, damit das Fleisch stets bedeckt bleibt.
Etwas abkühlen lassen, dann Fett abschöpfen und
abseihen.
Inzwischen nach dem Grundrezept aus angebrate-
nem Wurzelwerk, Zwiebeln und Rindfleisch mit
Salz eine dunkle (»rote«) Bouillon kochen, abseihen und mit Rinderhack und Eiweiß klären
(siehe Grundrezept Seite 35).
Dunkle Bouillon mit Ochsenschwanzbrühe auffüllen (insgesamt etwa 4 l).

⅛ l Madeira mit 2 EL Karoffelmehl glattrühren und die Suppe damit leicht binden.

In der Zwischenzeit die Suppeneinlagen bereiten: 2 große Karotten und etwa die gleiche Menge Sellerie säubern, in Scheiben schneiden und in wenig Brühe und 1 EL Butter weich dünsten.

In ein flaches, feuerfestes Gefäß füllen, mit abgeschöpftem Suppenfett und ⅛ l Madeira angießen und mit etwas Zucker bestreuen. Im heißen Backrohr bräunen, bis die Oberfläche glänzt.

Gemüse in die Suppenterrine füllen und zugedeckt warm stellen.

Enthäutetes Hühnerfilet mit eingeweichten, gut ausgedrückten Brötchen, Ei und Salz im Mixer zu einer homogenen Masse pürieren.

Mit nassen Händen (oder zwei Teelöffeln) kleine Knödel formen und in Salzwasser 10–15 Minuten sieden lassen.

Kleingewürfeltes Kalbfleisch in Butter kurz anbraten, mit in Scheiben geschnittenen Champignons, gehacktem Sauerampfer und Tomatensaft in der fertigen Suppe 10 Minuten ziehen lassen.

Knödel einlegen, eventuell mit Salz und Pfeffer nachwürzen und die Ochsenschwanzsuppe auf das Gemüse in der Terrine füllen.

Das gekochte Rindfleisch für ein anderes Gericht verwenden (z.B. als Tellerfleisch mit Meerrettich), die völlig ausgelaugten Ochsenschwänze hingegen wegwerfen.

Königssuppe

SUP KOROLEWSKIY

Für 6 Personen

---

500 g Rindfleisch
1 Huhn (ca. 1200 g), 100 g gekochter Schinken
100 g mageres Rindfleisch
100 g mageres Kalbfleisch, 1 Bund Suppengrün
1 Karotte, ½ Petersilienwurzel
½ Stange Lauch, ¼ Sellerie
50 g Butter, 2 Brötchen, 2 Eigelb, ⅛ l Sahne
Salz, Pfeffer

Das Huhn sorgfältig waschen, halbieren, Brust- und Schenkelfleisch von den Knochen lösen und die Haut abziehen.

Aus Rindfleisch, Knochen, Haut und Flügeln des Huhns mit Suppengrün und Salz nach dem Grundrezept eine Bouillon kochen und abseihen. (Rindfleisch anderweitig verwenden.)

Ausgelöstes Hühnerfleisch in kleine Stücke schneiden und zusammen mit dem ebenfalls kleingeschnittenen Rind- und Kalbfleisch, dem gewürfelten Schinken und dem feingehackten Gemüse in Butter weich braten.

Brötchen entrinden und in etwas heißer Bouillon einweichen, gut ausdrücken und zusammen mit der gebratenen Fleisch-, Schinken-, Gemüsemischung im Mixer nicht zu fein pürieren.

Das Püree in einen Topf umfüllen, die mit Sahne verquirlten Eigelb unterrühren, mit Bouillon aufgießen und unter ständigem Rühren erhitzen. Nicht mehr kochen! Mit Salz und Pfeffer eventuell nachwürzen.

Die Königssuppe kann mit gerösteten Weißbrotwürfeln, gefüllten Oliven oder Piroggen serviert werden.

Linsencremesuppe

SUP PÜRE IS TSCHETSCHEWITZI

Für 4 Personen

---

800 g Suppenfleisch vom Rind
200 g roher Schinken
1 Bund Suppengrün, 400 g Linsen
1 Karotte, 1 Zwiebel
2 EL Paniermehl
2 Eigelb, ⅛ l Sahne, 1 Bund Dill
Salz, Pfeffer

Aus Rindfleisch, Schinken und Suppengrün mit Salz und Pfeffer eine Brühe kochen und abseihen. Schinken würfeln, Rindfleisch für ein anderes Gericht verwenden.

Linsen in kaltem Wasser einige Stunden einweichen, abtropfen und mit gehackter Zwiebel, in Scheiben geschnittener Karotte und Paniermehl in einen Topf füllen. Mit Salz und Pfeffer würzen und mit warmem Wasser bedecken. Aufkochen, abschäumen und zugedeckt im Rohr bei Mittelhitze weich werden lassen.

Die Linsen durch ein Sieb passieren. Das Püree erhitzen, unter ständigem Rühren die Fleischbrühe angießen und zu einer sämigen Suppe kochen.

Mit in Sahne verquirltem Eigelb legieren. Nicht mehr kochen!

Schinkenwürfel und gehackten Dill in die Suppenterrine legen und die Linsencreme darüberfüllen.

◁ *Linsencremesuppe*

Trüffelcremesuppe

SUP PÜRE IS TRÜFELEIY

Für 4 Personen

---

800 g Rindfleisch
1 Bund Suppengrün, 1½ l Wasser
200 g Hühnerfilet oder Kalbfleisch
1 frische oder eingelegte Trüffel
10 Champignons, ¼ l Sahne, 2 Eigelb
50 g Butter, 1 EL Mehl
⅛ l Madeira, ⅛–¼ l Sherry
Salz, Pfeffer, Zitronensaft

Rindfleisch mit Suppengrün und Salz aufsetzen und nach dem Grundrezept (siehe Seite 35) eine weiße Brühe kochen. Abseihen und das Fleisch für ein anderes Gericht verwenden.
1 El Butter schmelzen lassen, mit 1 EL Mehl verrühren, mit etwas Brühe aufgießen und aufkochen. Restliche Brühe zufügen, erhitzen und unter ständigem Rühren mit den Eigelb, die mit ⅛ l Sahne verquirlt wurden, legieren. Nicht mehr kochen!
Hühner- oder Kalbfleisch mit der restlichen Sahne und etwas Salz im Mixer pürieren. Von der Masse mit zwei Teelöffeln (immer wieder in Wasser tauchen!) kleine Knödel abstechen und in Salzwasser 10–15 Minuten ziehen lassen.
Frische oder eingelegte Trüffel in Madeira aufkochen und im Mörser zerreiben (oder sehr fein hacken).
Champignons in Scheiben schneiden und in Butter mit etwas Zitronensaft dämpfen.
Abgetropfte Knödelchen, Trüffel und Pilze in die Suppenterrine geben, mit Sherry übergießen und mit der heißen Brühe auffüllen.

Brotcremesuppe

SUP PÜRE IS CHLEBA S WINOM

Für 4 Personen

---

800 g Rindfleisch
1 Bund Suppengrün
1½ l Wasser
300 g Roggenbrot (ohne Rinde)
1 EL Butter
⅛–¼ l Sherry oder Madeira
2 Eigelb, ⅛ l Sahne
Salz, Zucker

Nach dem Grundrezept aus Fleisch, Suppengrün und Salz eine Bouillon kochen und abseihen. (Das Rindfleisch für ein anderes Gericht verwenden.) Roggenbrot reiben oder fein zerkrümeln und in 1 EL Butter andämpfen.
Mit der Brühe aufgießen, aufkochen und durch ein Sieb passieren.
Die Suppe wieder erhitzen, mit Sherry oder Madeira und nach Geschmack mit etwas Zucker würzen.
Eigelb und Sahne verquirlen und unter ständigem Rühren die Brotcremesuppe damit legieren. Nicht mehr kochen!

Kirschensuppe mit Buchweizengrütze

WISCHNÖWIY SUP S KRUPOI

Für 4 Personen

---

800 g Rindfleisch
1 Bund Suppengrün, 1½ l Wasser
400 g reife Kirschen
400 g Kalbfleisch
200 g entrindetes Weißbrot
1 EL Butter
1 Stange Zimt, 2–3 Kardamomkörner
Salz, Zucker, Pfeffer
Buchweizengrütze aus 200 g Buchweizen

Nach dem Grundrezept (siehe Seite 35) aus Rindfleisch, Suppengrün, Salz und Pfeffer eine Bouillon kochen und abseihen.
In feine Streifen geschnittenes Kalbfleisch und entkernte Kirschen mit Butter, Kardamom, Zimt und etwas Brühe weich dünsten.
4 Kirschkerne im Mörser zerstoßen und mit den restlichen Kernen 15 Minuten lang in etwas Brühe auskochen.
Abgießen und den Sud mit dem gewürfelten Weißbrot zu den gedünsteten Kirschen geben.
Zu einer dicken Masse einkochen, durch ein Sieb in einen Topf passieren und unter ständigem Rühren mit der restlichen Bouillon auffüllen, mit Salz und Zucker abschmecken. Die Suppe soll von cremiger Konsistenz sein.
Jede Portion mit Buchweizengrütze (siehe Grundrezept Seite 226) servieren.

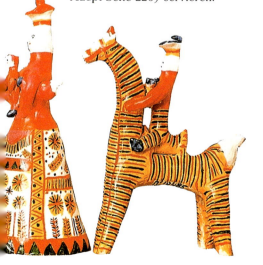

Gurkencremesuppe

SUP PÜRE IS SWESCHICH OGURZOW

Für 4 Personen

---

1 kleines Suppenhuhn, 400 g Kalbsknochen
1 Bund Suppengrün
1½ l Wasser, 1200 g Gurken, 50 g Perlgraupen
100 g gekochter Schinken (im Stück)
1 Zwiebel, 2 Eigelb
⅛ l Sahne, 1½ EL Butter, 1 EL Mehl
1 Bund Dill
Salz, Pfeffer, 2 Gewürznelken

Aus dem Huhn mit Kalbsknochen, Suppengrün und Salz nach dem Grundrezept (siehe Seite 35) eine weiße Brühe kochen. Abkühlen lassen, das Fett abschöpfen und abseihen.
400 g Gurken schälen, entkernen, in Scheiben schneiden und in Salzwasser bißfest kochen. Abgießen, mit kaltem Wasser abschrecken, im Sieb (oder auf Küchenkrepp) trocknen lassen und in die Suppenterrine legen.
Perlgraupen in Salzwasser weich kochen, mit heißem Wasser abspülen und gut abtropfen lassen.
Die restlichen 800 g Gurken ebenfalls schälen, entkernen und in Stücke schneiden. In etwas abgeseihter Brühe mit Schinken, gehackter Zwiebel und Gewürznelken weich dünsten und mit einer hellen Einbrenne (aus 1 EL Butter und 1 EL Mehl) binden.
Nochmals aufkochen und durch ein Sieb passieren (Schinken vorher entfernen).
Das Püree mit der Hühnerbrühe auffüllen, gekochte Perlgraupen zufügen und erhitzen.
Die Suppe unter ständigem Rühren mit dem mit Sahne verquirlten Eigelb und ½ EL Butter legieren. Nicht mehr kochen!
Mit Salz und Pfeffer abschmecken, über die Gurkenscheiben in die Terrine gießen und mit gehacktem Dill bestreut servieren.

Das Hühnerfleisch für ein anderes Gericht (z.B. Geflügelsalat) verwenden.

Truthahnsuppe mit Morcheln und Fleischklößchen

SUP IS INDEIKI SO
SMORTSCHKAMI I FRIKADELKAMI

Für 4–6 Personen

---

1 junger küchenfertiger Truthahn (ca. 1200 g)
1 Truthahnleber
400–600 g Rinds- und Kalbsknochen
1 Bund Suppengrün, 1½–2 l Wasser
8–12 frische Morcheln
(oder 200 g Steinpilze, Pfifferlinge)
2 Zwiebeln
50 g Kalbsnierenfett
2 Eier, 2 Eigelb, 2 EL Sahne
2 EL Butter, 1 EL Mehl
Paniermehl, je 1 Bund Dill und Petersilie
Salz, Pfefferkörner, Muskat

Truthahn waschen, halbieren und das Brustfleisch
auslösen.
1 Zwiebel im Backrohr etwa ½ Stunde backen.
Aus den Truthahnhälften (ohne Brustfleisch),
Rinds- und Kalbsknochen, Suppengrün und Salz
eine Brühe kochen und abseihen.

Zuerst die Truthahnleber in Butter braten und
abkühlen lassen.
Zusammen mit dem ausgelösten Brustfleisch und
dem Nierenfett durch die feine Scheibe des Fleischwolfs drehen.
2 ganze Eier, 2 Eigelb, 1 EL geschmolzene Butter
und 2 EL Sahne zufügen und mit Salz und Muskat
würzen.
Alles gut durcharbeiten und mit Paniermehl zu
einem geschmeidigen Teig rühren.
Mit nassen Händen kleine Klößchen formen und in
einem Teil der Truthahnbrühe ca. 15 Minuten ziehen lassen.
Anstelle von Klößchen kann man auch einen Serviettenknödel bereiten: Dazu formt man aus der
Masse einen Laib, der in eine große, angefeuchtete
Serviette gebunden und in Salzwasser auf kleiner
Flamme 20–30 Minuten gekocht wird.
Morcheln (oder andere Pilze) sorgfältig waschen,
in Streifen schneiden und in Butter leicht anrösten.
1 gehackte Zwiebel mitbraten, 1 EL Mehl anstauben
und mit 5–6 Pfefferkörnern würzen.
Unter ständigem Rühren die restliche Truthahnbrühe angießen und aufkochen.
Abgetropfte Klößchen (oder in Scheiben geschnittene Serviettenknödel) in der Suppe erhitzen und
mit gehackter Petersilie und Dill bestreut servieren.

Hühnercremesuppe mit Krebsschwänzen und Blumenkohl

SUP PÜRE IS KURIZI S
RAKAMI I ZWETNOIY KAPUSTOIY

Für 4 Personen

500 g Rindfleisch mit Knochen
1 küchenfertiges Hähnchen (800–1000 g)
1–2 Bund Suppengrün, 1½ l Wasser
1 kleiner Blumenkohl, 30 g Perlgraupen
20 Krebsschwänze
50 g Butter, 2 Eigelb, ⅛ l Sahne
Salz, Pfeffer

Aus Rindfleisch, Knochen, Suppengrün und Salz nach dem Grundrezept (siehe Seite 35) eine Bouillon bereiten.
Etwa 1½ Stunden vor Ende der Garzeit das gewaschene Hähnchen zur Brühe geben und weich kochen.
In der Zwischenzeit Blumenkohl in Röschen teilen und in Salzwasser bißfest kochen.
Perlgraupen ebenfalls in schwach gesalzenem Wasser garen, in einem Sieb mit heißem Wasser abspülen und gut abtropfen lassen.
Krebsschwänze in zerlassener Butter erwärmen.
Blumenkohl, Graupen und Krebsschwänze in die Suppenterrine füllen und zugedeckt warm halten.
Die fertige Bouillon abseihen, das Rindfleisch für ein anderes Gericht verwenden.
Hühnerfleisch auslösen und mit etwas Brühe im Mixer pürieren. Hühnerpüree in einem Topf unter ständigem Rühren mit der restlichen Bouillon aufgießen und auf kleiner Flamme zu einer sämigen Cremesuppe kochen.
Eigelb mit Sahne verquirlen und die Suppe, die jetzt nicht mehr kochen darf, damit legieren.
Gegebenenfalls mit Salz und Pfeffer nachwürzen und über die vorbereiteten Einlagen in die Terrine füllen.

Kaukasische Hühnersuppe

KURINIY SUP PO GRUSINSKIY

Für 4 Personen

1 küchenfertiges, fettes Suppenhuhn (ca. 1000 g)
1 Bund Suppengrün, 1½–2 l Wasser
4 Zwiebeln, 2–3 Eier
1 EL Mehl, Saft von 1 Zitrone
je 4 Stengel Petersilie und frischer Koriander
1 TL Koriandersamen
Salz, Pfeffer, Zimt

Das gewaschene Huhn mit Suppengrün und Salz in kaltem Wasser aufsetzen und weich kochen. Den Schaum an der Oberfläche immer wieder entfernen.
Brühe abseihen, erkalten lassen und das Fett abschöpfen.
Das ausgelöste, enthäutete Hühnerfleisch in Scheiben schneiden.
Gehackte Zwiebeln in abgeschöpftem Suppenfett goldbraun braten, Mehl zufügen und leicht anrösten. Mit etwas Hühnerbouillon angießen, gut durchrühren, und die Mischung in der restlichen Brühe aufkochen lassen.
Mit Salz, Pfeffer, Zimt, gestoßenem Koriandersamen, Petersilien- und Korianderstengeln würzen und die Suppe noch etwa 15 Minuten auf kleiner Flamme sieden lassen.
Kräuter entfernen und die Hühnerfleischscheiben in der Suppe erhitzen.
Eier mit Zitronensaft verquirlen und kurz vor dem Servieren unterrühren. Nicht mehr kochen!

Man kann die Kaukasische Hühnersuppe auch mit Safran, der in Zitronensaft aufgelöst wurde, würzen.

Fasanencremesuppe mit Champagner

SUP PÜRE IS
FASANA S SCHAMPANSKIM

Für 4–6 Personen

1 küchenfertiger Fasan (ca. 800 g)
800 g Rindfleisch, 200 g Kalbsknochen
1 Bund Suppengrün, 1½ l Wasser
200 g Kalbsfleisch oder Hühnerbrust
8–12 Stangen Spargel (Dose), ca. 100 g Butter
2 Eigelb, 4 EL Sahne, 1 EL Mehl
½ Flasche Champagner
je 1 Bund Petersilie und Dill
Salz, Pfeffer, Muskat

Fasan in Portionsstücke teilen, salzen und pfeffern und unter häufigem Wenden in Butter ca. 30 Minuten braten.
Das Fleisch von den Knochen lösen.
Aus Rindfleisch, Geflügel- und Kalbsknochen mit Suppengrün, Salz und Pfeffer eine Bouillon kochen und abseihen.
Kalb- oder Hühnerfleisch mit 2 EL Sahne im Mixer pürieren, salzen.
Mit 2 Teelöffeln, die immer wieder in kaltes Wasser getaucht werden, kleine Klößchen abstechen und in etwas Brühe 10 Minuten ziehen lassen.
Ausgelöstes Fasanenfleisch im Mörser (oder Mixer) fein pürieren.
Aus 1 EL Butter und 1 EL Mehl eine helle Einbrenne bereiten, Fasanenpüree unterrühren, nach und nach mit der Bouillon aufgießen und gut durchkochen. Mit Salz, Pfeffer und Muskat abschmecken.
Suppe vom Feuer nehmen und mit den Eigelb, die mit 2 EL Sahne verquirlt wurden, legieren. Nicht mehr kochen!
Kurz vor dem Servieren ½ Flasche Champagner zufügen und vorsichtig erwärmen.
Abgetropfte Fleischklößchen mit den Spargelstangen, die in etwas Butter oder Dosensud erhitzt wurden, in die Suppenterrine legen. Mit der Champagnercreme auffüllen und mit gehackter Petersilie und Dill bestreuen.

Entensuppe mit Perlgraupen

SUP IS UTKI S GRIBAMI I KRUPOI

Für 6 Personen

1 große, küchenfertige Ente
ca. 400 g Wurzelwerk
(Karotte, Sellerie, Lauch, Petersilienwurzel)
1 Zwiebel, ca. 2 l Wasser
25 g getrocknete Steinpilze
30–40 g Perlgraupen, 1 EL Butter
¼ l saure Sahne
Zitronen-, Rote-Bete- oder Stachelbeersaft
je 1 Bund Dill und Petersilie
Salz, Pfeffer, 2 Lorbeerblätter

Ente gut waschen und mit zusammengebundenem Wurzelwerk, geviertelter Zwiebel, Salz, Pfeffer und Lorbeerblättern in 2–2½ Stunden weich kochen.
Getrocknete Pilze einweichen, sorgfältig abspülen und in der letzten halben Stunde mitkochen.
Brühe abseihen. Das Entenfleisch auslösen und in mundgerechte Stücke teilen.
Abgetropfte Pilze in Streifen schneiden und mit dem Entenfleisch in der Suppenterrine zugedeckt warm halten.
In der Zwischenzeit Perlgraupen in wenig schwach gesalzenem Wasser sehr weich kochen. Mit 1 EL Butter kräftig verrühren, bis ein dicker Brei entsteht.
Saure Sahne zufügen und nach und nach unter ständigem Rühren mit der Entenbrühe aufgießen.
Aufkochen und mit Zitronen-, Rote-Bete- oder Stachelbeersaft (ca. ⅛ l) abschmecken.
Suppe über Fleisch und Pilze in die Terrine füllen und mit gehackter Petersilie und Dill bestreut servieren.

66

Hasencremesuppe

SUP PÜRE IS SAIZA

Für 4–6 Personen

½ küchenfertiger Hase (oder Kaninchen)
800 g Rindfleisch
1 Bund Suppengrün, 1½ l Wasser
15 g getrocknete Steinpilze
¼ l Rote-Bete-Saft, 4 EL Butter, 1 EL Mehl
2 Eigelb
⅛ l süße oder saure Sahne
4 Scheiben Weißbrot, Salz, Pfeffer
(evtl. 300 g Truthahnfilet)

Hasen- oder Kaninchenhälfte in 4–6 Stücke teilen (eventuell schon vom Wildhändler zerlegen lassen), mit Salz und Pfeffer einreiben und in 3 EL Butter braten.
Das Fleisch von den Knochen lösen.
Die Hasenknochen zusammen mit dem Rindfleisch, sorgfältig gewaschenen Trockenpilzen, Suppengrün, Rote-Bete-Saft, Salz und Pfeffer zu einer kräftigen Bouillon kochen und abseihen. (Das Rindfleisch anderweitig verwenden.)
Ausgelöstes Hasenfleisch im Mörser zerstoßen (oder durch die feine Scheibe des Fleischwolfs drehen).
Aus 1 EL Butter und 1 EL Mehl eine helle Einbrenne bereiten, Hasenpüree zufügen und unter ständigem Rühren mit der Bouillon aufgießen und durchkochen.
Eigelb mit süßer Sahne verquirlen und die Suppe, die jetzt nicht mehr kochen darf, damit legieren.
Anstelle der Eigelb-Sahne-Mischung kann man auch ⅛ l saure Sahne unterziehen.
Die Hasencreme wird mit gerösteten Weißbrotwürfeln serviert oder – besonders fein! – mit Truthahnfilet, das in dünne Scheiben geschnitten und in Butter gebraten wurde.

Okroschka mit Fleisch

OKROSCHKA MJASNAJA

Für 4 Personen

1½ l Kwaß (Rezept siehe Seite 317)
250 g gekochtes oder gebratenes Fleisch
(Rindfleisch, Schinken, Zunge, Geflügel etc.)
2 Salzgurken oder 1 kleine frische Gurke
1 Bund Frühlingszwiebeln, 2 hartgekochte Eier
1 EL Senf, 4 EL saure Sahne, 1 Bund Dill
Salz, Pfeffer, Zucker
Eiswürfel

Fleisch, geschälte Gurken und Eiweiß in kleine Würfel schneiden.
Frühlingszwiebeln fein hacken und mit Salz verreiben.
Eigelb mit einer Gabel zerdrücken, mit Senf, Salz, Pfeffer und Zucker mischen und mit etwas Kwaß verschlagen, bis eine sämige Sauce entsteht. Restlichen Kwaß aufgießen, gut verrühren und über die vorbereiteten Zutaten gießen. Nochmals durchrühren und kalt stellen.
Die Suppe mit gehacktem Dill bestreuen und mit je einem Löffel saurer Sahne servieren.
Eine Schüssel Eiswürfel dazu reichen, aus der sich jeder selbst bedienen kann.

Anstelle von Kwaß kann man trockenen Apfelmost, Malzbier ohne Alkohol, Buttermilch oder Kefir verwenden.

Botwinja mit Fisch

BOTWINJA IS RIBI

Für 4 Personen

1000–1200 g gekochter Fisch
(z. B. Forelle, Renke, Lachs)
16 gekochte Krebsschwänze
500 g Spinat, 300 g Sauerampfer
1 frische Gurke (ca. 400 g)
1 l Kwaß (Rezept siehe Seite 317), 5 Schalotten
1 großer Bund Kräuter
(Petersilie, Dill, Estragon, Kerbel)
geriebener Meerrettich
Salz, Pfeffer, Senf, Zucker
Eiswürfel

Spinat und Sauerampfer waschen, in wenig Salzwasser dämpfen und durch ein Sieb streichen oder
im Mixer pürieren.
Abkühlen lassen und mit 3 gehackten Schalotten,
geschälten, gewürfelten Gurken (einige Gurkenscheiben für die Garnitur übriglassen!) und feinge-
wiegten Kräutern mischen.
15 Minuten vor dem Servieren mit Salz, Zucker,
geriebenem Meerrettich und Senf abschmecken
und mit gekühltem Kwaß aufgießen.
Gut verrühren und die Suppe mit Eiswürfeln servieren.
Dazu reicht man den gekochten kalten Fisch. Er
wird in Portionsstücke zerlegt und mit den Krebsschwänzen, Gurkenscheiben, den restlichen gehackten Schalotten und geriebenem Meerrettich
garniert.

Pilzbrühe

GRIBNOIY SUP

Für 4 Personen

50 g getrocknete Steinpilze
250 g Suppengemüse
(Karotten, Lauch, Petersilienwurzel, Sellerie)
1 l Wasser, 1 Zwiebel
1 Bund Petersilie, 1 EL Butter
Salz, Pfeffer, Kümmel

Trockenpilze sorgfältig waschen, in lauwarmem
Wasser 1 Stunde lang einweichen, abgießen und
mit kochendem Wasser überbrühen.
Gut abtropfen lassen und in Streifen schneiden.
Suppengemüse und Zwiebel kleinschneiden. Die
Hälfte davon mit den Pilzen, gehackter Petersilie,
Salz, Pfeffer und Kümmel (nach Geschmack) in
etwa 1 l Wasser weich kochen.
Das restliche Suppengemüse in 1 EL Butter anrö-
sten, zur Pilzbrühe geben und während der letzten
10 Minuten mitkochen.
Suppe abseihen und mit gehackter Petersilie
bestreuen.

Man kann die klare Pilzbrühe auch sehr gut mit
einer Einlage servieren, z. B. mit Nudeln, Grießklößchen, kleinen gefüllten Teigtaschen usw.

Kartoffelsuppe
mit Pilzen

KARTOFELNIY SUP S GRIBAMI

Für 4–5 Personen

500 g frische Pilze
(Steinpilze, Pfifferlinge, Mischpilze)
800 g Kartoffeln, 200 g Wurzelwerk
(Karotten, Sellerie, Petersilienwurzel, Lauch)
1 Zwiebel, 1½ l Wasser
2 EL Butter
⅛–¼ l saure Sahne
je 1 Bund Dill und Zwiebelgrün
Salz, Pfeffer, Lorbeerblatt

Pilze sorgfältig putzen und waschen.
Stiele abtrennen, in Scheiben schneiden und in
1 EL Butter braten.
Wurzelwerk und Zwiebel hacken und ebenfalls in
1 EL Butter anrösten.
Pilzköpfe blättrig schneiden und mit gewürfelten
Kartoffeln in ca. 1½ l Wasser mit Salz, Pfeffer und
Lorbeerblatt etwa 20 Minuten kochen.
Angeröstetes Gemüse und gebratene Pilzstiele
zufügen und so lange weiterkochen, bis alle Zuta-
ten weich sind.

Lorbeerblatt entfernen und die Suppe mit Salz und Pfeffer abschmecken.

Jede Portion mit einem Löffel saurer Sahne, gehacktem Dill und Zwiebelgrün servieren.

Schwarzbrotsuppe

SUP IS TSCHÖRNOGO CHLEBA

Für 4 Personen

200 g Roggenbrot
3 Karotten, 300 g Sellerie, 1 Petersilienwurzel
1 Stange Lauch, 1 Zwiebel
ca. 1 l Wasser
1 kleiner Rettich, 100 g Spinat
6–8 Stangen Spargel
50 g getrocknete Erbsen (gelb oder grün)
1 EL Butter
je 1 Bund Petersilie und Dill
Salz, Pfeffer

2 Karotten, 200 g Sellerie, Petersilienwurzel und Zwiebel kleinschneiden.

Die Hälfte davon in 1 EL Butter anrösten. Mit 1 l Wasser aufgießen, salzen und pfeffern und etwa ½ Stunde kochen.

In Ringe geschnittenen Lauch, gehackte Petersilie und die zweite Hälfte des Gemüses zufügen, weich kochen und die Brühe abseihen.

Roggenbrot in Scheiben schneiden und toasten (oder im Backrohr bei kleiner Hitze rösten).

Das Brot in einem Topf mit heißer Brühe bedecken, eine Stunde quellen lassen und durch ein Sieb passieren.

Erbsen in der restlichen Brühe 1–1½ Stunden kochen.

Rettich, 1 Karotte und 100 g Sellerie grob raspeln. Spargel schälen und in Stücke schneiden.

Alles zusammen während der letzten 20 Minuten mit den Erbsen garen.

Den passierten Brotbrei zufügen und alles gut durchrühren.

Gewaschenen Spinat blanchieren, grob hacken und in der Suppe erhitzen.

Mit Salz und Pfeffer abschmecken und mit gehacktem Dill bestreut servieren.

Milchsuppe mit Gemüse

MOLOTSCHNIY SUP S OWOTSCHAMI

Für 4 Personen

1½ l Milch, 4 Kartoffeln
1 kleiner Kopf Weißkohl
je 1 Karotte, weiße Rübe, Lauch, Selleriescheibe
je 100 g Spargel und Spinat
50–70 g Butter, ⅛ l Sahne, 3 Eigelb
Salz, Dill, Petersilie

Die Gemüse (bis auf Spargel und Spinat) in Würfel schneiden, in der Milch aufkochen und bei mittlerer Hitze garen.

Geschälten, in Stücke geschnittenen Spargel und in Streifen geschnittenen Spinat zufügen und weitere 5–10 Minuten auf kleiner Flamme kochen. Die Suppe mit einer Mischung aus Butter, Eigelb und Sahne legieren, mit Salz abschmecken und mit gehackten Kräutern bestreuen.

Kalte Suppe
für die Fastenzeit

OKROSCHKA POSTNAJA

Für 4–5 Personen

1 frische Gurke (ca. 300 g)
oder 2–3 Salzgurken
150–200 g marinierte Pilze
300–400 g gedünstetes Obst bzw. Kompottfrüchte
(Äpfel, Pflaumen,
Kirschen, Pfirsiche, Weintrauben)
150 g Kartoffeln, 150 g rote Bete
100 g Bohnen (frische grüne oder
getrocknete weiße oder rote Bohnen)
1¼ l Kwaß (oder trockener Apfelmost
oder Malzbier ohne Alkohol)
1¼ l Sauerkrautsaft
½ EL Senf, 1 EL Olivenöl
je 1 Bund Petersilie, Dill und Zwiebelgrün
Salz, Pfeffer
Eiswürfel

Kartoffeln, rote Bete und Bohnen jeweils getrennt
weich kochen, schälen, erkalten lassen und klein-
schneiden.
Geschälte Gurke und abgetropfte Pilze in Scheiben
schneiden, Obst ebenfalls zerkleinern.
Alles zusammen in eine Suppenterrine füllen.
Senf und etwas Salz tropfenweise mit Olivenöl ver-
rühren, bis eine dicke, sämige Sauce entsteht.
Mit Kwaß und Sauerkrautsaft aufgießen, gut durch-
rühren und über die Obst-Gemüse-Mischung in die
Terrine füllen.
Mit Salz und Pfeffer eventuell nachwürzen und mit
Eiswürfeln und gehackten Kräutern servieren.

Kalte Suppe
auf polnische Art

OKROSCHKA PO POLSKI
SO SMETANOIJI

Für 4–5 Personen

600 g junge rote Bete
15–20 gekochte Krebsschwänze
oder 150 g gekochtes Rindfleisch
4–5 hartgekochte Eier
3 Gewürzgurken oder 1 frische Gurke
2 Bund Dill
1 Bund Zwiebelgrün, 1 Zitrone
¼–⅜ l saure Sahne, ¼ l Rote-Bete-Saft
Salz, Pfeffer, Essig
Eiswürfel

Rote Bete waschen, in Salzwasser weich kochen
und schälen. Erkalten lassen und sehr fein hacken.
1 Bund Dill und Zwiebelgrün mit Salz im Mörser
zerreiben (oder mixen) und zusammen mit den
roten Beeten in eine Suppenterrine füllen.
Die saure Sahne und den Rote-Bete-Saft unterrühren und mit Wasser oder kalter, sorgfältig ent-
fetteter Fleischbrühe verdünnen (Gesamtmenge
etwa 1½ l).
Mit Salz, Pfeffer und Essig würzen und sehr gut
kühlen.
Eier und Gurken in Scheiben schneiden, mit Krebsschwänzen oder gekochtem Rindfleisch und einigen Eiswürfeln zur Suppe geben.
Serviert wird dieses erfrischende Gericht mit Zitronenscheiben und gehacktem Dill und einer Schüssel mit Eiswürfeln, aus der sich jeder beliebig
bedienen kann.

ALTERNATIVE
Anstelle von Rote-Bete-Saft setzt man der Flüssigkeit 500 ml Buttermilch zu (siehe Abbildung
rechts).

Kalte Suppe auf polnische Art ▷

Milchsuppe mit Kürbis

MOLOTSCHNIJI SUP S TIKWOIJI

Für 4 Personen

1 Kürbis (1200–1500 g)
ca. 1½ l Milch
2 entrindete Brötchen
50 g geriebene Mandeln
1 EL Butter
Salz, Zucker

Kürbis schälen und entkernen. Das Fleisch (ca. 800 g) in etwa 2 cm große Würfel schneiden, mit kochendem Wasser blanchieren und gut abtropfen lassen.
Kürbiswürfel mit entrindeten Brötchen in etwa ¾ l Milch weich kochen und durch ein grobmaschiges Sieb in einen Topf passieren.
Unter ständigem Rühren mit der restlichen heißen Milch aufgießen, geriebene Mandeln zufügen und aufkochen.
Die Suppe mit Salz und Zucker abschmecken und mit 1 EL Butter verfeinern.

Milchsuppe auf Litauer Art

MOLOTSCHNIY SUP PO LITOWSKI

Für 4 Personen

1½ l Milch
4 mittelgroße Kartoffeln
50 g Butter
Salz, Zucker

Zwei Kartoffeln schälen, in Salzwasser kochen und durch die Presse drücken. Die beiden anderen Kartoffeln reiben und auf einem Sieb abtropfen lassen. Geriebene und durchgepreßte Kartoffeln mit etwas Butter zu einer geschmeidigen Masse rühren und mit Salz und Zucker abschmecken. Kleine Klößchen formen und in Salzwasser etwa 5 Minuten kochen.
Die Kartoffelklößchen mit einem Schaumlöffel herausnehmen und in der erhitzten Milch weitere 5–10 Minuten ziehen lassen.
Die Milchsuppe vor dem Servieren mit der restlichen Butter verfeinern.

Milchsuppe mit Nudeln und Gemüse

MOLOTSCHNIY SUP
S OWOTSCHAMI I MAKARONAMI

Für 4 Personen

1½ l Milch, 4 Kartoffeln
je 1 Zwiebel, Zucchino, weiße Rübe
100 g Nudeln, 50 g Butter
Salz

Die Gemüse in Streifen schneiden und in etwas Butter anbraten.
Mit heißer Milch aufgießen und bei mittlerer Hitze garen.
Nudeln zufügen und in der Suppe weich kochen.
Mit Salz abschmecken und mit der restlichen Butter verfeinern.

Milchsuppe wird auch mit Reis, Hirse, Rollgerste, Mehl- oder Grießklößchen, Karotten, frischen Gurken usw. zubereitet.
Die Zutaten werden jeweils in Milch gegart, die Suppe mit Salz gewürzt und nach Belieben mit gehackten Kräutern, Butter, Sahne und Eigelb verfeinert.

Schwarze Johannisbeersuppe mit Quarkklößchen

SUP IS TSCHÖRNOIY SMORODINI S
TWOROSCHNIMI KLÖTZKAMI

Für 4 Personen

---

750 g schwarze Johannisbeeren
1½ l Wasser, 100 g Zucker, 4 TL Kartoffelmehl

KLÖSSCHEN
300 g Quark
2 Eier, 1–2 EL Mehl, 1 EL Zucker
Salz

Gewaschene Johannisbeeren in Wasser weich kochen und durch ein Sieb passieren. Den Zucker zufügen, die Suppe mit glattgerührtem Kartoffelmehl binden und aufkochen.
Für die Klößchen alle Zutaten gründlich mischen. Kleine Kugeln formen oder Nocken abstechen und in siedendem Salzwasser so lange ziehen lassen, bis sie an die Oberfläche kommen. Mit einem Schaumlöffel herausnehmen, auf Teller verteilen und mit der heißen Suppe übergießen.
Man kann diese Suppe auch mit etwas verdünntem Johannisbeersaft zubereiten.

Apfelsuppe mit Roggenbrot

JABLOTSCHNIY SUP
S TSCHORNIM CHLEBOM

Für 4 Personen

1½ l Milch, 5 Äpfel
100 g trockenes, geriebenes Roggenbrot
1 EL Butter, 2 EL Zucker
1 TL Zimt

Geriebenes Roggenbrot mit Zucker und Zimt mischen, mit heißer Milch übergießen und einmal aufkochen. Mit der Butter verfeinern und eventuell mit Zucker und Zimt nachwürzen.
Geschälte, entkernte Äpfel in feine Scheiben schneiden und auf vier Teller verteilen. Mit der heißen oder kalten Milchsuppe übergießen.

Aprikosensuppe mit Reis

ABRIKOSOWIY SUP S RISOM

Für 4 Personen

---

600 g getrocknete Aprikosen
200 g Reis
200 g Zucker, 200–400 g Schlagsahne

Die Aprikosen mit dem Zucker in Wasser weich kochen und im Sud abkühlen lassen. Abtropfen, große Früchte im Mixer pürieren, kleine Früchte ganz lassen.
Den Reis in Wasser garen und heiß auf Teller verteilen. Aprikosen auf den Reis füllen und das Ganze mit flüssiger oder leicht geschlagener Sahne übergießen.

Germknödel
mit Knoblauchsauce

UKRAINSKIE PAMPUSCHKI

(Beilage zu Ukrainischer Borschtsch;
siehe Seite 37)

400 g Weizenmehl
20 g Hefe
1 EL Zucker, ½ EL Sonnenblumenöl
⅜ l lauwarmes Wasser
Salz

30 g Knoblauch
1 EL Öl, ⅛ l Wasser
1 TL Essig

Für die Germknödel aus zerbröckelter Hefe, Zukker, Salz, Wasser und der Hälfte des Mehls einen
Vorteig kneten und an einem warmen Ort gehen
lassen. Restliches Mehl und Öl zufügen, gut durcharbeiten und nochmals gehen lassen. Etwa 25 g
schwere Knödel formen, in eine gefettete Reine
setzen und im Rohr bei ca.175° backen (30–35
Minuten).
Mit Knoblauchsauce zu Borschtsch servieren.

Zur Sauce wird der Knoblauch im Mörser zerstoßen und mit Öl, Wasser und Essig zu einer
homogenen Masse verarbeitet.

Suppenklößchen

KLÖTZKI DLJA SUPOW

Klößchen als Suppeneinlage werden immer geson-
dert in leicht gesalzenem Wasser gekocht. Der Teig
sollte geschmeidig und nicht zu fest sein. Am
besten kocht man zunächst ein Probeklößchen:
Wird es zu fest, verdünnt man den Teig mit etwas
Milch, zerfällt es, muß man je nach Rezept etwas
Mehl, Grieß etc. zufügen. Die Klößchen mit zwei
Teelöffeln, die immer wieder in kaltes Wasser
getaucht werden, abstechen, in kochendes Salzwasser legen und zugedeckt bei mittlerer Hitze
etwa 5 Minuten ziehen lassen. Sie sind gar, wenn sie
an die Oberfläche steigen. Man hebt sie mit einem
Schaumlöffel heraus, läßt sie gut abtropfen, legt sie
in eine Terrine (oder portionsweise in Teller) und
füllt mit der heißen Suppe auf.

MEHLKLÖSSCHEN I
100 g Butter, 75 g Mehl, 6 Eier
Salz

Butter schaumig schlagen und mit dem gesiebten
Mehl, 2 Eiern und 4 Eigelb glattrühren. Mit Salz
würzen und den steifgeschlagenen Schnee von
2 Eiweiß unterheben.

MEHLKLÖSSCHEN II
4 EL Butter
4 EL Milch, 30 g Mehl, 1–2 Eier
Salz, Petersilie

Butter und Milch aufkochen und das gesiebte Mehl
hineinschütten. Unter ständigem Rühren so lange
kochen, bis sich der Teig vom Topfboden löst.
Leicht abgekühlt mit Salz und feingehackter Petersilie würzen, verquirltes Eigelb einrühren und
schließlich den steifgeschlagenen Eischnee unterheben.

GRIESSKLÖSSCHEN
100 g Grieß
¼ l Milch, 4 Eier, ½ EL Butter
Salz, Muskat

Milch und Butter aufkochen und den Grieß hineinschütten. Gut durchrühren, mit Salz und Muskat
würzen und bei niedriger Hitze (am besten im
Backrohr) 15 Minuten quellen lassen. Mit dem
Eigelb verrühren und den steifgeschlagenen Eischnee unterheben.

BISKUITKLÖSSCHEN
5 Eier, 75 g Mehl
2 EL Butter
Paniermehl
Salz

1½ EL Butter schaumig schlagen, mit Eigelb
mischen und mit Mehl glattrühren. Salzen und den
steifgeschlagenen Eischnee unterheben. Restliche
Butter in einer Pfanne zerlassen, mit Paniermehl
bestreuen und den Teig einfüllen. Bei mittlerer
Hitze im Rohr etwa 15 Minuten backen. Abgekühlt
in kleine Quadrate schneiden.

KARTOFFELKLÖSSCHEN
200 g Kartoffeln
1 EL Butter, 1 Ei
1 gehäufter EL Mehl
Salz

Geschälte Kartoffeln in Salzwasser weich kochen
und durch die Kartoffelpresse drücken. Mit Butter,
Ei und Mehl zu einem glatten Teig rühren und mit
Salz würzen.

Fleisch

MJASNIJE BLUDA

Rindfleisch steht an erster Stelle bei den Fleischgerichten in der Küche Rußlands. Früher wurde es zur Vorratshaltung eingesalzen und dann auf eine besondere Art und Weise zubereitet. Die Rezepte für Salzfleisch sind leider nahezu in Vergessenheit geraten, denn dank moderner Kühlhäuser ist diese Konservierungsmethode nicht mehr nötig.

Iwan der Schreckliche hat nicht nur strenge Vorschriften für das Schlachten von Rindern eingeführt, er hat auch dafür gesorgt, daß Kälber nicht getötet und verspeist wurden. Mit Kälbchen war man zärtlich, man hatte sie lieb, man spielte mit ihnen… Und wer sich nicht an diese Regeln hielt, hatte wenig Erfolg. Dmitrij der Falsche zum Beispiel regierte nur knapp zwei Jahre. Er ließ Kalbfleisch servieren und wollte Gabeln als Eßbesteck einführen. Das war den Bojaren zu viel. Sie bezichtigten ihn der Hochstapelei und setzten ihn kurzerhand mit dem sogenannten »Kälberputsch« wieder ab.
Ein berühmtes russisches Rindfleischgericht ist das Bœuf Stroganow, benannt nach Alexander Graf Stroganow (1795–1891). Der Graf war Bürgermeister von Odessa und sehr sozial eingestellt. In seinem Haus wurde jeder kostenlos bewirtet, der einigermaßen ordentlich gekleidet war. Seine Köche ersannen dafür dieses Rezept, das man gut vorbereiten und portionsweise servieren konnte.

Aus dem Kaukasus und aus Mittelasien kamen Lammfleischgerichte in unsere Küche, Schaschlik und Pilaw zum Beispiel in vielfältigen Variationen. Aber eigentlich paßt Lammfleisch nicht zur traditionellen russischen Küche, denn es harmoniert nicht mit Salzgurken oder Sauerkraut – und auch nicht mit Wodka…
Bei den Schweinen hält man es anders als bei den Rindern, denn hier bevorzugt man die ganz jungen Tiere, die Spanferkel. Nachdem uns die Amerikaner in der Mitte des 19. Jahrhunderts mit dem Fleischwolf bekanntgemacht hatten, wurden Hackfleischgerichte immer beliebter, und ältere Schweine waren nun nicht mehr nur Schinkenlieferanten.

Bœuf Stroganow

BEF STROGANOW

Für 4 Personen

---

1 kg Rinderfilet
100 g Butter, 1 große Zwiebel
150 g Tomatenmark, 150 g Crème fraîche
200 ml Fleischbrühe
1 TL Einbrenne, 2 EL Mehl
Salz, Pfeffer

Rinderfilet quer zur Faser in 1–1½ cm dicke Scheiben schneiden, leicht klopfen und in 3–4 cm lange Streifen schneiden. Mit Salz und Pfeffer würzen und in Mehl wenden. 20 Minuten vor dem Servieren die Zwiebel in feine Ringe schneiden, in einer großen, schweren Pfanne in Butter glasig braten und das Fleisch zufügen (die Pfanne muß so groß sein, daß die Fleischstreifen nebeneinanderliegen). Bei großer Hitze rasch rundherum braun braten und Fleisch und Zwiebeln aus der Pfanne nehmen. Zugedeckt warm halten. Tomatenmark im Bratfett kurz anrösten, mit Brühe und Crème fraîche ablöschen, gut durchrühren und mit Einbrenne binden. 5–10 Minuten kochen lassen, mit Salz und Pfeffer abschmecken und das Fleisch mit den Zwiebeln noch einige Minuten in der Sauce ziehen lassen.
In einer Metallschüssel servieren und Bratkartoffeln dazu reichen.

Bœuf Stroganow [

Rinderbraten Husarenart

SCHARKOE IS GOWJADINI W TESTE

Für 6 Personen

1kg Rinderlende
1kg Roggenbrotteig (beim Bäcker vorbestellen!)
150 g Butter, 1–2 Zwiebeln
200 g Champignons oder Steinpilze
375 g Schwarzbrotbrösel, ¼–½ l Bouillon
200 ml saure Sahne, 125 ml süße Sahne
evtl. 50 g geriebener Parmesan
1 Bund Petersilie, Salz, Pfeffer
gemahlener Rosmarin

Fleisch waschen, abtrocknen, salzen und pfeffern und in Butter von allen Seiten bräunen. Überflüssige Butter abgießen und ¼ l Bouillon angießen. Bei 200° im Rohr 30–45 Minuten braten. Das Fleisch soll innen noch rosa sein.

Inzwischen die Füllung vorbereiten: Gehackte Zwiebeln in Butter anrösten, in Scheiben geschnittene Pilze und Schwarzbrotbrösel mitbraten. Mit saurer Sahne verrühren und eventuell etwas Bouillon angießen, bis eine geschmeidige Masse entsteht. Mit Salz und Pfeffer und nach Geschmack mit Parmesan abschmecken und abkühlen lassen.

Den ebenfalls abgekühlten Braten quer zur Faser in dünne Scheiben schneiden. Jede Scheibe mit Füllung bestreichen und den Braten zur ursprünglichen Form zusammensetzen. Vorsichtig auf den fingerdick ausgerollten Roggenteig legen und sorgfältig einschlagen, damit beim Braten kein Saft austreten kann. Das Paket auf ein gefettetes Backblech legen und die Oberseite mit kaltem Wasser bepinseln, damit sie schön glänzend wird. Bei 175° im Rohr etwa 40 Minuten backen.

Inzwischen den Bratensatz mit Sahne ablöschen, etwas einkochen lassen und mit Salz, Pfeffer und gemahlenem Rosmarin würzen. Das fertige Brot auf einer Platte anrichten und aus dem Teig einen Deckel ausschneiden.

Die Sahnesauce vorsichtig einfüllen und das Fleisch mit gehackter Petersilie bestreuen.

Zum Servieren den Deckel wieder aufsetzen und mit im Ganzen gebratenen Kartoffeln umlegen.

Rinderbraten Husarenart ▷

Überbackenes Rinderfilet

SAPETSCHÖNOE GOWJASCHJE FILE

Für 6 Personen

---

1 kg Rinderfilet
1 kg kleine Kartoffeln, 300 g Champignons
1 große Zwiebel, 150 g Butter
¼ l saure Sahne, ca. ½ l Bouillon
Salz, Pfeffer
evtl. Mürbeteig aus 400 g Mehl
(siehe Rezept Seite 256)

Das gewaschene, trockengetupfte Fleisch in längliche Streifen schneiden und klopfen. Mit Salz und Pfeffer würzen und in Butter braun braten.

Geschälte Kartoffeln in dünne Scheiben schneiden, mit heißem Wasser 5 Minuten blanchieren, abgießen, abtropfen lassen. Die gehackte Zwiebel und blättrig geschnittene Champignons in Butter braten.

In eine gefettete feuerfeste Form abwechselnd Fleisch, Kartoffeln und Zwiebel-Pilzmischung schichten.

Bratensatz mit saurer Sahne ablöschen, mit Salz und Pfeffer abschmecken und in die Form gießen. So viel Bouillon zufügen, daß das Ganze fast bedeckt ist.

Die Form fest verschließen und im Rohr bei 175° etwa 40 Minuten garen.

Mit frischen Salaten oder Gemüse servieren.

Das Gericht wird besonders festlich, wenn es mit einer Platte aus Mürbeteig bedeckt wird. An den Rändern gut festdrücken, mit Teigresten verzieren, mit Eigelb bepinseln und ebenfalls ca. 40 Minuten im Ofen bei Mittelhitze backen.

Rinderbraten »Husarenleber«

SCHARKOE IS GOWJADINI
»GUSARSKJA PETSCHEN«

Für 4–6 Personen

---

1 kg Rinderbraten
4 EL Öl, 100 g Butter, 2 Zwiebeln
200 g Paniermehl, 50 g geriebener Käse
2 Eigelb, Salz, Pfeffer

Das Fleisch waschen, abtrocknen und mit Salz und Pfeffer einreiben. In Öl von allen Seiten anbraten und im Rohr bei 200° 2–2½ Stunden braten. Löffelweise Wasser angießen und den Braten mehrmals wenden.

Inzwischen die Füllung bereiten:
Zwiebeln fein hacken, mit weicher Butter, Eigelb, Paniermehl und Käse gut mischen. Mit Salz und Pfeffer abschmecken. Die Masse soll streichfähig sein. Falls sie zu fest ist, mit einigen Eßlöffeln Milch verrühren.

Den fertigen Braten abkühlen lassen und in Zentimeterabständen so tief einschneiden, daß das Fleisch an der Unterseite noch zusammenhängt. Die Füllung in die Einschnitte streichen und den Braten der Länge nach mit Garn umwickeln.

In eine Kasserolle legen, Bratensaft und etwas Wasser angießen, zudecken und 30 Minuten dünsten.

Vor dem Servieren das Garn entfernen, den Braten aufschneiden und mit der Sauce übergießen.

Kartoffeln oder Reis dazu reichen.

Es sieht besonders dekorativ aus, wenn der Braten mit Mürbeteig bedeckt und mit Teigresten verziert wird und anschließend etwa eine halbe Stunde im Rohr gar dünstet (siehe Abbildung rechts).

Rinderbraten »Husarenleber«

Rinderbraten mit Meerrettichfüllung

SCHARKOE IS GOWJADINI S CHRENOM

Für 4–6 Personen

---

1 kg Rinderbraten
4 EL Öl, 2 EL Mehl
200 g Meerrettich
2 Eier, 6 EL saure Sahne
3 EL Paniermehl
Salz, Pfeffer, Zucker

Braten waschen, abtrocknen, mit Salz und Pfeffer einreiben und in Mehl wenden. In einem Schmortopf in heißem Öl von allen Seiten anbraten, ¼ l Wasser angießen, zudecken und 2–2½ Stunden dünsten. Flüssigkeit immer wieder ergänzen.

Für die Füllung den geputzten Meerrettich reiben und mit Eiern, saurer Sahne und Paniermehl gut vermischen. Mit Salz, Pfeffer und Zucker abschmecken.

Braten aus dem Topf nehmen, abkühlen lassen und in Zentimeterabständen so tief einschneiden, daß das Fleisch an der Unterseite noch zusammenhängt.

Füllung in die Einschnitte streichen, der Länge nach zusammenbinden. Das Fleisch wieder in den Schmortopf legen und noch 10 Minuten dünsten.

Vor dem Servieren das Garn entfernen, den Braten aufschneiden und mit der Sauce übergießen.

Kartoffelpüree, Salz- oder Bratkartoffeln dazu reichen.

Rinderbraten mit Heringsfüllung

SCHARKOE IS GOWJADINI »GUSARSKJA PETSCHEN« S SELÖDKOI

Für 4–6 Personen

---

1 kg Rinderbraten
1 Salzhering
3 EL Butter, ¼ l Bouillon
200 g geriebenes Roggenbrot
1 Ei, 1 Zwiebel
4 Stengel Zwiebelgrün
2 Karotten
Salz, Pfeffer

Fleisch waschen, abtrocknen, mit Salz und Pfeffer einreiben und in 1½ EL Butter von allen Seiten bräunen.

Die gehackte Zwiebel, in Scheiben geschnittene Karotten und etwas Wasser zufügen und bei geschlossenem Deckel ca. 2 Stunden dünsten. Flüssigkeit immer wieder ergänzen.

Inzwischen die Füllung bereiten:

Salzhering wässern, ausnehmen und sehr fein hacken. Mit Ei, 1½ EL weicher Butter, gehacktem Zwiebelgrün und 150 g Brotbrösel gut mischen. Kräftig pfeffern.

Das Fleisch aus dem Topf nehmen, abkühlen lassen und in Zentimeterabständen so tief einschneiden, daß die Unterseite noch zusammenhängt.

Die Füllung in die Einschnitte streichen und der Länge nach mit Garn umwickeln.

Den Braten zurück in den Topf legen, Bouillon angießen und 30 Minuten dünsten.

Fleisch herausnehmen, Garn entfernen und aufschneiden.

Mit den restlichen Brotbröseln die Sauce andicken, aufkochen und über den Braten gießen.

Mit Kartoffelpüree oder Salzkartoffeln servieren.

Rinderbraten mit Meerrettichfüllung

Rindereintopf

GOWJADINA W GORSCHOTSCHKE

Für 4 Personen

---

750 g Rindfleisch
750 g Kartoffeln
2 Zwiebeln, 4 EL Butter
¾ l Bouillon, ¼ l saure Sahne
⅛ l trockener Weißwein
je 1 Bund Dill und Petersilie
Salz, Pfeffer, Lorbeerblatt

Fleisch waschen, trockentupfen, in 3 cm große Würfel schneiden, salzen und pfeffern und in Butter von allen Seiten bräunen.

Geschälte Kartoffeln ebenfalls würfeln und in Butter leicht anbraten.

Zwiebeln in Ringe schneiden, in Butter goldbraun rösten. Die so vorbereiteten Zutaten mischen, in eine feuerfeste Form oder Kasserolle füllen, mit Salz, Pfeffer und Lorbeerblatt würzen und mit Fleischbrühe aufgießen.

Im Rohr 30–40 Minuten dünsten.

10 Minuten vor Ende der Garzeit den Weißwein zufügen.

Das fertige Gericht mit saurer Sahne übergießen und mit gehackten Kräutern bestreut servieren.

Rindfleisch Tatarenart

ASU PO TATARSKI

Für 4 Personen

---

750 g mageres Rindfleisch
50 g Fett, ¼ l Bouillon
2 EL Tomatenmark (oder 3–4 Tomaten)
2–3 Zwiebeln, 2 Salzgurken
4–5 Knoblauchzehen
1 EL Butter, 1 EL Mehl
Salz, Pfeffer

Fleisch waschen und trockentupfen. In Streifen schneiden (1 cm dick, 3–4 cm lang), salzen und pfeffern und im heißen Fett von allen Seiten anbraten.

Bouillon angießen, gehackte Zwiebeln und Tomatenmark (bzw. geschälte Tomatenscheiben) zufügen und zugedeckt so lange dünsten, bis das Fleisch weich ist.

Aus Mehl und Butter eine dunkle Einbrenne bereiten, mit etwas Dünstflüssigkeit ablöschen und das Gericht damit binden.

Die feingewürfelten Salzgurken und den durchgepreßten Knoblauch zufügen und noch 10–15 Minuten dünsten.

Nochmals abschmecken und mit Salzkartoffeln oder Kartoffelpüree servieren.

Gefüllte Hacksteaks

SRASI IS GOWJADINI

Für 4 Personen

---

500 g Rinderhack
1 Ei, 2–3 Scheiben trockenes Weißbrot
3 EL saure Sahne
⅛ l Fleischbrühe, 4 EL Öl
Salz, Pfeffer

FÜLLUNGEN
400 g in Salzwasser bißfest gekochter Blumenkohl
oder
250 g in Butter gebratene Champignons,
gehackte Petersilie
oder
3 hartgekochte, gehackte Eier
mit einem Bund feingeschnittener
Frühlingszwiebeln vermischt

Weißbrot in einer Mischung aus verquirltem Ei, saurer Sahne und Fleischbrühe einweichen und quellen lassen.

Mit dem Rinderhack zu einem geschmeidigen Teig verarbeiten und mit Salz und Pfeffer abschmecken.

Flache Buletten formen, mit je einem Löffel Füllung (bzw. 1–2 Blumenkohlröschen) belegen und diesen mit Fleischteig umhüllen.

Die Hacksteaks in Paniermehl wenden und in heißem Öl auf beiden Seiten bräunen.

Bratpfanne zudecken. Hacksteaks im Rohr bei Mittelhitze etwa 20 Minuten garen.

Beilagen: Tomaten- oder Sauerrahmsauce, Reis, Buchweizengrütze.

Hackfleischauflauf mit Pilzen

MJASNAJA SAPEKANKA S GRIBAMI

Für 4 Personen

500 g Rindfleisch
500 g fettes Schweinefleisch
250 g Champignons
3 Eier, ¼ l Milch
3 gekochte Kartoffeln, 3 EL Butter
Salz, Pfeffer, Muskatnuß

Rind- und Schweinefleisch waschen, abtrocknen, in Stücke schneiden und dann zusammen mit den gekochten Kartoffeln durch den Fleischwolf drehen.
Champignons blättrig schneiden und in 1 EL Butter braten. Abgekühlt zum Fleisch geben und mit Eiern und Milch gut durchrühren.
Mit Salz, Pfeffer und Muskatnuß abschmecken.
Die Masse in eine gebutterte Auflaufform füllen, mit Butterflöckchen belegen und im Rohr bei Mittelhitze 50–60 Minuten backen. Falls die Oberfläche zu schnell bräunt, mit Alufolie abdecken.
Den Auflauf mit grünem Salat servieren.

Überbackenes Hackfleisch

SAPEKANKA IS GOWJADINI
S SELÖDKOI I KARTOFELEM

Für 4 Personen

500 g Rinderhack
1 Salzhering
5–6 gekochte Kartoffeln
1 Zwiebel, 2–3 Eier, 3 EL Butter
2 EL Paniermehl
2 EL geriebener Käse, ¼ l saure Sahne
Salz, Pfeffer

Salzhering säubern, wässern und ausnehmen. Zusammen mit den Kartoffeln und der Zwiebel durch den Fleischwolf drehen und mit dem Rinderhack mischen. Eigelb unterrühren und mit Salz und Pfeffer würzen.
Eiweiß steif schlagen und vorsichtig unter den Fleischteig heben.
In eine gebutterte Auflaufform füllen, mit einer Mischung aus Paniermehl und Käse bestreuen und mit Butterflöckchen belegen.
Im Rohr bei 175–200° etwa 1 Stunde backen. Falls die Oberfläche zu rasch bräunt, mit Alufolie abdecken.
Garprobe mit einem Holzspießchen machen: Es muß beim Einstechen trocken bleiben.
Den Auflauf mit saurer Sahne servieren.
Als Beilage eignen sich Gemüse und Salate.

Slawisches Kalbsfrikandeau

FRIKANDO PO SLAWJANSKI

Für 4–6 Personen

1 kg Kalbsfrikandeau (Keule)
100 g Speck, 4 EL Öl
1 Paket tiefgekühlter Blätterteig
1 Ei, Salz, Pfeffer, Muskatnuß

Braten waschen, abtrocknen, mit Salz, Pfeffer und Muskat einreiben und im Kühlschrank einige Stunden ruhen lassen.
Danach im heißen Öl von allen Seiten kräftig anbraten und abkühlen lassen.
Blätterteig nach Packungsvorschrift auftauen und zu einer ausreichend großen Platte ausrollen. Das Fleisch darin einschlagen, die Teigränder mit Eiweiß bestreichen und gut zusammendrücken.
Das Paket mit der Nahtseite nach unten auf ein feuchtes Backblech legen, eventuell mit Teigresten verzieren und mit Eigelb bepinseln.
Im Rohr bei Mittelhitze 40–60 Minuten backen.
Den fertigen Braten aufschneiden und mit Madeirasauce (siehe Rezept Seite 193) servieren.

Gefüllte Hackfleischrolle

RULET IS GOWJADINI FARSCHIROWANNIY

Für 6 Personen

---

1 kg Rinderhack
2 Zwiebeln
3 Scheiben altbackenes Weißbrot
¼ l Milch, 1 Ei
1 EL Paniermehl, 150 g Butter
Eiswasser oder gestoßenes Eis
Salz, Pfeffer

FÜLLUNG
200 g Champignons oder Steinpilze
1–2 Zwiebeln
1 EL Paniermehl
¼ l saure Sahne, 50 g Butter
je 1 Bund Petersilie und Dill
evtl. etwas Bouillon
Salz, Pfeffer

Weißbrot in Milch einweichen und gut ausdrücken. Gehackte Zwiebeln in Butter goldbraun braten. Brot und Zwiebeln mit dem Rinderhack gut verrühren und so viel Eiswasser oder gestoßenes Eis zufügen, bis eine geschmeidige Masse entsteht. Mit Salz und Pfeffer würzen.
Fleischteig fingerdick auf ein feuchtes Geschirrtuch streichen und die Füllung darauf verteilen. Ein Ende des Tuches anheben und wie einen Strudel aufrollen.
Die Fleischrolle auf ein gefettetes Backblech legen, mit verquirltem Ei bestreichen und mit Paniermehl bestreuen. Zerlassene Butter darüberträufeln und im Rohr bei 200° etwa 1 Stunde braten. Immer wieder mit zerlassener Butter übergießen.
Für die Füllung:
Gehackte Zwiebeln und blättrig geschnittene Champignons oder Steinpilze in Butter braten. Paniermehl und saure Sahne zufügen, gut vermischen und mit Salz, Pfeffer und gehackten Kräutern würzen. (Falls die Masse zu fest ist, mit etwas Fleischbrühe verrühren.)
Fertige Hackfleischrolle mit Tomatensauce (siehe Rezept Seite 194) und Bratkartoffeln oder Kartoffelplätzchen servieren.

Rindfleischküchlein

KLASSITSCHESKIE MJASNIE KOTLETI

Für 8 Personen

---

1 kg mageres Rinderhackfleisch
2 altbackene Brötchen (ohne Rinde)
¼ l Milch, 1 große Zwiebel
ca. 300 g Butter
2 Eier, 3 EL Mehl
6 EL Paniermehl
Salz, Pfeffer
Eiswasser oder gestoßenes Eis

Rinderhack mit 100 g weicher Butter und in Milch eingeweichten, gut ausgedrückten Brötchen verrühren.
So viel Eiswasser oder gestoßenes Eis zufügen, bis eine saftige (aber nicht wässrige!) Masse entsteht.
Die gehackte Zwiebel in Butter dünsten und zum Fleischteig geben. Mit Salz und Pfeffer würzen und gut durchrühren.
Mit nassen Händen handtellergroße Fladen formen, auf ein feuchtes Brett legen und mit je einem Stückchen (ca. 5 g) eisgekühlter Butter belegen. Den Fleischteig an den Rändern hochziehen und locker zusammendrücken, damit sich ein Hohlraum bildet, in dem sich später der Fleischsaft sammeln kann.
Zu ovalen Laibchen formen, in Mehl, verquirltem Ei und Paniermehl wenden.
In nicht zu heißer Butter rundherum anbraten und im Rohr bei Mittelhitze fertig garen (dabei gehen die Fleischküchlein schön auf).
Sie sind gar, wenn beim Einstechen mit einer Gabel weißer (klarer) Saft austritt.
Mit Bratkartoffeln, Gemüse oder Salat servieren.

Eiswasser (bzw. gestoßenes Eis) macht die Küchlein besonders saftig, da beim Braten das Wasser (und nicht der Fleischsaft!) verdampft.
Bei dieser Zubereitungsart bitte keine Eier für den Fleischteig verwenden!

Rindfleischküchlein ▷

Gedünstetes Kalbfleisch mit Kaviarsauce

TELJATINA TUSCHONAJA S
SOUSOM IS IKRI

Für 10 Personen

---

2 kg Kalbfleisch (Schale/Keule)
200 g gekochter Schinken, 200 g Speck
10 Anchovis-(Sardellen-)filets
1 Zwiebel, 1 Petersilienwurzel, 1 Stange Lauch
½ Sellerieknolle
ca. 1 l Bouillon, ¼ l trockener Weißwein
Saft und abgeriebene Schale einer Zitrone
2 EL schwarzer Kaviar, 1 EL Butter
10 schwarze Pfefferkörner, Salz

Gewaschenes Kalbfleisch 2–3 Stunden in Salzwasser legen. Herausnehmen, sorgfältig abtrocknen und rundherum mit dünnen Speck- und Schinkenstreifen und gewässerten Anchovisfilets spicken. Gemüse kleinschneiden und in einen großen Schmortopf füllen. Das gespickte Fleisch darauflegen, mit Wein und Zitronensaft übergießen und mit geriebener Zitronenschale und Pfefferkörnern würzen.
So viel Bouillon angießen, daß das Fleisch eben bedeckt ist.
Bei geschlossenem Deckel 2½–3 Stunden dünsten. Das fertige Fleisch herausnehmen und zugedeckt warm stellen. Die Dünstflüssigkeit durch ein Sieb in einen kleinen Topf gießen, Kaviar einrühren und aufkochen. Mit 1 EL Butter abrunden.
Die Kaviarsauce über das in Scheiben geschnittene Fleisch gießen und mit Reis oder Kartoffelkroketten servieren.

◁ *Gedünstetes Kalbfleisch mit Kaviarsauce*

Gedünstetes Kalbfleisch mit Pflaumen

TELJATINA TUSCHONAJA S
TSCHERNOSLIWOM

Für 4 Personen

800 g Kalbfleisch
3–4 Zwiebeln
100 g getrocknete Pflaumen (ohne Kern)
¼ l Tomatensauce, 4 EL Öl
1 Bund Petersilie, Salz, Pfeffer

Kalbfleisch waschen, abtrocknen und in Würfel schneiden. Salzen und pfeffern und im heißen Öl rundherum anbraten. Gehackte Zwiebeln mitrösten und mit Tomatensauce (siehe Rezept Seite 194) auffüllen. Gut verrühren und bei geschlossenem Deckel 30 Minuten dünsten.
In der Zwischenzeit die gewaschenen Trockenpflaumen in warmem Wasser einweichen, abgießen, zum Fleisch geben und noch weitere 15 Minuten dünsten.
Das Gericht mit Salz und Pfeffer abschmecken, mit gehackter Petersilie bestreuen und mit Salzkartoffeln servieren.

Gefülltes Weißbrot

FARSCHIROWANNIY BELIY CHLEB

Für 6–8 Personen

1 großes Weißbrot (1½ kg)
1 kg Rinderlende
1 Zwiebel, 1 Karotte
1 Stück Sellerie, 2 Stangen Lauch
3 Eigelb, ⅛ l saure Sahne
100 g geriebener Parmesankäse
1 EL Mehl, 100 g Butter
Salz, Pfeffer

Karotte, Zwiebel, Sellerie und 1 Stange Lauch putzen, kleinschneiden und mit der gewaschenen Rinderlende in einen Kochtopf geben. Mit kochendem Wasser bedecken, mit Salz und Pfeffer würzen und

auf kleiner Flamme 30–40 Minuten sieden lassen. Das Fleisch herausnehmen, zugedeckt beiseite stellen und die Brühe abseihen.
Die zweite Lauchstange in Ringe schneiden und in Butter anbraten. Mit Mehl anstauben, kurz durchrösten und mit saurer Sahne ablöschen. Gut verrühren.
So viel Bouillon angießen, bis eine dickflüssige Sauce entsteht.
Eigelb verquirlen, mit etwas Sauce glattrühren und die Lauchcreme damit legieren. Nicht mehr kochen!
Mit Salz und Pfeffer würzen.
Vom Weißbrot einen Deckel abschneiden und den Laib aushöhlen.
Mit weicher Butter ausstreichen und mit etwas Parmesan bestreuen.
Gegarte Rinderlende in sehr dünne Streifen schneiden und abwechselnd mit der Lauchsauce in das Brot schichten. Dabei jede Fleischlage mit Parmesan bestreuen.
Zum Schluß mit den ausgelösten Brotkrumen belegen und den Deckel wieder aufsetzen.
Den Brotlaib 30 Minuten im heißen Rohr backen. Aufschneiden und mit frischem Salat servieren.

Überbackenes Kalbfleisch

TELJATINA POD BESCHAMEL SOUSOM

Für 4–6 Personen

1 kg Kalbsbraten
100 g Butter, ½ l Fleischbrühe
Salz, Pfeffer

SAUCE
100 g Butter, 100 g Mehl, ½ l Milch
100 g geriebener Parmesankäse
Salz, Pfeffer, Muskat

Fleisch waschen, trocknen, mit Salz und Pfeffer einreiben und mit zerlassener Butter übergießen.
Bei 200° im Rohr 1½–2 Stunden braten.
Wenn das Fleisch Farbe angenommen hat, nach

und nach Bouillon zufügen und den Braten immer wieder mit dem eigenen Saft begießen.

Inzwischen aus Butter und Mehl eine helle Einbrenne bereiten, mit Milch aufgießen und zu einer sämigen Sauce einkochen. Mit Salz, Pfeffer und Muskat würzen und drei Viertel des Käses unterziehen.

Fertigen Kalbsbraten in dünne Scheiben schneiden und in eine gebutterte, feuerfeste Form schichten. Jede Fleischlage mit Sauce überziehen und zum Schluß mit dem restlichen Parmesan bestreuen.

Mit zerlassener Butter beträufeln und im Rohr bei Mittelhitze 20–30 Minuten backen.

Zu diesem Gericht passen Kartoffelkroketten, Kartoffelpüree, frische Salate.

Gedünstetes, gespicktes Kalbfleisch

TELJATINA SCHPIGOWANNAJA SALOM

Für 4 Personen

1 kg Kalbsbraten
200 g Speck
2 Zwiebeln, 1 Karotte
1 Petersilienwurzel
1 Stück Sellerieknolle
2 Salzgurken
3 EL Öl, 2–3 TL Essig
2 Lorbeerblätter
10 schwarze Pfefferkörner
Salz

Fleisch waschen und abtrocknen. Mit dem in feine Streifen geschnittenen Speck rundherum spicken und mit Salz einreiben.

Kleingeschnittenes Gemüse in Öl anbraten und mit dem Fleisch in einen Schmortopf legen.

¼–½ l Wasser angießen, mit Essig, Lorbeerblättern und Pfefferkörnern würzen und bei geschlossenem Deckel etwa 1–1½ Stunden dünsten.

Das gegarte Fleisch in Scheiben schneiden, Sauce etwas einkochen lassen, abschmecken und durch ein Sieb darübergießen.

Mit Kartoffelpüree, gedünsteten Karotten und grünen Erbsen servieren.

Kalbsbraten mit Sauerkirschen gespickt

TELJATINA SCHPIGOWANNAJA WISCHNEI

Für 4 Personen

1 kg Kalbsbraten
250 g Sauerkirschen
¼ l Kirschsaft, ¼ l Madeira
¼ l Fleischbrühe
1 EL Mehl, 3 EL Butter
Salz, Pfeffer, Zimt, Kardamom

Kalbsbraten waschen, abtrocknen, mit einem spitzen Messer rundherum einstechen und mit entkernten Sauerkirschen spicken.

Fleisch mit den Gewürzen einreiben, in Mehl wenden und in Butter von allen Seiten anbraten.

Kirschsaft, Madeira und Bouillon angießen und zugedeckt weich dünsten.

Fleisch herausnehmen und aufschneiden.

Sauce etwas einkochen lassen, nochmals mit Gewürzen abschmecken, über den Braten gießen und mit Reis oder Kartoffeln servieren.

Kalbskoteletts mit Hirn

KOTLETI IS TELJATINI
S SOUSOM IS MOSGOW

Für 4 Personen

---

4 Kalbskoteletts
1 Kalbshirn (ca. 300 g)
1 Zwiebel, 2 Eigelb
3 EL saure Sahne, 4 EL Paniermehl
1 EL Mehl, 4 EL Butter
1 Bund Petersilie
Salz, Pfeffer, Essig

Kalbskoteletts waschen, trockentupfen, salzen und pfeffern und in heißer Butter von beiden Seiten anbraten.
In eine feuerfeste Form legen und mit der Bratbutter übergießen.
Gewaschenes Kalbshirn 15–30 Minuten in kaltes Wasser legen, abtropfen und halbieren.
Die eine Hälfte in Salzwasser mit einem Schuß Essig etwa 15 Minuten kochen.
Herausnehmen, in feine Scheiben schneiden, auf die Koteletts legen und mit zerlassener Butter beträufeln. Mit 2 EL Paniermehl bestreuen und im heißen Rohr 15 Minuten backen.
Inzwischen gehackte Zwiebel und Petersilie in Butter anbraten, die zweite Hälfte des Kalbshirns im Mixer pürieren und mitrösten, mit Mehl stauben, leicht bräunen und mit saurer Sahne aufgießen.
Gut durchrühren und aufkochen.
Etwas abkühlen lassen, mit den Eigelb verrühren und mit Salz und Pfeffer würzen.
Diese Masse in die Form füllen, mit dem restlichen Paniermehl bestreuen, mit Butterflöckchen belegen und noch etwa 15 Minuten im heißen Backofen bräunen.
Mit Bratkartoffeln und Salat servieren.

Gefüllte Kalbsbrust

FARSCHIROWANNAJA
TELJATSCHJA GRUDINKA

Für 6 Personen

1500 g Kalbsbrust
300 g Kalbsherz, 300 g Kalbslunge
1 Zwiebel, 100 g Tomatenmark
1 EL Mehl, 100 g Butter, ½ l Bouillon
Salz, Pfeffer
2 gekochte Eier

Kalbsbrust waschen, trocknen und mit einem scharfen Messer eine tiefe Tasche einschneiden.
Herz und Lunge waschen, halbieren und Adern, Sehnen und Fett entfernen. Mehrmals mit heißem Wasser blanchieren, kalt abspülen und trockentupfen.
Herz und Lunge in feine Streifen schneiden (oder durch den Fleischwolf drehen) und mit gehackter Zwiebel in Butter anbraten. Mit Tomatenmark, Salz und Pfeffer würzen, gehackte Eier hinzufügen.
Aus 1 EL Butter und 1 EL Mehl eine Einbrenne bereiten, mit etwas Bouillon ablöschen und zu den angebratenen Innereien geben. Gut verrühren, aufkochen und eindicken lassen.
Die abgekühlte Masse in die Kalbsbrust füllen.
Tasche zunähen, mit Salz und Pfeffer einreiben und mit zerlassener Butter übergießen.
Bei 200° im Rohr 1½–2 Stunden braten, immer wieder mit dem ausgetretenen Saft übergießen und verdampfte Flüssigkeit löffelweise mit Bouillon ergänzen.
Während der letzten Stunde geschälte, ganze Kartoffeln neben bzw. um den Braten legen und mitgaren.
Vor dem Servieren die Fäden entfernen, den Braten aufschneiden, mit dem eigenen Saft übergießen und mit den Kartoffeln anrichten.

Man kann die Kalbsbrust auch mit Fleischteig füllen:
500 g Kalbshack mit ⅛ l süßer Sahne, 100 g feingeschnittener, geräucherter oder gepökelter Zunge und 80 g sehr kleinen Speckwürfeln mischen. Mit Salz und Pfeffer würzen.

Gefüllte Kalbsbrust ▶

Kalbfleischförmchen mit Hering

RUBLENNAJA TELJATINA
SAPETSCHÖNAJA S SELÖDKOI

Für 6 Personen

---

500 g gebratenes Kalbfleisch
1 Salzhering, 1 Zwiebel
⅛ l saure Sahne, ca. ¼ l Bouillon
2 Eigelb, 4 EL Paniermehl
2 EL geriebener Käse
100 g Butter
Salz, Pfeffer, Muskatnuß

Salzhering wässern, ausnehmen und filetieren. Zusammen mit dem gebratenen Kalbfleisch durch den Fleischwolf drehen.
Gehackte Zwiebel in Butter rösten, Fleisch-Fisch-Masse und einige Löffel Fleischbrühe zufügen, verrühren und 5 Minuten dünsten.
Saure Sahne unterziehen und aufkochen.
Etwas abkühlen lassen, Eigelb und 2 EL Paniermehl untermischen. Falls die Masse zu trocken ist, etwas Bouillon dazugeben.
Mit Salz, Pfeffer und Muskat würzen und in sechs gebutterte Muschelförmchen füllen.
Das restliche Paniermehl mit Käse mischen und darüberstreuen.
Im heißen Rohr etwa 15 Minuten überbacken und als Vorspeise servieren.

Schaschlik

SCHASCHLIK

Für 4 Personen

---

800 g Lammfleisch
3 Zwiebeln
je 2 Bund Petersilie und Koriander
3–4 EL Essig, Öl zum Grillen
Salz, Pfeffer

Fleisch in 4 cm große Würfel schneiden und mit Salz und Pfeffer bestreuen.

Zwiebeln vierteln und durch den Fleischwolf drehen. Die Hälfte der Kräuter hacken und mit dem Essig unter die Zwiebeln rühren.
Fleischwürfel in dieser Marinade 8–12 Stunden an einem kühlen Ort zugedeckt ziehen lassen und dabei mehrmals wenden.
Abgetropftes Fleisch auf vier Spieße stecken, mit Öl bepinseln und grillen.
Die restlichen Kräuter im Ganzen zum fertigen Schaschlik servieren.
Als Beilage eignen sich gegrillte Tomaten, in Streifen geschnittene Paprikaschoten oder scharfe Tomatensauce und Reis.

Schaschlik in Auberginen

SCHASCHLIK S BAKLASCHANAMI

Für 4 Personen

---

800 g Lammfleisch
4 Auberginen (etwa 20 cm lang)
4 EL Öl
je 1 Bund Petersilie und Koriander
Salz, Pfeffer

Bei dieser Zubereitungsart wird Schaschlik in Auberginenhälften gegrillt. Deshalb benötigt man möglichst gleichgroße Auberginen (2 Hälften pro Person). Man halbiert sie der Länge nach und löst etwas Fruchtfleisch heraus, so daß kleine Schiffchen entstehen.
Lammfleisch würfeln, salzen und pfeffern und in Öl wenden. Jeweils einen Holzspieß in die Schmalseite einer Auberginenhälfte stechen, Fleischstücke darauf anordnen und das Spießende durch die gegenüberliegende Seite stechen. Das Fleisch muß über dem Hohlraum hängen, damit der Saft hineintropfen kann.
Die Auberginenschiffchen mit Öl bestreichen und so lange grillen, bis das Fleisch gar ist.
Mit Reis und gewaschenen, unzerkleinerten Kräutern servieren.

Lammfleisch mit Kürbis

BARANINA S TIKWOI

Für 4 Personen

---

600 g Lammfleisch
1 kg Kürbis, 100 g Zwiebeln
200 g Tomaten, 3–4 EL Butter
1 Bund Petersilie
Salz, Pfeffer

Lammfleisch in kleine Stücke schneiden und in Butter rundherum bräunen. Mit Wasser bedecken und 15 Minuten dünsten.
Kürbis schälen, entkernen und würfeln. Mit gehackter Zwiebel in Butter anbraten und unter das Fleisch rühren.
Mit Salz und Pfeffer würzen.
Den Eintopf mit halbierten Tomaten belegen und zugedeckt im heißen Rohr garen.
Mit gehackter Petersilie bestreuen und mit Reis servieren.

Gefüllte Lammbrust

BARANJA GRUDINKA FARSCHIROWANNAJA

Für 4 Personen

---

1 kg Lammbrust
400 g Lamm- oder Kalbsleber
50 g Speck, 2 Zwiebeln, 50 g Buchweizen
2 EL Butter, 4 EL Öl, 1 hartgekochtes Ei
Salz, Pfeffer

Speck würfeln und mit Zwiebelringen anbraten. Leber in Stücke schneiden und etwa 5 Minuten mitbraten. Abkühlen lassen und alles zusammen durch den Fleischwolf drehen.
Aus Buchweizen mit Butter und Wasser eine Grütze kochen (siehe Rezept Seite 226), abkühlen lassen und unter die Lebermasse rühren.
Mit Salz und Pfeffer kräftig abschmecken und gehacktes Ei untermischen.

In die gewaschene, abgetrocknete Lammbrust mit einem scharfen Messer am Knochen entlang eine tiefe Tasche schneiden. Mit der vorbereiteten Masse füllen und zunähen. Salzen und pfeffern und mit Öl einreiben.
Im Rohr bei 200° etwa 2 Stunden braten. Dabei immer wieder mit dem ausgetretenen Saft übergießen. Falls das Fleisch zu rasch bräunt, mit etwas kochendem Wasser oder Brühe ablöschen.
Den fertigen Braten aufschneiden, Fäden entfernen, Bratensaft darübergießen und mit Reis oder Kartoffeln und Gemüse servieren.

Man kann die Lammbrust auch mit einer Reismasse füllen:
Dazu 400 g gekochten Reis mit 2 verquirlten Eiern, 2 gehackten, in Butter angerösteten Zwiebeln, feingeschnittener Petersilie und Salz und Pfeffer mischen.

Gebratene Lammkeule

BARANINA PO DOMASCHNEMU

Für 4–6 Personen

1½ kg Lammkeule
1 kg Kartoffeln
2–3 Äpfel, 100 g Butter
6–7 Zehen Knoblauch
Salz, Pfeffer
Preiselbeeren

Lammkeule waschen und trockentupfen.
Mit Salz und Pfeffer einreiben und reichlich mit Knoblauch spicken.
Die Butter in einem Bräter zerlassen, die Keule hineinlegen und im Rohr bei 250° etwa 40 Minuten braten. Hin und wieder mit dem ausgetretenen Saft übergießen. Kartoffeln und Äpfel schälen, halbieren, nach 20 Minuten zur Lammkeule geben und alles zusammen fertig garen.
Fleisch, Kartoffeln und Äpfel auf einer Platte anrichten, mit dem Bratensaft übergießen und mit Preiselbeeren servieren.

Gebratene Lammkeule ▷

Jägerschaschlik

OCHOTNITSCHIY SCHASCHLIK

Für 4 Personen

---

700 g Lammfleisch
200 g Champignons
4 Paprikaschoten
(rot, grün, gelb gemischt oder nur von
einer Sorte)
4 EL Öl, Salz, Pfeffer

Fleisch in 4 cm große Würfel schneiden und mit
Salz und Pfeffer würzen.
Champignons putzen und die Stiele abschneiden
(man verwendet nur die Köpfe).
Paprikaschoten waschen, entkernen und in Stücke
von der Größe der Fleischwürfel schneiden.
Paprika, Fleisch und Pilze abwechselnd auf vier
Spieße stecken, mit Öl einpinseln und grillen.
Jägerschaschlik mit Reis servieren.

Lammfrikadellen

BARANJI FRIKADELI

Für 4 Personen

---

600 g Lammfleisch
80 g Kartoffeln, 1 Ei, 15 g Knoblauch
80 g Butter, 1–2 EL Senf, 2 EL Mehl
Salz, Pfeffer, Paprika

Lammfleisch in Stücke schneiden und mit den rohen Kartoffeln durch den Fleischwolf drehen.
Mit gehacktem Knoblauch, Salz, Pfeffer und Paprika verrühren und nochmals durchdrehen.
Die Masse mit Ei verkneten und eventuell mit kaltem Wasser geschmeidig rühren. Der Teig soll saftig, aber nicht wässrig sein.
Mit nassen Händen kleine Frikadellen (Buletten)
formen, dünn mit Senf bestreichen und in Mehl
wenden.
In heißer Butter braten und mit Tomatensauce,
Reis oder Kartoffeln servieren.

Schaschlikplatte ▷

Lammfleisch-Eintopf

BARANINA TUSCHONAJA

Für 4 Personen

---

500 g Lammfleisch
500 g reife, saftige Tomaten, 4 Zwiebeln
3 mittelgroße Kartoffeln
1 kleine rote, scharfe Paprikaschote
4–5 Knoblauchzehen
je ½ Bund Petersilie, Koriander und Basilikum
3 EL Öl, Salz

Lammfleisch in kleine Stücke schneiden und im heißen Öl ca. 15 Minuten braten.
Gehackte Zwiebeln zufügen und mitrösten.
Tomaten 2 Minuten in kochendes Wasser legen, schälen und würfeln. Mit den in Scheiben geschnittenen Kartoffeln zum Fleisch geben und alles zusammen fest zugedeckt weich dünsten.
5 Minuten vor Ende der Garzeit gehackte Kräuter, zerdrückten oder durchgepreßten Knoblauch und in feine Streifen geschnittene Paprikaschote unterrühren.
Mit Salz abschmecken.

Lammeintopf mit verschiedenen Gemüsen

BARANINA S OWOTSCHAMI
W GORSCHOTSCHKE

Für 4–5 Personen

---

500 g Lammfleisch
3 Kartoffeln, 1 Karotte, 2 Zwiebeln
1 kleine Aubergine
1 kleinen Zucchino, ½ Blumenkohl
1 kleine Paprikaschote
10–20 grüne Bohnen, 2 Tomaten
100 g Butter, 2 EL Tomatenmark
3–4 Knoblauchzehen
je 1 Bund Petersilie und Dill, Salz

Gewürfeltes Lammfleisch in Butter rundherum bräunen, mit kochendem Wasser bedecken und 20 Minuten dünsten. Kartoffeln, Karotte und Zwiebeln in Scheiben schneiden, in Butter anbraten und zum Fleisch geben.
Zucchino und Aubergine würfeln, mit ½ Bund gehackter Petersilie ebenfalls in Butter anbraten und nach einigen Minuten in den Topf füllen. 10 Minuten dünsten lassen. Tomatenmark unterrühren.
Blumenkohlröschen, Paprikastreifen und die in Stücke geschnittenen Bohnen zufügen, aufkochen und mit Salz würzen.
Den Eintopf mit Tomatenscheiben bedecken, Knoblauch darüber pressen und mit gehackten Kräutern bestreuen. Topf zudecken und im heißen Rohr 15–20 Minuten garen.

Lammeintopf mit Früchten

BARANINA TUSCHONAJA S FRUKTAMI

Für 4 Personen

---

600 g Lammfleisch
2 Zwiebeln, 3 Äpfel, 150 g getrocknete Pflaumen
2 EL Tomatenmark, 1 EL Butter, 1 EL Mehl
etwas Fleischbrühe
Salz, Pfeffer, Zucker

Lammfleisch in mittelgroße Stücke schneiden und mit gehackten Zwiebeln in einen Kochtopf füllen.
Mit Wasser bedeckt 20 Minuten dünsten.
Kleingeschnittene Äpfel und entkernte Pflaumen zufügen und weitere 20 Minuten dünsten.
Aus Butter und Mehl eine helle Einbrenne bereiten, Tomatenmark unterrühren, mit Fleischbrühe ablöschen und glattrühren und den Eintopf damit binden.
Mit Salz, Pfeffer und Zucker würzen und so lange garen, bis das Fleisch weich ist.
Dazu paßt am besten körnig gekochter Reis.

Anstelle von Pflaumen kann man auch 1–2 Quitten verwenden (schälen, entkernen, würfeln). In diesem Fall wird der Eintopf mit frischen Kräutern gewürzt.

Lammfleisch mit Sellerie

BARANINA S SELDEREEM

Für 4 Personen

---

600 g Lammfleisch
200 g Sellerie, 200 g Zwiebeln, 60 g Zitronensaft
120 g Butter, 2 Eigelb
1 Bund frischer Koriander, evtl. Sellerieblätter
Salz, Pfeffer

Lammfleisch in mundgerechte Würfel schneiden
und in 50 g Butter von allen Seiten bräunen.
Gehackte Zwiebeln in 30 g Butter anrösten, Sellerie
sehr fein schneiden und mitbraten.
Das angebratene Lammfleisch in einen Topf legen,
Zwiebel-Selleriemasse darüberfüllen, mit Salz,
Pfeffer und gehacktem Koriander würzen und mit
kochendem Wasser bedecken.
Fest zugedeckt auf kleiner Flamme so lange dün-
sten, bis das Fleisch weich ist.
Inzwischen die Sauce bereiten:
Restliche 40 g Butter zerlassen, mit den beiden
Eigelb verschlagen, mit Zitronensaft und der Flüs-
sigkeit, die beim Dünsten entstanden ist, gründlich
verrühren und erhitzen.
Die Sauce über das Fleisch gießen und nach
Wunsch mit gehackten Sellerieblättern bestreuen.
Dazu serviert man Reis.

Lammklößchen

BARANJI FRIKADELI

Für 4 Personen

---

500 g Lammfleisch
400 g Suppenknochen
je 1 Karotte, Zwiebel, Selleriescheibe
5 EL Grieß, 2 Eier, 100 g Butter
1 Bund Petersilie
Salz, Pfeffer, Lorbeerblatt

Aus den Suppenknochen mit zerkleinertem Gemüse, Salz, Pfeffer und Lorbeerblatt eine Brühe
kochen und abseihen.
Lammfleisch in Stücke schneiden und zweimal
durch den Fleischwolf drehen.

Mit Eiern und Grieß zu einem geschmeidigen Teig
rühren und mit Salz und Pfeffer würzen.
Mit nassen Händen etwa hühnereigroße Klöße formen, jeweils in die Mitte ein Stückchen kalte Butter
drücken und den Fleischteig rundherum gut verschließen.
Die Klößchen in der siedenden Brühe garen. Sie
sind fertig, wenn sie an die Oberfläche steigen.
Lammklößchen mit einem Schaumlöffel herausnehmen, gut abtropfen und mit gehackter Petersilie anrichten.
Mit Tomaten- oder Zwiebelsauce, Salzkartoffeln
oder Kartoffelpüree servieren.

Pilaw

PLOW

Pilaw ist eines der bekanntesten und beliebtesten
Gerichte in Mittelasien (Usbekistan, Turkmenien,
Tadschikistan, Aserbeidschan, Kirgisien).
Ob Hochzeitstafel oder Leichenschmaus – ein großes Essen mit Familie und Freunden ist ohne Pilaw
undenkbar.
Aber auch auf dem täglichen Tisch ist Pilaw stets
gern gesehen, denn die zahlreichen Zubereitungsarten sorgen für Abwechslung.

KLASSISCHE ZUTATEN

Lammfleisch, Reis, Zwiebeln, Karotten, Rosinen,
getrocknete Aprikosen, rote Paprikaschoten, Berberitze (ersatzweise Mirabellen, da Berberitze
hierzulande nur selten zu bekommen ist).
Das Lammfleisch wird in manchen Regionen
durch Fasan, Rebhuhn oder Hähnchen ersetzt,
anstelle von Reis Weizen oder getrocknete Erbsen
verwendet.

KLASSISCHE ZUBEREITUNG

Öl erhitzen – Fleisch und Gemüse anbraten – Flüssigkeit und Reis zufügen – gar dünsten.
Zum Anbraten eignet sich am besten pflanzliches
Öl oder Hammelfett. Butter oder Butterschmalz
wird nur verwendet, wenn der Reis separat
gekocht wird.

Pilaw sollte in einem schweren, gußeisernen Topf mit gewölbtem Boden bereitet werden. Sehr gut gelingt er auch in einem Wok.

Das Öl muß gut heiß sein, darf aber nicht verbrennen. Es hat die richtige Temperatur, wenn Salzkristalle darin zerplatzen (sozusagen explodieren). Das Fleisch wird in 15–20 g schwere Stücke geschnitten, die Zwiebeln in feine Ringe, die Karotten in dünne Streifen.

Man brät zuerst das Fleisch rundherum glänzend braun, läßt dann Zwiebeln und Karotten mitrösten, gießt mit heißem Wasser auf und würzt mit Salz und Pfeffer.

Nach 10–15 Minuten kommt der gewaschene Reis hinzu, der mit kochendem Wasser etwa fingerhoch bedeckt wird. Die Wassermenge richtet sich nach der Qualität des Reises und der Breite des Topfes. Als Grundregel kann man 2 l Wasser pro 1 kg Reis rechnen.

Den Topf fest verschließen und den Pilaw auf kleiner Flamme dünsten. Dabei nicht umrühren! Sollte der Reis nach 25 Minuten noch nicht weich sein, etwas kochendes Wasser wie eine Dusche mit Hilfe eines Schaumlöffels angießen und mit einem Kochlöffel oder einem langen Messer in die Mitte ein Loch bohren, damit der Dampf von unten nach oben steigen kann.

Der fertige Pilawreis soll körnig und saftig, aber nicht matschig sein.

Zum Servieren wird das Gericht auf eine entsprechend große Platte gestürzt, so daß Fleisch und Gemüse obenauf liegen.

Frischen Salat dazu reichen.

Pilaw ▷

Usbekischer Pilaw

USBEKSKIJI PLOW

Für 6 Personen

---

600 g Lammfleisch
600 g Zwiebeln, 1200 g Karotten, 1200 g Reis
300 g Öl, Salz, Pfeffer

Pilaw auf Buchara-Art

BUCHARSKIJI PLOW

Für 6 Personen

---

500 g Lammfleisch
500 g Zwiebeln, 500 g Karotten, 1000 g Reis
125 g getrocknete Aprikosen oder Rosinen
300 g Öl, Salz, Pfeffer

Pilaw aus Aserbeidschan

ASERBAIDSCHANSKIJI PLOW

Für 4 Personen

---

600 g Lamm- oder Hühnerfleisch
600 g Zwiebeln, 500 g Reis
100 g Öl, 50 g Butter, 4 Eier
Saft von ½ Zitrone
2 g Safran, 8 g Zimt, Salz, Pfeffer, Dill

Bei diesem Rezept wird der Reis separat gekocht und mit Butter, Dill und Salz verrührt.
Fleisch und Zwiebeln nach dem Anbraten mit Zitronensaft, Safran, Zimt, Salz und Pfeffer würzen, gar dünsten und mit verquirlten Eiern übergießen. Im Ofen überbacken.

Pilaw mit Hähnchen

PLOW S KURIZEIJI

Für 2 Personen

---

1 küchenfertiges Hähnchen
200 g Eßkastanien (Maronen)
1 Zwiebel, 2–3 Knoblauchzehen
50 g geschälte Mandeln
300 g Mirabellen (frisch oder aus der Dose)
300 g Reis, 100 g Butter
200 g Granatapfelsaft, Kresse, Pfefferminzblätter
1 g Safran, 1 Msp Zimt, Salz, Pfeffer

Hähnchen waschen und mit einer Mischung aus Salz, Pfeffer und Zimt innen einreiben.
Eßkastanien kreuzweise einschneiden, im Rohr backen, bis sich die Schalen lösen. Schälen, in Wasser weich dünsten, zerkleinern und mit gehackter Zwiebel in Butter anbraten. Entkernte Mirabellen, grobgehackte Mandeln und zerdrückten Knoblauch zufügen und noch 5 Minuten braten. Mit den Kastanien mischen, das Hähnchen damit füllen, zunähen und mit flüssiger Butter bestreichen. Grillen und dabei mehrmals mit Granatapfelsaft übergießen.
Der Reis wird separat mit Safran gekocht.
Hähnchen und Reis auf einer Platte anrichten und mit Kresse und Pfefferminzblättern garnieren.

Gekochtes Spanferkel mit Fleischfüllung

WARÖNNIY
FARSCHIROWANNIY POROSÖNOK

Für 10 Personen

1 junges Spanferkel (ca. 4 kg)
600 g Kalbfleisch, 200 g Speck
6 Scheiben altbackenes Weißbrot
¼ l Milch, 200 g gekochter Schinken
(oder geräucherte Zunge)
6 Eier, 2 Zwiebeln, 2 EL Butter
2 Bund Suppengrün, 1 Bund Petersilie
Salz, Pfeffer, Muskatnuß

FÜLLUNG

Das Kalbfleisch in Stücke schneiden und durch den Fleischwolf drehen.

Gehackte Zwiebeln in Butter rösten, Speck in kleine Würfel schneiden, Weißbrot in Milch einweichen und gut ausdrücken, Petersilie hacken.

Alle Zutaten mit dem Kalbshack und 3 Eiern gut vermengen und mit Salz, Pfeffer und Muskat würzen.

Den Schinken (oder Zunge) in kleine Quadrate schneiden.

Aus den restlichen 3 Eiern 2 Omeletts bereiten.

Das Spanferkel wie im Rezept »Spanferkel mit Sauerkrautfüllung« (siehe Seite 108) vorbereiten. Zuerst die Fleischmasse einfüllen, darauf den Schinken (bzw. die Zunge) verteilen und mit den Omeletts abdecken.

Zunähen, mit Salz einreiben, in ein großes Baumwoll- oder Leinentuch einschlagen und zubinden.

Auf den Rand eines ausreichend großen Kochtopfs zwei Holzstäbe legen und das eingepackte Spanferkel mit Schnüren so daran befestigen, daß es nicht den Topfboden berührt.

Soviel Wasser in den Topf füllen, daß die Rolle bedeckt ist. Suppengrün, die ausgelösten Knochen, Salz und Pfeffer zufügen und das Spanferkel etwa 2 Stunden kochen.

Heiß oder kalt servieren.

Spanferkel mit Buchweizenfüllung

POROSÖNOK FARSCHIROWANNIY
GRETSCHNEWOI KASCHEI

Für 8 Personen

1 junges Spanferkel (3–4 kg) mit Innereien
600–800 g Buchweizen
(je nach Größe des Ferkels)
200–250 g Butter, 4 EL Öl
Salz, Pfeffer

Das Spanferkel wie im Rezept »Spanferkel mit Sauerkrautfüllung« (siehe Seite 108) vorbereiten.

FÜLLUNG

Buchweizen in etwas Butter leicht anrösten (ständig rühren, damit nichts anbrennt). Vom Herd nehmen, mit kochendem Wasser bedecken, 10 Minuten quellen lassen und abgießen.

Den Buchweizen in eine feuerfeste Form oder Kasserolle füllen, 100–150 g Butter unterrühren und salzen. Mit so viel kochendem Wasser aufgießen, daß die Grütze 2 Finger hoch bedeckt ist.

Die Form in ein Wasserbad stellen (großes Gefäß oder Fettpfanne), zudecken und im Rohr bei 200° garen. Die Grütze ist fertig, wenn die Körner alle Flüssigkeit aufgesogen haben und nicht mehr zusammenkleben.

Inzwischen die Innereien (Leber, Herz, Lunge, Nieren) sorgfältig waschen, kleinschneiden und in Butter braten. Unter die Buchweizengrütze mischen und mit Salz und Pfeffer abschmecken.

Das Ferkel füllen, zunähen, mit Salz und Pfeffer einreiben, mit Öl bepinseln und etwas zerlassene Butter darübergießen. Auf dem Rost (Fettpfanne unterschieben) mit der Bauchseite nach unten bei 200° 1½–2 Stunden braten. Immer wieder mit dem ausgetretenen Saft bepinseln.

Wenn das Spanferkel fertig ist, die Naht auftrennen, Fäden entfernen und einen Teil der Grütze auf die Servierplatte füllen. Das Ferkel tranchieren, wieder zusammensetzen und auf der Buchweizengrütze anrichten.

Dazu passen frische Salate.

Spanferkel mit Sauerkrautfüllung

POROSÖNOK FARSCHIROWANNIY
KISLOI KAPUSTOI

Für 8 Personen

---

1 kleines Spanferkel (3–4 kg) mit Innereien
1½–2 kg Sauerkraut
6 hartgekochte Eier, 4 mittelgroße Zwiebeln
4 EL Öl, 4 EL Butter, ¼ l saure Sahne
je 1 Bund Petersilie und Dill
Knoblauch (nach Geschmack)
Salz, Pfeffer

Das Spanferkel (unbedingt beim Metzger vorbestellen!) gründlich waschen, auf der Bauchseite
vom Hals bis zum Kopf hin mit einem scharfen
Messer aufschneiden und ausnehmen. Rückgrat
und Rippen entfernen und das Ferkel nochmals
sorgfältig waschen und abtrocknen.
Die Innenseite kräftig salzen und pfeffern, mit der
Sauerkrautmischung füllen und zunähen.
Anschließend das Fleisch auch außen mit Salz einreiben, mit Öl bepinseln und mit der sauren Sahne
bestreichen.
Das so vorbereitete Spanferkel mit der Bauchseite
nach unten auf den Bratrost legen, Fettpfanne unterschieben und bei 200° 1½–2 Stunden braten.
Dabei immer wieder mit dem abgetropften Saft
begießen.

FÜLLUNG
Gehackte Zwiebeln in Butter rösten.
Die Innereien des Spanferkels (Leber, Herz, Nieren, Lunge) gründlich waschen, kleinschneiden
und mit den Zwiebeln braten. Abkühlen und alles
zusammen durch den Fleischwolf drehen. Mit dem
in Butter angedünsteten Sauerkraut mischen. Gekochte Eier und Kräuter hacken, unterrühren und
die Füllung mit Salz, Pfeffer und nach Belieben mit
zerdrücktem Knoblauch abschmecken.
Das fertige Spanferkel mit Salzkartoffeln, verschiedenen Gemüsen und Knoblauchsauce (siehe
Rezept Seite 200) servieren.

Schweinerouladen mit Pilzen

SWINOIY RULET
FARSCHIROWANNIY GRIBAMI

Für 4 Personen

---

4 dünne große Schweineschnitzel
100 g Champignons (oder andere frische Pilze)
100 g gekochter Schinken
3 EL Béchamelsauce, 3 EL Schmalz, 2 EL Butter
1 Ei, 100 g Paniermehl
Salz, Pfeffer

Schnitzel waschen, abtrocknen, flachklopfen und
auf beiden Seiten salzen und pfeffern.
Für die Füllung Pilze und Schinken kleinschneiden
und in Butter leicht anbraten. Béchamelsauce
(siehe Rezept Seite 191) unterrühren und mit Salz
und Pfeffer abschmecken.
Die abgekühlte Füllung auf die Schnitzel verteilen,
aufrollen und mit Rouladennadeln zustecken oder
mit Küchengarn umwickeln.
Die Schweinerouladen in verquirltem Ei und Paniermehl wenden und in heißem Schmalz etwa
20 Minuten braten. Nach dem Anbraten die Hitze
reduzieren, damit die Panade nicht verbrennt.
Als Beilage reicht man grüne Erbsen oder andere
Gemüse und Bratkartoffeln.

Gefüllte Schweinebrust

FARSCHIROWANNAJA SWINAJA GRUDINKA

Für 6 Personen

1½ kg Schweinebrust mit Knochen
500 g Weißkohl (oder Sauerkraut)
250 g säuerliche Äpfel, 1 Zwiebel
2 EL Butter, Salz, Pfeffer

Das Fleisch waschen und abtrocknen.
Mit einem scharfen Messer zwischen Fleisch und
Knochen eine Tasche einschneiden (der Braten
muß an drei Seiten geschlossen sein).

Den vorbereiteten Kohl (bzw. das Sauerkraut) in die Tasche füllen und mit einem Baumwollfaden zunähen.

Braten salzen und pfeffern, mit 1 EL Butter bestreichen und mit gehackter Zwiebel bestreuen.

Im Rohr bei 200° etwa 2 Stunden braten und dabei immer wieder mit dem austretenden Saft begießen.

Dazu serviert man Salzkartoffeln.

FÜLLUNG

Weißkohl fein hobeln, salzen und portionsweise zwischen den Händen reiben, bis der Kohl weich und saftig ist. Gut ausdrücken. (Sauerkraut kleinschneiden und ausdrücken.)

Geschälte Äpfel entkernen und in kleine Stücke schneiden. Unter den Kohl (bzw. das Sauerkraut) mischen, mit Salz und Pfeffer abschmecken und 1 EL weiche Butter unterrühren.

Schweinekoteletts Nowgorod

SWINIE KOTLETI PO NOWGORODSKI

Für 6 Personen

---

6 Schweinekoteletts
2 EL Schweineschmalz
½ l Bouillon, 1 Zwiebel, 1 Karotte
1 Petersilienwurzel
2 Lorbeerblätter, 1 Bund frischer Koriander
Salz, Pfeffer

BEILAGE:
1½ kg Kartoffeln
400 g Weißkraut (oder 300 g Sauerkraut)
25 g getrocknete Pilze, 1 Zwiebel
3 EL Schweineschmalz, 2 EL Butter
2 EL Mehl, 100 g Sahne
2 Eier, 100 g Paniermehl
Salz, Pfeffer

Koteletts waschen und sorgfältig abtrocknen. Am Knochen entlang etwas einschneiden, damit sich das Fleisch beim Braten nicht wölbt.

Koteletts gut klopfen, salzen und pfeffern und in heißem Schmalz von beiden Seiten anbraten.

Karotte, Petersilienwurzel und Zwiebel hacken.

Angebratene Koteletts mit dem Gemüse in eine Kasserolle schichten. Bouillon angießen und zugedeckt etwa 1 Stunde dünsten. Gegen Ende der Garzeit mit Koriander, Lorbeerblättern und Pfeffer würzen.

Inzwischen die Beilage bereiten:

Weißkraut fein hobeln, salzen und portionsweise zwischen den Händen reiben, bis das Kraut saftig wird. Gut ausdrücken. (Oder Sauerkraut kleinschneiden und ausdrücken.)

Eingeweichte Trockenpilze sorgfältig abspülen und in Wasser weich kochen. Abgießen, kleinschneiden und mit der gehackten Zwiebel in 1 EL Butter braten. Mit dem Weißkraut (bzw. Sauerkraut) gut mischen und mit Salz und Pfeffer abschmecken.

Kartoffeln schälen, in Salzwasser garen, abgießen und durch die Kartoffelpresse drücken. Mit Eiern, Sahne, Mehl und 1 EL Butter zu einem lockeren Teig rühren, salzen.

Aus der Masse handtellergroße Fladen formen, ein Häufchen Kraut daraufsetzen, die Teigränder nach oben ziehen und ovale Laibchen formen. In Paniermehl wenden und in heißem Schmalz goldbraun braten.

Die fertigen Schweinekoteletts in der Mitte einer großen Platte anrichten, Sauce mit Gemüsestückchen darübergießen und die Kartoffellaibchen um das Fleisch legen.

Schweinebraten mit Pflaumensauce

SWINOE SCHARKOE S SOUSOM
IS TSCHERNOSLIWA

Für 4 Personen

800 g Schweinebraten
250 g getrocknete Plaumen
3 EL Schmalz, 1 EL Butter, 80 g Paniermehl
1 EL Essig, 5 Pfefferkörner, 1 Lorbeerblatt
½ EL Zucker, 1 TL Zimt
Salz

Das gewaschene, sorgfältig abgetrocknete Fleisch mit Salz einreiben und in heißem Schmalz von allen Seiten kräftig anbraten.

Etwa ¼ l Wasser angießen, mit Essig, Lorbeerblatt und Pfefferkörnern würzen und den Braten zugedeckt ca. 1½ Stunden dünsten.

In der Zwischenzeit die entkernten Pflaumen mit heißem Wasser bedecken, weich kochen und durch ein Sieb passieren. Paniermehl in Butter leicht anrösten, mit dem Pflaumenmus mischen und mit Zucker und Zimt würzen.

Das gegarte Fleisch aus dem Topf nehmen und auf einer Platte warm stellen.

Den Bratensaft durch ein Sieb zum Pflaumenmus geben, gut verrühren und aufkochen.

Den aufgeschnittenen Braten mit der Pflaumensauce übergießen und mit Salz- oder Bratkartoffeln servieren.

◁ *Schweinebraten mit Pflaumensauce*

Schweinebrust
in Rote-Bete-Saft

SWINAJA GRUDINKA
POD SWEKOLNIM SOUSOM

Für 6 Personen

1½ kg Schweinebrust
100 g fetter Speck
1–1½ l Rote-Bete-Saft (Reformhaus)
1 Zwiebel, 1 EL Butter
4 EL geriebenes Schwarzbrot, 3–4 EL Essig
Salz, schwarze und weiße Pfefferkörner

Schweinebrust waschen, abtrocknen und in Stücke von ca. 100 g schneiden.

Speck würfeln und langsam ausbraten, damit sich viel Fett bildet. Die leicht gesalzenen Fleischstücke zufügen und unter häufigem Wenden braten.

Das gegarte Fleisch in einen Topf legen und so viel Rote-Bete-Saft angießen, daß es bedeckt ist.

Essig, Pfefferkörner und gehackte, in Butter angebratene Zwiebel zufügen und alles zusammen aufkochen.

Geriebenes Schwarzbrot unterrühren und das Gericht noch etwa 10 Minuten kochen und eindicken lassen.

Nochmals abschmecken und mit Kartoffelpüree servieren.

Eingelegter
Schweinebraten

SCHARKOE IS
MARINOWANNOIY SWININI

Für 6 Personen

1½ kg Schweinebraten
¼ l Essig, ¼ l Madeira, ⅛ l Öl
2–3 Lorbeerblätter, 1 Zwiebel
1 Bund frischer oder 1 TL getrockneter Estragon
½ EL geriebene Zitronenschale
2 Scheiben trockenes Schwarzbrot
Salz

Aus Essig, Madeira, Öl, zerdrückten Lorbeerblättern, feingeschnittener Zwiebel, gehacktem Estragon und Salz eine Marinade bereiten. Alle Zutaten sorgfältig verrühren.

Den Schweinebraten waschen, trocknen, gut klopfen und in der Marinade 48 Stunden beizen (ein Gefäß aus Keramik oder Emaille verwenden). Das Fleisch ab und zu wenden und mit einer dicken Nadel mehrmals einstechen.

Braten aus der Marinade nehmen, sorgfältig trockentupfen, in die Fettpfanne legen und mit einigen Eßlöffeln Marinade übergießen. Im Rohr bei 175–200° etwa 1 Stunde braten. Immer wieder mit dem ausgetretenen Saft übergießen und die verdampfte Flüssigkeit löffelweise mit Marinade ergänzen.

Schwarzbrot reiben, mit Zitronenschale mischen und auf die Oberseite des Bratens streuen. Noch etwa 1 Stunde braten und nun nur noch seitlich angießen, damit die Kruste kroß bleibt.

Den fertigen Schweinebraten aufschneiden und mit Salzkartoffeln und dem eigenen Saft servieren. Man kann dazu auch eine fruchtige Kirsch- oder Johannisbeersauce (siehe Rezepte Seite 196) reichen.

Schweinebraten
gespickt mit
Knoblauch und Zwiebeln

SWINOE SCHARKOE SCHPIGONANNOE
TSCHESNOKOM I LUKOM

Für 5 Personen

1 kg Schweinebraten (z. B. aus der Keule)
8 Knoblauchzehen, 2–3 Zwiebeln
ca. 1½ l Bier oder mildes Essigwasser
2 TL getrocknete Pfefferminze
2 Lorbeerblätter
2–3 EL Schmalz
je 1 Bund Petersilie und Dill
Salz, Pfeffer

Das Fleisch waschen, sorgfältig trockentupfen und mit Salz und Pfeffer einreiben.
Rundherum mit zerkleinerten Knoblauchzehen und Zwiebelstückchen spicken.
In ein Keramik- oder Emaillegefäß legen, Pfefferminze und Lorbeerblätter zufügen und mit so viel Bier (oder Essigwasser) übergießen, daß das Fleisch bedeckt ist.
An einem kühlen Ort 12 Stunden ziehen lassen und dabei mehrmals wenden.
Das Fleisch aus der Marinade nehmen, gut trockentupfen und in heißem Schmalz von allen Seiten anbraten. Löffelweise Marinade angießen und im Rohr oder auf der Herdplatte etwa 2 Stunden braten.
Den fertigen Schweinebraten aufschneiden, mit dem eigenen Saft überziehen und mit gehackten Kräutern bestreuen.
Dazu serviert man Bratkartoffeln.

Schweinebrust mit Fruchtsauce

SWINAJA GRUDINKA
POD WISCHNÖWIM SOUSOM

Für 6 Personen

1½ kg Schweinebrust
2 EL Butter
3 Scheiben trockenes Schwarzbrot
1 EL abgeriebene Zitronenschale
250 g Pflaumen-, Kirsch- oder Apfelmus
½ l Bouillon, 3 EL Madeira oder Portwein
1 EL Zitronensaft
2 Msp gemahlene Nelken
½ TL Zimt, 2–3 TL Zucker
Salz, Pfefferkörner

Gewaschene Schweinebrust in einen Topf legen und so viel Wasser angießen, daß das Fleisch bedeckt ist.
Mit Salz und Pfefferkörnern würzen und auf kleiner Flamme 1½–2 Stunden kochen.
Das Fleisch herausnehmen und abkühlen lassen.
In Butter von allen Seiten anbraten, mit einer

Mischung aus geriebenem Schwarzbrot und Zitronenschale bestreichen und einige Minuten überkrusten lassen.
In der Zwischenzeit die Sauce bereiten: Pflaumen-, Kirsch- oder Apfelmus mit Bouillon, Madeira und Zitronensaft verrühren, mit Zucker, Nelken und Zimt abschmecken und aufkochen.
Den fertigen Schweinebraten in Scheiben schneiden, mit der Fruchtsauce und Kartoffelpüree (oder Salzkartoffeln) servieren.

Hackfleisch-Kohl-Auflauf

PIKANTNAJA SAPEKANKA IS SWININI

Für 4 Personen

---

500 g Schweinefleisch
1 mittelgroßer Weißkohl, 3 Zwiebeln
1 große gekochte Kartoffel, 1 Karotte
¼ l saure Sahne, 2 Eier, 2 EL Paniermehl
2 EL geriebener Käse, 4 EL Öl
je 1 Bund Petersilie und Dill
Salz, Pfeffer

Fleisch waschen, abtrocknen und in Stücke schneiden. Zusammen mit Zwiebeln, Karotte und Kartoffel durch den Fleischwolf drehen. Alles gut vermischen und in Öl braten, bis das Fleisch krümelig geworden ist und etwas Farbe angenommen hat.
Mit Salz und Pfeffer würzen und abkühlen.
Verquirlte Eier und 2 EL saure Sahne unterrühren.
Aus dem gewaschenen Weißkohl den Strunk herausschneiden. Den Kohlkopf mit heißem Wasser übergießen und etwa 5 Minuten kochen. Abtropfen lassen und in einzelne Blätter zerlegen.
Eine Kasserolle oder feuerfeste Form mit Öl sorgfältig ausstreichen und abwechselnd Kohlblätter und Fleisch einschichten. Mit einer dreifachen Lage aus Kohl beginnen und auch als letzte Schicht Kohlblätter verwenden.
Mit der restlichen sauren Sahne übergießen und mit einer Mischung aus Paniermehl und geriebenem Käse bestreuen. 30–35 Minuten im Rohr bakken, bis sich eine goldbraune Kruste bildet.
Den Auflauf mit gehackten Kräutern bestreut servieren.

Schinkenrouladen

RULETI IS OKOROKA ILI WETSCHINI

Für 4 Personen

8 Scheiben gekochter Schinken
(etwa 5 mm dick)
2 mittelgroße Salzgurken, 2 gekochte Karotten
2 Scheiben Schwarzbrot, 2 Zwiebeln
2 EL Öl, 1 EL Butter
4 EL Mehl, ½ l Bouillon, ⅛ l saure Sahne
Salz, Pfeffer

Salzgurken, Karotten und Brot in Streifen schnei-
den (etwa in der Größe von Pommes frites).
Gehackte Zwiebeln in Butter goldbraun braten.
Jede Schinkenscheibe mit je 1–2 Streifen Gurke,
Karotte und Brot und mit gebratenen Zwiebeln
belegen. Aufrollen und mit Garn zusammenbinden
oder mit Rouladennadeln feststecken.
Die Schinkenrollen in Mehl wenden und in heißem
Öl von allen Seiten anbraten.
Die Fleischbrühe angießen und etwa 10 Minuten
dünsten.
Die saure Sahne zufügen und noch einige Minuten
ziehen lassen. Sauce mit Salz und Pfeffer ab-
schmecken.
Vor dem Servieren die Fäden bzw. Nadeln entfer-
nen, die Schinkenrouladen auf einer Platte anrich-
ten und mit der Sauce übergießen.
Dazu reicht man entweder Kartoffelpüree oder
Salzkartoffeln.

Schinkenrouladen ▷

Innereien

BLUDA IS
SUBPRODUKTOW

Bei einer guten Hausfrau bzw. einem guten Koch wird nichts weggeworfen, lehrt schon ein Haushaltsbuch aus dem 16. Jahrhundert. Und weil wir Russen uns an kluge Erkenntnisse unserer Vorfahren zu halten pflegen und in unserer Küche alles verwertet wird, haben wir auch besonders delikate Innereien-Rezepte ersonnen. Keine Festtafel ohne Gerichte aus Innereien, die quer durch alle Gesellschaftsschichten beliebt waren und sind. Früher gab es spezielle, stets überfüllte Kneipen, in denen man sich zu einem Festpreis sattessen konnte. Die Menüs (*Katki*) bestanden hauptsächlich aus Innereien, und um die Tische drängten sich Kutscher und neureiche Millionäre ebenso wie verwöhnte Gourmets.

Bei uns werden nicht nur Leber, Nieren, Zunge, Herz und Hirn, die auch im Westen populär sind, besonders abwechslungsreich und phantasievoll zubereitet, wir füllen auch Magen mit Grütze, Pilzen, Speck oder Eiern, kochen oder braten Kutteln mit Gemüse und Zwiebeln, rollen eine köstliche Vorspeise aus Pansen und Kutteln, bereiten delikate Gerichte aus Lunge und machen aus gefüllten Därmen die berühmte *Njanja*...

Hinzu kommen die zahlreichen Rezepte für Geflügelinnereien, die in der russischen Küche eine besondere Rolle spielen. Mit Vorspeisen oder Pasteten aus Hühner-, Gänse- oder Truthahnleber zum Beispiel habe ich bei meinen Gästen immer Erfolg, auch wenn ich von deutschen Freunden und Bekannten sehr oft höre, daß sie keine Innereien essen. Für sie gilt ein Filetsteak als bestes Stück. Es ist entsprechend teuer, weil es rar ist. Aber jedes Tier hat auch nur ein Herz, eine Leber, zwei Nieren, einen Magen... Sollen wir auf diese delikaten Raritäten verzichten?

Gefüllte Rinderzunge

FARSCHIROWANNIY JASIK

Für 6–8 Personen

---

1 Rinderzunge
Suppengemüse
2 Scheiben Weißbrot, ⅛ l Milch

1 Ei, 1 Zwiebel
1 EL Butter, 1 Bund Petersilie
Salz, Pfeffer

Die gewaschene Zunge in kaltes Wasser legen und mit zerkleinertem Suppengemüse weich kochen. Erst gegen Ende der Garzeit salzen.
Gekochte Zunge mit kaltem Wasser abschrecken und die Haut abziehen.
An der Unterseite der Länge nach aufschneiden und die Zunge aushöhlen. Das Innere durch den Fleischwolf drehen.
Weißbrot in Milch einweichen und ausdrücken. Gehackte Zwiebel in Butter braten.
Durchgedrehtes Zungenfleisch mit Brot, Zwiebel, Ei und gehackter Petersilie gründlich mischen und mit Salz und Pfeffer würzen.
Diese Masse in die Zunge füllen, mit Garn umwickeln und zubinden.
Die gefüllte Zunge 10 Minuten in der Zungenbrühe sieden lassen. Herausnehmen, Garn entfernen und aufschneiden. Kalt oder warm (z. B. mit Madeirasauce, siehe Rezept Seite 193) servieren.
Man kann die abgekühlten Zungenscheiben auch mit Aspik überziehen.

Gefüllter Rindermagen

FARSCHIROWANNIY
GOWJASCHIY SCHELUDOK

---

1 kleiner Rindermagen
Suppengemüse

Füllung pro 1 kg Magen:
1 kg gekochter Schinken
3–4 Zwiebeln, 5–7 Scheiben Weißbrot
2 EL Butter
Salz, Pfeffer, Muskat, Ingwer

Den Magen gründlich waschen und abtrocknen. Für die Füllung die gehackten Zwiebeln in 1 EL Butter braten. Herausnehmen und in der Bratbutter das gewürfelte Weißbrot rösten.
Schinken sehr fein schneiden und mit Zwiebeln und Brot gut mischen. Mit Salz, Pfeffer, Muskat und Ingwer würzen.
Den Magen mit dieser Masse füllen und zunähen. In Salzwasser mit Suppengemüse gar kochen (etwa 1 Stunde).
Den Magen aus der Brühe nehmen, mit 1 EL zerlassener Butter übergießen und im Rohr bei starker Hitze bräunen.
Mit Bratkartoffeln servieren.

Die Menge für die Füllung richtet sich natürlich nach der Größe des Magens. Man vergrößert die Menge oder man näht den Magen nach dem Füllen entsprechend ab oder verwendet nur einen Teil des Magens und näht alle Öffnungen fest zu.

Schweinemagen mit Kartoffelfüllung

FARSCHIROWANNIY SWINOI SCHELUDOK

Für 8–10 Personen

1 Schweinemagen
2½–3 kg Kartoffeln, ½ l Milch
300–400 g Speck
400 g Zwiebeln, 3 EL Butter
Salz, Pfeffer, 2 Lorbeerblätter

Die geschälten Kartoffeln reiben und die Flüssigkeit ausdrücken. Mit heißer Milch übergießen. Gehackte Zwiebeln in Butter braten, Speck in kleine Würfel schneiden und beides mit der Kartoffelmasse gut mischen. Mit Salz, Pfeffer und zerdrückten (oder im Mörser zerstoßenen) Lorbeerblättern würzen.
Den Schweinemagen sorgfältig waschen, abtrocknen, füllen und zunähen. In einen Bräter legen, eventuell etwas Butter zufügen und bei 175–200° etwa 60 Minuten braten. Immer wieder mit dem ausgetretenen Fett übergießen.

Vor dem Servieren die Fäden entfernen, den gefüllten Schweinemagen in Scheiben schneiden und den Bratensaft getrennt dazu reichen. Als Beilage paßt frischer Salat.

Leber-Schaschlik

SCHASCHLIK IS PETSCHENI

Für 3–4 Personen

400 g Leber (Kalb, Schwein oder Lamm)
150 g Speck oder geräuchertes Bauchfleisch
2–3 Zwiebeln, 2–3 EL Öl
Salz, Pfeffer

Gewaschene, abgetrocknete Leber und Speck in Würfel schneiden, Zwiebeln in passende Stücke teilen.
Abwechselnd auf 3–4 Spieße stecken, rundherum mit Öl bestreichen und pfeffern. Im Grill oder im heißen Rohr garen.
Etwa 3 Minuten vor dem Servieren werden die Leberwürfel mit stark gesalzenem Wasser (10 g Salz auf 100 ml Wasser) beträufelt.
Mit Tomatensauce und Reis servieren.

Leber-Frikadellen

FRIKADELI IS PETSCHÖNKI

Für 3–4 Personen

---

500 g Leber (Kalb, Rind)
70–100 g Speck
1 Ei, 2–3 EL Paniermehl
2–3 EL Mehl, 2 EL Butter
Salz, Pfeffer

Leber waschen, abtrocknen und gegebenenfalls häuten. In Stücke schneiden und durch den Fleischwolf drehen. Die Hälfte des Specks sehr klein würfeln und mit Ei und Paniermehl unter die durchgedrehte Leber rühren. Gut vermischen und mit Salz und Pfeffer abschmecken. Den restlichen Speck in einer Pfanne auslassen.
Aus der Lebermasse Frikadellen formen, in Mehl wenden und im Speckfett von beiden Seiten knusprig braten.
Die Butter zerlassen, über die fertigen Frikadellen gießen und mit Kartoffelpüree servieren.

Leber-Pfannkuchen

OLADJI IS PETSCHENI

Für 4 Personen

---

500 g Leber (Kalb, Rind)
½ kleiner Weißkohl
100 g geriebener Käse, 4 EL Mehl
2 Eier, 5 EL saure Sahne
4 EL Butter
Milch, Salz

Gewaschene Leber etwa 20 Minuten in Milch legen. Herausnehmen, abtrocknen und eventuell häuten.
Weißkohl in Stücke schneiden und mit der Leber durch den Fleischwolf drehen. Mit Mehl, Eigelb, geriebenem Käse und saurer Sahne gut verrühren und mit Salz würzen. Falls die Masse zu trocken ist, etwas Milch zufügen.

Leber-Pfannkuchen

Zuletzt das steifgeschlagene Eiweiß unterheben. Den Teig löffelweise in heiße Butter geben und von beiden Seiten goldbraun backen.
Zum Servieren mit saurer Sahne oder heißer Butter übergießen.

Gebratene Kalbsleber mit Lungensauce

SCHARKOE IS TELJATSCHJEI PETSCHÖNKI POD SOUSOM IS LÖGKICH

Für 4 Personen

---

600 g Kalbsleber
Milch, 2–3 EL Mehl, 3 EL Butter
Salz, Pfeffer

SAUCE
600 g Kalbslunge
1 Bund Suppengrün, 1 Zwiebel
5 hartgekochte Eier
1 EL Butter, 1 EL Mehl, ¼–⅜ l Bouillon
⅛ l saure Sahne
3–5 Stengel Zwiebelgrün
1 Bund Dill
Salz, 5 Pfefferkörner, 2 Lorbeerblätter

Zuerst die Sauce vorbereiten:
Gewaschene Lunge mit der ganzen Zwiebel, Suppengrün, Lorbeerblättern, Pfefferkörnern und Salz in einen Topf legen. Mit Wasser bedecken und weich kochen.
Die abgetropfte Lunge nudelig schneiden und mit gehackten Eiern und feingeschnittenem Zwiebelgrün mischen.
Mehl in Butter anrösten, mit Bouillon ablöschen und sämig kochen. Die Lungenmischung in der Sauce erhitzen, die saure Sahne unterziehen und mit Salz würzen.
Leber 20–30 Minuten in Milch legen. Gut abtrocknen und gegebenenfalls häuten.
Leber in Stückchen schneiden, mit Salz und Pfeffer würzen, in Mehl wenden und in der heißen Butter braten. In eine Schüssel füllen, mit der heißen Lungensauce übergießen und mit gehacktem Dill bestreuen.
Mit Salzkartoffeln oder Kartoffelpüree servieren.

Gedünstete Kalbsleber in Nelkensauce

TELJATSCHJA PETSCHÖNKA POD GWOSDITSCHNIM SOUSOM

Für 3–4 Personen

---

500 g Kalbsleber
100 g Speck, 3 EL Mehl, 1 EL Butter
¼ l Bouillon, ⅛ l trockener Weißwein
½ TL gemahlene Nelken
1 TL geriebene Zitronenschale
2 Msp Ingwer, 2 TL Zucker
Salz, Pfeffer

Leber waschen, abtrocknen und in Streifen schneiden. Mit Salz und Pfeffer würzen und 15 Minuten ruhen lassen.
Speck würfeln und in einer Pfanne auslassen (1 EL zurückbehalten und sehr fein hacken).
Leberstreifen in Mehl wenden und im Speckfett braten.
Inzwischen aus 1 EL Butter und 1 EL Mehl eine Einbrenne bereiten, mit Bouillon ablöschen und sämig kochen. Wein, feingehackten Speck und die Gewürze zufügen, gut verrühren, aufkochen und abschmecken.
Die gebratene Leber in eine Schüssel füllen, mit der Sauce übergießen und mit Reis oder Kartoffelpüree servieren.

Kalbsleber mit Champignons

TELJATSCHJA PETSCHÖNKA S SCHAMPINONAMI

Für 4 Personen

600–800 g Kalbsleber
200 g Champignons
100 g Butter, 1 EL Mehl
⅜ l Bouillon
⅛–¼ l saure Sahne
Salz, Pfeffer

Leber waschen, abtrocknen und in Streifen schneiden. Mit Salz und Pfeffer würzen, in Mehl wenden und in heißer Butter rasch bräunen.
Blättrig geschnittene Champignons in Butter kurz braten und leicht salzen.
Aus Mehl und 1 EL Butter eine Einbrenne bereiten, mit Bouillon ablöschen, glattrühren und aufkochen. Die saure Sahne unterziehen und die Sauce mit Salz und Pfeffer abschmecken.
In eine Kasserolle abwechselnd Leber und Pilze schichten, mit der Sahnesauce übergießen und 20 Minuten leise köcheln lassen.
Mit Salz- oder Bratkartoffeln servieren.

Kalbsleber-Pudding

PUDING IS TELJATSCHJEI PETSCHÖNKI

Für 4 Personen

½ Kalbsleber (600–750 g)
1 Zwiebel, 4 Eier, 150 g Weißbrot
¼ l Milch, 3–4 EL Butter
30 g Korinthen
1 Gläschen Cognac
Salz, Pfeffer, Muskat

SAUCE
1 EL Butter, 1 EL Mehl
¼ l Bouillon, ⅛ l trockener Weißwein
1 EL Zitronensaft
30 g Rosinen, 1 TL Kapern
2–3 TL Zucker, Salz

Die gewaschene, abgetrocknete Kalbsleber in Butter anbraten. Abgekühlt im Mixer pürieren.
Gehackte Zwiebel in Butter rösten.
Weißbrot in Milch einweichen und ausdrücken.
Leber mit Zwiebel, Brot, Eigelb, Cognac und Korinthen sehr gut verrühren. Mit Salz, Pfeffer und Muskat abschmecken und das steifgeschlagene Eiweiß vorsichtig unterheben.
Eine Puddingform sorgfältig buttern und die Masse einfüllen. Die Form, die nur dreiviertel voll sein

darf, fest verschließen und im Wasserbad bei kleiner Hitze 1½ Stunden garen.

Für die Sauce aus Butter und Mehl eine Einbrenne bereiten, mit Bouillon und Wein ablöschen und sämig kochen. Durch ein Sieb passieren, Zitronensaft, Rosinen und Kapern zufügen, aufkochen und mit Salz und Zucker abschmecken.

Den fertigen Pudding auf eine Platte stürzen und mit der Sauce übergießen.

Reis oder Kartoffelpüree dazu servieren.

Kalbshirn-Pudding

PUDING IS TELJATSCHIYCH MOSGOW

Für 4 Personen

---

4 Kalbshirnhälften
5–6 Eier
2 EL Butter, 1–2 EL Paniermehl
1 EL Essig, 1 Bund Dill
Salz, weißer Pfeffer, Muskat

Gewaschenes Hirn 2 Stunden wässern. Abtropfen, häuten und Äderchen entfernen.

Hirn in Salzwasser mit einem Schuß Essig etwa 10 Minuten sieden lassen. Abgekühlt durch ein Sieb streichen oder mit dem Mixer pürieren.

Mit den Eigelb, gehacktem Dill und 1 EL weicher Butter sehr gut mischen und mit Salz, Pfeffer und Muskat würzen. Steifgeschlagenes Eiweiß unterheben und die Masse in eine gebutterte, mit Paniermehl bestreute Puddingform füllen. Im Wasserbad, über Wasserdampf oder im nicht zu heißen Rohr etwa 20 Minuten garen.

Den fertigen Hirnpudding auf eine Platte stürzen und mit Champignon- oder Krebssauce servieren.

Fritiertes Kalbshirn

MOSGI W KLJARE

Für 4 Personen

Kalbshirn
Teig zum Ausbacken (Fritieren)
Petersilie, Öl

Eine beliebte Beilage zu Suppen (z. B. zu Schtschi)!

Salzwasser mit einem Schuß Essig aufkochen, vom Herd nehmen und das gewaschene Kalbshirn einlegen. So lange ziehen lassen, bis das Wasser lauwarm ist. Hirn nochmals abspülen, abtrocknen, Haut und Äderchen entfernen und in mundgerechte Stücke schneiden.

Jedes Stück auf eine Gabel spießen, in Ausbackteig tauchen und im heißen Öl fritieren.

Mit fritierter Petersilie anrichten.

Gespickte Leber

SCHPIGOWANNAJA SALOM PETSCHÖNKA

Für 4 Personen

---

800 g Leber (Kalb oder Rind)
100 g Speck, 3 Zwiebeln, 3 EL Butter
je 1 Bund Dill und Petersilie
Salz, Pfeffer

Die gewaschene, abgetrocknete Leber in fingerdicke Scheiben schneiden und mit feinen Speckstreifen spicken.

Zwiebeln in Ringe teilen und in Butter anbraten. In einer Pfanne mit hohem Rand (oder einer Kasserolle) etwas Butter zerlassen. Abwechselnd in mehreren Lagen Leberscheiben (mit Salz und Pfeffer bestreut) und Zwiebelringe einschichten. Obenauf Butterflöckchen setzen. Zugedeckt auf kleiner Flamme 20–25 Minuten dünsten.

Das fertige Gericht mit gehackten Kräutern bestreuen und mit Bratkartoffeln servieren.

Überbackenes Kalbshirn

MOSGI, SAPETSCHÖNIE W RAKOWINACH

Für 4 Personen

---

4 Kalbshirnhälften
1 Zwiebel, 2 Eigelb, ⅛–¼ l saure Sahne
4 EL Paniermehl
2 EL Butter, je 1 Bund Petersilie und Dill
Salz, Pfeffer, Muskat
Zum Garnieren: gekochte Blumenkohlröschen
oder Krebsschwänze

Kalbshirn wässern, Haut und Äderchen entfernen
und nochmals gründlich waschen.
Salzwasser mit einem Schuß Essig aufkochen und
das Hirn darin etwa 10 Minuten ziehen lassen
(nicht kochen!). Abgetropft in feine Streifen
schneiden.
Gehackte Zwiebel in Butter braten. Abgekühlt
mit Hirnstreifen, Eigelb, saurer Sahne, gehackten
Kräutern und 3 EL Paniermehl gründlich mischen
(falls die Masse zu trocken ist, mit etwas Bouillon
verrühren).
Mit Salz, Pfeffer und Muskat würzen und in
Muschelformen füllen. Restliches Paniermehl darüberstreuen, Butterflöckchen daraufsetzen und im
heißen Rohr etwa 15 Minuten überbacken.
Mit Blumenkohlröschen oder Krebsschwänzen
garnieren, die während der letzten 5 Minuten mit-
gebacken werden.
Als warme Vorspeise servieren.

◁ *Überbackenes Kalbshirn*

Kalbshirn
mit Krebssauce

MOSGI POD RAKOWIM SOUSOM

Für 4 Personen

4 Kalbshirnhälften
250 g Champignons, 100–150 g Krebsfleisch
20 gekochte Spargelstangen
2 EL Butter, 1 EL Mehl, ⅜ l Sahne
je 1 Bund Petersilie und Dill
Salz, Pfeffer, Muskat

Kalbshirn wässern, Haut und Äderchen entfernen, nochmals abspülen und in Salzwasser mit einem Schuß Essig auf kleiner Flamme etwa 10 Minuten garen.
Inzwischen für die Sauce Mehl in 1 EL Butter anschwitzen, nach und nach mit der Sahne ablöschen, kräftig verrühren und aufkochen. Blättrig geschnittene Champignons in Butter anbraten, mit dem Krebsfleisch und den in Stücke geteilten Spargelstangen in der Sahnesauce aufkochen. Mit Salz, Pfeffer, Muskat und gehackten Kräutern würzen. Hirn abtropfen, in Streifen schneiden und in der Sauce einige Minuten ziehen lassen.
Mit Reis servieren.

Gedünstetes Euter mit
Äpfeln und Reis

TUSCHONOE WIMJA S RISOM I JABLOKAMI

Für 4 Personen

700–800 g Euter
250 g Reis, 2 EL Butter
je 2 Karotten, Zwiebeln, Petersilienwurzeln
2 große Äpfel
Salz, Pfeffer, 2 Lorbeerblätter, 1 TL Zucker

Euter gründlich waschen und 2–3 Stunden in kaltes Wasser legen.
Erneut waschen, mit kochendem Wasser bedecken und etwa 20 Minuten kochen.
Zerkleinertes Gemüse, Lorbeerblätter, Salz und Pfeffer zufügen und zugedeckt auf kleiner Flamme

weich kochen. Euter aus der Brühe nehmen, abtropfen und in Würfel schneiden. In Butter 10 Minuten anbraten, danach den Reis kurz mitrösten. Mit so viel abgeseihter Euterbrühe aufgießen, daß der Reis bedeckt ist. Zugedeckt auf kleiner Flamme dünsten (eventuell Brühe nachgießen). Unter das fertige Gericht die geriebenen Äpfel mischen und mit Salz und Zucker abschmecken.

Überbackene Nieren

POTSCHKI SAPETSCHÖNIE S GRIBAMI
I WETSCHINOI

Für 4 Personen

400 g Nieren (Kalb oder Rind)
100 g gekochter Schinken, 100 g gekochte Zunge
150 g Champignons
50 g geriebener Käse, 6 EL Butter
1 EL Mehl
2 EL Tomatenmark, ¼ l Bouillon
¼ l saure Sahne
je 1 Bund Petersilie und Dill
Salz, Pfeffer

Gewaschene Nieren der Länge nach halbieren und 2 Stunden in kaltes Wasser legen. Haut, Fett und Röhren entfernen und die Nieren mit kochendem Wasser blanchieren. Kalt abspülen, abtrocknen und nudelig schneiden. In heißer Butter rasch braten (eventuell in mehreren Portionen, da die Nieren in der Pfanne nicht übereinanderliegen sollten). Schinken und Zunge ebenfalls in kleine Streifen schneiden und kurz in Butter braten.
Schließlich die blättrig geschnittenen Champignons in Butter anbraten.
Mehl in 1 EL Butter rösten, mit der Bouillon ablöschen und glattrühren. Tomatenmark und saure Sahne zufügen, gut durchrühren, aufkochen und die Sauce mit Salz und Pfeffer abschmecken.
Eine feuerfeste Form nacheinander mit Nieren, Schinken, Zunge und Pilzen füllen und die Sauce darübergießen.
Mit geriebenem Käse bestreuen und mit Butterflöckchen belegen. Im heißen Rohr überbacken, bis sich eine goldbraune Kruste bildet.
Das fertige Gericht mit etwas zerlassener Butter beträufeln und mit gehackten Kräutern bestreuen.
Bratkartoffeln und Salat dazu reichen.

Niereneintopf

POTSCHKI W GORSCHOTSCHKACH

Für 6 Personen

---

1 kg Rinder- oder Kalbsnieren
6 Kartoffeln, 2 Karotten
2 Zwiebeln, 1 kleine Steckrübe, 2 Salzgurken
6–8 Knoblauchzehen
¼ l saure Sahne
1–2 EL Tomatenmark, 4–6 EL Öl
Salz, Pfeffer, Lorbeerblätter

Gewaschene Nieren halbieren, wässern, Fett, Haut und Röhren entfernen und mit kochendem Wasser zweimal blanchieren. Abspülen und in frischem Wasser weich kochen. Nieren abtropfen und trockentupfen. In feine Streifen schneiden und in heißem Öl anbraten.
Das Gemüse in Scheiben schneiden und in einem Schmortopf ebenfalls in Öl anbraten und die Nierenstreifen daruntermischen.
Saure Sahne, Tomatenmark und kleingewürfelte Salzgurken zufügen, anschließend mit gehacktem Knoblauch, Salz, Pfeffer und Lorbeerblättern würzen und zugedeckt auf kleiner Flamme etwa 30 Minuten dünsten.

Gedünstetes Herz

TUSCHONOE SERDZE

Für 4 Personen

---

600 g Rinderherz
80 g geräucherter Bauchspeck
1 Zwiebel
1 Karotte, 1 Bund Petersilie, 2 EL Tomatenmark
1 EL Mehl, 2–3 EL Butter
⅛–¼ l Bouillon, ⅛ l saure Sahne
Salz, Pfeffer

Gewaschenes, abgetrocknetes Herz in 1 cm dicke Scheiben schneiden und mit feinen Speckstreifen spicken. In Butter von beiden Seiten anbraten.
Zwiebel, Karotte und Petersilie hacken und kurz mitrösten. Bouillon angießen, mit Tomatenmark, Salz und Pfeffer würzen und zugedeckt auf kleiner Flamme so lange dünsten, bis das Herz weich ist.

Aus Butter und Mehl eine helle Einbrenne bereiten, mit etwas Bouillon glattrühren und das Gericht damit binden.
Saure Sahne unterrühren, mit Salz und Pfeffer abschmecken und nochmals 5–10 Minuten ziehen lassen.
Mit Salz- oder Bratkartoffeln servieren.

Nieren mit Zucchini oder Auberginen

POTSCHKI S KABATSCHKAMI
ILI BAKLASCHANAMI

Für 4 Personen

---

500 g Kalbsnieren
200 g Zucchini oder Auberginen
100 g Zwiebeln, 400 g Tomaten
200 g Steinpilze oder Champignons
3–4 EL Öl
je 1 Bund Dill und Petersilie, Salz, Pfeffer

Gewaschene Nieren der Länge nach halbieren und 2 Stunden in kaltes Wasser (mit 2 EL Essig vermischt) legen.
Inzwischen das Gemüse zubereiten:
Zuerst die Zwiebelringe in Öl anbraten, Zucchini (oder Auberginen) in Scheiben schneiden und mitbraten.
Blättrig geschnittene Pilze in einer anderen Pfanne in Öl kurz dünsten.
Tomaten in Scheiben schneiden.
Eine feuerfeste Form mit Öl auspinseln und mit der Hälfte der Tomatenscheiben belegen. Pilze und Gemüse darüberfüllen und mit Tomatenscheiben abdecken. Jede Schicht vorsichtig mit Salz und Pfeffer würzen.
Butterflöckchen obenauf setzen und im heißen Rohr 25–30 Minuten dünsten.
Kurz vor Ende der Garzeit die Nieren abtrocknen, Haut, Fett und Röhren entfernen und in Stückchen schneiden. Mit Salz und Pfeffer würzen und im heißen Öl rasch braten (die Nierenstückchen dürfen nicht übereinanderliegen, deshalb gegebenenfalls in Etappen braten).
Nieren auf das fertige Gemüse legen, gehackte Kräuter darüberstreuen und mit Bratkartoffeln servieren.

Geflügel
und
Wild

BLUDA IS DITSCHI

Mit dem Oberbegriff »Wild« bezeichnen wir alles Getier, das in unseren riesigen Wäldern, Steppen und Mooren kreucht und fleucht. Die Tiere, die fliegen können – und davon leben bei uns über dreißig Arten –, sind »weißes Wild«. Alle anderen, also Hase, Reh, Hirsch, Wildschwein, Bär usw., nennen wir »rotes Wild«.

Zum »Geflügel« rechnet man im allgemeinen nur die domestizierten Vögel – Huhn, Gans, Ente und Truthahn.

Ob Wild oder Geflügel, diese Gerichte sind immer mit Festesfreude verbunden, denn nach alter Tradition kommen sie nur zu besonderen Gelegenheiten auf den Tisch – die Gans zum Beispiel zu Weihnachten, der Truthahn zur Hochzeit, das Hähnchen zum Geburtstag... Gebraten, gedünstet, gegrillt – mariniert, gespickt, gefüllt, die Rezepte für russische Geflügel- und Wildgerichte sind Legion.

Überall gibt es Speisen, deren Namen an Personen oder Ereignisse erinnern. Über unser Pojarski-Kotelett zum Beispiel (siehe Seite 140) erzählte der deutsche Botschafter am Hofe des Zaren Alexander I. folgende Geschichte:

Auf einer Reise hatte Alexanders Kutsche eine Panne, und der Zar mußte unvorhergesehenerweise in der kleinen Stadt Ostaschkow sein Frühstück einnehmen, zu dem traditionsgemäß ein Kalbskotelett serviert werden mußte. Pojarski, der Wirt, war in arger Bedrängnis, denn er konnte kein Kalbfleisch auftreiben. Aber er hatte zum Glück eine kluge Frau, die ihm riet, aus Hühnerfleisch ein Kotelett zu formen und den Schwindel mit einer Schicht Weißbrotkrümel zu vertuschen. Der Zar war von dem knusprig-saftigen »Kalbskotelett« begeistert und befahl, den tüchtigen Wirt mit einer Auszeichnung zu belohnen. Aus Angst vor einer Offenbarung gestanden Wirt und Wirtin. Dank des gehabten Genusses verzieh Alexander großmütig, und künftig durfte das »Pojarski«-Kotelett auf der Tafel des Zaren nicht fehlen. Pojarski nannte sich seither »Hoflieferant seiner Majestät des Zaren«, wurde reich und eröffnete in einer anderen Stadt ein neues Lokal...

Gefüllte Pute

FARSCHIROWANNAJA INDEIKA

Für 6–8 Personen

---

1 küchenfertige Pute (Truthahn)
100–200 g Butter
Salz, Pfeffer

Die Pute waschen und trockentupfen. Innen und außen kräftig mit Salz und Pfeffer einreiben, locker füllen und zunähen.

Mit weicher Butter bestreichen und im Rohr 2–3 Stunden (je nach Größe) braten. Dabei immer wieder mit dem ausgetretenen Saft begießen und eventuell löffelweise kochendes Wasser oder Brühe zufügen.

Den fertigen Braten entweder mit dem eigenen Saft servieren oder den Bratensaft mit Wasser oder Brühe loskochen und mit süßer oder saurer Sahne oder Madeira verfeinern.

Als Beilage eignen sich Reis, Kartoffeln, beliebige Gemüse und Salate.

Gefüllte Pute kann auch gedünstet werden. In diesem Fall legt man sie auf ein Bett aus kleingeschnittenem Wurzelwerk (Karotte, Sellerie, Petersilienwurzel, Lauch), Zwiebelringen und 2–3 zerdrückten Lorbeerblättern. Kochendes Wasser bis zur halben Höhe der Pute angießen, mit Salz und Pfeffer würzen und zugedeckt 1½–2 Stunden dünsten.

Nach dem Garen eventuell im Rohr bei starker Oberhitze (ohne Deckel!) 15 Minuten bräunen.

Dazu reicht man eine dunkle Sauce (siehe Rezept Seite 191), die aus der Dünstflüssigkeit bereitet wird.

FÜLLUNG MIT KALBSLEBER UND ROSINEN
500 g Kalbsleber, 100 g Speck
50 g Rosinen, 2 Scheiben Weißbrot
¼ l Milch, 5 Eier
Salz, Pfeffer, Lorbeerblatt

Gewaschene Kalbsleber in kleine Stücke schneiden und in ausgebratenen Speckwürfeln rösten. Mit Pfeffer und Lorbeerblatt würzen.

Abgekühlt durch den Fleischwolf drehen. Mit Eiern, in Milch eingeweichtem, ausgedrücktem

Weißbrot und Rosinen mischen und mit Salz und Pfeffer abschmecken.
Die Rosinen kann man durch 100 g kleingewürfelte Kalbszunge und feingeschnittene, in Madeira gedünstete Trüffelscheiben ersetzen.

FÜLLUNG MIT INNEREIEN DER PUTE
Innereien der Pute
2 Zwiebeln
125 g Reis, 100 g Rosinen
4 EL Butter
1 Bund Petersilie
Salz, Pfeffer

Gehackte Zwiebeln in Butter anbraten.
Innereien waschen, abtrocknen, kleinschneiden und 15 Minuten mitbraten.
Gewaschenen Reis zufügen und glasig werden lassen. Mit kochendem Wasser bedecken und auf kleiner Flamme dünsten, bis der Reis weich und alle Flüssigkeit aufgesogen ist. Rosinen und gehackte Petersilie unterrühren und mit Salz und Pfeffer abschmecken.

FÜLLUNG MIT KALBSLEBER UND WALNÜSSEN
500 g geschälte Walnüsse
500 g Kalbsleber
1 Brötchen, ¼ l Milch, 3 Eier
2–3 EL Butter
Salz, Pfeffer

Gewaschene Kalbsleber in kleine Scheiben schneiden und in Butter gar braten.
Abgekühlt durch den Fleischwolf drehen. Mit gehackten Walnüssen, eingeweichtem und ausgedrückten Brötchen und Eiern mischen und mit Salz und Pfeffer würzen.

FÜLLUNG MIT REIS
125 g Reis, 50 g Mandeln
100 g getrocknete Aprikosen
80 g Rosinen, 4 EL Butter
1 Bund Petersilie
Salz, je 2 Msp gemahlene
Nelken und Zimt

Gewaschenen Reis in Wasser nicht zu weich kochen und abtropfen lassen. Aprikosen kleinschneiden und mit den Rosinen in Butter andämpfen. Mit den gehackten Mandeln unter den Reis mischen und mit Petersilie und den Gewürzen abschmecken.

Putenfleisch mit Aprikosen
INDEIKA S ABRIKOSAMI
Für 4 Personen

800 g Putenbrust (ohne Knochen)
250 g frische, entkernte Aprikosen
2 Zwiebeln
⅛ l trockener Weißwein, ¼ l Fleischbrühe
2 EL Tomatenmark
3–4 EL Butter, 1 EL Mehl
3 Zehen Knoblauch
je 1 Bund Dill und Petersilie
Salz, Pfeffer, Zucker, Zimt, Lorbeerblätter

Putenfleisch waschen, trockentupfen, in Streifen schneiden und in Butter rundherum anbraten.
Gehackte Zwiebeln separat in Butter rösten. Mit Tomatenmark verrühren und mit Weißwein ablöschen. Aufkochen, mit Salz, Pfeffer und Zimt würzen und zum Putenfleisch geben.
Umrühren und auf kleiner Flamme zugedeckt etwa 30 Minuten dünsten.
Aus 1 EL Butter und 1 EL Mehl eine helle Einbrenne bereiten, mit Fleischbrühe ablöschen und zusammen mit den gewaschenen, halbierten Aprikosen und 2–3 Lorbeerblättern unter das Fleisch rühren.
Mit Salz und Pfeffer abschmecken und noch weitere 10 Minuten dünsten.
Kurz vor dem Servieren durchgepreßten oder zerdrückten Knoblauch und gehackte Kräuter untermischen.
Beilage: Reis und Salat.

Putenfilet mit Sauerkirschenpüree

FILE IS INDEIKI
POD WISCHNOWIM SOUSOM

Für 4 Personen

600–800 g Putenfilet
⅛ l Madeira, 100 g Butter, Salz
800 g Sauerkirschen
ca. 100 g Zucker
Zimt, Kardamom, Muskatnuß, Nelkenpulver
1 Stangenweißbrot (Baguette)

Putenfilet in feine Scheiben schneiden, klopfen und salzen. Mit Madeira übergießen und einige Zeit ziehen lassen. Inzwischen die Sauerkirschen waschen und entsteinen. Mit Zucker und Gewürzen auf kleiner Flamme dünsten.
Etwa 20 Kirschkerne im Mörser zerstoßen und mit Wasser bedeckt einige Minuten kochen. Abseihen und den Sud zu den Sauerkirschen gießen. Abschmecken und zu einem dicken Püree einkochen. Fleischscheiben aus der Marinade nehmen, abtropfen und in Butter braten.
Sauerkirschenpüree in die Mitte einer Platte häufen, mit gerösteten Weißbrotscheiben umlegen und das gebratene Putenfilet auf den Brotscheiben anrichten.

Gefüllte Ente

FARSCHIROWANNAJA UTKA

Für 4 Personen

---

1 küchenfertige Ente (1500–1800 g)
100 g Speck
je 1 Karotte, Petersilienwurzel, Lauchstange, Selleriescheibe
½ l Fleischbrühe, ⅛ l Madeira
2 EL Butter, 1 EL Mehl
Salz, Pfeffer, Lorbeerblätter, Nelkenpulver

FÜLLUNG MIT KALBSHACKFLEISCH
500 g Kalbshackfleisch
2 Scheiben Weißbrot (oder 1 Brötchen)
¼ l Milch, 6 Eier
1 Zwiebel, 2 EL Butter
Salz, Pfeffer, Muskat

FÜLLUNG MIT PILZEN UND NUDELN
50 g getrocknete Steinpilze
hausgemachte Nudeln
aus 200 g Mehl (siehe Grundrezept Seite 256)
1 Ei, Salz, Pfeffer

Ente waschen und trocknen. Am Rücken entlang aufschneiden und den Rückenknochen entfernen. Die Ente innen und außen mit Salz und Pfeffer (nach Geschmack auch mit Nelkenpulver) einreiben, durch die Rückenöffnung füllen und zunähen. Einen Bräter mit dünnen Speckscheiben auslegen, zerkleinertes Gemüse und 2–3 Lorbeerblätter darüber verteilen und die Ente daraufsetzen.
Mit weicher Butter bestreichen und im Rohr bei 200° etwa 1½ Stunden braten. Dabei immer wieder mit dem eigenen Saft beträufeln und nach dem Bräunen löffelweise Fleischbrühe angießen.
Die fertige Ente auf einer Platte warm halten. Bratensaft mit dem Gemüse durch ein Sieb in einen kleinen Topf passieren. Mehl mit Brühe glattrühren und die Sauce damit binden. Restliche Fleischbrühe zufügen, gut durchkochen und mit Madeira abschmecken. (Die Sauce wird besonders apart, wenn man einige Trüffelscheiben darin erhitzt.) Die Ente tranchieren, mit einem Teil der Sauce überziehen (den Rest getrennt dazu reichen) und mit Salzkartoffeln und Salat servieren.

FÜLLUNG MIT KALBSHACKFLEISCH
Weißbrot (bzw. Brötchen) in Milch einweichen, ausdrücken und mit dem Kalbshack mischen. Gehackte Zwiebel in Butter dämpfen, 4 verquirlte Eier zufügen und zu einem Omelett stocken lassen. Abgekühlt mit 2 rohen Eiern unter die Fleischmasse rühren.
Mit Salz, Pfeffer und Muskat abschmecken.

FÜLLUNG MIT PILZEN UND NUDELN

Trockenpilze einweichen, sorgfältig waschen und in Wasser weich kochen. Abtropfen, in Streifen schneiden und mit gekochten Nudeln (selbstgemacht oder fertig gekauft) und 1 Ei verrühren. Mit Salz und Pfeffer würzen.

Ente mit Pilz-Nudelfüllung kann auch gekocht werden. Man verwendet dazu die Brühe, die beim Kochen der getrockneten Pilze entstanden ist und ergänzt sie mit zerkleinertem Suppengemüse und gehackten Kräutern, Salz und Pfeffer. Die Ente wird mit Flüssigkeit bedeckt auf kleiner Flamme 1½–2 Stunden gekocht.

Dazu bereitet man eine Sauce aus einem Teil der Brühe, die mit einer hellen Einbrenne gebunden und mit saurer Sahne verfeinert wird.

Ente mit Steckrüben

UTKA S REPOIY

Für 4 Personen

1 küchenfertige Ente (1500–1800 g)
1 kg Steckrüben (Kohlrüben)
2 große Zwiebeln
100–150 g Butter, ½–¾ l Fleischbrühe
¼ l Malaga
Salz, Pfeffer, Zucker
evtl. 2 TL Kartoffelmehl

Ente waschen, abtrocknen und innen und außen mit Salz und Pfeffer einreiben.

Etwa 50 g Butter in einem Bräter erhitzen, Ente und grob zerkleinerte Zwiebeln hineinlegen und im heißen Rohr etwa 60–80 Minuten braten. Dabei mehrmals wenden, immer wieder mit dem eigenen Saft und nach dem Bräunen löffelweise mit Fleischbrühe begießen.

Inzwischen die Steckrüben schälen, in längliche Schnitze teilen und im eigenen Saft (eventuell mit etwas Brühe) weich dünsten. Nur wenig Flüssigkeit verwenden, damit das Gemüse nach dem Garen möglichst trocken ist.

Restliche Butter schmelzen, 1–2 EL Zucker zufügen und unter ständigem Rühren hellbraun werden lassen (Vorsicht, damit der Zucker nicht zu dunkel und damit bitter wird!). Rübenschnitze hineinschütten, gut umrühren und einige Minuten karamelisieren lassen.

Malaga angießen, mit Salz und Pfeffer abschmekken und so lange ins heiße Rohr stellen, bis die Oberfläche glänzend braun ist.

Die gebratene Ente mit den Zwiebeln und Steckrüben anrichten. Bratensaft entfetten und mit etwas Fleischbrühe und Malaga aufkochen (nach Wunsch mit Kartoffelmehl andicken).

Die Sauce durch ein Sieb gießen und getrennt servieren.

Dazu passen Kartoffeln.

Gefüllte Wildente

SCHARENNAJA DICKAJA UTKA

Für 2 Personen

1 küchenfertige Wildente (ca. 800 g)
2–3 kleine Zwiebeln
125 g getrocknete Aprikosen, 50 g Rosinen
4 Zehen Knoblauch
3–4 EL Öl, 150 g Reis
Salz, Pfeffer, Paprika, Safran

Wildente waschen, trockentupfen und innen und außen mit etwas Salz einreiben.

Für die Füllung Aprikosen und Rosinen waschen und auf einem Sieb abtropfen lassen.

Gehackte Zwiebeln in Öl anrösten, zerkleinerte Aprikosen und Rosinen mitbraten, mit 3 zerdrückten oder durchgepreßten Knoblauchzehen, Salz und Pfeffer würzen und zugedeckt etwa 10 Minuten dünsten.

Die Wildente mit dieser Masse füllen, zunähen und in Öl von allen Seiten anbraten. Zum Garen löffelweise kochendes Wasser angießen und die Ente immer wieder mit dem Bratensaft beschöpfen.

Die fertige Ente herausnehmen und zugedeckt warm stellen.

Im Bratensatz den Reis kurz anrösten, mit Safran und Paprika würzen und mit kochendem Wasser bedecken. Bei geschlossenem Deckel auf kleiner Flamme dünsten, bis der Reis weich und alle Flüssigkeit aufgesogen ist. Reis an den Rand schieben.

Die gebratene Wildente in die Mitte setzen und alles zusammen noch etwa 5 Minuten ziehen lassen.

Mit Salat servieren.

Gefüllte Wildente ▷

Gefüllte Gans

FARSCHIROWANNIY GUS

Für 6 Personen

---

1 küchenfertige, kleine Gans (etwa 2500 g)
250 g Buchweizen
50 g getrocknete Pilze
1 Karotte, Zwiebel, Lauch, Petersilienwurzel
1 Bund Dill und Petersilie
1 EL Butter, 3 EL saure Sahne
Salz, Pfeffer

Hals und Innereien der Gans waschen und mit zerkleinertem Gemüse und eingeweichten Trockenpilzen zu einer Brühe kochen.
Abseihen, die Pilze herausnehmen und abgetropft in Streifen schneiden. In Butter anbraten, mit der Brühe aufgießen und aufkochen. Gewaschenen Buchweizen zufügen, mit gehackten Kräutern und Salz würzen und auf kleiner Flamme so lange dünsten, bis der Buchweizen weich und zu einem dikken Brei eingekocht ist. Häufig umrühren, damit nichts anbrennt! Mit saurer Sahne abschmecken.
Die gewaschene Gans innen und außen mit Salz und Pfeffer einreiben, mit dem abgekühlten Buchweizenbrei füllen und zunähen.
Im Rohr bei 200° etwa 2–2½ Stunden braten. Dabei immer wieder mit dem ausgebratenen Fett übergießen und löffelweise kochendes Wasser zufügen.
Mit Salaten servieren.

Sehr gut schmeckt auch eine Sauerkrautfüllung. Je nach Größe der Gans dünstet man 750–1000 g Sauerkraut in angebratenen Zwiebeln, würzt mit Wacholderbeeren, Thymian, Salz, Pfeffer und Zukker und kocht das Kraut weich. Kurz vor Ende der Bratzeit geviertelte Äpfel im Gänsefett mitbraten.

Gefüllte Poularde

FARSCHIROWANNAJA PULARDA

Für 4 Personen

---

1 küchenfertige Poularde
1 Bund Suppengrün, 2 EL Butter
Salz, Pfeffer

FÜLLUNG
1 küchenfertiges Hähnchen
2 Hühnerlebern
¼ l Sahne, 1 EL Butter
50 g Trüffel (frisch oder aus der Dose)
50 g Pistazien
Salz, Pfeffer

Poularde waschen und abtrocknen. Am Rücken entlang aufschneiden und das Gerippe entfernen. Innen und außen mit Salz und Pfeffer einreiben. Aus dem Gerippe mit Suppengrün, Salz und Pfeffer eine Brühe kochen.
Für die Füllung das gewaschene Hähnchen zerlegen und das Fleisch von den Knochen lösen. Die Fleischstücke zweimal durch den Fleischwolf drehen (oder im Mixer pürieren) und die Masse nach und nach mit Sahne zu geschmeidiger Konsistenz rühren (die Schüssel dazu am besten in Eiswasser oder auf Eiswürfel stellen). Mit Salz und Pfeffer abschmecken.
Die beiden Hühnerlebern in Butter braten, in Scheiben schneiden und mit gehackten Trüffeln und geschälten Pistazien mischen.
Die Poularde abwechselnd mit Hähnchen- und Leberfarce füllen, zunähen und in eine mit Butter bestrichene Serviette einschlagen. Fest zubinden und das Paket in der abgeseihten Brühe bei kleiner Hitze etwa 1½ Stunden kochen.
Die fertige Poularde aufschneiden (Fäden entfernen) und mit Madeirasauce, Reis und Blumenkohl servieren.

Für diese Zubereitungsart eignet sich auch folgende Füllung sehr gut:

150 g Truthahn- oder Gänseleber
150 g Champignons, 70–100 g geräucherter Speck
1 Zwiebel, 3 hartgekochte Eier
2 Brötchen, ¼ l Milch, 1 EL Crème fraîche
Petersilie, Salz, Pfeffer

Speck in kleine Würfel schneiden und anbraten. Gehackte Zwiebel kurz mitrösten, blättrig geschnittene Champignons zufügen und 5 Minuten dünsten und schließlich zerkleinerte Leber weitere 5 Minuten mitbraten. Etwas abkühlen lassen und mit in Milch eingeweichten Brötchen und gehackten Eiern mischen. Crème fraîche unterrühren und mit Petersilie, Salz und Pfeffer würzen.

Brathuhn
mit Heringsfüllung

SCHARENNAJA KURIZA,
FARSCHIROWANNAJA SELODKOI

Für 4 Personen

---

1 küchenfertiges Brathuhn (ca.1 kg)
1 Salzhering (oder 5 Sardinen)
1 Ei, 1–2 Scheiben Weißbrot, ¼ l Milch
1 EL geriebener Käse, 3 EL Butter,
2 EL Zwiebackbrösel oder Paniermehl
1 Bund Petersilie, Salz, Pfeffer

Gewässerten Salzhering (oder Sardinen) säubern, ausnehmen und im Mixer zerkleinern.
In Milch eingeweichtes, ausgedrücktes Weißbrot, Ei, Käse und gehackte Petersilie unterrühren.
Brathuhn waschen, abtrocknen, mit der vorbereiteten Masse füllen und zunähen.
Mit Salz und Pfeffer einreiben und mit 1 EL flüssiger Butter bestreichen.
In die Fettpfanne legen, 2–3 EL Wasser seitlich angießen und das Huhn im Rohr bei 220° etwa 60 Minuten braten. Während des Bratens mehrmals wenden.
Die restliche Butter in einer kleinen Pfanne heiß werden lassen, die Zwiebackbrösel bzw. das Paniermehl darin rösten.
Das fertige Brathuhn auf einer Platte anrichten, die Butterbrösel darüber verteilen und mit Bratkartoffeln und Salat servieren.

Gefülltes Hähnchen

FARSCHIROWANNAJA KURIZA

Für 4 Personen

---

1 küchenfertiges Brathähnchen (ca.1 kg)
8–10 Eier, ¼ l Milch oder Sahne, 50 g Butter
1 Bund Dill, Salz, Pfeffer

Diese Zubereitungsart erfordert ein wenig Geduld und Geschick, denn die Füllung geht hier buchstäblich »unter die Haut«!
Das Hähnchen waschen und abtrocknen.
Am Hals beginnend vorsichtig mit zwei Fingern zwischen Haut und Fleisch fahren und rundherum die Haut vom Fleisch lösen. Man muß mit viel Fingerspitzengefühl arbeiten, denn die Haut sollte nicht reißen und an den Rändern fest mit dem Fleisch verbunden bleiben, damit die Füllung, die in die so entstandene Tasche kommt, nicht auslaufen kann.
Nach dem Ablösen bläst man am besten in die »Tasche«. Dabei bläht sich die Haut auf und mögliche Verletzungen werden sichtbar. Sie müssen fest zugenäht werden.
Für die Füllung Eier mit Milch bzw. Sahne kräftig verrühren und mit Salz, Pfeffer und gehacktem Dill würzen. Einen Teil dieser Mischung vorsichtig mit einem Eßlöffel in die Hauttasche füllen und sorgfältig zunähen.
Das Hähnchen umdrehen und den Rest der Eiermasse in die Bauchhöhle geben. Ebenfalls fest und sorgfältig zunähen.
Mit Salz und Pfeffer bestreuen, mit flüssiger Butter übergießen und im Rohr bei mittlerer Hitze (180–200°) eine gute Stunde braten.
Man kann ein so vorbereitetes Brathähnchen auch kochen:
Es wird in ein Baumwoll- oder Leinentuch eingeschlagen und zugebunden. Mit einer Schnur an einem langen Kochlöffel befestigt, der über einen Topf mit kochendem Wasser gelegt wird. Das Paket, das im Topf hängen muß und nicht den Boden berühren darf, etwa 1½ Stunden bei mäßiger Hitze kochen.
Mit beliebigen Gemüsen, Kartoffeln oder Reis servieren.

Gebratenes Hähnchen nach georgischer Art

ZIPLJATA TABAKA

Für 2 Personen

---

1 küchenfertiges Hähnchen (900–1000 g)
100 g Butter
3–5 Zehen Knoblauch, 5 Walnüsse
Salz, Pfeffer

Das sorgfältig gewaschene Hähnchen abtrocknen und an der Brustseite der Länge nach ganz aufschneiden. Mit der Innenseite nach unten auf die Arbeitsplatte legen (am besten zwischen zwei Lagen Klarsichtfolie) und mit dem Fleischhammer flach klopfen. Mit Salz und Pfeffer einreiben.
Butter in einer Pfanne, die so groß sein muß, daß das ausgebreitete Hähnchen darin Platz hat, erhitzen. Das Hähnchen hineinlegen und mit einem flachen Teller beschweren (einen Topf mit Wasser auf den Teller stellen). Bei mittlerer Hitze bräunen, umdrehen (wieder beschweren) und auch auf der anderen Seite braun braten.
Knoblauch und Walnüsse mit etwas Salz zerreiben und mit 1 EL heißem Wasser glattrühren. Kurz vor Ende der Garzeit das Fleisch mit der Paste bestreichen.
Mit Salat servieren.

Gebratene Hähnchen nach Haselhuhnart

SCHARENNAJA KURIZA, KAK RJABTSCHIK

Für 6 Personen

---

3 junge, kleine Hähnchen (küchenfertig)
2 EL Wacholderbeeren
100 g Speck, 2 EL Essig, 150 g Butter
3 EL saure Sahne
2–3 EL Paniermehl
Salz, Pfeffer

Die Hähnchen waschen und abtrocknen. Mit Salz, Pfeffer und zerdrückten oder zerstoßenen Wacholderbeeren innen und außen kräftig einreiben. 12–15 Stunden kühl stellen, damit die Gewürze einziehen können.
Anschließend die Hähnchen wieder waschen und trockentupfen. Mit feinen Speckstreifen spicken und mit Essig beträufeln.
Butter in einem großen Bräter zerlassen, Hähnchen von allen Seiten anbraten und im Rohr bei Mittelhitze fertig garen (50–60 Minuten). Dabei immer wieder wenden und mit dem eigenen Saft begießen.
Die saure Sahne über die fertigen Hähnchen verteilen und noch einige Minuten bräunen.
Schließlich Paniermehl darüberstreuen und kurz überkrusten lassen.
Die Hähnchen auf einer Platte anrichten und mit dem eigenen Saft übergießen.
Mit frischen Salaten servieren.

Hühnerkoteletts Pojarski Art

SNAMENITIE POSCHARSKIE KOTLETI

Für 4 Personen

---

1 küchenfertiges Huhn (ca. 1200 g)
100 g Weißbrot
200 g Sahne, 150 g Butter
2 Eier, 3 EL Paniermehl
Salz, Pfeffer

◁ Gebratenes Hähnchen nach georgischer Art

Das gewaschene Huhn zerlegen und das Fleisch auslösen (Schenkel- und Flügelknochen werden noch gebraucht!). Hühnerfleisch durch den Fleischwolf drehen.

Weißbrot in Sahne einweichen, ausdrücken und mit 50 g weicher Butter verrühren. Mit dem Fleisch mischen und alles zusammen noch einmal durch den Fleischwolf drehen.

Salzen und pfeffern und mit Sahne zu einem geschmeidigen Teig verkneten.

Mit feuchten Händen 4 »Koteletts« formen und in jedes einen Schenkel- bzw. Flügelknochen stecken, damit sie wie Kalbskoteletts aussehen. (Wenn an den Knochen noch ein wenig Fleisch haftet, rutschen sie nicht so leicht heraus.)

Eier mit einem Schuß Sahne verquirlen und die Koteletts darin wenden. Anschließend in (möglichst grobem) Paniermehl wenden und in heißer Butter von beiden Seiten braten. Die fertigen Hühnerkoteletts auf eine feuerfeste Platte legen und bei Oberhitze im Rohr einige Minuten knusprig bräunen.

Mit Gemüse oder Salat servieren.

Gefüllte Hähnchenschenkel

FARSCHIROWANNIE KURINIE NOSCHKI

Für 4 Personen

4 Hähnchenschenkel
50 g Weißbrot, 100 g Sahne
60 g Hühnerleber
100 g Champignons, 3 EL Butter
Salz, Muskatnuß

Die Hähnchenschenkel waschen und abtrocknen. Vom dickeren Ende her die Haut vorsichtig vom Fleisch lösen und wie einen Strumpf über den Schenkel stülpen. Nur so weit ablösen, daß die Haut am unteren Ende noch am Knochen haftet. Dann das Fleisch auslösen und durch den Fleischwolf drehen.

Weißbrot in Sahne einweichen und zusammen mit dem Fleisch nochmals durch den Wolf drehen.

Gehackte Hühnerleber und Pilze in Butter anbraten und abkühlen. Unter das Fleisch rühren und mit Salz und Muskat würzen.

Die Schenkelhaut wieder nach oben ziehen, mit der Masse füllen und zunähen.

Die Hähnchenschenkel von allen Seiten in Butter goldbraun braten.

Auf einer Platte anrichten, mit der Bratbutter übergießen und mit Gemüsen oder Salaten servieren.

Hühnerfrikadellen »Novomihailovski«

NOWOMICHAILOWSKIE KURINIE KOTLETI

Für 6–8 Personen

2 küchenfertige Suppenhühner
⅜ l Sahne, ⅛ l Milch, 200 g Butter, 2 Eigelb
8–10 EL Brösel aus Hefegebäck
Salz, Pfeffer

Diese berühmten Frikadellen wurden erstmals 1852 im Petersburger Landwirtschaftsclub serviert. Er hatte seinen Sitz in der Mihailov-Straße, nach der das Gericht benannt wurde.

Hühner waschen und das Fleisch auslösen (man verwendet nur das zarte weiße Fleisch, ursprünglich nur das Brustfilet).

Die Fleischstücke mit Milch anfeuchten und mit dem Fleischhammer so lange klopfen, bis sie ganz mürbe sind und die Konsistenz von Hackfleisch haben. Während des Klopfens mehrmals etwas Sahne zufügen.

Nun mischt man etwa 100 g Butter und die restliche Sahne unter die Fleischmasse, würzt mit Salz und Pfeffer und formt Frikadellen.

Sie werden in mit Milch verquirlten Eidottern und Bröseln paniert und in der restlichen Butter goldbraun gebraten.

Mit Gemüse, Salat oder Reis servieren.

Hühnerkotelett nach Kiewer Art

KOTLETI PO-KIEWSKI

Für 2 Personen

---

1 küchenfertiges Brathähnchen
60 g Butter, 2 EL Öl
2 Eier, 2 EL Mehl, 2 EL Paniermehl
Salz, Pfeffer

Das gewaschene Hähnchen halbieren. Aus jeder Hälfte das ganze, zusammenhängende Filet mit dem Flügelknochen auslösen und die Sehne zwischen dem großen und kleinen Teil durchschneiden. (Man erhält also je 2 große Fleischstücke mit Knochen und 2 kleinere.)
Das Fleisch zwischen zwei Bogen Klarsichtfolie (oder Pergamentpapier) legen und flach klopfen.
Auf die beiden großen Scheiben je ein 30 g schweres Stück kalte Butter legen und mit den kleinen Fleischstücken bedecken. Die Ränder darüberklappen und das Fleisch birnenartig formen.
Mit Salz und Pfeffer würzen, zuerst in Mehl wenden, dann in verquirltem Ei und Paniermehl (die Panade muß sehr dick werden) und anschließend im heißen Öl 3–4 Minuten rundherum braten.
Noch 5–10 Minuten im heißen Ofen bräunen und mit Pommes frites und grünen Erbsen servieren.

Hähnchenpudding

PUDING IS KURIZI

Für 6 Personen

---

2 junge Hähnchen (küchenfertig)
100–150 g Krebsfleisch
Weißbrot
½–¾ l Milch oder Sahne, 6 Eier, 200 g Butter
Salz, Pfeffer, Muskat

Hähnchen waschen, abtrocknen, mit Salz und Pfeffer einreiben, in 2 EL Butter gar braten und abküh-

Hühnerkotelett nach Kiewer Art

len lassen. (Wer es sich leichter machen will, kauft fertig gebratene Hähnchen.)
Das Fleisch von den Knochen lösen und durch den Wolf drehen. Die Fleischmasse wiegen und mit der gleichen Menge in Milch (oder Sahne) eingeweichtem, ausgedrückten Weißbrot mischen.
100 g weiche Butter, zerkleinertes Krebsfleisch und 6 Eigelb unterrühren, mit Salz, Pfeffer und Muskat abschmecken und alles gut verkneten.
Die 6 Eiweiß sehr steif schlagen und vorsichtig unterheben.
Eine große Puddingform sorgfältig buttern und die Masse einfüllen (die Form darf nur dreiviertel voll sein).
Puddingform fest verschließen und im Wasserbad 1–1½ Stunden leise kochen.
Den fertigen Pudding auf eine Platte stürzen und mit Béchamel- oder Krebssauce (siehe Rezepte Seite 191 und 198) servieren.

Hühnerfleischrouladen mit Pilzfüllung

KURINIE RULETI,
FARSCHIROWANNIE GRIBAMI

Für 3–4 Personen

---

500 g Hühnerfleisch (ohne Knochen)
150 g Steinpilze oder Champignons
50 g Weißbrot
⅛ l Milch, 2 EL saure Sahne
2 Eier, 2 EL Mehl
2–3 EL Paniermehl, 3 EL Butter
Salz

Für die Füllung die gewaschenen Pilze kleinschneiden und in Butter dünsten.
Saure Sahne unterrühren, mit Salz würzen und zu einer dicken Masse einkochen.
Das Weißbrot in Milch einweichen, ausdrücken und zusammen mit dem Hühnerfleisch durch den Fleischwolf drehen.
1 Ei unterrühren und mit Salz abschmecken.
Aus dem Fleischteig mit nassen Händen flache Fladen formen, mit Pilzmasse belegen und aufrollen.
Die Rouladen in Mehl, verquirltem Ei und Paniermehl wenden und in heißer Butter braten.
Mit einer Gemüse- oder Salatplatte servieren.

Wachteln mit Sauerkirschen

PEREPÖLKA,
SCHARENNAJA S WISCHNJAMI

Für 4 Personen

8 bratfertige Wachteln
200 g entkernte Sauerkirschen
⅛ l Bouillon, 1 Gläschen Cognac
100 g Speck
Salz

Gewaschene, abgetrocknete Wachteln salzen.
Speck in kleine Würfel schneiden und auslassen.
Wachteln im Speckfett anbraten, Sauerkirschen,
Bouillon und Cognac zufügen und zugedeckt auf
kleiner Flamme etwa 10 Minuten dünsten.
Mit Kartoffeln oder Reis servieren.

Gedünstete Hasenkeulen

TUSCHONIY SAJAZ ILI KROLIK

Für 4 Personen

4 Hasenkeulen (oder Kaninchenkeulen)
3 EL Fett zum Braten
3 Zwiebeln, 2 kleine Rettiche
4 rote Paprikaschoten
8 Zehen Knoblauch, 2 EL Tomatenmark
2 EL Weinessig, 1 Bund Dill
Salz, Pfeffer, Paprika

Hasenkeulen waschen und trocknen. Mit Salz einreiben und im heißen Fett rundherum anbraten.
Zwiebelringe und in feine Scheiben geschnittene
Rettiche mitrösten.
Entkernte, zerkleinerte Paprikaschoten, Tomatenmark, Essig und zerdrückten Knoblauch zufügen,
mit Salz, Pfeffer und Paprika würzen und etwas
Flüssigkeit (Wasser oder Brühe) angießen.
Die Hasenkeulen bei geschlossenem Deckel weich
dünsten. Eventuell löffelweise die verdampfte Flüssigkeit ergänzen.
Das Gericht abschmecken, mit gehacktem Dill
bestreuen und mit hausgemachten Nudeln servieren.

Rebhuhn-Pudding

PUDING IS KUROPATKI

Für 3–4 Personen

3 küchenfertige Rebhühner
(original: Haselhühner)
4 Eier, 2 Scheiben Weißbrot
¼ l Milch, ¼ l Sahne
20 g Trüffel (frisch oder aus der Dose)
3 EL Butter
Salz, Muskat

Geflügel waschen, abtrocknen und das Fleisch von
den Knochen lösen.
Zusammen mit dem Weißbrot, das in Milch einge-
weicht und ausgedrückt wurde, und 2 EL Butter
durch den Fleischwolf drehen.
Eigelb, gehackte Trüffel und nach und nach die
Sahne unterrühren und mit Salz und Muskat
abschmecken.
Steifgeschlagenes Eiweiß unterheben und die
Masse in eine sorgfältig gebutterte Puddingform
füllen (sie darf nur dreiviertel voll sein, da der
Pudding aufgeht).
Im Wasserbad bei mäßiger Hitze etwa 1 Stunde
garen.
Auf eine Platte stürzen, mit Selleriepüree und
Champignonsauce (siehe Rezept Seite 200) ser-
vieren.

Rebhuhn mit Sardellenfüllung

KUROPATKA,
FARSCHIROWANNJA ANTSCHOUSAMI

Für 2 Personen

2 küchenfertige Rebhühner
5 Sardellen, 1–2 Scheiben Weißbrot, ¼ l Milch
1 Apfel, 2 Eigelb, ½ l Bouillon
1 Zitrone, 4 EL Butter, 1 EL Mehl
Salz, Pfeffer, Muskat

Gewaschene, trockengetupfte Rebhühner mit Salz und Pfeffer einreiben und in 2 EL Butter gar braten. Inzwischen die Sardellen putzen, filetieren und kleinschneiden (oder im Mixer grob zerkleinern). Weißbrot in Milch einweichen und ausdrücken. Mit Sardellen, Eigelb, geriebenem Apfel und 1 EL Butter sehr gut verrühren und mit Salz, Pfeffer und Muskat würzen.

Die gebratenen, etwas abgekühlten Rebhühner an der Brustseite aufschneiden und mit der vorbereiteten Masse füllen. Mit Holzspießchen (Zahnstochern) zustecken.

Mehl in der restlichen Butter anrösten, unter ständigem Rühren mit der Bouillon ablöschen und einige Minuten kochen.

Mit Salz und Pfeffer würzen, durch ein Sieb in einen Topf passieren und die Rebhühner mit der Brustseite nach oben einlegen. Geschälte Zitronenscheiben zufügen und zugedeckt noch etwa 10 Minuten dünsten.

Mit Kartoffeln und Salat servieren.

Fasan in Wein mit Sellerie

FASAN S SELDEREEM W WINE

Für 2–3 Personen

---

1 küchenfertiger Fasan (ca. 800 g)
1 Knolle Sellerie, 50 g Speck
¼ l trockener Weißwein, ¼ l Hühnerbrühe
¼ l Sahne, 4 EL Butter
evtl. 1–2 Eigelb, Salz, Pfeffer

Fasan waschen, abtrocknen, mit Salz und Pfeffer einreiben und in Butter leicht anbraten.

Kleingewürfelten Speck zufügen und kurz mitbraten.

Mit Wein und Brühe aufgießen und zugedeckt auf kleiner Flamme gar dünsten.

Inzwischen die Sellerieknolle schälen, in kleine feine Scheiben schneiden und 3 Minuten mit kochendem Wasser überbrühen. Abgießen, gut abtropfen lassen und in der restlichen Butter weich dämpfen.

Sahne unterrühren, aufkochen und zum Fasan in den Topf gießen. Mit Salz und Pfeffer abschmecken und noch einige Minuten dünsten.

Falls die Sauce zu flüssig ist, mit 1–2 Eigelb verquirlen (nicht mehr kochen!).

Mit Salzkartoffeln oder Kartoffelpüree servieren.

Gefüllter Fasan

FARSCHIROWANNIY FASAN

Für 2–3 Personen

---

1 küchenfertiger Fasan
oder anderes Wildgeflügel (ca. 800 g)
100 g Hackfleisch, 1 Putenleber
2–3 Scheiben Weißbrot, ¼ l Milch, 1 Zwiebel
1 Ei, 3 EL Butter
1 Bund Petersilie, ¼ l saure Sahne
Salz, Pfeffer, Muskat

MARINADE
½ l Rotwein, ¼ l Wasser
1 große Zwiebel (Ringe)
5 Pfefferkörner
1 EL Wacholderbeeren, 1 EL Thymian
2 Lorbeerblätter

Fasan waschen und abtrocknen. Alle Zutaten für die Marinade gut mischen und den Fasan 2–4 Stunden zugedeckt darin ziehen lassen. Dabei mehrmals wenden.

Weißbrot in Milch einweichen und ausdrücken. Mit Hackfleisch, in Butter gebratener gehackter Zwiebel, zerkleinerter Putenleber, Ei und Petersilie gründlich verrühren und mit Salz, Pfeffer und Muskat abschmecken.

Den Fasan aus der Marinade nehmen, gut abtrocknen und innen und außen salzen. Mit der vorbereiteten Masse füllen und zunähen. In heißer Butter rundherum bräunen und im Rohr bei 200° etwa 60 Minuten braten. Immer wieder mit dem Bratfond beschöpfen und löffelweise heißes Wasser zufügen.

Kurz vor dem Servieren mit saurer Sahne übergießen.

Dazu reicht man Reis und überbackene Apfelscheiben.

Gedünstetes Kaninchen mit Kürbis

TUSCHONIY KROLIC S TIKWOI

Für 4 Personen

---

500 g Kaninchenfleisch
500 g Kürbis, je 2 Zwiebeln und Karotten
1 Petersilienwurzel
1 Scheibe Sellerie, 2 säuerliche Äpfel
2 EL Butter, 1 EL Mehl
je 1 Bund Petersilie und Dill
Salz, Thymian (oder Kräuter der Provence)

Fleisch waschen, trockentupfen und in gleichgroße Stücke schneiden.
In einem Kochtopf mit Wasser bedecken, mit Salz
und Thymian (oder Kräutern der Provence) würzen und bei mittlerer Hitze garen.
Zwiebeln und Wurzelgemüse zerkleinern und in
Butter anbraten. Zusammen mit geriebenem Kürbis und gewürfelten Äpfeln zum gekochten Kaninchenfleisch geben.
Mehl mit etwas Flüssigkeit glattrühren, das Gericht
damit binden und noch 10–15 Minuten dünsten.
Abschmecken, mit gehackten Kräutern bestreuen
und mit Kartoffeln servieren.

◁ *Gedünstetes Kaninchen mit Kürbis*

Gefülltes
Reh- oder Hirschfilet

FARSCHIROWANNOE
FILET LOSJA ILI KOSULI

Für 4–6 Personen

---

1 kg Reh- oder Hirschfilet
1 Salzgurke, 100 g getrocknete Pflaumen
1 Bund Petersilie
je 1 Zwiebel und Petersilienwurzel
100 g Champignons
¼ l Bouillon, ¼ l saure Sahne
1 TL Kartoffelmehl, 3 EL Butter oder Öl
Salz, Pfeffer

Für die Füllung Salzgurke und eingeweichte, entkernte Pflaumen kleinschneiden und mit gehackter Petersilie gut mischen.

Das Fleisch waschen, abtrocknen und der Länge
nach einschneiden. Innen und außen mit Salz und
Pfeffer würzen. In den Einschnitt die vorbereitete
Füllung streichen und den Braten mit Garn umwickeln.

In heißer Butter (oder Öl) rundherum bräunen.
Gehackte Zwiebel und Petersilienwurzel kurz mitrösten, Bouillon angießen und das Fleisch zugedeckt weich schmoren. Das fertige Filet herausnehmen, den Faden entfernen und warm halten.

Im Bratensatz die blättrig geschnittenen Champignons kurz dünsten, mit saurer Sahne aufkochen
und mit Kartoffelmehl binden. Die Sauce abschmecken und mit Reis und Salat zum Braten
servieren. Eventuell Preiselbeeren dazu reichen.

GEFÜLLTER REH- ODER HIRSCHRÜCKEN
(siehe nebenstehende Abbildung)
– er kann gespickt sein – wird mit denselben
Zutaten bereitet. Am Rückgrat und zwischen den
Rippen einschneiden und Gurkenscheiben sowie
Pflaumen in die Einschnitte füllen.

Gefüllter Reh- oder Hirschrücken ▷

Schaschlik nach nordischer Art

SCHASCHLIK PO SEWERNOMU

Für 4–6 Personen

1 kg Hirschfleisch
125 g Zwiebeln, 1 Chilischote
50 ml Cognac
ca. ¾ l Weinessig, 1 Bund Petersilie, 4 EL Öl
Salz, Lorbeerblätter, Bratengewürz

SAUCE
½ l dicker Tomatensaft
je 1 Bund Frühlingszwiebeln, Dill, Petersilie
4 Zehen Knoblauch
Salz, Cayennepfeffer

Gewaschenes, abgetrocknetes Hirschfleisch in Würfel schneiden und mit Salz und Bratengewürz bestreuen. Fleischwürfel in ein Keramik- oder Porzellangefäß füllen, mit Zwiebelringen, zerdrückten Lorbeerblättern, gehackter Petersilie und zerkleinerter Chilischote belegen.
Cognac und so viel Weinessig angießen, daß das Fleisch bedeckt ist.
12 Stunden zugedeckt marinieren und dabei mehrmals umrühren.
Die abgetropften, trockengetupften Fleischwürfel auf Schaschlikspieße stecken, mit Öl einpinseln und grillen.
Für die Sauce, die getrennt zu den Hirschspießen gereicht wird, Zwiebelgrün, Kräuter und Knoblauch sehr fein hacken, mischen und mit dem Tomatensaft verrühren. Mit Salz und Cayennepfeffer würzen.

Bärenbraten

SCHARENNAJA MEDWESCHATINA

Für 4 Personen

800 g Bärenfleisch
500 g Suppenknochen
je 1 Karotte, Zwiebel, Petersilienwurzel
Selleriescheibe
4 EL Schweineschmalz
1 EL Mehl, 2 EL Paniermehl, 1 Ei
Salz, Pfeffer

MARINADE
1 l Essig
6 Lorbeerblätter, 1 Zwiebel
10 schwarze Pfefferkörner
20 Wacholderbeeren

Für die Marinade Essig mit Zwiebelscheiben und Gewürzen aufkochen.
Gewaschenes Fleisch in ein Porzellan- oder Keramikgefäß legen, mit der heißen Marinade übergießen und 3 Tage kühl stellen. Mehrmals wenden.
Fleisch aus der Marinade nehmen und in einen Bräter legen. Zerkleinertes Gemüse in 1 EL Schmalz anbraten und darüberfüllen.
Die gewaschenen Suppenknochen mit Wasser und Marinade (zu gleichen Teilen) auskochen, abseihen und die Brühe über das Fleisch gießen.
Zugedeckt auf kleiner Flamme 5–6 Stunden dünsten. Verdampfte Flüssigkeit mit Wasser und Marinade ergänzen.
Das abgekühlte Fleisch in Scheiben schneiden, in Mehl, verquirltem Ei und Paniermehl wenden und im restlichen Schweineschmalz wie Schnitzel braten.
Dazu serviert man mariniertes Gemüse oder eingelegte Früchte.

Wildschweinbraten

SCHARKOE IS DICKOIJ SWINJI

Für 4 Personen

---

1 kg Wildschweinbraten (Rücken oder Keule)
100 g Speck, 3 Zwiebeln
je 1 Karotte, Petersilienwurzel, Selleriescheibe
ca. 2 l Essig, ¼ l trockener Weißwein
¼ l Kirschsaft, ½ l Bouillon
1 EL geriebenes Schwarzbrot
1 EL geriebener Käse
je 15 schwarze und weiße Pfefferkörner
und Wacholderbeeren
10 Lorbeerblätter
Salz, Zucker, Zimt

Essig mit gehackten Zwiebeln, 6 Lorbeerblättern, schwarzen Pfefferkörnern und Wacholderbeeren aufkochen.
Das gewaschene Fleisch in ein passendes Keramik- oder Porzellangefäß legen, mit der heißen Marinade übergießen und zugedeckt 2–3 Tage ziehen lassen. Mehrmals wenden und mit einer dicken Nadel einstechen.
Einen Schmortopf mit dünnen Speckscheiben auslegen. Zerkleinertes Wurzelgemüse, weiße Pfefferkörner und restliche Lorbeerblätter darüberfüllen und den marinierten, sorgfältig abgetrockneten Braten darauflegen.
Im Rohr bei 200° bräunen.
Wein und Bouillon angießen und zugedeckt 2½–3 Stunden schmoren. Verdampfte Flüssigkeit löffelweise mit Wasser oder abgeseihter Marinade ersetzen.
Den fertigen Braten aufschneiden und auf einer feuerfesten Platte anrichten. Mit einem Gemisch aus geriebenem Schwarzbrot, Käse, ½ TL Zimt und 2 TL Zucker bestreuen und einige Minuten im heißen Rohr überkrusten.
Die Schmorflüssigkeit durch ein Sieb passieren, mit dem Kirschsaft mischen und aufkochen. Abschmecken und zu den Bratenscheiben servieren.
Dazu passen Kartoffeln und Rotkohl (Blaukraut).

Ragout aus Hühnerinnereien

RAGU IS KURINICH
POTROCHOW

Für 4 Personen

---

je 250 g Hühnerherzen, -lebern und -mägen
2 Zwiebeln
2 säuerliche Äpfel, 50 g Rosinen
4 EL Butter, 1 EL Mehl, ⅛–¼ l Bouillon
2 EL Tomatenmark
1 Gläschen Wodka
je 1 Bund Petersilie und Dill
Salz, Pfeffer, 2 Msp Safran

Die Innereien sorgfältig waschen, abtrocknen und jeweils getrennt in etwas Butter anbraten (Mägen vorher vierteln). Zwiebelringe ebenfalls in Butter rösten und Rosinen und Innereien zufügen.
Aus 1 EL Butter und 1 EL Mehl eine Einbrenne bereiten, mit Bouillon ablöschen, Tomatenmark unterrühren und aufkochen.
Zusammen mit dem Wodka, in dem vorher der Safran aufgelöst wurde, zu den Zwiebeln und Innereien gießen.
Geschälte, kleingewürfelte Äpfel und gehackte Kräuter zufügen, mit Salz und Pfeffer abschmecken und zugedeckt auf kleiner Flamme 20–25 Minuten dünsten.
Mit Kartoffelpüree oder Reis servieren.

Man kann das Ragout auch in kleine, erwärmte Pasteten füllen und als Vorspeise reichen.

Gefüllter Gänsehals

FARSCHIROWANNAJA GUSINAJA SCHEJA

Für 1–2 Personen

1 Gänsehals
Gänseinnereien (Herz, Magen, Leber)
Buchweizengrütze aus 3 EL Buchweizen
1 Zwiebel
3 EL Gänsefett, ¼ l Bouillon
Salz, Pfeffer

Die Haut des Gänsehalses wie einen Strumpf vorsichtig abziehen, waschen und innen und außen mit Salz und Pfeffer einreiben.
Gehackte Zwiebel in 1 EL Gänsefett rösten und die sehr fein zerkleinerten Innereien mitbraten. Mit der gekochten Buchweizengrütze mischen und mit Salz und Pfeffer würzen.
Den Gänsehals mit dieser Masse füllen und an beiden Enden fest zubinden. Im restlichen Gänsefett rundherum anbraten, Bouillon angießen und weich dünsten.
Mit Salat servieren.

Geflügelleber in Madeira

PTITSCHJA PETSCHÖNKA
POD MADERA SOUSOM

Für 3–4 Personen

600 g gemischte Geflügelleber
2–3 Scheiben eingelegte Trüffel
1 Zwiebel
⅛ l Madeira, ¼ l Bouillon
¾ l Milch, 1 EL Butter, 1 EL Mehl
Salz, Pfeffer

Geflügelleber sorgfältig waschen und für ein paar Stunden in Milch legen.
Mehl in Butter anrösten, sehr fein gehackte Zwiebel zufügen, mit Bouillon ablöschen und zu einer sämigen Sauce kochen.
Mit Madeira, Trüffelscheibchen und Salz und Pfeffer würzen.
Abgetropfte Geflügelleber in der Sauce etwa 10 Minuten dünsten.
Mit Reis servieren.

Gänseinnereien mit Pflaumensauce

GUSINIE POTROCHA POD
SOUSOM IS TSCHERNOSLIWA

Für 3–4 Personen

Innereien einer Gans
200 g getrocknete Pflaumen
je 1 Karotte, Zwiebel
Lauchstange, Petersilienwurzel mit Grün
2 EL Gänsefett
1 EL Mehl, 1 EL Essig
Salz, Pfeffer, Zucker, gemahlene Nelken
2 Lorbeerblätter

Innereien gründlich waschen und blanchieren. Mit zerkleinertem Gemüse und Salz in Wasser weich kochen.

Die Brühe abseihen und die Innereien zugedeckt warm stellen.

Inzwischen die gewaschenen, entsteinten Pflaumen mit Wasser bedeckt weich kochen. Abgießen und die Pflaumen ebenfalls zugedeckt warm halten.

Mehl in Gänsefett bräunen, mit Pflaumensud und Brühe (zu gleichen Teilen) ablöschen, Essig und Gewürze zufügen und gut durchkochen (im Originalrezept kommt noch 1 Tasse Gänseblut hinzu).

Innereien auf einer Platte anrichten, mit Pflaumen umlegen und die Sauce durch ein Sieb darübergießen.

Mit Kartoffelpüree oder Salzkartoffeln servieren.

Fisch

BLUDA IS RIBI

Rußland ist ein Land der Flüsse und Seen, und der Größe des Landes entsprechen auch die gigantischen Ausmaße: Der längste Fluß Europas zum Beispiel, die vielbesungene Wolga, mündet hier in den größten Binnensee der Erde, das Kaspische Meer. Der Fischreichtum, der stets für einen gedeckten Tisch sorgte, und die guten und schnellen Transportmöglichkeiten auf Flüssen und Seen veranlaßten die ersten Siedler, sich an den Ufern niederzulassen. Bald verstand man es, die vielfältigen Fischarten ebenso vielfältig zuzubereiten, zumal man während der streng eingehaltenen Fastenzeit auf Fleisch und Speisen aus Milchprodukten verzichten mußte und phantasievolle Fischgerichte den Höhepunkt einer festlichen Mahlzeit bildeten. So berichten Chronisten schon aus dem 10. Jahrhundert, daß am Hofe des Zaren riesige Platten mit 20 bis 30 Kilogramm schwerem Stör aufgetragen wurden.

Mit Beginn des 18. Jahrhunderts, zur Zeit Zar Peters I., kamen dann die ersten Meeresfische aus den weitentfernten Küstengebieten im Norden nach Moskau und Petersburg. Damit wurden auch die Konservierungsmethoden, die in der russischen Küche eine lange Tradition haben, immer wichtiger: Salzen, Räuchern, Trocknen, Dörren. Nicht nur Fischfleisch wurde und wird auf diese Weise haltbar gemacht und zudem besonders wohlschmeckend, auch das Rückgrat großer Fische wird getrocknet, zerkleinert und, ähnlich wie pulverisierter Trockenfisch, als beliebtes, aromatisches Gewürz verwendet. Typisch für die Zubereitung von Fischgerichten ist das Garen im Ofen – im eigenen Saft oder zusammen mit Gemüse, Pilzen oder Sauerkraut gedünstet, gefüllt mit Grütze usw. oder unter einer Teighaube gebacken.

In aller Welt berühmt wurde der Fischreichtum meines Heimatlandes aber durch eine Spezialität, die früher beinahe zum Alltagstisch gehörte und heute luxuriöser Exportartikel geworden ist: Kaviar, gesalzener Fischrogen. Während meiner Studentenzeit in den sechziger Jahren war es noch gang und gäbe, daß man auch in einfachen Restaurants zwischen acht bis zehn Sorten wählen konnte – mit Brot und Butter, heißen Kartoffeln oder Bliny, eine beliebte, für jeden erschwingliche Vorspeise.

Russischer Kaviar ist je nach Art des Rogens unterschiedlich in Farbe und Größe: schwarz von lachsartigen Fischen (und darunter findet man den allerfeinsten, *Pajusnaja* zum Beispiel), rot von Störfischen, rosé von Fischrogen aus der Familie der Renken. Sehr populär und häufig in Holzkörben selbst bereitet ist *Tschastikowaja*-Kaviar (von Hecht, Zander usw.), für den ich keine adäquate deutsche Bezeichnung gefunden habe.

Übrigens gehört zu Kaviar in Rußland ein Gläschen Wodka oder anderer klarer Schnaps – niemals Champagner!

Gedünsteter Stör

TUSCHONAJA OSETRINA

Für 4 Personen

1200 g Stör
¼ l Madeira, ⅛ l Salzgurkenlake
1 Bund Petersilie
100 g Butter
Salz, Lorbeerblatt

SAUCE
je 100 g gekochte Sellerieknolle
Salzgurken und marinierte Pilze
50 g Oliven
1–2 EL Kapern, 1 EL Butter, 1 EL Mehl
Salz, Pfeffer

Störfleisch sorgfältig waschen, mit Salz einreiben und 1 Stunde ruhen lassen.
Butter in einer Kasserolle schmelzen. Madeira, Salzgurkenlake, Petersilie und Lorbeerblatt zufügen. Aufkochen, Stör hineinlegen und zugedeckt auf kleiner Flamme dünsten.
Den Fisch herausheben und auf einer Platte warm halten.
Sellerie, Salzgurke, Pilze und Oliven hacken und mit den Kapern in der Dünstflüssigkeit erhitzen. Mehl mit Butter verkneten und die Sauce damit binden. Mit Salz und Pfeffer abschmecken und über den Fisch gießen.
Mit Salz- oder Bratkartoffeln servieren.

Gebackener Stör mit Senfsauce

OSETRINA S GORTSCHITSCHNIM SOUSOM

Für 4 Personen

1200 g Stör
4 EL Butter oder Öl
1 Karotte, 2 Zwiebeln, 1 Bund Petersilie
2 Eier, 3 EL Paniermehl
⅛ l Weißwein, ¼ l Fischbouillon
1–2 TL scharfer (englischer) Senf
Salz, Essig

Gereinigten, ausgenommenen Stör mit kochendem Wasser überbrühen, häuten, gründlich waschen und mit Salz einreiben.
Einen Bräter mit Butter oder Öl ausstreichen, Karottenscheiben und die Scheiben von einer Zwiebel und gehackte Petersilie einfüllen und den Fisch darauflegen.
Die zweite Zwiebel hacken, in Butter oder Öl braten und abkühlen. Mit den beiden Eiern verrühren und die Masse über den Stör streichen. Mit Paniermehl bestreuen und mit der restlichen Butter (Öl) beträufeln.
Im heißen Rohr 30–40 Minuten backen.
Den Fisch auf eine Platte heben und warm stellen.
Wein, Fischbouillon und 2–3 TL Essig mit den Gemüsen im Bräter aufkochen, Senf unterrühren, abschmecken und die Sauce durch ein Sieb über den gebackenen Fisch passieren.
Mit Kartoffeln servieren.

Gebackener Stör oder Lachs

SCHARENNAJA OSETRINA

Für 4 Personen

1200 g Stör oder Lachs
1 Zwiebel
2 EL Olivenöl, 2–3 EL Butter
Salz, Pfeffer

Den ausgenommenen Fisch überbrühen, häuten, waschen, trockentupfen und in Portionen schneiden. Die Fischstücke salzen und pfeffern, mit gehackter Zwiebel bestreuen und das Olivenöl darübergießen.
Etwa 2 Stunden marinieren.
In heißer Butter von beiden Seiten braten und mit Senf- oder Walnußsauce servieren.
Man kann den auf diese Art vorbereiteten Fisch auch im Ganzen im Rohr backen (vorher mit 1–2 EL Butter bestreichen).

Stör in Chablis

STERLJAD S WINOM

Für 4 Personen

1200 g Stör
1–2 Petersilienwurzeln
½ l Chablis
⅛ l Salzgurkenlake, 1 Zitrone
2 EL Butter, 1 EL Mehl
eingelegte Champignons, Oliven, Trüffel
Salz, Lorbeerblatt, 1 Knoblauchzehe

Den gereinigten Stör schuppen, ausnehmen und gründlich waschen. Am Kopf und Schwanz einschneiden und den Rückenknorpel vorsichtig herausziehen. Den Fisch schräg in Scheiben schneiden und salzen. In einen gebutterten Topf legen und mit gehackter Petersilienwurzel bestreuen. Mit Lorbeerblatt und Knoblauchzehe würzen und Wein, Salzgurkenlake und Zitronensaft dazugießen. Zugedeckt garen.
Die Fischstücke herausheben, auf einer Platte warm halten und mit eingelegten Champignons, Oliven und Trüffel garnieren.
Den Sud etwas einkochen.
Aus 1 EL Butter und 1 EL Mehl eine Einbrenne bereiten, mit dem abgeseihten Weinsud ablöschen, aufkochen und abschmecken.
Etwas Sauce über den Fisch gießen, den Rest getrennt dazu reichen.
Mit Salzkartoffeln servieren.

Stör mit roter
Wein-Kirsch-Sauce

OSETRINA S WISCHNOWIM SOUSOM

Für 4 Personen

1000–1200 g Stör
Wurzelwerk (Karotte, Lauch, Petersilienwurzel)
2 Zwiebeln
½ l Salzgurkenlake oder ⅛ l Essig
Salz, 20 Pfefferkörner, 3–4 Lorbeerblätter

SAUCE
⅛ l Madeira oder Portwein
⅛ l Kirschsaft
2 EL Oliven (oder 1 EL Kapern)
1 EL Butter, 1 EL Mehl, Salz,
2 Stück Würfelzucker, ½ TL gemahlene Nelken
½ TL Zimt, Essig oder Zitronensaft

Den gereinigten Stör mit kochendem Wasser überbrühen, häuten, gründlich waschen und mit Salz einreiben. Etwa 1 Stunde ziehen lassen.
Aus zerkleinertem Wurzelwerk, Zwiebeln und Gewürzen eine Brühe kochen, mit Salzgurkenlake oder Essig säuern und den Fisch darin (im Ganzen oder in Portionsstücke geschnitten) auf kleiner Flamme garen.
Herausheben, auf einer Platte warm halten und den Sud durch ein Sieb gießen.
Für die Sauce die Zuckerwürfel in einer heißen Pfanne kurz bräunen und mit einigen Löffeln Fischsud ablöschen. Mit einer Einbrenne aus Butter und Mehl binden und mit Madeira und Kirschsaft aufkochen. So viel Fischsud angießen, bis eine sämige Sauce entsteht. Mit Nelken, Zimt, Essig oder Zitronensaft und Salz würzen. Gehackte Oliven oder Kapern in der Sauce aufkochen, über den Fisch gießen und mit Salzkartoffeln servieren.

Gefüllter Stör mit
Mandelbéchamelsauce

FARSCHIROWANNAJA
OSETRINA S BESCHAMEL SOUSOM

Für 4 Personen

1200 g Störfleisch
1 Brötchen, ⅛ l Milch
2 EL Nuß- oder Senföl, ½ EL Butter
1 EL Mehl, ⅜ l Mandelmilch
10–12 gekochte Shrimps
je 1 Bund Petersilie, Dill, Schnittlauch
Salz, Pfeffer, Muskat

Etwa die Hälfte des gewaschenen Störfleisches in flache Scheiben von der Größe eines Koteletts schneiden.

Restlichen Fisch in Stücke teilen, in 1 EL Öl leicht anbraten und abgekühlt durch den Fleischwolf drehen.

Brötchen in Milch einweichen, ausdrücken und mit der Fischmasse gründlich vermengen. Mit feingeschnittenem Schnittlauch, Salz, Pfeffer und Muskat würzen.

Die Fischscheiben salzen und pfeffern. Mit Füllung belegen, aufrollen und in eine gebutterte feuerfeste Form setzen.

Mehl in 1 EL Öl anschwitzen, mit Mandelmilch ablöschen und eine Béchamelsauce kochen. Abschmecken und über die Fischröllchen gießen. Im Rohr bei 175° 20–30 Minuten garen.

Das fertige Gericht mit Shrimps garnieren und mit gehackten Kräutern bestreuen.

Mit Salz- oder Bratkartoffeln servieren.

Den Reis mit Pilzen, Zwiebeln und Eiern gründlich mischen und mit Salz, Pfeffer und Knoblauch würzen.

Den Karpfen durch die Öffnung am Rücken füllen und zunähen. In Mehl, verquirlten Eiern und Paniermehl wenden und in heißer Butter von beiden Seiten bräunen.

Den Bräter ins Rohr schieben und den Karpfen bei Mittelhitze fertig backen (je nach Größe 40–50 Minuten).

Auf einer Platte anrichten, Fäden entfernen, in Portionsstücke teilen und mit zerlassener Butter übergießen.

Mit Butterkarotten servieren.

Für diese Zubereitungsart eignet sich auch Buchweizengrütze als Füllung.

Karpfen mit Reis-Pilz-Füllung

FARSCHIROWANNIY KARP

Für 2 Personen

Füllung pro 800 g Karpfen:
80 g Reis, 40 g getrocknete Pilze, 2 Eier
20 g Zwiebel
2 Knoblauchzehen, 1 EL Butter
Salz, Cayennepfeffer
(bzw. 2 gemahlene Pfefferschoten)
Zum Panieren Eier, Mehl, Paniermehl, Butter

Je nach Größe des Fisches werden die Mengen für die Füllung entsprechend vervielfältigt.

Den Karpfen waschen und ausnehmen, ohne den Bauch zu verletzen. Dazu um die Rückenflossen herum bis zu den Rippengräten tiefe Einschnitte machen und Gräten und Innereien vorsichtig (ohne die Haut zu beschädigen) herausnehmen. Das Rückgrat an Kopf und Schwanz abtrennen und entfernen. Schließlich die Kiemen herausnehmen und den Fisch noch einmal gründlich waschen.

Für die Füllung die eingeweichten, abgespülten Trockenpilze in Wasser weich kochen, herausnehmen und kleinschneiden.

Den Reis im Pilzsud garen, gehackte Zwiebel in Butter rösten.

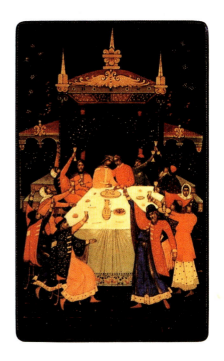

Gebackener Karpfen, gefüllt mit Buchweizengrütze

KARP FARSCHIROWANNIY
GRETSCHNEWOJI KASCHEJI

Für 4 Personen

1 Karpfen (ca. 1½ kg)
250 g Buchweizengrütze
2 Zwiebeln, 4 hartgekochte Eier
150 g Butter, 4 EL saure Sahne, 1 EL Mehl
je 1 Bund Petersilie und Dill, Salz

Buchweizengrütze kochen (siehe Rezept Seite 226) und abkühlen. Den Karpfen ausnehmen, sorgfältig waschen und schuppen.
Gehackte Zwiebel in 1 EL Butter anbraten, die vorbereitete Buchweizengrütze zufügen und leicht anrösten.
Den Fisch salzen, mit der etwas abgekühlten Grütze füllen und zunähen.
Restliche Butter zerlassen und die Hälfte in einen Bräter gießen. Den Karpfen hineinlegen, mit Mehl bestäuben und mit der übrigen Butter beträufeln.
Im Rohr bei 175° etwa 30 Minuten backen.
Saure Sahne mit gehackten Kräutern verrühren, über den Fisch gießen und noch 5 Minuten ins heiße Rohr schieben.
Mit Kartoffeln servieren.

Gebackener Karpfen,
gefüllt mit Buchweizengrütze ▷

Gefüllter Karpfen auf ukrainische Art

FARSCHIROWANNIY KARP PO UKRAINSKI

Für 3–4 Personen

---

1 Karpfen (ca. 1 kg)
100 g gekochter Schinken, 100 g Zwiebel
100 g Wurzelwerk
(Karotte, Sellerie, Petersilienwurzel)
1 EL Butter, Fischbouillon
Salz, Pfeffer

Den geputzten Karpfen waschen, am Rücken entlang aufschneiden und Gräten und Innereien entfernen.
Das Fleisch vorsichtig auslösen, ohne die Haut zu verletzen.
Karpfenfleisch mit Schinken durch den Fleischwolf drehen. Mit gehackter, in Butter gebratener Zwiebel vermischen und mit Salz und Pfeffer würzen.
Den Karpfen durch die Rückenöffnung mit dieser Masse füllen, zusammendrücken und in Mull wickeln.
Mit dem zerkleinerten Wurzelwerk in einen passenden Topf legen und mit Fischbouillon bedecken. Zugedeckt auf kleiner Flamme etwa 1 Stunde sieden lassen.
Mull entfernen und den Karpfen warm (mit Meerrettichsauce) oder kalt (mit Sahnemeerrettich) servieren.

Gefüllter Karpfen auf armenische Art

FARSCHIROWANNIY KARP PO KAWKASSKI

Für 4 Personen

---

1 Karpfen (ca. 1½ kg)
150 g Rosinen
150 g getrocknete kernlose Kirschen
120 g Zwiebeln
ca. 150 g Butter, 300 g Mehl
¼ l Granatapfelsaft
Basilikum, Kresse, Dill, Petersilie
Salz, Pfeffer

Vom gesäuberten Karpfen den Kopf abtrennen und durch diese Öffnung die Innereien herausnehmen, ohne den Bauch zu verletzen. Den Fisch gründlich waschen. Bis zum Rückgrat einschneiden und die Rippengräten entfernen. Karpfenfleisch (bis auf eine 1 cm dicke Schicht unter der Haut) herauslösen und zweimal durch den Fleischwolf drehen. Mit gehackter Zwiebel, gewaschenen Rosinen und Kirschen gut mischen und mit Salz und Pfeffer würzen.
Den Karpfen durch die Rückenöffnung mit der Masse füllen und zunähen. Mit einem feuchten Tuch abwischen, salzen und mit etwas zerlassener Butter bestreichen.
Das Mehl auf ein Brett häufen, in die Mitte eine Vertiefung drücken und etwas Wasser hineingießen. Mit den Händen einen glatten Teig kneten (nach Bedarf löffelweise Wasser zugießen). Den Teig dünn ausrollen und den Fisch vorsichtig darin einwickeln.
Auf ein gefettetes Blech legen und im Rohr bei Mittelhitze 50–60 Minuten backen.
Vor dem Servieren Teigkruste und Fäden entfernen und den Karpfen in Portionsstücke teilen.
Restliche Butter zerlassen, darübergießen und mit Kartoffeln servieren.
Granatapfelsaft und gehackte Kräuter getrennt dazu reichen.

Gekochter Karpfen in Rotweinsauce

KARP OTWARNOIY W WINE

Für 6 Personen

---

1 Karpfen (1½–2 kg)
2 Flaschen Bier, 2 Zwiebeln
Karotte, Petersilienwurzel, Sellerie, Lauch
1 Zitrone, ⅛–¼ l Rotwein, ⅛ l Essig
30 g Rosinen, 15 eingemachte Kirschen
1 Stück Brotrinde
2 EL Butter, 1 EL Mehl, 5–6 Stück Würfelzucker
Salz, Pfeffer, 2–3 Lorbeerblätter, 2–4 Nelken

Essig mit etwas Salz aufkochen.
Den Karpfen schlachten und das Blut sofort in den kochenden Essig rühren, damit es nicht gerinnt

Den Karpfen gründlich waschen, schuppen, ausnehmen und in Portionsstücke teilen.

Bier mit zerkleinertem Gemüse, Zwiebeln, Lorbeerblättern und Nelken etwa 20 Minuten kochen und abseihen.

Die Karpfenstücke mitsamt dem Kopf und der Brotrinde in einen Topf legen, mit dem abgeseihten Bier übergießen und weich kochen.

Fischstücke vorsichtig aus dem Sud heben und auf einer Platte warm halten.

Inzwischen die Zuckerstückchen in etwas Butter bräunen.

Mehl in der restlichen Butter anrösten und mit dem Karpfenblut, das mit Essig vermischt wurde, aufgießen. Gebräunten Zucker, Rotwein, abgeseihten Karpfensud, Rosinen und Kirschen zufügen, alles gut verrühren und einige Minuten kochen. Die Sauce mit Zitronensaft, Salz, Pfeffer und Zucker abschmecken und über die Karpfenstücke gießen.

Mit Salzkartoffeln servieren.

(Die Saucenmenge bei diesem Gericht soll reichlich sein!)

Karpfen mit Nuß-Sauce

KARP W ORECHOWOM SOUSE

Für 3–4 Personen

1 Karpfenfilet
2 Karotten, 2 Zwiebeln, 1 Petersilienwurzel
je 1 Bund Petersilie und Dill
15–20 Walnüsse, 3–4 Zehen Knoblauch
50 g entrindetes Weißbrot
⅛ l Olivenöl, Salz, Pfeffer, Zitronensaft,
Lorbeerblatt, Essig

Gewaschenes Karpfenfleisch mit zerkleinertem Gemüse, Kräutern, Salz, Pfeffer und Lorbeerblatt in einen Topf legen. Mit Wasser und einem Schuß Essig bedecken und auf kleiner Flamme garen. Im Sud abkühlen lassen.

Für die Sauce die Walnüsse im Mörser zerstoßen (oder im Mixer sehr fein zerkleinern).

Weißbrot in etwas Karpfenbrühe einweichen und durch ein Sieb passieren. Mit der Nußmasse und zerdrücktem (oder durchgepreßtem) Knoblauch mischen. Kräftig schlagen und nach und nach das

Öl zufügen, bis eine cremige Sauce entsteht, die mit Zitronensaft und Salz abgeschmeckt wird.

Die erkalteten Karpfenstücke aus dem Sud heben, gut abtropfen und mit der Nußsauce überziehen.

Mit Zitronenscheiben, Petersilie und Dill garnieren.

Karpfen in Aspik

SALIWNOIY KARP

Für 4 Personen

1 Karpfen (ca. 1200 g)
200 g Suppengemüse (Wurzelwerk)
50 g Zwiebeln, 100 g Champignons, 1 Brötchen
⅛ l Milch, 20 g Weizengrieß
1 Ei, 1 EL Butter, Salz, Pfeffer, Lorbeerblatt
1–1½ l Aspik (siehe Rezept Seite 35)
Ei-, Gurken-, Karottenscheiben

Den gereinigten Karpfen schuppen, Flossen, Schwanz und Kopf abschneiden und die Innereien durch die Öffnung am Kopf herausnehmen, ohne den Bauch zu verletzen. Fisch noch einmal sorgfältig waschen und in 3 cm breite Stücke schneiden. Schöne, gleichmäßige Stücke zum Füllen beiseitestellen.

Die anderen Teile häuten und entgräten und für die Farce verwenden.

Aus Haut, Gräten, Schwanz und Kopf mit zerkleinertem Gemüse, Salz, Pfeffer und Lorbeerblatt eine Brühe kochen und abseihen.

Blättrig geschnittene Champignons und gehackte Zwiebeln in Butter braten.

Brötchen in Milch einweichen und ausdrücken.

Entgrätete Karpfenstücke, ausgelöstes Kopffleisch, Champignons und Brötchen durch den Fleischwolf drehen. Mit Ei, Grieß, 2 EL Fischbrühe oder Milch gut verrühren und mit Salz und Pfeffer würzen. Die Masse soll locker und geschmeidig sein.

Karpfenstücke mit der Farce füllen und auf einen Sieb- bzw. Dämpfeinsatz legen. In einem passenden Topf mit der abgeseihten Fischbouillon übergießen und auf kleiner Flamme etwa 25 Minuten garen.

Die Fischportionen vorsichtig herausheben, einzeln oder zusammen auf einer Platte mit Ei-, Gurken- und Karottenscheiben garnieren und mit Aspik überziehen.

Im Kühlschrank erstarren lassen.

Gebackene Brasse mit Buchweizenfüllung

LESCH FARSCHIROWANNIY
GRETSCHNEWOI KASCHEI

Für 4 Personen

1200 g küchenfertige Brasse (Brachse, Blei)
ca. 250 g am Vortag gekochte Buchweizengrütze
(siehe Grundrezept Seite 226)
1–2 Zwiebeln, 3 hartgekochte Eier
je 1 EL Mehl und Paniermehl
4 EL saure Sahne, 2 Bund Petersilie
Salz, Pfeffer

Fisch waschen, ausnehmen und innen und außen
mit Salz einreiben.
Für die Füllung gehackte Zwiebel in 1 EL Butter
rösten und die Buchweizengrütze kurz mitbraten.
Abgekühlt mit gehackten Eiern und Petersilie
mischen und mit Salz und Pfeffer würzen. Den
Fisch mit dieser Masse füllen und zunähen. In
einen gebutterten Bräter legen, mit einer Mischung
aus Mehl und Paniermehl bestreuen und mit der
restlichen zerlassenen Butter beträufeln. 2 EL warmes Wasser seitlich angießen und den Fisch bei
175° im Rohr 30–40 Minuten backen.
Auf einer Platte anrichten und die Fäden entfernen.
Den Bratensatz mit saurer Sahne aufkochen und
diese Sauce über den Fisch gießen.
Mit gehackter Petersilie bestreuen und mit gebratenen oder gekochten Kartoffeln servieren.

Gekochter Hecht mit Sahne-Käse-Sauce

SCHÜKA WARÖNAJA S SIROM

Für 4 Personen

1200 g Hecht
je 1 Stück Lauch, Sellerie, Petersilienwurzel
1 Zwiebel, 2 EL Butter
2 EL geriebener Käse, ¼ l süße oder saure Sahne
Salz, 10 Pfefferkörner (schwarz und weiß)
Lorbeerblatt, Zitronensaft

GARNITUR
400 g Hechtfilet
1 kleine Zwiebel, 1–2 Eier
1 Brötchen (in Milch eingeweicht)
Salz, Pfeffer, Muskat

Gereinigten Hecht schuppen, ausnehmen, waschen, in Stücke teilen und salzen. Mit zerkleinertem Gemüse, einer halben gehackten Zwiebel, dem
Lorbeerblatt und 5 Pfefferkörnern mit Wasser
bedeckt halbweich kochen.
Fischstücke herausnehmen, in einen anderen Topf
legen und mit Sahne übergießen. Butter, restliche
Pfefferkörner, geriebene halbe Zwiebel und Käse
zufügen und zugedeckt auf kleiner Flamme weich
dünsten. Den Topf hin und wieder schütteln.
In der Zwischenzeit für die Garnitur gewaschenes
Hechtfilet mit der Zwiebel zweimal durch den Wolf
drehen oder im Mixer pürieren.
Mit ausgedrücktem Brötchen und 1–2 Eiern zu
einer geschmeidigen Masse verarbeiten und mit
Salz, Pfeffer und Muskat würzen.
Eine längliche Rolle (Wurst) formen, in eine mit
Butter bestrichene Serviette einschlagen und an
den Enden fest zubinden. In der Hechtbrühe 15–20
Minuten garen, auswickeln und in Scheiben
schneiden. Die gedünsteten, auf einer Platte ange-
richteten Hechtstücke damit umlegen.
Die Sahne-Käse-Sauce mit Zitronensaft würzen,
mit Salz und Pfeffer abschmecken und darüber-
gießen.
Mit Kartoffeln und Salat servieren.

Überbackener Hecht mit Sauerkraut

SCHÜKA SAPETSCHÖNAJA
S KISLOIY KAPUSTOI

Für 4 Personen

1200 g Hecht
600 g Sauerkraut, 100 g geriebener Käse
3–4 EL Butter, 2 Eier
3 EL Mehl, 4 EL Paniermehl
¼ l saure Sahne
Salz, Pfeffer

Den Fisch gründlich waschen und filetieren. Die Filets salzen, in Mehl, verquirlten Eiern und Paniermehl wenden und in Butter von beiden Seiten anbraten.

Inzwischen das Sauerkraut weich kochen. Eine feuerfeste Form mit Butter ausstreichen und lagenweise Sauerkraut und Fischstücke einschichten (mit Sauerkraut beginnen und enden). Fisch jeweils mit saurer Sahne beträufeln, Sauerkraut mit Käse bestreuen.

Die letzte Schicht mit Paniermehl und geriebenem Käse bedecken und mit Butterflöckchen belegen. Im mittelheißen Rohr etwa 1 Stunde backen und mit Bratkartoffeln servieren.

Hecht nach jüdischer Art

SCHÜKA PO JEWREIYSKI S SCHAFRANOM

Für 4 Personen

1200 g Hecht
je 1 Karotte, Petersilienwurzel, Selleriescheibe
¼ l Weißwein, 30 g Rosinen
2–3 Scheiben Zitrone (entkernt, geschält)
1 EL Butter
1 EL Mehl, ½ TL Safran
½ EL Honig
Salz, Zucker, Essig

Den gereinigten Hecht schuppen, ausnehmen, gründlich waschen und in Portionsstücke teilen. Salzen und 1 Stunde ruhen lassen.

Inzwischen zerkleinertes Gemüse in leicht gesalzenem Wasser halbweich kochen und abgießen.

Fischstücke mit Gemüse, Rosinen und Zitronenscheiben in eine Kasserolle legen, Wein, einen Schuß Essig und so viel Gemüsebrühe angießen, daß der Fisch bedeckt ist. Zugedeckt garen. Hechtstücke abtropfen und auf einer Platte warm halten.

Den Sud abseihen. Rosinen und Zitronenscheiben herausnehmen und über den Fisch legen.

Für die Sauce Mehl mit Butter, Safran und 1 TL Zucker mischen. Mit dem Sud glattrühren und einige Male aufkochen. Mit Honig abschmecken und über den Fisch gießen.

Mit Kartoffeln servieren.

Gefüllter Hecht

FARSCHIROWANNAJA SCHÜKA

Für 4 Personen

1200 g Hecht
1 Zwiebel, 2–3 Sardinen, 1 Brötchen
⅛ l Milch, 1–2 Eier
3 EL Butter, ¼ l saure Sahne
Salz, Pfeffer, Muskat

Gereinigten Hecht schuppen und sorgfältig waschen. Am Rücken entlang aufschneiden, ausnehmen und das Fleisch mit den Gräten herauslösen. Das entgrätete Fleisch mit Zwiebel und geputzten Sardinen durch den Fleischwolf drehen. Brötchen in Milch einweichen, ausdrücken und mit 1–2 Eiern unter die Fischmasse rühren. Gründlich mischen und mit Salz, Pfeffer und Muskat würzen. Den Hecht damit füllen, zunähen und mit Salz bestreuen.

In einen gebutterten Bräter legen und mit zerlassener Butter übergießen. Im Rohr bei 200° etwa 30–40 Minuten backen und dabei immer wieder mit dem eigenen Saft beschöpfen.

Den fertigen Fisch auf einer Platte anrichten und die Fäden entfernen.

Bratensatz mit saurer Sahne aufkochen, mit Salz und Pfeffer abschmecken und über den Hecht gießen.

Mit Kartoffeln und frischem Salat servieren.

Gefüllter Hecht

FARSCHIROWANNAJA SCHÜKA

Für 4 Personen

1 Hecht (ca. 1500 g)
je 1 Stück Lauch, Petersilienwurzel, Sellerie
2 Zwiebeln, 2 Brötchen
⅛–¼ l Milch, 50 g Grieß, 2 Eigelb, 100 g Butter
Petersilie, Tomatenscheiben
Salz, Pfeffer, Muskat, Lorbeerblatt

Den Hecht waschen und die Flossen entfernen. Den Kopf abschneiden und die Haut zum Schwanz hin vorsichtig abziehen (sie sollte möglichst ganz bleiben, etwaige Risse müssen zugenäht werden). Das Hechtfleisch von den Gräten lösen. Aus Gräten, Kopf, zerkleinertem Gemüse, 1 Zwiebel, Salz, Pfeffer und Lorbeerblatt eine Fischbrühe kochen und abseihen.
Entgrätetes Fischfleisch mit in Milch eingeweichten, ausgedrückten Brötchen und der zweiten Zwiebel durch den Fleischwolf drehen. Mit Eigelb, Butter und Grieß mischen. Sollte die Masse zu fest sein, mit etwas Milch geschmeidig rühren. Mit Salz, Pfeffer und Muskat würzen und die Hechthaut damit nicht zu fest füllen. Alle Öffnungen zunähen und den Fisch in eine angefeuchtete Serviette wickeln, damit er beim Garen seine Form behält. In einen passenden Topf legen und mit Fischbrühe übergießen. Langsam erwärmen und zugedeckt auf kleiner Flamme etwa 1 Stunde dünsten.
Den Hecht auf eine Platte legen und in schräge Scheiben schneiden (Fäden vorher entfernen). Mit Petersilie und Tomatenscheiben garnieren und mit Meerrettich-, Senf- oder Tomatensauce und Kartoffeln servieren.

Gefüllter Hecht ▷

Hecht in Safransauce

SCHÜKA POD SCHAFRANOWIM SOUSOM

Für 4 Personen

1200 g küchenfertiger Hecht
Wurzelwerk (Karotte, Lauch, Sellerie, Petersilie)
¼ l Weißwein
30 g Rosinen, 1 Zitrone, 1 EL Mehl
2–3 EL Butter, ½ TL Safran
Salz, Zucker, schwarze Pfefferkörner
Lorbeerblätter, Essig

Hecht gründlich waschen und in Portionsstücke teilen. Mit Salz bestreut 1 Stunde ziehen lassen. Danach die Hechtstücke mit zerkleinertem Wurzelwerk, Rosinen, Zitronenscheiben, Pfefferkörnern und Lorbeerblättern in einen Topf legen. Wein und einen Schuß Essig darübergießen und so viel Wasser zufügen, daß der Fisch bedeckt ist. Zugedeckt garen.
Für die Sauce aus 1 EL Butter und 1 EL Mehl eine Einbrenne bereiten, mit ½–¾ l Hechtbrühe aufkochen und mit Zucker und Safran würzen (Safran vorher in einem Gläschen Wein, Wodka oder Brühe auflösen). Sauce cremig einkochen, durch ein Sieb passieren, wieder erhitzen und die restliche Butter darunterschlagen.
Die gegarten Hechtstücke auf einer Platte anrichten und mit der Safransauce übergießen. Rosinen, Zitronenscheiben und Gemüse mit dem Schaumlöffel aus dem Sud heben und über den Fisch füllen.
Mit Kartoffeln servieren.

Gefüllte Hechtrouladen

SRASI IS SCHÜKI

Für 4 Personen

1200 g küchenfertiger Hecht
6 Zwiebeln, 2 Eier
3–5 EL Butter oder Öl, Paniermehl
Salz, Pfeffer

Hecht gründlich waschen und filetieren. Die Filets in flache Scheiben schneiden, salzen und pfeffern. Für die Füllung feingehackte Zwiebeln in Butter oder Öl rösten. Abgekühlt mit 1 Ei und so viel Paniermehl mischen, daß eine nicht zu feste Masse entsteht. Mit Salz und Pfeffer würzen und die Hechtfilets damit bestreichen. Aufrollen, mit Hölzchen zustecken oder mit Garn umwickeln und in Ei und Paniermehl wenden. In Butter oder Öl rundherum braun braten.
Vor dem Servieren Hölzchen oder Garn entfernen und mit dem Bratfett übergießen. Kartoffeln (beliebig zubereitet) dazu reichen.

Überbackener Hecht mit Meerrettich

SCHÜKA TUSCHONAJA
S CHRENOM I SMETANOJI

Für 4 Personen

1250 g Hecht (mit Rogen und Leber)
1 Meerrettichwurzel (gerieben)
3 hartgekochte Eier, 1 Eiweiß, 2 Eigelb
1–2 Brötchen
⅛ l Milch, 4 EL Butter, 2–3 EL Paniermehl
⅛ l süße Sahne
⅜ l saure Sahne, 25 gekochte Krabben
Salz, Pfeffer, Muskat

Das Hechtfleisch waschen, häuten, entgräten und in Portionsstücke teilen.

400 g davon, mit Rogen und Leber, durch den Fleischwolf drehen. Mit in Milch eingeweichten, ausgedrückten Brötchen, gehackten Eiern, 1 EL Butter, 1 Eiweiß und 2 EL kaltem Wasser gründlich mischen und durch ein Sieb passieren (oder im Mixer pürieren). Die Farce mit Salz, Pfeffer und Muskat würzen.

Die restlichen Fischstücke lagenweise in eine feuerfeste, gebutterte Form schichten und in Etappen überbacken, und zwar: eine Lage Fisch mit etwas Butter und verquirltem Eigelb bestreichen und ¼ Stunde ins heiße Rohr stellen. Dann mit Paniermehl und geriebenem Meerrettich bestreuen, mit der süßen Sahne übergießen und wieder für einige Minuten ins Rohr schieben. Nun die Farce darüberfüllen, kurz überbacken. Wieder mit Fisch belegen, mit Eigelb und Butter bestreichen, einige Minuten ins Rohr schieben. Paniermehl und restlichen Meerrettich darüberstreuen, mit Fisch bedecken und mit Butter, Eigelb und Paniermehl überkrusten. Schließlich die saure Sahne darübergießen und das Gericht leicht bräunen.

In der Form servieren und mit gekochten Krabben garnieren.

Brat- oder kleine Butterkartoffeln dazu reichen.

Fisch nach Kosakenart

SUDAK PO KASAZKI

Für 4 Personen

---

1 kg Fisch (Zander, Wels oder Karpfen)
2 EL Mehl, 4 EL Öl
1 Zitrone, Petersilie, Dill
Salz, Pfeffer

SAUCE
1–2 Karotten und Petersilienwurzeln
2 Zwiebeln, 1 Salzgurke
4 Tomaten, ⅛ l Bouillon, 2 EL Öl
Salz, Pfeffer, Lorbeerblatt

Gereinigten Fisch ausnehmen, waschen und Kopf, Schwanz und Flossen entfernen. Den Fisch in Stücke schneiden, salzen, pfeffern, in Mehl wenden und im heißen Öl von beiden Seiten goldbraun braten.

Für die Sauce Karotten, Petersilienwurzeln, Zwiebeln und Salzgurke in feine Scheiben oder Stifte (nudelig) schneiden und in Öl anbraten. Geschälte Tomaten und Bouillon zufügen, mit Salz, Pfeffer und Lorbeerblatt würzen und dicklich einkochen.

Die gebratenen Fischstücke in einem Topf mit der Sauce übergießen und 5–7 Minuten auf kleiner Flamme köcheln.

Erkalten lassen. Den Fisch mit der Sauce anrichten und mit gehackten Kräutern und halbierten Zitronenscheiben garnieren.

Zander in Muschelförmchen

SUDAK SAPETSCHONIY

Für 4 Personen

---

600 g Zanderfilet
200 g Krebsfleisch, 200 g Champignons
100 g geriebener Parmesan
150 g Butter, 2 Zitronen, 2–3 EL Weißwein
Petersilie, Salz, Pfeffer
Béchamelsauce (aus 100 g Mehl,
siehe Rezept Seite 191)

Zanderfilet waschen, trockentupfen, in kleine Stücke schneiden und mit Salz und Pfeffer würzen.

Mit Zitronensaft und Weißwein beträufeln und in Butter braten.

Inzwischen eine dicke Béchamelsauce kochen und den Bratensaft und etwas Krebsfleisch zufügen.

Blättrig geschnittene Champignons in Butter dünsten. In Muschelförmchen jeweils etwas Béchamelsauce füllen und mit Käse bestreuen. Nacheinander Fisch, Pilze und Krebsfleisch darauflegen (etwas Krebsfleisch für die Garnitur zurückbehalten) und mit der restlichen Béchamelsauce bedecken. Parmesan darüberstreuen, mit zerlassener Butter beträufeln.

Im heißen Rohr goldbraun überbacken und die Förmchen mit Petersilie, Zitronenscheiben und Krebsfleisch garnieren.

Gebackener Zander
mit Morcheln

SUDAK SO SMORTSCHKAMI

Für 4 Personen

1 Zander (ca.1200 g)
200 g Morcheln, 300 g Butter
200–300 g Paniermehl
2 Bund Petersilie, Salz
Salzgurken oder eingelegte
(marinierte) Kirschen

Den gereinigten Zander am Rücken aufschneiden, ausnehmen und die Rückengräte entfernen. Nochmals gründlich waschen und den Fisch innen und außen mit Salz einreiben.
Morcheln putzen, mehrmals in kaltem Wasser waschen, abtropfen, in Scheiben schneiden und in Butter etwa 15 Minuten dünsten.
Einen Bräter oder ein Blech dick mit Butter bestreichen, mit Paniermehl und gehackter Petersilie bestreuen und die Hälfte der gedünsteten Morcheln darüberfüllen. Darauf den Zander legen, mit Petersilie bestreuen, mit den restlichen Morcheln und schließlich mit einer dicken Schicht Paniermehl bedecken. 100 g Butterflöckchen darüber verteilen und den Fisch im heißen Rohr etwa 30 Minuten backen.
Dazu reicht man Salzgurken oder marinierte Kirschen und Bratkartoffeln.

Gedünsteter Zander
mit Meerrettich
und saurer Sahne

SUDAK POD SOUSOM
IS CHRENA I SMETANI

Für 4 Personen

1200 g Zander
1 Meerrettichwurzel (gerieben)
100 g Butter, ¼ l saure Sahne
Petersilie, Dill
Salz

Den Zander waschen, ausnehmen und in mittelgroße Stücke schneiden.
Die Fischstücke werden lagenweise in einen Topf geschichtet. Jede Lage mit geriebenem Meerrettich bestreuen und mit zerlassener Butter beträufeln. Zugedeckt bei geringer Hitze etwa 30 Minuten dünsten. Den Topf hin und wieder schütteln, damit der Fisch nicht anbrennt.
Danach das Gericht salzen und mit saurer Sahne übergießen. Wieder zudecken und weitere 30 Minuten dünsten.
Mit gehackten Kräutern bestreuen und mit Salzkartoffeln servieren.

Zanderrouladen

SRASI IS SUDAKA

Für 4 Personen

1500 g Zander
10 kleine Kaulbarsche
Wurzelwerk
(Lauch, Karotte, Sellerie, Petersilienwurzel)
200 g Champignons
1 Zwiebel, 1 Bund Petersilie
2–3 Eigelb, ½ EL Mehl, 200 g Butter
¼ l Sahne
Salz, Pfeffer, Lorbeerblatt, Zitronensaft

Den gereinigten Zander ausnehmen, gründlich waschen und filetieren.
Aus Kopf, Schwanz, Haut und Gräten mit den gesäuberten Kaulbarschen, Wurzelwerk, Salz, Pfeffer und Lorbeerblatt eine Fischbouillon kochen und abseihen.
Die Zanderfilets mit einem angefeuchteten Fleischhammer flach klopfen.
Für die Füllung Champignons, Zwiebel, Petersilie und restliches Fischfleisch fein hacken, in Butter dünsten und mit Salz und Pfeffer würzen.
Die Filets leicht salzen und pfeffern, mit Füllung belegen und aufrollen. Mit Garn umwickeln und in heißer Butter auf kleiner Flamme etwa 10 Minuten braten. Etwas Fischbouillon angießen und zugedeckt weich dünsten.
Inzwischen ¾ l Fischbouillon auf ein Viertel einkochen (reduzieren). Mehl mit ½ EL Butter verkneten und die Bouillon damit binden. Mit ⅛ l Sahne auf-

kochen und zu den Rouladen gießen. Noch einige Minuten ziehen lassen.

Die Fischrouladen herausheben, Fäden entfernen und auf einer Platte warm halten.

Die Sauce mit Zitronensaft würzen, mit Salz und Pfeffer abschmecken und vom Herd nehmen. Restliche Sahne mit den Eigelb verquirlen und die Sauce damit legieren. Über die Rouladen gießen und mit Salzkartoffeln oder Kartoffelpüree servieren.

Zander mit Champignons auf Blätterteig

SUDAK W TESTE

Für 4 Personen

1000 g Zander
150 g Champignons, 100 ml Weißwein, 100 g Butter
50 g geriebener Käse
20 g Paniermehl, 1 Eigelb
Salz, Pfeffer
Blätterteig aus 250 g Mehl (oder tiefgekühlt)

SAUCE
50 g Butter, 30 g Mehl
3–4 EL Milch
⅛ l saure Sahne, 1–2 Eigelb
Salz, Pfeffer

Den gewaschenen Zander filetieren und die Haut entfernen.

Die Filets mit Salz und Pfeffer würzen, in einen Bräter legen und mit 30 g zerlassener Butter und Weiß-

wein übergießen. Bei 200° im Rohr 10–15 Minuten garen.

Inzwischen die blättrig geschnittenen Champignons in etwas Butter dünsten und ebenfalls mit Salz und Pfeffer würzen.

Für die Sauce aus Butter und Mehl eine helle Einbrenne bereiten, mit Milch ablöschen und mit saurer Sahne dick einkochen. Salzen und pfeffern.

Vom Feuer nehmen und mit Eigelb legieren.

Blätterteig ½ cm dick ausrollen und in 5 x 5 cm große Quadrate schneiden. Mit Eigelb bestreichen und bei starker Hitze etwa 10 Minuten goldgelb backen.

Die Hälfte der Blätterteigscheiben auf eine große feuerfeste Platte legen, Zanderfilets daraufsetzen und Champignons und Sauerrahmsauce darüberfüllen. Mit Blätterteigscheiben wie Toast bedecken, mit Käse und Paniermehl bestreuen und Butterflöckchen darauf verteilen.

Im heißen Rohr 10 Minuten überbacken und mit frischem Salat servieren.

Zander auf polnische Art

SUDAK PO POLSKI

Für 2 Personen

500 g Zander
je 1 Karotte, Petersilienwurzel, Zwiebel
5 EL Butter
2 hartgekochte Eier, 1 Zitrone
1 Bund Petersilie
Salz, Pfeffer, Lorbeerblatt

Gewaschenen Zander in Portionsstücke teilen.

Aus zerkleinertem Gemüse mit Salz, Pfeffer und Lorbeerblatt einen Sud kochen und die Fischstücke darin gar ziehen lassen. Mit einem Schaumlöffel herausheben und auf einer Platte warm halten.

Für die Sauce die Butter erhitzen, gehackte Eier und feingeschnittene Petersilie zufügen und mit 2 EL abgeseihter Fischbrühe durchrühren. Mit Zitronensaft und Salz würzen und die Sauce getrennt zum Fisch reichen.

Junge Kartoffeln dazu servieren.

Pudding aus Zander oder Hecht

Pudding aus Zander oder Hecht

PUDING IS SUDAKA

Für 4 Personen

1 kg Zander oder Hecht
150 g Butter
100 g Weißbrot, ¼ l Milch, 3 Eier
je 1 Zwiebel, Karotte,
Petersilienwurzel, 1 EL Mehl
1 Bund Petersilie
Salz, Pfeffer, Lorbeerblatt
evtl. Krebsschwänze

Den Fisch waschen, ausnehmen, Haut und Gräten entfernen und das Fleisch in Stücke schneiden. Weißbrot in Milch einweichen und ausdrücken. Gehackte Zwiebel in etwas Butter rösten.

Fisch, Weißbrot und Zwiebel zweimal durch die feine Scheibe des Fleischwolfs drehen (oder im Mixer pürieren). Mit den Eiern und 100 g weicher Butter sehr gut verrühren und mit Salz und Pfeffer abschmecken.

Die Masse in eine gebutterte Pudding- oder Ringform füllen und im Wasserbad oder auf dem Dämpfeinsatz etwa 1 Stunde bei kleiner Hitze garen.

Inzwischen aus den Fischabfällen mit Karotte, Petersilienwurzel, Lorbeerblatt, Salz und Pfeffer eine Fischbouillon kochen.

Aus Mehl und 1 EL Butter eine helle Einbrenne bereiten, mit abgeseihter Fischbouillon ablöschen und zu einer sämigen Sauce kochen. Mit Salz und Pfeffer würzen.

Den fertigen Fischpudding auf eine Platte stürzen, mit Petersilie und Krebsschwänzen garnieren und mit der Sauce servieren.

Reis und grüne Erbsen dazu reichen.

Zander in Pfannkuchen

SUDAK W BLINTSCHIKACH

Für 4 Personen

---

1 kg Zander
300 g Mehl, 3 Eier, ca. ½ l Milch
100–150 g Butter
2 EL Paniermehl
Salz, 1 TL Zucker

Aus Mehl, 2 Eiern und Milch einen Pfannkuchenteig rühren. Mit Salz und 1 TL Zucker würzen, ½ Stunde ruhen lassen und in heißer Butter dünne Pfannkuchen backen.
Zander waschen, das Fleisch auslösen, häuten, entgräten und in dünne Scheiben schneiden. Salzen und in heißer Butter braten.
Jeden Pfannkuchen mit Fisch belegen, wie ein Kuvert zusammenfalten, mit verquirltem Ei bestreichen und mit Paniermehl bestreuen.
Auf einer gebutterten, feuerfesten Platte (oder einem Blech) im heißen Rohr 10 Minuten überkrusten.
Mit Tomatensauce servieren.

Zander in saurer Sahne

SUDAK SO SMETANOJI

Für 4 Personen

---

1 kg Zander
1 kg Kartoffeln, ½ l saure Sahne
100 g Butter, 1 Bund Petersilie
Salz, Pfeffer

Gereinigten Fisch ausnehmen, waschen und in Portionsstücke teilen. Kartoffeln in feine Scheiben schneiden.
Eine Kasserolle oder feuerfeste Form mit Butter ausstreichen und lagenweise Kartoffeln und Zander einschichten. Jede Lage mit Salz und Pfeffer würzen.

Mit der restlichen, zerlassenen Butter beträufeln und die saure Sahne darübergießen.
Zugedeckt im mittelheißen Rohr 40–50 Minuten dünsten.
Mit gehackter Petersilie bestreut servieren.

Imbiß aus Hecht oder Zander

FORSCHMACK IS SCHÜKI ILI SUDAKA

Für 6 Personen

---

600 g Hecht- oder Zanderfilet
ca. 200 g Paniermehl, 50 g getrocknete Pilze
3 Eier, ⅜ l Sahne
1 Zwiebel, 50 g geriebener Parmesan
2–3 EL Öl, 150 g Butter
Salz, Pfeffer

Fischfilet waschen, trocknen und leicht in Öl anbraten. Entgräten und fein hacken oder durch den Fleischwolf drehen.
Trockenpilze einweichen, abspülen und in wenig Wasser weich kochen. Abgetropfte Pilze kleinschneiden und mit geriebener Zwiebel, Eiern, Sahne und Paniermehl unter die Fischmasse mischen. Mit 25 g Parmesan, Salz und Pfeffer würzen und mit ca. ⅛ l Pilzsud geschmeidig rühren.
Eine feuerfeste Form mit Öl auspinseln und mit Paniermehl bestreuen. Die Farce einfüllen, mit restlichem Käse und Paniermehl bedecken und mit Butterflöckchen belegen. Im heißen Rohr etwa ½ Stunde backen.
Das fertige Gericht mit der restlichen zerlassenen Butter und Stangenweißbrot als Imbiß oder Vorspeise servieren.

Gefüllte Forelle mit Reis und Rosinen

FOREL FARSCHIROWANNAJA
RISOM I ISÜMOM

Für 4 Personen

---

1 große Forelle (ca. 1500 g)
50 g Reis, 50 g Rosinen, 100 g Butter
1 EL Paniermehl, 1 TL Ingwer
Salz

Forelle reinigen, den Kopf abtrennen und ausnehmen, ohne den Bauch zu verletzen. Sorgfältig waschen.
Für die Füllung den Reis körnig kochen, mit etwa 60 g weicher Butter und gewaschenen Rosinen mischen und mit Ingwer und Salz würzen.
Die Forelle durch die Öffnung am Kopf mit der Reismasse füllen und in einen gebutterten, mit Paniermehl bestreuten Bräter (oder auf ein ebenso vorbereitetes Blech) legen. Butterflöckchen darauf verteilen und bei Mittelhitze im Rohr 20–30 Minuten garen.

Gekochte Forelle mit verschiedenen Saucen

FOREL PO RUSSKI – POD SOUSAMI

Für 4 Personen

Man rechnet pro Person
1 Forelle à 300–400 g

Forelle ausnehmen und sorgfältig waschen. In einem Sud aus Wurzelwerk, Zwiebeln, Lorbeerblättern, Pfefferkörnern und Salz (oder in Fischbouillon) je nach Größe 10–15 Minuten ziehen lassen.
Mit einer der folgenden Saucen, deren Zubereitung im Kapitel »Saucen« (siehe Seite 189) beschrieben ist, servieren:
Holländische, weiße, Champignon-, Kapern-, Krebs-, Madeira-, Senf-, Meerrettich-, Nußsauce.

Nach Belieben mit Zitronenscheiben, Krebsschwänzen oder Champignons garnieren.
Zur Krebssauce reicht man marinierte Steinpilze, die im Krebssud gegart werden.
Zur gekochten Forelle passen in Butter geschwenkte Petersilienkartoffeln.

Renken in Meerrettichsahne

SIG POD SOUSOM IS CHRENA I SMETANI

Für 4 Personen

1200 g Renke
6 EL geriebener Meerrettich
¼ l Sahne
¼ l konzentrierte Fisch- oder Fleischbouillon
3 EL Öl, 2 EL Mehl
Salz, Pfeffer

Fisch säubern, schuppen, ausnehmen, entgräten und in Portionsstücke teilen. Mit Salz und Pfeffer würzen und in Mehl wenden. In 2 EL Öl leicht anbraten und in eine feuerfeste Form legen.
Sahne mit Meerrettich, Bouillon und 1 EL Öl mischen, über den Fisch gießen und im mittelheißen Rohr etwa ½ Stunde garen.
Kartoffeln dazu servieren.

Kabeljau in roter Wein-Kirsch-Sauce

TRESKA POD SOUSOM IS WISCHNI S WINOM

Für 4 Personen

800–1000 g Kabeljaufilet
Fischbouillon
⅛ l Kirschpüree, ⅛–¼ l Rotwein
1 EL Butter
1 TL Kartoffelmehl
Salz, Zucker, Zimt, gemahlene Nelken

Gewaschenes Fischfilet in Fischbouillon (siehe Grundrezept Seite 35) garen, herausheben und auf einer Platte warm halten. Sud durch ein Sieb gießen.
(Man kann den Fisch auch in Milch kochen und anschließend mit kochendem Wasser überbrühen. Trotzdem wird für die Sauce Fischbouillon benötigt.)
Kirschpüree in zerlassener Butter erhitzen und mit etwa ¼ l Fischbouillon aufkochen. Mit Salz, Zucker, Zimt und Nelken würzen und mit glattgerührtem Kartoffelmehl binden. Rotwein in der Sauce erhitzen, noch einmal abschmecken und über den Fisch gießen.
Mit Salzkartoffeln servieren.

Kabeljau auf Toast

TRESKA S GRENKAMI

Für 4 Personen

1200 g Kabeljau
Wurzelwerk, 1 Toastbrot
1½ EL Butter
¼ l saure Sahne, 2–3 Eigelb
8–10 Anchovis- bzw. Sardellenfilets
Salz, Pfeffer, Lorbeerblatt

Gewaschenen Kabeljau filetieren und aus den Abfällen mit Wurzelwerk und Gewürzen eine Fischbouillon kochen. Filets darin gar ziehen lassen, herausheben und abtropfen.
Weißbrot toasten und mit Butter bestreichen.
Saure Sahne mit Eigelb verquirlen und einige Eßlöffel in eine gebutterte feuerfeste Form gießen. Abwechselnd Fischfilet und Toast einschichten und die Toastscheiben jeweils mit gehackten Anchovis bestreuen (mit Fisch beginnen und mit Toast enden).
Restliche Sauerrahm-Ei-Mischung darübergießen und im heißen Rohr überbacken.

Kabeljau in Milch

TRESKA SAPETSCHONAJA-W-MOLOKE S KARTOFELEM

Für 4 Personen

1200 g Kabeljau
400 g gekochte Kartoffeln
Wurzelwerk
¾ l Milch, 100 g Butter, 2–3 Eier
2 Bund Petersilie
Salz, Pfeffer, Lorbeerblatt

Gewaschenen Kabeljau filetieren und aus den Abfällen mit Wurzelwerk und Gewürzen eine Fischbrühe kochen. Filets darin gar ziehen lassen, herausheben und abtropfen.
Eine feuerfeste Form oder Kasserolle mit etwas Butter ausstreichen und abwechselnd Fischfilet und Kartoffelscheiben einschichten. Jede Lage mit Salz, Pfeffer und gehackter Petersilie bestreuen.
Milch mit der restlichen, sehr weichen Butter und den Eiern verquirlen, mit Salz und Pfeffer abschmecken und über das Gericht gießen. Im mittelheißen Rohr etwa 30 Minuten backen.
Mit Petersilie bestreuen und mit frischem Salat servieren.

Statt Milch kann man auch saure Sahne verwenden (ca. ½ l). In diesem Fall erübrigt sich die Butter; die saure Sahne wird nur mit 2 Eiern verquirlt.

Kabeljaufrikadellen

KOTLETI IS TRESKI

Für 4 Personen

---

800 g Kabeljaufilet
400 g gekochte Kartoffeln
2 Eier, 1 Zwiebel
½ Bund Schnittlauch, Paniermehl
Butter, Salz, Pfeffer

Gewaschenes Kabeljaufilet mit kochendem Wasser überbrühen, abtropfen lassen und entgräten. Das Filet sehr fein hacken oder durch den Fleischwolf drehen.
Gekochte Kartoffeln reiben und mit gehackter Zwiebel und den Eiern gründlich mit der Fischmasse mischen. Mit Salz, Pfeffer und Schnittlauch würzen und Frikadellen formen. In Paniermehl wenden und in heißer Butter goldbraun braten.
Mit Bratkartoffeln und Salat servieren.

Gebratene Schleie mit Kohl

LINJ POD KAPUSTOI

Für 4 Personen

1200 g küchenfertige Schleie
1000 g Weiß- oder Rotkohl
3–4 getrocknete Pilze
je 1 Karotte, Zwiebel, Petersilienwurzel
Lauch, Sellerie
2 Eier, Paniermehl, ¼ l saure Sahne
4–5 EL Butter
Salz, 5 Pfefferkörner, 3 Nelken, ½ TL Zimt
1–2 Stück Würfelzucker

Schleie waschen, schuppen, entgräten, in Portionsstücke teilen und salzen.
Aus Gemüse und Trockenpilzen mit Salz und Pfefferkörnern eine Brühe kochen und abseihen.
Den Kohl fein hobeln, salzen und kräftig ausdrücken. Mit der abgeseihten Brühe und 2 EL Butter

zugedeckt langsam weich dünsten. Häufig umrühren, damit der Kohl nicht anbrennt! Mit Zucker, Zimt und Nelken würzen, die saure Sahne unterrühren und dick einkochen lassen.
Den gesalzenen Fisch abtrocknen, pfeffern und in verquirltem Ei und Paniermehl wenden. In heißer Butter goldbraun braten und auf dem Kohl anrichten.
Mit Kartoffeln servieren.

Dorschauflauf

TRESKA SAPETSCHONAJA

Für 4–6 Personen

1200 g Dorsch (Kabeljau)
600 g Kartoffeln
100 g Schalotten, 2–3 Zehen Knoblauch
4–6 EL Öl, je 1 Bund Petersilie und Dill
Paniermehl oder Ausbackteig
Salz, 5–10 grüne Pfefferkörner, Muskat

Den gewaschenen Fisch filetieren und die Filets in Stücke schneiden. Salzen und in heißem Öl kurz anbraten, bis sich die Poren schließen.
Die Kartoffeln kochen, schälen und in Scheiben schneiden.
Eine Kasserolle oder feuerfeste Form mit Öl auspinseln und lagenweise Kartoffeln und Fischfilet einschichten. Jede Lage mit Schalotten, Kräutern und Knoblauch (alles fein gehackt) bestreuen und mit Muskat und zerdrückten Pfefferkörnern würzen.
Den Auflauf mit Öl beträufeln und mit Paniermehl oder Ausback- bzw. Fritierteig bedecken.
Bei Mittelhitze im Rohr etwa 30 Minuten backen. (Unter einer Teigdecke bleibt das Gericht besonders saftig.)

Überbackener Dorsch

SAPETSCHONAJA TRESKA

Für 3–4 Personen

---

500 g Dorschfilet
600 g kleine Kartoffeln, 100 g Zwiebeln
100–150 g Butter
2 Eier, 50 g Mehl, 40 g Milch
Salz, Pfeffer, Mehl zum Panieren

Das Dorschfilet waschen, trockentupfen und in Portionsstücke teilen. Salzen, pfeffern, in Mehl panieren und in Butter braten.
Kleine Kartoffeln ebenfalls in Butter gar braten und salzen (oder aus gekochten Kartoffeln Bratkartoffel bereiten).
Schließlich gehackte Zwiebeln in Butter rösten.
In die Mitte einer großen feuerfesten Form den Fisch füllen, mit Kartoffeln umlegen und mit Röstzwiebeln bestreuen.
Aus Eiern, Mehl und Milch einen Teig rühren, mit Salz und Pfeffer würzen und über das Gericht gießen. Im heißen Rohr überbacken, bis die Oberfläche goldbraun ist.
Mit frischem Salat servieren.

Sülze aus Dorsch

SALIWNOE IS TRESKI

Für 4–6 Personen

1200 g Dorsch
Wurzelwerk (Lauch, Karotte, Sellerie, Petersilie)
1 Zwiebel, 2 Scheiben Weißbrot
¼ l Milch, 4 Eier
3 Cornichons, 2–3 EL Butter
Salz, Pfeffer, Lorbeerblatt
1–1½ l Aspik (siehe Rezept Seite 35)

Dorsch säubern, ausnehmen und Kopf, Schwanz und Flossen abschneiden. Das Fleisch in möglichst großen Stücken auslösen und häuten.
Aus Haut, Gräten und Kopf des Fisches mit zerkleinertem Wurzelwerk und Gewürzen eine Fischbouillon kochen und abseihen.
Das ausgelöste Fischfleisch leicht klopfen und zu einem Rechteck schneiden. Mit Salz und Pfeffer würzen.
Die abgeschnittenen Teile und übriges, ausgelöstes Fischfleisch durch den Fleischwolf drehen.
Gehackte Zwiebel in Butter dünsten. Weißbrot in Milch einweichen und ausdrücken.
Durchgedrehten Fisch mit Zwiebel, Weißbrot und 1 Ei sehr gut mischen und mit Salz und Pfeffer abschmecken. Die Farce sollte locker sein; eventuell mit etwas Milch oder Fischbouillon geschmeidiger rühren.
Die restlichen 3 Eier hart kochen.
Eine große Serviette mit weicher Butter bepinseln.
Rechteckiges Fischfilet darauflegen und mit der Farce gleichmäßig bestreichen.
Eier und Cornichons hacken und die Hälfte davon auf die Farce streuen.
Das Ganze mit Hilfe der Serviette aufrollen und die Rolle fest in die Serviette wickeln. Mit Garn im Abstand von 2–3 cm verschnüren.
Die Fischbouillon aufkochen und das »Paket« einlegen. Auf kleiner Flamme etwa 1 Stunde garen. In der Bouillon erkalten lassen und dabei leicht beschweren.
Die Fischrolle vorsichtig auswickeln und im Ganzen oder in Portionsscheiben geschnitten mit restlichen Eiern und Cornichons garnieren. Mit Aspik überziehen und im Kühlschrank erstarren lassen.
Die Dorschsülze mit kalter Meerrettichsauce (siehe Rezept Seite 192) servieren.

Brasse mit Frühlingszwiebeln

LESCH POD SELÖNIM LUKOM

Für 2–3 Personen

---

1 küchenfertige Brasse (ca. 800 g)
400 g Frühlingszwiebeln
⅓ l saure Sahne, 1 EL Butter
Salz, Pfeffer

Den Fisch schuppen, ausnehmen, gründlich waschen und trockentupfen. Innen und außen leicht salzen.

Die Frühlingszwiebeln in feine Ringe schneiden, mit der sauren Sahne mischen und mit Salz und Pfeffer würzen.

Eine feuerfeste Form mit Butter ausstreichen, die Hälfte der Zwiebelmasse einfüllen und die Brasse darauflegen. Mit den restlichen Frühlingszwiebeln bedecken und bei 180–200° im Rohr 15–20 Minuten garen.

Mit Kartoffeln servieren.

Brasse mit Frühlingszwiebeln ▷

Gebackene Brasse mit Sauerkrautfüllung

LESCH FARSCHIROWANNIY
KISLOIJ KAPUSTOJ

Für 4 Personen

1200 küchenfertige Brasse (Brachse, Blei)
300–400 g Sauerkraut
1 Zwiebel, ¼ l saure Sahne, 3 Eigelb
je 1 EL Mehl und Paniermehl
2–3 EL geriebener Käse
3 EL Butter, ⅜ l fette Bouillon, 1 Bund Petersilie
Salz, Pfeffer

Fisch waschen, ausnehmen und innen und außen mit Salz einreiben.
Gehackte Zwiebel in 1½ EL Butter rösten, ausgedrücktes Sauerkraut kurz mitbraten, salzen und pfeffern und mit wenig Wasser zugedeckt weich dünsten.
Den Fisch mit Sauerkraut füllen, zunähen und in einen gebutterten Bräter legen.
Saure Sahne mit Eigelb und Mehl verquirlen und über den Fisch gießen. Mit Paniermehl und Käse bestreuen. 2–3 EL Bouillon zufügen und bei 175° im Rohr 30–40 Minuten goldbraun backen. Hin und wieder mit dem eigenen Saft übergießen.
Den gegarten Fisch auf einer Platte anrichten, die Fäden entfernen und mit Petersilie garnieren.
Den Bratensatz mit ¼ l Bouillon aufkochen und die Sauce getrennt servieren. Kartoffeln (beliebig zubereitet) dazu reichen.

Gefüllter Barsch

OKUNY FARSCHIROWANNIY

Für 4 Personen

---

1 küchenfertiger Barsch (Egli) ca. 1200 g
Wurzelwerk, Zwiebel
400 g Hecht- oder Zanderfilet
100 g Champignons
1 Brötchen, ⅛ l Milch, 1–2 EL Öl, 1 Bund Dill
Salz, Pfeffer, Lorbeerblatt

Aus Wurzelwerk, Zwiebel, Salz, Pfeffer und Lorbeerblatt einen Sud kochen.
Den gereinigten Fisch am Rücken entlang aufschneiden und vorsichtig die Rückengräte entfernen. Ausnehmen, gründlich waschen und innen und außen salzen.
Hecht- oder Zanderfilet kurz in Öl anbraten und durch den Fleischwolf drehen. Mit eingeweichtem, ausgedrückten Brötchen, gehackten Champignons und feingeschnittenem Dill gut mischen und mit Salz und Pfeffer würzen.
Den Barsch durch die Rückenöffnung mit dieser Masse füllen und zunähen. Im vorbereiteten Sud etwa ½ Stunde garen, auf eine Platte heben und die Fäden entfernen.
Mit Béchamel-, Champignon- oder Meerrettichsauce (siehe Rezepte Seite 191, 200 und 192) und Kartoffeln servieren.

Gedünstete Aalrutte

SCHARENNAJA KORÜSCHKA

Für 4 Personen

1000 g Aalrutte
(auch Aalquappe oder Trüsche genannt)
Wurzelwerk
¼ l Weißwein, 1 Zwiebel, 200 g Champignons
je 100 g Schalotten, Gewürzgurken, Oliven
10–15 Shrimps
100 g Tomatenmark, ca. 6 EL Butter, 4 EL Mehl
Salz, Pfeffer, Lorbeerblätter

Den Fisch waschen, ausnehmen und filetieren.
Aus Haut, Gräten etc. mit Wurzelwerk, Salz, Pfeffer

und Lorbeerblättern eine Fischbouillon kochen und abseihen.

Fischfilets salzen und pfeffern und in Mehl wenden. Gehackte Zwiebel in Butter bräunen. Fischfilets zufügen und Wein und so viel Fischbouillon angießen, daß sie knapp bedeckt sind. Auf kleiner Flamme bei geschlossenem Deckel weich dünsten. Die Fischstücke herausheben und auf einer Platte warm halten.

Aus 2 EL Butter und 2 EL Mehl eine Einbrenne bereiten. Tomatenmark kurz mitrösten und mit Weinsud ablöschen. Zu sahniger Konsistenz einkochen (evtl. restliche Fischbouillon zufügen). Schalotten und Champignons in Scheiben schneiden und in Butter dämpfen. Mit Oliven und gewürfelten Gewürzgurken in die Sauce rühren, abschmecken, erhitzen und die Fischfilets einige Minuten darin ziehen lassen. Kurz vor dem Servieren zerkleinerte Shrimps und in Butter gebratene Aalruttenleber zufügen.

Dazu kann man Kartoffelpüree, Salz- oder Bratkartoffeln reichen.

Gebratener Aal in Sauce

UGOR SCHARENNIY W SOUSE

Für 4 Personen

1200 g Aal
½ l Fischbouillon, ½ Zitrone, 2 Eier
4 EL Paniermehl
4–5 EL Butter, evtl. 2 Eigelb
Salz, je 3 schwarze und weiße Pfefferkörner

Aal waschen und häuten. (Eine Schnur durch den Kopf ziehen und den Fisch aufhängen. Die Haut um den Kopf herum einschneiden und der Länge nach abziehen.)

Aal trockentupfen und in Portionsstücke schneiden. Salzen, in verquirlten Eiern und Paniermehl wenden und in Butter goldbraun braten.

Mehl in 1 EL Butter anschwitzen, mit Fischbouillon ablöschen und mit Zitronenscheiben und Pfefferkörnern aufkochen.

Gebratenen Aal in dieser Sauce noch einige Minuten ziehen lassen und mit Kartoffeln servieren. (Man kann die Sauce kurz vor dem Auftragen mit Eigelb verfeinern – sie darf dann nicht mehr kochen!)

Gefüllter Aal

FARSCHIROWANNIY UGOR

Für 4 Personen

1200 g Aal
200 g Weißbrot, ¼ l Milch, 2–3 Eier
2 EL saure Sahne, 1 Zwiebel
2–3 EL gehackte Trüffel oder Champignons
3–5 EL Butter
2 EL Paniermehl, 1 Bund Petersilie
Salz, Pfeffer

Gewaschenen Aal häuten und ausnehmen. Das Fleisch von der Rückengräte lösen und durch den Fleischwolf drehen.

Zwiebel und Petersilie hacken und in Butter braten. Weißbrot in Milch einweichen und ausdrücken. Durchgedrehten Aal mit Zwiebel, Weißbrot, Eiern, Trüffeln und saurer Sahne gründlich mischen und mit Salz und Pfeffer würzen. Mit dieser Masse die Rückengräte umkleiden, so daß wieder die Form eines Aals entsteht. Auf ein gebuttertes Blech legen, mit Paniermehl bestreuen und bei Mittelhitze 20–30 Minuten backen. Hin und wieder mit zerlassener Butter beträufeln.

Gekochter Aal

UGOR WARONIY

Für 4 Personen

1200 g Aal (küchenfertig)
2–3 Zwiebeln
je 1 Bund Dill und Petersilie
Salz, Lorbeerblatt, Pfefferkörner

Gewaschenen Aal in Stücke schneiden und salzen. Wasser mit Kräutern, Gewürzen und Zwiebelscheiben aufkochen. Aalstücke zufügen und bei geringer Hitze 20–30 Minuten gar ziehen lassen.

Gekochten Aal mit einer Sauce servieren (siehe Kapitel »Saucen« Seite 189), z. B. mit süßsaurer Rosinensauce.

Aal in Rotwein

UGOR WARONIY W KRASMOM WINE

Für 4 Personen

1200 g Aal
1 Flasche Rotwein
2 Zwiebeln
½ Zitrone, 1 EL Olivenöl oder Butter
1 EL Mehl, 5 schwarze Pfefferkörner
3 Nelken, 1 kleines Stück Ingwer
Salz, Zucker

Aal reinigen (eventuell mit Salz abreiben), ausnehmen und gründlich waschen. In Stücke schneiden, salzen und mit Zwiebel- und Zitronenscheiben sowie Gewürzen in einen Schmortopf legen.
Mit Rotwein übergießen, aufkochen und 20–30 Minuten gar ziehen lassen.
Aalstücke herausheben und auf einer Platte warm halten.
Mehl in Öl oder Butter anrösten, mit abgeseihtem Rotweinsud ablöschen und gut durchkochen. Die Sauce noch einmal abschmecken und über den Aal gießen.
Mit Kartoffelpüree servieren.

Klopse aus Wels mit weißen Bohnen

FRIKADELI IS SOMA

Für 2–3 Personen

---

500 g Filet vom Wels (Waller)
⅛–¼ l Sahne
300 g getrocknete weiße Bohnen
1 große Zwiebel, 2–3 EL Tomatenmark
2–3 EL Paniermehl, 4 EL Butter
Salz, Pfeffer

Gewaschenes, entgrätetes Fischfilet durch die feine Scheibe des Fleischwolfs drehen und mit Sahne zu einer geschmeidigen Masse rühren. Mit Salz und Pfeffer würzen.

Flache Klopse (Frikadellen) formen, in Paniermehl wenden und in Butter goldbraun braten.
Bohnen über Nacht einweichen. In frischem, leicht gesalzenen Wasser weich kochen und auf einem Sieb abtropfen lassen.
Gehackte Zwiebel in Butter rösten und Tomatenmark kurz mitbraten. Die Bohnen zufügen, durchrühren und erhitzen.
Klopse und Bohnen anrichten und mit der Bratbutter übergießen.

Marinierte Sprotten

MARINOWANNIE SPROTI

Für 4–6 Personen

1000 g frische Sprotten
Mehl, Öl

MARINADE
0,7 l Essig
0,3 l Wasser oder Fischbouillon
je 25 g Karotte, Zwiebel, Petersilienwurzel
1 EL Öl, 25 g Zucker
Salz, Pfeffer, Lorbeerblätter

Die Sprotten reinigen, ausnehmen und Kopf und Schwanz abschneiden.
Sprotten 8–10 Minuten in eine Salzlösung aus 150 g Salz und 1 l Wasser legen. Abtropfen, mit Küchenkrepp sorgfältig trocknen, in Mehl wenden und in Öl braten. Aus der Pfanne nehmen und abkühlen lassen.
Für die Marinade Karotte, Zwiebel und Petersilienwurzel in Streifen schneiden und in Öl kurz anbraten. Wasser oder Fischbouillon und die Gewürze zufügen und 10–15 Minuten kochen. Vom Feuer nehmen, den Essig dazuschütten und erkalten lassen.
Gebratene Sprotten in einer Glasschüssel mit der kalten Marinade übergießen und leicht beschwert 1½–2 Tage ziehen lassen.
Mit Rote-Bete- oder Kartoffelsalat servieren.

Sprotten mit Kartoffeln und Lauch

SPROTI S OWOTSCHAMI

Für 6 Personen

---

500 g frische Sprotten
500 g geräucherte Sprotten, 500 g Salzhering
500 g Kartoffeln, 500 g Lauch
1–1½ l Milch, 2 Eier, 100 g Butter, 2 Bund Dill
Salz, Pfeffer

Gewässerten Hering filetieren und in Stücke schneiden. Frische und geräucherte Sprotten ebenfalls filetieren, Lauch in feine Ringe, Kartoffeln in Streifen schneiden.
Eine feuerfeste Form dick mit Butter ausstreichen. Lagenweise Kartoffeln, Fisch (Sprotten und Hering gemischt) und Lauch einschichten (mit Kartoffeln beginnen und enden).
Die Eier und den gehackten Dill in die Milch rühren, mit Salz und Pfeffer würzen und darübergießen. Dick mit Butterflöckchen belegen und im Rohr bei mäßiger Hitze etwa 1 Stunde garen (nicht zudecken!).
Mit Salat servieren.

Sprotten in Specksauce

SPROTI SO SWINIM SALOM

Für 4 Personen

---

800 g frische Sprotten
200–250 g Schweinespeck
2 Zwiebeln
2 EL Mehl, ½–¾ l Milch, 2 EL Sahne
Salz, Dill

Gereinigte Sprotten filetieren.
Kleingewürfelten Speck auslassen und gehackte Zwiebel im Speckfett braten. Mehl zufügen und goldbraun rösten.
Mit der Milch ablöschen und gut durchrühren, damit keine Klümpchen entstehen. Salzen und auf kleiner Flamme dick einkochen.
Die Sprottenfilets 8–10 Minuten in der Sauce garen.
Kurz vor dem Servieren mit der Sahne verfeinern und mit gehacktem Dill bestreuen.
Dazu passen Salzkartoffeln oder Kartoffelpüree.

Gefüllte Heringe

FARSCHIROWANNAJA SELODKA

Für 4 Personen

---

4 Salzheringe
1 Zwiebel, 2 Eier
4–5 EL Butter
4–5 EL Paniermehl
Pfeffer

Heringe 24 Stunden wässern, trockentupfen und ausnehmen (nicht häuten). Heringsrogen und Zwiebel fein hacken, mit 1 Ei, 1–2 EL Butter und 1–2 EL Paniermehl gründlich mischen und mit Pfeffer würzen.
Die Heringe mit dieser Masse füllen, mit Zahnstochern zustecken und in verquirltem Ei und Paniermehl wenden.
In Butter langsam von beiden Seiten braten und mit Kartoffeln oder zu Borschtsch servieren.

Heringsfrikadellen

FRIKADELI IS SELODKI

Für 4 Personen

4–5 Salzheringe (à ca. 200 g)
1–2 Zwiebeln, 2 Brötchen
¼ l Milch (oder 6 kleine gekochte Kartoffeln)
2–3 EL saure Sahne
4 Eier, Paniermehl
Salz, Pfeffer

Salzheringe 24 Stunden wässern. Ausnehmen, häuten und filetieren. Zusammen mit in Milch eingeweichten, ausgedrückten Brötchen (oder gekochten Kartoffeln) durch den Fleischwolf drehen. Mit gehackter, in Butter leicht angebratener Zwiebel, 2 Eiern und der sauren Sahne gut vermischen und mit Salz und Pfeffer abschmecken.
Frikadellen formen, in verquirlten Eiern und Paniermehl wenden und in Butter goldbraun braten.
Mit Bratkartoffeln und Salat servieren.

Heringsbutter

SELODOTSCHNOE MASLO

Für 4 Personen

1 großer Salzhering (ca. 300 g)
100 g Butter, 1 Apfel, 1 Zwiebel
50 g Roggenbrot
Muskat

Hering 2–4 Stunden wässern (oder in Milch oder Tee legen), ausnehmen, häuten und filetieren.
Zwiebel im Ganzen im Rohr backen und schälen. Heringsfilets hacken, mit zerkleinerter Zwiebel, geschälten, entkernten Apfelstückchen und Butter im Mörser zerreiben (oder einfacher: im Mixer pürieren). Mit Muskat würzen und durch ein Sieb passieren. Gut durchkühlen lassen und mit Toast, Schwarzbrot oder jungen Kartoffeln servieren.
Man kann aus der Heringsbutter einen Fisch formen, der »echt« aussieht, wenn man den gereinig-

ten Heringskopf entsprechend dazulegt und das Ganze mit Öl überglänzt.
Statt Hering kann man auch 10 Anchovis bzw. Sardellen verwenden.

Scholle mit Kartoffeln und Zwiebeln

KAMBALA SAPETSCHONAJA S KARTOFELEM

Für 4 Personen

600 g Schollenfilet (oder Steinbutt)
600 g Kartoffeln
200 g Zwiebeln, 400 g Tomaten
2 EL Mehl, 100–150 g Öl
2–3 Zehen Knoblauch, 1 Bund Petersilie
Salz, Pfeffer

Gewaschenes Fischfilet in Streifen schneiden. Mit Salz und Pfeffer würzen, in Mehl wenden und in Öl goldbraun braten.
Kartoffeln kochen, schälen und in dünne Scheiben schneiden.
Gehackte Zwiebeln (oder Zwiebelringe) in Öl leicht anbraten. Tomaten halbieren, salzen und pfeffern und ebenfalls in Öl braten oder grillen.
Fisch, Kartoffeln und Zwiebeln mischen, auf einer Platte anrichten und mit Tomatenhälften umlegen.
Gehackte Petersilie mit zerdrücktem Knoblauch mischen und über das Gericht streuen.

Fisch in Ausbackteig

RIBA W KLJARE

Für 4 Personen

500 g Fischfilet
100 g Öl, 1 Zitrone, 1 Bund Petersilie
Salz, Pfeffer

TEIG
200 g Mehl
200 g Milch, Bier oder Wasser
3 Eier, 20 ml Wodka
Salz, Pfeffer
Öl zum Backen bzw. Fritieren

Gewaschenes, entgrätetes Fischfilet in eine Porzellan- oder Steingutschüssel legen.
Öl mit Zitronensaft, gehackter Petersilie, Salz und Pfeffer würzen. Die Marinade über den Fisch gießen und eine halbe Stunde ziehen lassen.
Für den Teig Milch, Bier oder Wasser mit Mehl, Eigelb und Wodka gründlich verrühren (der Teig soll dünnflüssig sein), salzen und pfeffern und das steifgeschlagene Eiweiß vorsichtig unterheben.
Mariniertes Fischfilet abtropfen, in mundgerechte Stücke teilen und in den Teig tauchen. Entweder in der Pfanne in reichlich Öl goldbraun backen, oder fritieren.
Eine beliebige Sauce dazu reichen.

Dieser Ausbackteig eignet sich auch für Fischfrikadellen. Dazu dreht man 500 g Fischfilet durch den Fleischwolf, mischt mit 2 eingeweichten, ausgedrückten Brötchen, 1 gehackten Zwiebel und 2 Eiern und würzt die Masse mit 2–3 Zehen Knoblauch, Salz und Pfeffer. Kleine Frikadellen formen, in Teig tauchen und am besten in der Friteuse garen.

Fisch in Brotteig

RIBA W TESTE

Für 3–4 Personen

500 g entgrätetes Fischfilet
100 g geräucherter Speck
(oder 500 g Sprotten und 100 g frischer Speck)
Salz, Pfeffer
Hefeteig aus 500 g Roggenmehl
Kümmel, Milch

Nach dem Grundrezept (siehe Seite 255) einen Hefeteig bereiten, mit Kümmel würzen und 1 cm dick ausrollen. In die Mitte lagenweise gewaschenes Fischfilet und dünne Räucherspeckscheiben legen. Fisch jeweils leicht salzen und pfeffern. (Oder gereinigte Sprotten mit kleingewürfeltem Speck mischen und auf den Teig füllen.)
Den Teig über dem Fisch zusammenschlagen, die Ränder gut festdrücken und das »Brot« mit Milch bepinseln.
Im Rohr bei 150° etwa 45–60 Minuten backen.
Mit Salat servieren.

Gedünsteter Fisch mit Pilzen

RIBA S GRIBAMI

Für 4–6 Personen

600 g entgrätetes Fischfilet
1000 g Sprotten
400 g frische Pilze, 2 Zwiebeln
100 g Butter
¼ l saure Sahne, 1 Bund Petersilie
Salz, Pfeffer

Fischfilet waschen und in Stücke schneiden.
Sprotten ebenfalls waschen, Köpfe und Schwänze entfernen.
Pilze und Zwiebeln in Scheiben schneiden.
Einen gußeisernen Topf mit Butter ausstreichen und lagenweise Fisch (Filet und Sprotten gemischt), Zwiebeln und Pilze einschichten. Jede Lage mit Salz und Pfeffer würzen und die Pilze mit Butterflöckchen belegen.
Zum Schluß mit gehackter Petersilie bestreuen und die saure Sahne darübergießen. Zugedeckt etwa 30 Minuten dünsten und mit Salzkartoffeln oder Kartoffelpüree servieren.

Fischschnitzel auf Omelette

RIBNJY SCHNITZEL NA OMLETE

Für 4 Personen

---

400 g Fischfilet (Dorsch, Kabeljau etc.)
100 g roher Weißkohl
100 g gekochte Kartoffeln
4–5 EL Butter
1 Ei, Paniermehl, 1 Pastinake
Salz, Pfeffer, Petersilie
4 Omelettes (aus 8 Eiern)

Gewaschenes Fischfilet mit Kohl und Kartoffeln durch den Fleischwolf drehen. Feingehackte, in Butter gedämpfte Pastinake daruntermischen und mit Salz, Pfeffer und Petersilie würzen.
Aus der Masse vier Schnitzel formen, in Ei und Paniermehl wenden und in Butter goldbraun braten.
Inzwischen vier Omelettes backen, jedes mit einem Fischschnitzel und einem Stückchen Butter belegen und mit Salat servieren.

Fischklöße (zu Fischsuppen)

TELNOE OTWARNOE

Für 4–6 Personen

---

500 g Fischfilet (Hecht, Zander etc.)
1 Zwiebel, 2 Eier
2 Brötchen, ¼ l Milch, 1–2 EL Butter
Salz, Pfeffer, Muskat
oder
300 g Fischfilet, 200 g Kaviar
1 Zwiebel, 2 Brötchen
¼ l Milch, ⅛ l Sahne, 1–2 EL Butter
Salz, Pfeffer, Muskat

Gehackte Zwiebel in Butter anbraten.
Brötchen in Milch einweichen und ausdrücken. Fischfilet waschen und durch den Fleischwolf drehen. Mit Eiern, Zwiebel und Brötchen sehr gut mischen und mit Salz, Pfeffer und Muskat würzen.
Aus der Masse eine Rolle (Wurst) formen, in eine nasse Serviette wickeln und die Enden fest zubinden. In Salzwasser oder Fischbouillon 15–20 Minuten auf kleiner Flamme garen. Die Serviette entfernen, die Rolle in Scheiben schneiden und zu Fischsuppe servieren.

Klößchen aus Fischfilet und Kaviar werden genauso zubereitet, nur wird die Masse statt mit Eiern mit Sahne gebunden.

ВЫШИВАЛА ЕЛИЗАВЕТА И ЛЕНГИНА 1830 ГО СЕН 30 ДНЯ

Krebs-Reis-Pudding

PUDING IS RAKOW I RISA

Für 6 Personen

40 Krebse oder
die entsprechende Menge Krebsfleisch
200 g Rundkornreis (Milchreis)
1 l Milch
50 g Krebsbutter, 6 Eier, 1 EL Butter
Salz, Pfeffer, Muskat

SAUCE
50 g Krebsbutter
1 EL Mehl, 3 EL Sahne
⅜ l Krebs- oder Fischbrühe, 2 Eigelb
Salz, Muskat

Krebse in Salzwasser kochen, das Fleisch auslösen und aus den Panzern Krebsbutter bereiten. Oder Krebsfleisch und fertige Krebsbutter verwenden. Reis in schwach gesalzener Milch ausquellen lassen (der fertige Milchreis soll ziemlich fest sein). Gehacktes Krebsfleisch, Eigelb und Krebsbutter unter den Reis mischen. Mit Salz, Pfeffer und Muskat abschmecken. Eiweiß steif schlagen und vorsichtig unterheben.
Eine gebutterte Puddingform mit der Masse füllen (sie darf höchstens dreiviertel voll sein), fest verschließen und im Wasserbad auf kleiner Flamme etwa 1 Stunde sieden.
Inzwischen für die Sauce Mehl in Krebsbutter kurz rösten, mit Sahne ablöschen, Brühe angießen und einige Minuten kochen. Mit Salz und Muskat würzen und kurz vor dem Servieren mit Eigelb legieren (nicht mehr kochen!).
Den fertigen Pudding auf eine Platte stürzen und mit der Sauce übergießen.

Krebs-Soufflé

RAKOWOE SUFLE

Für 6–8 Personen

40 Krebse oder
die entsprechende Menge Krebsfleisch
800 g Zanderfilet
50 g Krebsbutter
200 g gekochte Morcheln
½ l dicke Sahne (oder Crème double)
2 Eier, 2 EL Öl
Salz, Pfeffer, evtl. Dill

Krebse mit Salz und Dill kochen, das Fleisch auslösen und aus den Panzern im Mörser Krebsbutter bereiten.
Einfacher ist es, bereits ausgelöstes Krebsfleisch und fertige Krebsbutter zu kaufen.
Zanderfilet gründlich waschen, entgräten und mit dem Krebsfleisch im Mixer pürieren. Mit Krebsbutter, den Eiern und der Sahne gut verrühren und mit Salz und Pfeffer würzen.
Eine geölte Soufflé- bzw. Auflaufform mit gekochten Morcheln belegen, die Masse darüberfüllen und im Wasserbad oder auf dem Dämpfeinsatz etwa ½ Stunde garen.
Das Soufflé mit Holländischer Sauce und mit jungen Petersilienkartoffeln servieren.

Saucen

SOUSI

Bei der Zubereitung von Saucen ist der Einfluß französischer Kochkünstler unverkennbar, die im 19. Jahrhundert am Hofe des Zaren und in begüterten Adelshäusern für kulinarische Genüsse sorgten. In dieser Zeit erschienen auch die ersten Übersetzungen französischer Kochbücher, zum Beispiel das berühmte Standardwerk von M. A. de Carême, einem Meister, der auch am Zarenhofe tätig war. Daß man in Frankreich schon damals unzählige Saucenrezepte kannte, hat unter anderem Talleyrand mit seiner Antwort auf die Frage nach dem Unterschied zwischen Engländern und Franzosen bestätigt: In England gebe es 300 Religionen und 3 Saucen, in Frankreich 300 Saucen und 3 Religionen...

Die berühmten französischen Köche lernten aber auch von ihren russischen Schülern und Kollegen zum Beispiel die Kunst, die Gerichte eines Menüs in der richtigen Reihenfolge nacheinander zu servieren (und nicht – wie in Frankreich bis dahin üblich – alle Speisen auf einmal aufzutischen).

Aus dieser fruchtbaren bilateralen Zusammenarbeit entwickelten sich durchaus eigenständige russische Saucenrezepte, in die die traditionellen Zubereitungsarten mit übernommen wurden: *Mukowniki*, mit Mehl gebundene Bratflüssigkeit, oder *Wswari*, eine Art süß-sauer-scharfe Marinade, oder einfach nur mitgeschmorte Beeren und Kräuter. Während der strengen Fastenzeit wurden und werden heute noch neben pflanzlichen Ölen Mohn- oder Nußmilch oder der Sud von eingelegten Gemüsen als Saucengrundlage verwendet.

Kalte Saucen schließlich, unverzichtbare Beigabe zu Vorspeisen, kalten Braten, Sülzen usw., werden auf der Basis von Kwaß, unserem Nationalgetränk, aromatisiertem Essig, saurer Sahne etc. bereitet und phantasievoll gewürzt.

Saucen spielen in der russischen Küche eine wichtige Rolle. Ob Fleisch, Fisch, Gemüse oder Pasteten, ob Gebratenes, Gekochtes oder Gedünstetes – zu nahezu allen Gerichten wird eine Sauce gereicht, und zwar in reichlicher Menge!

Bei den warmen Saucen unterscheidet man zwischen hellen (»weißen«) und dunklen (»roten«) Saucen. Sie basieren in der Regel auf einer Einbrenne aus Butter und Mehl zu gleichen Teilen, die mit Flüssigkeit abgelöscht wird. Für 4 Portionen rechnet man 50 g Butter, 50 g Mehl, ½–1 Liter Flüssigkeit.

Die Flüssigkeit muß immer erwärmt sein und wird in die Einbrenne gerührt – niemals umgekehrt.

Damit helle Sauce auch wirklich hell bleibt, darf die Butter nur heiß (nicht gebräunt) sein und das Mehl unter ständigem Rühren nur kurz angeschwitzt werden, ohne Farbe anzunehmen. Sofort mit etwas Flüssigkeit ablöschen, glattrühren und nach und nach die restliche Flüssigkeit zufügen. Die Sauce muß auf kleiner Flamme etwa 10 Minuten kochen, damit das Mehl gut ausquellen kann.

Dunkle Sauce wird ebenso zubereitet, nur wird dafür das Mehl in Butter braun geröstet.

Je nach Rezept und Gericht, zu dem die Sauce gereicht wird, gießt man mit Fleisch-, Fisch-, Knochen- oder Gemüsebrühe, Milch, Wein, Bier etc. auf.

Für helle Saucen ist es sehr wichtig, daß auch die Brühe hell und sorgfältig geklärt und entfettet ist.

Dunkle Saucen hingegen werden mit konzentrierter Brühe, Fond oder Bratensatz zubereitet. Die auf diese Weise vorbereiteten Grundsaucen werden mit den jeweiligen Zutaten, Gewürzen, Aromen etc. angereichert und häufig mit süßer oder saurer Sahne oder Eigelb verfeinert.

Die Konsistenz richtet sich nach der Art der Verwendung:
– dünnflüssig (wie Sahne), wenn die Sauce getrennt gereicht wird;
– etwas weniger flüssig (wie leichte saure Sahne), wenn das Gericht in der Sauce gedünstet wird;
– cremig (wie feste saure Sahne), wenn das Gericht in der Sauce serviert wird;
– dick eingekocht, wenn das Gericht mit Sauce bedeckt wird (z. B. beim Überbacken).

Weiße Sauce (Grundrezept)

BELIY SOUS

---

50 g Butter, 50 g Mehl
½ l Fleischbrühe, ⅛ l Sahne
Salz, Pfeffer, Zitronensaft

Mehl in zerlassener Butter kurz anschwitzen (es muß hell bleiben!), mit etwas heißer Brühe ablöschen und glattrühren. Nach und nach unter ständigem Rühren die restliche, ebenfalls heiße Brühe aufgießen und etwa 5 Minuten kochen. Die Sahne zufügen und die Sauce bei kleiner Hitze weitere 5 Minuten sämig kochen. Durch ein feines Sieb gießen und mit Zitronensaft, Salz und Pfeffer abschmecken.
Die Sauce wird besonders fein, wenn man sie zum Schluß mit 1–2 Eigelb und/oder einem Stück Butter legiert. Sie darf dann nicht mehr kochen!

Dunkle Sauce (Grundrezept)

TÖMNIY SOUS – OSNOWNOIY REZEPT

---

50 g Butter, 50 g Mehl
½–¾ l kräftige Bouillon (oder Fond)

Mehl in der heißen Butter langsam gleichmäßig braun rösten. Mit etwas heißer Bouillon ablöschen und glattrühren. Die restliche Flüssigkeit nach und nach unter ständigem Rühren angießen und die Sauce etwa 10 Minuten auf kleiner Flamme sämig kochen. Durch ein feines Sieb passieren und als Basis für pikante dunkle Saucen verwenden.

Saure-Sahne-Sauce (Grundrezept)

SMETANNIY SOUS

---

1 EL Butter, 1 EL Mehl
¼ l saure Sahne, ⅜ l Brühe oder Milch
Salz, Pfeffer, Petersilie

Aus Butter und Mehl eine helle Einbrenne bereiten, mit heißer Brühe ablöschen und einige Minuten kochen. Saure Sahne darunterrühren und noch etwa 5 Minuten auf kleiner Flamme kochen. Mit Salz, Pfeffer und gehackter Petersilie würzen. (Es ist wichtig, auch Brühe oder Milch zur Saure-Sahne-Sauce zu verwenden, da saure Sahne allein flockig werden könnte.)

Béchamelsauce

BESCHAMEL SOUS

---

50 g Butter, 50 g Mehl
½ l Milch oder ¼ l Milch und ¼ l Sahne
Salz, Muskat

Helle Einbrenne bereiten und mit heißer Milch ablöschen. Unter ständigem Rühren 7–10 Minuten kochen und mit Salz und Muskat würzen.

Zwiebelsauce

LUKOWIY SOUS

---

1 mittelgroße Zwiebel
2 EL Butter, 1–2 EL Mehl, ½ l Bouillon
2 EL saure Sahne
2 EL gehacktes Zwiebelgrün (Frühlingszwiebel)
Salz, Pfeffer

Gehackte Zwiebel in Butter anbraten. Das Mehl zufügen und mitrösten. Unter ständigem Rühren mit der heißen Bouillon ablöschen und 3–5 Minuten kochen. Die saure Sahne unterziehen, mit Salz und Pfeffer abschmecken und schließlich das gehackte Zwiebelgrün kurz in der Sauce erhitzen. Paßt gut zu Hackfleischgerichten, Lamm- und Schweinefleisch.

Die Sauce kann zusätzlich noch mit Dill, Petersilie und Sellerieblättern (alles fein gehackt) angereichert werden. Sie paßt dann gut zu Wild- und Lammbraten.

Helle Zwiebelsauce

SWETLIY LUKOWIY SOUS

5 mittelgroße Zwiebeln
⅛l Brühe, ¼l Milch
100 g Butter, 50 g Mehl
Salz, Pfeffer

Gehackte Zwiebeln mit kochendem Wasser blanchieren und gut abtropfen. In 50 g Butter und Brühe (möglichst aus Lammfleisch) zugedeckt bei mittlerer Hitze 10 Minuten dünsten. Aus der restlichen Butter mit dem Mehl eine helle Einbrenne bereiten, mit heißer Milch ablöschen und unter ständigem Rühren 3–5 Minuten kochen. Die gedünsteten Zwiebeln zufügen, einmal aufkochen und durch ein Sieb passieren. Wieder erhitzen und mit Salz und Pfeffer würzen.
Paßt gut zu Lammbraten.
Aroma und Geschmack der Zwiebeln kommen besser zur Geltung, wenn sie zugedeckt gedünstet und nicht gebraten werden.

Buttersauce auf polnische Art

MASLJANNIY SOUS PO POLSKI

150 g Butter
2 hartgekochte Eier, 1 Bund Petersilie
Salz, Zitronensaft

Butter erhitzen und mit kleingehackten Eiern verrühren.
Mit Zitronensaft, Salz und gehackter Petersilie würzen und heiß servieren.
Paßt gut zu gekochtem Fisch.

Weiße Sauce mit Senf, Meerrettich oder Kapern

BELIY SOUS S GORTSCHIZOI,
CHRENOM I KAPERSAMI

½l weiße Sauce (siehe Grundrezept Seite 191)
1 EL Senf oder
1 EL Meerrettich oder 1–2 EL Kapern
Zucker, Essig oder Zitronensaft

Weiße Sauce aufkochen und mit Senf, geriebenem Meerrettich oder Kapern verrühren. Mit Zucker und Essig oder Zitronensaft pikant abschmecken.
Paßt gut zu gekochtem Fleisch.

Meerrettichsauce

SOUS IS CHRENA

50 g Butter
50 g Mehl, ½–⅝l Brühe
⅛l saure Sahne
1 Meerrettichwurzel, 1 EL Butter
Salz, Zucker, Essig

Helle Einbrenne bereiten, mit heißer Brühe ablöschen und unter ständigem Rühren sämig kochen. Meerrettich reiben und sofort (damit er nicht dunkel wird) in 1 EL Butter leicht anbraten. In die Sauce rühren, einmal aufkochen, saure Sahne zufügen und noch einmal aufwallen lassen. Mit Salz, Zucker, Essig (oder Zitronensaft) pikant abschmecken.
Meerrettich immer erst unmittelbar vor dem Gebrauch reiben und die Wurzel nicht im Wasser liegenlassen, da sie sonst an Schärfe verliert. Um ein Verfärben zu verhindern, kann man die Wurzel mit Essig einreiben.
Den geriebenen Meerrettich stets in Butter leicht anbraten – das verbessert Geschmack und Geruch
Eine leichte Brühe verwenden, damit der Meerrettich voll zur Geltung kommt.
Paßt gut zu gekochtem Rindfleisch, Zunge, Schinken, Lamm.

Madeirasauce

MADERA SOUS

⅜ l Brühe aus Wildgeflügel, ⅛ l Fond
1 Gläschen Madeira
50 g Trüffel (frisch oder konserviert)
50 g Butter, 1 TL Kartoffelmehl oder Speisestärke
Salz, Pfeffer, Zitronensaft

Brühe mit Fond aufkochen und durch ein Sieb
gießen. Wieder erhitzen. Kartoffelmehl oder Speisestärke in Madeira glattrühren, die Brühe damit
binden und 3–5 Minuten kochen.
Mit gehackter Trüffel, Salz, Pfeffer und Zitronensaft
würzen und kurz vor dem Servieren mit der Butter
verfeinern.
Paßt gut zu Wildgeflügel.

Aurora-Sauce

AURORA SOUS

½ l dunkle Sauce (siehe Grundrezept Seite 191)
100 g getrocknete Pflaumen, 30 g Rosinen
50 g Walnüsse, ¼ l Rotwein
20 g Butter
Salz, Zucker

Pflaumen in wenig Wasser weich dünsten. Abtropfen, entkernen und kleinschneiden.
Passierte Sauce mit Rotwein aufkochen. Pflaumen,
Rosinen und gehackte Walnüsse zufügen, mit Salz
und Zucker abschmecken und einige Minuten
kochen. Kurz vor dem Servieren noch mit Butter
verfeinern.

Jägersauce

OCHOTNITSCHIYI SOUS

½ l dunkle Sauce (siehe Grundrezept Seite 191)
100 g Pilze, ⅛ l Rotwein, 1 Zwiebel
30 g Schmalz, 20 g Butter
Salz, Pfeffer, Petersilie, Estragon

Blättrig geschnittene Pilze und gehackte Zwiebel in
Schmalz anbraten. In die erhitzte dunkle Sauce
rühren und auf kleiner Flamme 5–7 Minuten
kochen. Rotwein und gehackte Kräuter in der
Sauce erhitzen, mit Salz und Pfeffer abschmecken
und kurz vor dem Servieren mit der Butter verfeinern.
Paßt gut zu Lamm und gebratenem Geflügel.

Hefe-Saure-Sahne-Sauce

SMETANNO DROSCHSCHIWOY SOUS

100 g Hefe
2 EL helle Einbrenne
¼ l saure Sahne, ¼ l Wasser
2 Eigelb, Salz

Hefe in kaltem Wasser auflösen und 10 Minuten auf
kleiner Flamme kochen lassen.
Einbrenne mit saurer Sahne ablöschen, in das
Hefewasser gießen und unter ständigem Rühren
noch einige Minuten kochen.
Vom Feuer nehmen, mit den verquirlten Eigelb
legieren und mit Salz würzen.

Dunkle Biersauce

TOMNIY PIWNOY SOUS

2 EL dunkle Einbrenne
⅛ l dunkles Bier, ¼ l Fleischbrühe
je 1 Zwiebel und Petersilienwurzel
Salz, Zucker, Pfeffer, 2–3 Nelken, 1 Lorbeerblatt
Zitronensaft

Einbrenne mit heißer Brühe ablöschen, geriebene
Zwiebel und Petersilienwurzel, Salz, Zucker, Pfeffer, Nelken und Lorbeerblatt zufügen und 15 Minuten kochen.
Die Sauce durch ein Sieb in einen anderen Topf
passieren, zusammen mit dem Bier erhitzen und
mit Zitronensaft abschmecken.

Helle Biersauce

SWETLIY PIWNOY SOUS

---

2 EL helle Einbrenne
¼ l helles Bier, ⅛ l Fleisch- oder Fischbrühe
4 EL saure Sahne, 2 Eigelb
Salz, Zucker, Zimt, Zitronensaft

Einbrenne mit heißer Brühe ablösen und einige Minuten auf großer Flamme kochen. Bier zufügen, erhitzen und mit Salz, Zucker, Zimt und Zitronensaft abschmecken.
Die Eigelb mit saurer Sahne verquirlen und die Sauce, die jetzt nicht mehr kochen darf, damit verfeinern.

Saure-Sahne-Tomaten-Sauce

SMETANNO-TOMATNIY SOUS

½ l Saure-Sahne-Sauce
(siehe Grundrezept Seite 191)
2 EL Tomatenmark
1 Zwiebel, 30 g Butter
Salz, Pfeffer

Gehackte Zwiebel mit Tomatenmark in Butter anbraten. In die erhitzte Saure-Sahne-Sauce rühren, 5 Minuten auf kleiner Flamme kochen und durch ein Sieb passieren. Mit Salz und Pfeffer würzen.
Paßt gut zu gebratenem Fleisch, Fisch und Gemüsegerichten.

Tomatensauce mit Zwiebel

TOMATNIY SOUS S LUKOM

½ l dunkle Sauce (siehe Grundrezept Seite 191)
1 Zwiebel, 1 Karotte, ½ Petersilienwurzel
4 EL Tomatenmark, 2 EL Butter
Salz

Zwiebel, Karotte und Petersilienwurzel in kleine Würfel schneiden und in 1 EL Butter anbraten. Tomatenmark zufügen und zugedeckt auf kleiner Flamme 10–15 Minuten dünsten. Heiße dunkle Sauce angießen, gut durchrühren und 40 Minuten bei kleiner Hitze kochen. Die Sauce durch ein Sieb passieren, mit Salz abschmecken und mit 1 EL Butter abrunden.
Paßt gut zu gekochtem oder gebratenem Fleisch oder überbackenem Gemüse.

Einfache Tomatensauce

PROSTOIY TOMATNIY SOUS

½ l dunkle Sauce (siehe Grundrezept Seite 191)
100 g Tomatenmark
1 EL Butter, ⅛ l Weißwein
Zitronensaft

Tomatenmark in Butter leicht anbraten und in die erhitzte dunkle Sauce rühren. Weißwein zufügen und zugedeckt einige Minuten kochen. Mit Zitronensaft abschmecken.
Paßt gut zu gebratenem Fleisch, Innereien, Fisch.

Lauchsauce

SOUS IS LUKA-POREJA

---

2 Stangen Lauch
¼ l Wasser, 3 Eigelb, 100 g Butter
1 Zehe Knoblauch
Salz, Zucker, Essig, Estragon

Das Weiße vom Lauch in feine Ringe schneiden und in dem Wasser, das mit einem Schuß Essig gesäuert wird, weich kochen. Durch ein feines Sieb in einen kleinen Topf passieren und in ein heißes Wasserbad stellen. Unter ständigem Rühren zunächst die Eigelb und dann die Butter in Stückchen unter die Sauce mischen. Kräftig schlagen, bis eine dickflüssige Creme entsteht. Mit zerdrücktem Knoblauch, Salz, Zucker und gehacktem Estragon würzen.

Pilzsauce

GRIBNOY SOUS

---

50 g getrocknete Pilze
100 g Butter, 50 g Mehl, 2 Zwiebeln
Salz, 1 EL Butter

Getrocknete Pilze gründlich waschen und in gut ½ l Wasser 2–3 Stunden einweichen. Danach 10–15 Minuten weich kochen und abseihen. Pilzbrühe durch ein Haarsieb gießen oder filtern. Die Pilze abspülen, abtropfen und in kleine Würfel schneiden. Gehackte Zwiebeln und Pilzwürfel getrennt in etwas Butter anbraten. Aus der restlichen Butter mit Mehl eine Einbrenne bereiten und mit den Zwiebeln unter die Pilze rühren. Alles gut mischen und zusammen noch kurz braten. Mit ⅜ l heißer Pilzbrühe ablöschen und unter ständigem Rühren 2–3 Minuten kochen. Mit Salz abschmecken und mit 1 EL Butter verfeinern.

Safransauce

SCHAFRANOWIY SOUS

---

70 g Butter, 50 g Mehl
je 40 g Zwiebel und Sellerie, 1 Petersilienwurzel
1 l Fleischbrühe
1 g Safran, 1 Gläschen Wodka
Salz, Weißwein

Aus 50 g Butter und 50 g Mehl eine helle Einbrenne bereiten, mit der heißen Fleischbrühe ablöschen und aufkochen.
Gehackte Zwiebel in der restlichen Butter leicht anbraten und zusammen mit ebenfalls gehackter Petersilienwurzel und Sellerie zur Brühe geben. 40–50 Minuten kochen und dann durch ein Sieb passieren.
Safran in einem Gläschen Wodka auflösen, in die Sauce rühren und aufkochen. Mit Weißwein und Salz würzen.
Paßt gut zu gekochtem Geflügel.

Süßsaure Rosinensauce

KISLO-SLADKIY SOUS S ISUMOM

---

2 EL Mehl, 2 EL Öl
½ l Fischbouillon, ⅛ l Weißwein
50 g Rosinen, evtl. 20 g Mandelsplitter
Salz, Honig oder Zucker
Zitronensaft oder Essig

Aus Mehl und Öl eine Einbrenne bereiten, mit heißer Fischbouillon ablöschen, glattrühren und einige Minuten kochen lassen. Weißwein zufügen und mit Salz, Honig oder Zucker, Zitronensaft oder Essig süßsauer abschmecken. Die überbrühten Rosinen und nach Geschmack auch Mandelsplitter in der Sauce erhitzen.
Paßt gut zu Fisch-, Kartoffel- und Reisgerichten.

Salzgurkensauce

SOUS IS SOLÖNICH OGURZOW

½ l Zwiebelsauce (siehe Rezept Seite 191)
1 Salzgurke (mittelgroß)
1 kleine eingelegte Paprikaschote
1 EL Tomatenmark
Senf oder Meerrettich (gerieben)

Salzgurke und Paprika zerkleinern und in der erhitzten Zwiebelsauce 3 Minuten unter ständigem Rühren kochen.
Mit Tomatenmark, Senf oder geriebenem Meerrettich würzen.
Paßt gut zu gekochtem Fleisch.

Saure Gurkensauce

SOUS IS MARINOWANNICH OGURZOW

1 EL helle Einbrenne, ½ l Fleischbrühe
(oder ⅛ l Fond mit Wasser verdünnt)
100 g Cornichons
100 g marinierte Pilze, 1 Zwiebel
100 g Tomatenmark
50 g Butter, 1 EL Essig, Pfeffer

Gehackte Zwiebel in Butter anbraten, Essig angießen und zugedeckt so lange dünsten, bis alle Flüssigkeit verdampft ist. In Butter leicht angebratenes
Tomatenmark darunterrühren, mit Brühe oder
Fond ablöschen und auf kleiner Flamme cremig
einkochen. Die Sauce durch ein Sieb passieren
und wieder erhitzen. Cornichons und Pilze zerkleinern und kurz in Butter braten. In die Sauce rühren,
aufkochen und mit Pfeffer würzen.
Paßt gut zu Gerichten aus gehacktem Geflügel.

Sauerkrautsauce

SOUS IS KISLOI KAPUSTI

500 g Sauerkraut
100 g Zwiebel, 100 g Butter
¼–⅜ l Sauerkrautsaft
Salz, Pfeffer, Honig, Essig

Sauerkraut kleinschneiden und in Butter andünsten. Mit gehackter, in Butter angebratener Zwiebel
mischen, Sauerkrautsaft angießen und zugedeckt
etwa 30 Minuten weich dünsten. (Nicht alle Flüssigkeit auf einmal zugießen, da die Sauerkrautsauce dick sein soll.)
Mit Salz, Pfeffer, Essig und Honig süßsauer abschmecken.
Paßt gut zu Gänse- und Entenbraten.

Süßsaure Pflaumensauce

KISLO-SLADKIY
SOUS IS TSCHERNOSLIWA

50 g Butter, 50 g Mehl
200 g getrocknete Pflaumen, 50 g Rosinen
⅛ l Weißwein oder Madeira
Zitronensaft

Pflaumen und Rosinen waschen und mit Wasser
bedeckt weich kochen. Abgießen und die Pflaumen entkernen.
Eine dunkle Einbrenne bereiten, mit ⅝ l heißem
Pflaumensud ablöschen und etwa 10 Minuten dick
einkochen.
Weißwein oder Madeira zufügen, aufkochen und
die Pflaumen und Rosinen in der Sauce erhitzen.
Mit Zitronensaft abschmecken.

Rote Johannisbeersauce

SOUS IS KRASNOIY SMORODINI

300 g rote Johannisbeeren
¼ l Weißwein
¼ l Bratensaft von gebratenem Fisch
1 TL Mehl, Zucker, Zimt

Gewaschene Johannisbeeren durch ein Sieb passieren, mit Wein und Bratensaft mischen und aufkochen. Mehl mit etwas kaltem Wasser glattrühren
und die Sauce damit binden. Noch einige Minuten
kochen und mit Zucker und Zimt abschmecken.
Paßt gut zu gebratenem Fisch.

Kirschensauce

WISCHNOWIY SOUS

wird ebenso wie Rote Johannisbeersauce (siehe
oben) zubereitet. Die entkernten Kirschen am
besten im Mixer pürieren.
Paßt gut zu gebratenem Fisch.

Saure Gurkensauce zu Fisch

SOUS IS SOLÖNICH OGURZOW K RIBE

1 EL helle Einbrenne
½ l Fischbrühe
⅛ l Gurkenlake, 3–6 Gewürzgurken
1 Bund Petersilie, 2–3 EL Öl
Honig

Gewürzgurken in längliche Streifen schneiden und mit gehackter Petersilie in Öl leicht anbraten. Mit der Einbrenne verrühren und mit heißer Brühe und Gurkenlake ablöschen. Einige Minuten kochen und mit Honig würzen.
Man kann statt Fischbouillon auch Pilzbrühe oder beides zu gleichen Teilen verwenden.
Paßt gut zu gekochtem oder gebratenem Fisch.

Sardellensauce

SOUS IS ANTSCHOUSOW ILI SARDINOK

2 EL helle Einbrenne
⅕ l Bouillon, 4 Sardellen
2 EL saure Sahne
Salz, Pfeffer, Zitronensaft

Einbrenne mit heißer Bouillon ablöschen, einige Minuten kochen und durch ein Sieb passieren. Geputzte, sehr fein gehackte Sardellen in der Sauce erhitzen und aufkochen. Mit Salz, Pfeffer und Zitronensaft abschmecken und kurz vor dem Servieren die saure Sahne unterziehen.
Paßt gut zu Fischgerichten.

Tintenfischsauce

SOUS IS KALMAROW

500 g Tintenfisch
2–3 EL geriebener Meerrettich
200 g saure Sahne
Salz, Zucker, Pfeffer, Essig

Gründlich gewaschenen Tintenfisch in kaltem Wasser aufsetzen, rasch erhitzen und 2–3 Minuten kochen. Kalt abspülen, abtropfen, abkühlen und nudelig schneiden.
Tintenfisch mit saurer Sahne und Meerrettich gut verrühren, mit Salz, Pfeffer, Zucker und Essig pikant abschmecken und einmal aufkochen.
Paßt gut zu heißen Pellkartoffeln.

Weiße Sauce zu Fisch I

BELIY SOUS K RIBE I

2 EL helle Einbrenne
½ l Fischbrühe
10 gekochte Krebsschwänze
100 g Champignons, 200 g Butter, 2 Eigelb
1 Bund Petersilie
Salz, Pfeffer, Zitronensaft

Zerlassene Butter mit Zitronensaft und gehackter Petersilie gründlich mischen und mit Pfeffer würzen. Abkühlen lassen und mit Eigelb verrühren. Einbrenne mit heißer Brühe ablöschen und einige Minuten kochen. Im siedenden Wasserbad (oder über Dampf) nach und nach die Butter-Eigelb-Mischung unter die Sauce schlagen. Zerkleinertes Krebsfleisch und in Butter kurz gebratene Champignonscheiben in der Sauce erhitzen und mit Zitronensaft und Salz abschmecken.
Paßt gut zu gekochtem Fisch.

Weiße Sauce zu Fisch II

BELIY SOUS K RIBE II

2–3 Zwiebeln, 2 EL Öl
¾ l Fischbrühe
Stachelbeer- oder Apfelsaft
Zitronensaft oder Essig
2–4 TL Zucker oder Honig

Gehackte Zwiebeln in Öl leicht andünsten, Mehl kurz mitbraten (es muß hell bleiben) und mit heißer Fischbrühe ablöschen. Einige Minuten einkochen lassen und mit Zitrone oder Essig, Stachelbeer- oder Apfelsaft, Zucker oder Honig süß-sauer würzen. Die Sauce durch ein Sieb passieren. Paßt gut zu gekochtem Fisch.

Krebssauce

RAKOWIY SOUS

50 g Mehl, 50 g Butter
10 Krebse, ½ l Fischbouillon
⅛ l Sahne, 2 Eigelb
Salz, Pfeffer, Zitronensaft, Dill, Petersilie
50–100 g Butter für die Krebsbutter

Wasser mit Salz, Dill und Petersilie aufkochen und die gründlich gewaschenen Krebse darin garen. Nach 5 Minuten die Hitze reduzieren und die Krebse noch etwa 10 Minuten ziehen lassen.
Herausnehmen, das Krebsfleisch auslösen und aus den Schalen Krebsbutter (siehe nachstehendes Rezept) bereiten.
Helle Einbrenne aus Butter und Mehl mit heißer Fischbouillon ablöschen, Sahne zufügen und bei geringer Hitze etwas einkochen lassen. Anschließend durch ein feines Sieb passieren.
Eigelb mit Krebsbutter verrühren und nach und nach die passierte Sauce unterrühren. Langsam erhitzen und mit Salz, Pfeffer und Zitronensaft würzen. Ausgelöstes Krebsfleisch in der Sauce erwärmen.
Paßt gut zu Fischgerichten.

Krebsbutter

RAKOWOE MASLO

Schalen von 10 gekochten Krebsen
50–100 g Butter

Krebsschalen im Mörser so fein wie möglich zerstoßen und unter ständigem Rühren in heißer Butter rösten. Durch ein Haarsieb passieren und abkühlen lassen.
Je feiner die Schalen zerkleinert sind, um so schöner wird die Farbe der Krebsbutter, die es übrigens auch fertig zu kaufen gibt.

Weiße Marinade

BELIY MARINAD

1 Karotte, 1 Petersilienwurzel, 1 Zwiebel
½ l Fischbrühe oder
mit Obstessig gesäuertes Wasser
Salz, Zucker, Zimt, Nelken
Pfefferkörner, Lorbeerblätter

Zerkleinerte Gemüse mit den Gewürzen in der Flüssigkeit etwa 10 Minuten kochen und abseihen. Heiß oder kalt servieren.
Paßt gut zu Fischgerichten (heiß) oder Vorspeisen (kalt).

Tomatenmarinade

TOMATNIY MARINAD

500 g Karotten, 200 g Zwiebeln
200 g Petersilienwurzel, 200 g Tomatenmark
100 g Öl, 300 g Essig
100 g Fischbrühe oder Wasser
Salz, 1–2 EL Zucker, Nelken, Pfefferkörner
Lorbeerblätter

Geputzte Gemüse in Streifen schneiden und in Öl anbraten.

Tomatenmark dazurühren und 7–10 Minuten dünsten. Essig und Fischbrühe oder Wasser angießen, die Gewürze zufügen, gut durchrühren und weitere 15 Minuten dünsten. Heiß oder kalt servieren. Paßt gut zu Fischgerichten (heiß) oder Vorspeisen (kalt).

Kalte Saucen

CHOLODNIE SOUSI

Dressing auf polnische Art

SAPRAWKA PO POLSKI

¼ l saure Sahne (oder Crème fraîche)
3 hartgekochte Eigelb
ca. 50 g Essig
Salz, Zucker, Dill

Saure Sahne mit zerdrücktem (oder passiertem) Eigelb und Essig gründlich verrühren und mit Salz und Essig abschmecken.
Beliebige Salate oder Gemüse mit dem Dressing übergießen und mit gehacktem Dill bestreuen.

Sauce Provençale

SOUS PROWANSAL

300 g Olivenöl
2 Eigelb, 1 TL Senf, 50 g Sahne
1 EL Essig oder Zitronensaft
Salz, Pfeffer, Zucker

Eigelb mit Senf vermischen und langsam unter ständigem Rühren das Olivenöl dazugießen. So lange schlagen, bis die Sauce dick und cremig wird. Mit Salz, Zucker, Zitronensaft oder Essig abschmecken und die Sahne unterziehen.
Paßt gut zu kaltem Fleisch, Wild, Geflügel, Fisch oder zu fritierten Gerichten.

Sahne-Dressing

SAPRAWKA IS SMETANI

150 g Sahne (35% Fettgehalt)
3 Eigelb (roh oder gekocht)
Salz, Zucker, Zitronensaft

Sahne mit Eigelb gut verrühren (gekochte Eigelb vorher zerdrücken bzw. passieren) und mit Salz, Zucker und Zitronensaft pikant abschmecken.

Tomatensauce

TOMATNIY SOUS

150 g Tomatenmark
50 g Zwiebel, 3 EL Öl, ¼ l Fischbouillon
2–3 Zehen Knoblauch, 1 TL Senf
Salz, Zucker, 2 Lorbeerblätter

Tomatenmark in Öl erhitzen. Gehackte Zwiebel zufügen und 3 Minuten braten. Mit heißer Fischbouillon ablöschen, mit Lorbeerblättern würzen und zugedeckt auf kleiner Flamme 15–20 Minuten dünsten. Mit Knoblauch aus der Presse, Salz und Zucker abschmecken und abkühlen. Vor dem Servieren mit dem Senf verrühren.
Paßt gut zu gebratenem Fisch.

Senfsauce

GORTSCHITSCHNIY SOUS

200 g Öl, 40 g Senf
50 g Zucker, 50 g Obstessig
Salz

Senf, Zucker und etwas Salz langsam mit dem Öl vermischen und so lange rühren, bis Zucker und Salz aufgelöst sind. Zum Schluß den Essig unter die Sauce schlagen.
Paßt gut zu Hering und zu Salaten.

Knoblauchsauce

TSCHESNOTSCHNIY SOUS

6–8 Zehen Knoblauch
³⁄₁₆ l Wasser oder fettfreie Brühe
Salz, evtl. Essig, gemahlener Koriander

Knoblauchzehen durchpressen und mit etwas Salz mischen. Mit abgekochtem, kaltem Wasser oder mit fettfreier kalter Brühe gründlich verrühren. Die Sauce nach Belieben mit etwas Essig und einer Prise Koriander würzen.
Paßt gut zu kalten Gerichten, aber auch zu gekochtem oder gebratenem Geflügel, Fisch, Lamm.

Knoblauchsauce mit Walnüssen

TSCHESNOTSCHNIY SOUS S ORECHAMI

2–3 Zehen Knoblauch
125 g geschälte Walnüsse, 1 Chilischote
³⁄₁₆ l Wasser, 100 g Granatapfelsaft
Salz, 1 g Safran
gemahlener Koriander, Korianderblätter

Knoblauch, Walnüsse und Chili mit Salz im Mörser fein zerreiben. Mit Safran, 1 Messerspitze gemahlenem Koriander und gehackten Korianderblättern mischen. Mit abgekochtem, kaltem Wasser und Granatapfelsaft gründlich verrühren. (Wenn kein Granatapfelsaft zu bekommen ist, mit etwas verdünntem Weinessig säuern.)
Paßt gut zu kaltem, gebratenem oder gekochtem Geflügel, Lamm, Fisch.

Pilzsauce

GRIBNOIY SOUS

300–400 g Pilze
1 Zwiebel, 1 Apfel, ³⁄₈ l saure Sahne
je 1 TL Essig, Senf, gehackter Dill
1 EL gehacktes Zwiebelgrün
Salz, Zucker

Pilze in leicht gesalzenem Wasser 10–15 Minuten kochen, abtropfen, abkühlen und kleinschneiden. Mit feingehackter Zwiebel und geriebenem Apfel mischen. Saure Sahne mit Essig, Senf, Salz und Zucker würzen, gründlich unter die Pilzmischung rühren und mit Dill und Zwiebelgrün bestreuen. Paßt gut zu Vorspeisen, kaltem Fleisch oder zu heißen Pellkartoffeln.

Pilzsauce mit Meerrettich

GRIBNOIY SOUS S CHRENOM

300–400 g Pilze
3–4 EL geriebener Meerrettich, ¼ l saure Sahne
1 EL gehacktes Zwiebelgrün
1 TL gehackter Dill, 1–2 hartgekochte Eier
Salz, Zucker, 1 TL Essig

Pilze in leicht gesalzenem Wasser 10–15 Minuten kochen, abtropfen, abkühlen und kleinschneiden. Mit geriebenem Meerrettich mischen. Saure Sahne mit Salz, Zucker und Essig abschmecken und unter die Pilze rühren. Die Sauce mit gehacktem Zwiebelgrün und Dill bestreuen und mit dünnen Eischeiben garnieren.
Paßt gut zu kaltem Fleisch oder heißen Pellkartoffeln.

Sauce Tartare

SOUS TARTAR

2 Eigelb
¼ l Öl, ⅛ l Sahne, 1 TL Senf
50–100 g Cornichons
Salz, Pfeffer, Zucker, Zitronensaft, Petersilie

Eigelb mit Senf glattrühren und tropfenweise das Öl zufügen. So lange (und immer nur nach einer Seite!) rühren, bis eine dicke Creme entsteht. Mit Salz, Zucker, Pfeffer und Zitronensaft würzen. Die Sahne und schließlich gehackte Cornichons und Petersilie unter die Sauce rühren.
Paßt gut zu kaltem Fleisch, Fisch, Wild, Geflügel und zu fritierten Gerichten.

Johannisbeersauce

SOUS IS KRASNOIY SMORODINI

3 EL rotes Johannisbeergelee
1 EL Senf, 1 EL Öl
1 EL Zitronensaft

Alle Zutaten gründlich mischen und sämig rühren. Paßt gut zu Wildgerichten.

Gemüse

BLUDA IS
OWOSCHEI

Schon unsere Urahnen wußten, daß »Kraut und Rüben« nicht nur wohlschmeckend, sondern auch besonders gesund sind, und bis heute sind Kohl und Rüben unsere wichtigsten Gemüse geblieben. Weiße Rüben, Steck-, Runkel- oder Zuckerrüben, Meerrettich und Radieschen, schwarzer und weißer Rettich usw. – diese Wurzeln mit ihren heilkräftigen Wirkstoffen werden in allen Teilen des Landes angebaut.

Und ohne Kohl – frisch oder als Sauerkraut – ist die russische Küche gar nicht denkbar, zumal während der strengen Fastenzeit, die über das Jahr verteilt bis zu 200 Tage dauern kann. An den Fasttagen kommen selbstverständlich keinerlei tierische Produkte auf den Tisch, aber auch keine Gemüse von roter Farbe, da sie an das Blut Christi erinnern.

Eine wichtige Rolle in der russischen Gemüseküche spielt die Kartoffel, aus der man – wie der Volksmund sagt – 999 Gerichte bereiten kann. Einst hatten die Bauern Angst vor dem »Teufelsapfel«, und Zar Peter I. mußte sie mit einem Erlaß zum Anbau zwingen.

Überall beliebt sind außerdem Kürbis, den man dank der besonderen Konstruktion russischer Öfen problemlos im Backrohr garen kann, und natürlich rote Bete. Einst galten sie als Symbol für Streit und Zank, aber das ist längst widerlegt, zum Beispiel durch unsere berühmte Borschtsch, eine wahre Botschafterin des Friedens und des guten Willens.

Bohnen, Erbsen, Linsen, Tomaten, Paprika usw. sind in erster Linie im Süden Rußlands beheimatet, während man Pilze im Überfluß im ganzen großen Land findet. Früher ging ganz Rußland im Herbst auf Pilzjagd, eine überaus friedliche Jagd, die dem gutmütigen Charakter des Volkes entspricht.

Gefüllte Kartoffeln

FARSCHIROWANNIY KARTOFEL

Pro Person 1–2 große Kartoffeln
Butter oder saure Sahne, Paniermehl
geriebener Käse

Möglichst gleichgroße Kartoffeln schälen, eventuell etwas zurechtschneiden, damit sie beim Überbacken stehen bleiben, und in Salzwasser halbgar kochen. Mit einem Teelöffel aushöhlen. Das zerdrückte Kartoffelinnere mit einer der folgenden Farcen mischen und die Kartoffeln damit füllen. In eine feuerfeste Form setzen, mit heißer Butter oder saurer Sahne übergießen, mit Paniermehl und geriebenem Käse bestreuen und bei 180–200° im Rohr 15–20 Minuten überbacken.

FÜLLUNGEN

Alle Zutaten jeweils zerkleinern, mit dem ausgehöhlten Kartoffelfleisch gründlich mischen und würzen.

2 Heringsfilets
2 Zwiebeln, 1 gekochtes Ei, 1 TL Öl
Salz, Pfeffer

12 Sprotten oder Anchovis
6 gekochte Morcheln oder andere Pilze
2 Eier, 1–2 TL Öl, 1–2 EL Paniermehl
Salz, Pfeffer

300 g gekochtes Fleisch
(feingehackt oder durch den Fleischwolf gedreht)
1 Ei, 2 EL Tomatenmark
2 gehackte, in Butter gebratene Zwiebeln
Salz, Pfeffer, Dill

300 g zerkleinerte, in Butter gebratene Pilze
je 1 Zwiebel und Karotte, gehackt,
in Butter gebraten
60 g Reis (gekocht), 1 Ei
Salz, Pfeffer

3 Eier
⅜ l Sahne, 100 g Paniermehl
Salz, Pfeffer, Muskat

Kartoffeln mit Salzgurken

KARTOFEL S SOUSOM
IS SOLÖNICH OGURZOW

Für 4 Personen

---

600 g Kartoffeln
4 Salzgurken, 1 Zwiebel
20 g getrocknete Pilze
1 EL Mehl, 1 EL Butter, Petersilie, Dill
Salz, Pfeffer

Kartoffeln mit der Schale nicht zu weich kochen, schälen und in mittelgroße Stücke schneiden. Eingeweichte, sorgfältig gereinigte Trockenpilze in ¾ l Wasser weich kochen und abgießen (den Sud aufbewahren).

Salzgurken schälen und der Länge nach in Streifen schneiden. Aus Butter und Mehl eine Einbrenne bereiten, mit dem heißen Pilzsud ablöschen und Salzgurken, gehackte Zwiebel, feingeschnittene Kräuter und zerkleinerte Pilze zufügen. Gut durchrühren, mit Salz und Pfeffer abschmecken und so lange kochen, bis die Gurken weich sind. Die Kartoffelstücke in der Sauce erhitzen und servieren.

Gefüllte Kartoffeln

Fleisch-Kartoffel-Pastete

MJASNAJA – SAPEKANKA S KARTOFELEM

Für 8 Personen

---

1 kg Rinderlende
1 kg Kartoffeln, 3–4 Zwiebeln
3 Scheiben altbackenes Weißbrot
¼ l Milch, 3 Eier
100 g Butter, 2 EL Paniermehl
2 EL geriebener Käse
Salz, Pfeffer, Nelkenpulver

Rinderlende waschen, trocknen, in sehr dünne Scheiben schneiden und klopfen.
Kartoffeln kochen, schälen und ebenfalls in Scheiben schneiden.

Zwiebeln in feine Ringe teilen.
Die so vorbereiteten Zutaten abwechselnd in eine gut gebutterte Auflaufform schichten (Fleisch, Zwiebelringe, Kartoffeln usw.).
Das Fleisch jeweils mit Salz, Pfeffer und Nelkenpulver würzen. Die Kartoffeln mit Butterflöckchen belegen.
Weißbrot in Milch einweichen, ausdrücken, mit den Eiern gut verrühren und salzen.
Mit dieser Masse den Auflauf bedecken und mit einer Mischung aus Paniermehl und geriebenem Käse bestreuen. Mit Butterflöckchen belegen und im Rohr bei Mittelhitze etwa 1 Stunde backen (Falls die Oberfläche zu rasch braun wird, mit Alufolie abdecken.)
Die Pastete mit Salat servieren.

Gefüllte Kartoffelpüree-Knödel

FARSCHIROWANNIE
KARTOFELNIE KOTLETI

Für 6 Personen

---

500 g mageres Schweinefleisch
1½ kg Kartoffeln
¼ l Milch, ¼ l saure Sahne, 3 Eier, 2 EL Butter
3 El Mehl, 100 g Paniermehl
1 TL Zucker, Salz, Pfeffer

leisch waschen, trocknen und in ca. 2 cm große
Vürfel schneiden. Mit Salz, Pfeffer und Zucker wür-
en und in heißer Butter fast gar braten. Aus der
Pfanne nehmen und abkühlen lassen.
eschälte Kartoffeln in Salzwasser kochen, abgie-
en und durch die Kartoffelpresse drücken. Mit
eißer Milch, 1 EL saurer Sahne, 1 Ei und 3 EL Mehl
ut verrühren und mit Salz abschmecken. Aus der
och handwarmen Masse Knödel von etwa 5 cm
urchmesser formen und mit einem Stückchen
gebratenen Schweinefleisch füllen.
Eier verquirlen und die Knödel darin wenden.
nschließend in Paniermehl wenden und auf ein
orgfältig gefettetes Backblech legen. Im stark vor-
geheizten Backrohr 5–10 Minuten bräunen.
Mit der restlichen sauren Sahne übergießen und
noch einige Minuten im Ofen ziehen lassen.
u den Knödeln Pilz- oder Tomatensauce und Salat
reichen.

Überbackenes Kartoffelpüree mit Innereien

KARTOFELNAJA SAPEKANKA

Für 4 Personen

---

1 kg Kartoffeln
200 g Rinderlunge, 200 g Rinderherz
2 Zwiebeln, 4 Eier, 4 EL Butter
2 EL Paniermehl, ⅛–¼ l Milch
1 Bund Suppengrün
Salz, Pfeffer

Lunge und Herz waschen und in Salzwasser mit
Suppengrün weich kochen. Abgekühlt durch den
Fleischwolf drehen.
2 Eier hart kochen und hacken. Mit in Butter gerösteten Zwiebeln unter die Innereien mischen und
mit Salz und Pfeffer würzen.
Salzkartoffeln kochen, durch die Kartoffelpresse
drücken und mit heißer Milch, 1 Ei und 1 EL Butter
verrühren. Mit Salz abschmecken.
Die Hälfte des Kartoffelpürees in eine gebutterte
feuerfeste Form füllen, die Innereienmasse darüberstreichen und mit dem restlichen Kartoffelpüree bedecken. Mit einem verquirlten Ei bepinseln,
mit Paniermehl bestreuen und bei etwa 200° im
Rohr 15–20 Minuten backen.
Mit Zwiebelsauce servieren.

Aus diesen Zutaten kann man auch eine Roulade
bereiten:
Das Kartoffelpüree wird mit 1½ EL Kartoffelmehl zu
einem Teig gerührt, der auf einer angefeuchteten
Serviette fingerdick ausgerollt wird. Die Füllung
daraufstreichen und den Teig mit Hilfe des Tuches
wie einen Strudel aufrollen. Die Roulade auf ein
gefettetes Backblech legen, mit verquirltem Ei bepinseln und mit Paniermehl bestreuen. 15–20
Minuten backen und ebenfalls mit Zwiebelsauce
servieren.

Kartoffel-Buletten

KARTOFELNIE KOTLETI

Für 4 Personen

---

1 kg Kartoffeln
2 EL Kartoffelmehl, ca. 100 g Öl
Salz, Pfeffer
Paniermehl oder Mehl

Salzkartoffeln kochen, gut abdämpfen lassen und
durch die Kartoffelpresse drücken. Mit Kartoffelmehl und Öl zu einem geschmeidigen Teig verarbeiten und mit Salz und Pfeffer würzen. (Man kann
den Teig auch mit 2–3 Eigelb verfeinern).
Buletten formen, in Paniermehl oder Mehl wenden
und in Butter oder Öl goldbraun braten.
Mit Pilzsauce servieren.

Kartoffelpudding

PUDING IS KARTOFELJA I WETSCHINI

Für 4 Personen

---

600 g geschälte Kartoffeln
200 g gekochter Schinken, 6 Eier, ca. 200 g Butter
80 g geriebener Käse
Salz, Pfeffer

Salzkartoffeln kochen, gut abdämpfen lassen und durch die Kartoffelpresse drücken.
100 g Butter mit 3 Eiern und 3 Eigelb schaumig schlagen und mit Kartoffelpüree und feingeschnittenem Schinken verrühren. Mit Salz und Pfeffer abschmecken und den steifgeschlagenen Eischnee unterziehen. Die Masse in eine sorgfältig gebutterte Puddingform füllen (sie darf nur dreiviertel voll sein) und im Wasserbad oder im mittelheißen Rohr 30–40 Minuten garen.
Den Pudding auf eine Platte stürzen, mit heißer Butter übergießen und mit Käse bestreuen.

terte, feuerfeste Form füllen und mit Paniermehl und Käse bestreuen. Zerlassene Butter darüberträufeln und das Gericht im heißen Rohr 30–40 Minuten goldbraun backen.
Mit saurer Sahne servieren.

Gemüsepudding mit Hering

OWOSCHNOIY PUDING S SELODKOI

Für 4–6 Personen

---

500 g Weißkohl
500 g Kartoffeln, 300 g Salzheringe oder Sprotten
100 g Zwiebeln, 200 g Weißbrot
¼ l Milch, 100 g saure Sahne, 5 Eier, 3 EL Butter
50 g geriebener Käse, 25 g Paniermehl
Salz, Pfeffer

Feingehobelten Kohl auf kleiner Flamme in etwas Butter weich dünsten. Salzkartoffeln kochen und durch die Presse drücken. Weißbrot in Milch einweichen und gut ausdrücken. Zwiebeln und Hering fein hacken und mit Kohl, Kartoffeln und Weißbrot mischen. Saure Sahne und Eigelb unter die Masse rühren und mit Salz und Pfeffer würzen. Steifgeschlagenen Eischnee unterheben, in eine gebut-

Gefüllte Auberginen

FARSCHIROWANNIE BAKLASCHANI

Für 4 Personen

---

1 kg Auberginen
je 1 Karotte, Petersilienwurzel, Selleriescheibe
1 kleiner Kopf Weißkohl, 2 Tomaten
100–150 g Butter
Paniermehl, Salz, Pfeffer

TOMATENSAUCE
2 EL Tomatenmark
½ Bund Frühlingszwiebeln
2–3 Zehen Knoblauch
Öl oder Butter
Salz

Gewaschene Auberginen der Länge nach halbieren und mit einem Teelöffel das Fruchtfleisch aus höhlen. Die Auberginenhälften salzen und 3

Minuten ziehen lassen. Kurz in kochendem Wasser blanchieren, abtropfen und abkühlen.
Für die Füllung Gemüse und Auberginenfleisch kleinschneiden, in Butter anbraten und zugedeckt 5–7 Minuten dünsten.
Mit Salz und Pfeffer würzen und in die Auberginenhälften füllen. In eine feuerfeste Form setzen, mit Paniermehl bestreuen und mit heißer Butter übergießen. 15–20 Minuten im Rohr bei 180–200° überbacken.
Dickmilch oder fettarmen Sauerrahm mit Salz und durchgepreßtem Knoblauch würzen, kräftig verrühren und zu den heißen Auberginen servieren.
Man kann gefüllte Auberginen auch in Tomatensauce garen.
Dazu Tomatenmark mit feingeschnittenen Frühlingszwiebeln und zerdrücktem oder durchgepreßtem Knoblauch in Butter oder Öl kurz anbraten, mit Wasser aufgießen, gut durchkochen und mit Salz würzen.
Statt Tomatensauce kann man auch saure Sahne verwenden.

FÜLLUNGEN FÜR AUBERGINEN

MIT HACKFLEISCH
500 g Kalbshack
100 g Weißbrot, 2 Zwiebeln, 1 Ei, 1 EL Fett
2–3 Zehen Knoblauch
Salz, Pfeffer

Gehackte Zwiebeln in Fett anbraten. Mit Fleisch, Ei, eingeweichtem, ausgedrückten Weißbrot, zerkleinertem Knoblauch, Salz und Pfeffer zu einer Farce mischen.

MIT PILZEN UND REIS
500 g Champignons
(oder 50 g getrocknete Steinpilze)
2 EL Butterschmalz
50–100 g gekochter Reis, ⅛ l saure Sahne
Fruchtfleisch der Auberginen
3–4 Zehen Knoblauch
Salz, Pfeffer, Petersilie, Dill

Zerkleinerte Pilze in Butter kurz anbraten (Trokenpilze einweichen, kochen und kleinschneiden) und mit den anderen Zutaten gut vermischen.

4 hartgekochte Eier
125 g geriebener Käse, 3 EL Butterschmalz

Gehackte Eier mit Käse und weichem Butterschmalz verrühren. Kefir oder Joghurt mit Knoblauch würzen und zu den Auberginen reichen.

MIT PILZEN UND HIRSE
100 g Hirse
50 g getrocknete Pilze
2 Zwiebeln, 2 EL Butter, 1 Ei
Salz, Pfeffer, Petersilie

Eingeweichte Trockenpilze weich kochen, abtropfen und zerkleinern. In der Pilzbrühe die Hirse zu einem Brei ausquellen lassen. Gehackte Zwiebeln in Butter rösten.
Alle Zutaten mit dem ausgelösten, zerkleinerten Auberginenfleisch gut verrühren und pikant abschmecken.

MIT REIS UND EIERN
100 g Reis, 2 hartgekochte Eier
2 Zwiebeln, 2 EL Butter
Paniermehl, Salz, Pfeffer

Reis kochen und mit gehackten, in Butter gerösteten Zwiebeln, zerkleinerten Eiern und etwas Paniermehl gründlich mischen. Mit Salz und Pfeffer würzen.

MIT NÜSSEN
125 g geschälte Walnüsse
50–80 g Butter, 2–3 Zehen Knoblauch
grüner Koriander, Petersilie, Sellerieblätter
Salz, Chilipaprika

Grob gemahlene Nüsse mit weicher Butter, gehackten Kräutern und zerdrücktem Knoblauch mischen und mit Salz und Chili würzen.

MIT PAPRIKASCHOTEN
3–4 milde Paprikaschoten
500 g Tomaten, 2 Zwiebeln, 2–3 Zehen Knoblauch
Öl, Salz, Chili, Kräuter nach Belieben

Zerkleinerte Gemüse in Öl halb gar dünsten und würzen.

Gefüllte Auberginen ▷

Gefüllter Kohl

Gefüllter Kohl

FARSCHIROWANNAJA KAPUSTA

Für 4 Personen

---

1 mittelgroßer Kopf Weißkohl
Butter, Paniermehl, Salz

Den Weißkohl waschen und den harten Strunk herausschneiden. Einige Minuten in kochendem Salzwasser blanchieren, abkühlen und abtropfen lassen und mit Hilfe eines Messers und eines Löffels den Kohl aushöhlen. Die verbleibende äußere Schicht sollte 2–3 cm dick sein.
Das ausgehöhlte Innere fein hacken und lagenweise mit einer der Füllungen in den Kohlkopf schichten. Den gefüllten Weißkohl in einen Bräter setzen, mit heißer Butter übergießen und mit Paniermehl bestreuen. Bei etwa 175° im Rohr 15–25 Minuten (je nach Art der Füllung) backen.
Mit Tomaten-, Béchamel-, Saure-Sahne- oder Tomaten-Saure-Sahne-Sauce servieren.

FÜLLUNGEN

MIT WURST, SCHINKEN UND GEFLÜGEL
100–150 g geräucherte Würstchen
100–150 g gekochter Schinken
100–150 g gekochtes Wildgeflügel
(Fasan, Taube etc.) oder Huhn
150 g Reis, 500 g Karotten, Fleischbrühe, Butter
Salz, Pfeffer, Muskat

Würstchen, Schinken und Fleisch durch den Fleischwolf drehen und mit den Gewürzen abschmecken.

Zerkleinerte Karotten in etwas Butter andämpfen und in wenig Brühe weich kochen. Abgießen, pürieren und würzen.
Fleisch, Karottenpüree, gehackten Kohl und Reis lagenweise einschichten.

MIT HACKFLEISCH
500 g Hackfleisch
125 g Weißbrot
(oder 50 g halbgar gekochten Reis)
1 Zwiebel, Milch, Butter
Salz, Pfeffer

Hackfleisch mit Weißbrot (in Milch eingeweicht und ausgedrückt) und gehackter, in Butter gebratener Zwiebel mischen und würzen.

MIT ZWIEBELN
500 g Zwiebeln
125 g Reis, 100 g Rosinen, 100 g Öl
½ Zitrone
Salz, Pfeffer, Zimt

Gehackte Zwiebel in Öl braten, Reis 3–5 Minuten mitrösten, mit kochendem Wasser aufgießen und den Reis ausquellen lassen. Rosinen unterrühren und mit Zitronensaft, Salz, Pfeffer und einer Messerspitze Zimt würzen. Lagenweise mit gehacktem Kohl einschichten.

MIT QUARK
200 g Quark
50 g Reis, 50 g Butter, 1 Ei
gemischte Kräuter
Salz, Pfeffer

Gekochten Reis mit Quark, Ei, weicher Butter und gehackten Kräutern verrühren und würzen.

MIT KAROTTEN
3 Karotten
40 g Reis, ca. ⅛ l Milch, 50 g Butter
gehackte Kräuter, Salz

In Scheiben geschnittene Karotten in Butter dämpfen, den Reis zufügen, die Milch angießen und bei kleiner Hitze garen. Mit Kräutern und Salz würzen.

Gedünstetes Kraut auf Litauer Art

TUSCHONAJA KAPUSTA PO LITOWSKI

Für 4 Personen

---

800 g Weißkohl (oder Sauerkraut)
400 g Speck, 400 g Rindfleisch (Bratenstück)
3 Zwiebeln, ⅜ l Fleischbrühe
Öl oder Butter, Salz, Pfeffer
evtl. 8 kleine säuerliche Äpfel

Speck und Fleisch in kleine Würfel schneiden und in Öl oder Butter kräftig anbraten. Feingeschnittene Zwiebeln mitrösten und den gehobelten Kohl (oder Sauerkraut) zufügen. Etwas anbraten, mit Salz und Pfeffer würzen und mit Brühe aufgießen. Zugedeckt auf kleiner Flamme weich dünsten (der fertige Kohl sollte hellbraun sein).
Wenn das Gericht mit frischem Kohl bereitet wird, läßt man während der letzten 10 Minuten die kleinen, vom Kerngehäuse befreiten Äpfel mitdünsten. Man kann das gedünstete Kraut mit geräucherten Würstchen garnieren.

Steinpilze in Ausbackteig

BELIE GRIBI W KLJARE

Getrocknete Steinpilze
Ausbackteig (siehe Grundrezept Seite 256)
Öl

Eingeweichte Steinpilze mit Lorbeerblatt und Pfeffer in leicht gesalzenem Wasser weich kochen, abtropfen und mit Küchenkrepp sorgfältig trockentupfen.
Die Pilze einzeln in Ausbackteig tauchen und in einer Pfanne in reichlich Öl (oder in der Friteuse) backen. Auf Küchenkrepp legen, damit das überflüssige Fett abtropfen kann.

Gefüllte Pilze

FARSCHIROWANNIE GRIBI

Für 4 Personen

8–12 große Egerlinge oder Champignonköpfe
100 g Champignons, 1 Brötchen
⅛ l Sahne, 1 Ei, 100 g geriebener Käse
Paniermehl, Butter
Salz, Pfeffer, Petersilie

Egerlinge (oder Champignonköpfe) putzen, Stiele entfernen und die Köpfe salzen und pfeffern. Stiele mit den gesäuberten Champignons, Petersilie und dem in Sahne eingeweichten, ausgedrückten Brötchen durch den Fleischwolf drehen, mit Ei und 50 g Käse mischen und mit Salz und Pfeffer abschmecken.

Pilzköpfe mit der Masse füllen, mit Paniermehl und dem restlichen Käse bestreuen und in eine gut gebutterte Form setzen. Im Rohr bei 200° ungefähr 15 Minuten überbacken.

Überbackene Steinpilze

SCHARENNIE BELIE GRIBI

Für 4 Personen

---

100 g getrocknete Steinpilze
1 Bund Suppengrün
1 l Milch, 1 Zwiebel, 3 Eigelb
⅛ l saure Sahne
2 EL Öl, Paniermehl
Salz, Pfeffer

Gewaschene Trockenpilze über Nacht in Milch einweichen. Gut abgetropft mit Suppengrün in Wasser weich kochen. Wieder sorgfältig abtropfen, kleinschneiden und mit gehackter Zwiebel in Öl braten. Mit saurer Sahne ablöschen, kurz aufkochen und mit Salz und Pfeffer würzen. Vom Feuer nehmen und mit Eigelb, Paniermehl und eventuell etwas Pilzsud zu einer geschmeidigen Masse rühren. In Muschelförmchen füllen, mit Paniermehl bestreuen und im heißen Rohr etwa 15 Minuten überbacken.

Gefüllte Pilze ▷

Steinpilze in Sauerrahm

BELIE GRIBI W SMETANNOM SOUSE

Für 4 Personen

600–800 g frische Steinpilze
1 Zwiebel, 3–4 EL Butter, 1 EL Mehl
300 g saure Sahne
⅛–¼ l Bouillon, 1 Bund Petersilie
Salz, Pfeffer

Gereinigte Pilze in Scheiben schneiden und in einer Pfanne erhitzen, bis sie Saft ziehen. Ist dieser Saft bitter, muß er abgegossen und durch etwas Wasser ersetzt werden. Die Pilze im eigenen (oder ersetzten) Saft dünsten, bis alle Flüssigkeit verdampft ist.
Gehackte Zwiebel in etwas Butter rösten, gedünstete Pilze zufügen und mitbraten.
Aus Mehl und 1 EL Butter eine Einbrenne bereiten, unter die Pilze rühren und mit Bouillon und saurer Sahne ablöschen. Unter ständigem Rühren gut durchkochen, mit Salz und Pfeffer würzen und mit gehackter Petersilie bestreuen.

Pilzpudding

PUDING IS GRIBOW

Für 4 Personen

---

100 g getrocknete Pilze
100 g Zwiebeln, 200 g trockenes Weißbrot
¼ l Milch, 6 Eier
2–3 EL Butter, Paniermehl
Salz, Pfeffer

Gewaschene Trockenpilze in Wasser weich kochen und abtropfen. Weißbrot in Milch einweichen und ausdrücken. Zwiebeln (gehackt) in Butter glasig dünsten und mit Pilzen und Weißbrot durch den Fleischwolf drehen. Mit den Eidottern gründlich verrühren, würzen und den steifgeschlagenen Eischnee unterziehen.

Die Masse in eine gebutterte, mit Paniermehl ausgestreute Puddingform füllen (sie darf höchstens dreiviertel voll sein), verschließen und im Wasserbad ca. 1 Stunde garen.
Mit Pilzsauce (siehe Rezept Seite 195) servieren.

Pilzauflauf

GRIBI W GORSCHOTSCHKACH

Für 4 Personen

---

500 g frische Pilze
1 kg Weißkohl, 1 Salzgurke, 1 Zwiebel
2 EL Tomatenmark
4 EL Butter, Paniermehl
Salz, Pfeffer, Zucker, Lorbeerblatt, Essig

Das feingehobelte Kraut in wenig Wasser mit etwas Butter und einem Schuß Essig auf kleiner Flamme zugedeckt etwa 1 Stunde dünsten. 10 Minuten vor Ende der Garzeit mit Tomatenmark, Lorbeerblatt, Salz, Pfeffer und Zucker würzen und die kleingeschnittene Salzgurke zufügen.
Die geputzten, blättrig geschnittenen Pilze in Butter braten und mit ebenfalls in Butter gerösteter, gehackter Zwiebel mischen. Salzen und pfeffern.
Die Hälfte des gedünsteten Kohls in eine gebutterte Auflaufform füllen, Pilzmasse darüberschichten und mit dem restlichen Kohl bedecken. Mit Paniermehl bestreuen und im heißen Rohr goldbraun überbacken.

Gefüllte rote Bete

FARSCHIROWANNAJA KRASNAJA SWEKLA

Füllung für 1 große Rote-Bete-Knolle:
1 Karotte, 1 Petersilienwurzel, 1 kleine weiße Rübe
1 Apfel, 1 Zwiebel, 2 EL Butter
1 hartgekochtes Ei, 50 g saure Sahne
1 EL Paniermehl
1 EL geriebener Käse, Salz, Dill
Butter oder saure Sahne zum Dünsten

Gewaschene rote Bete mit der Schale halbgar kochen (oder im Rohr halbgar backen). Abkühlen lassen, schälen und aushöhlen.

Zerkleinerte Gemüse in Butter anbraten und etwas abkühlen. Mit gehacktem Ei, kleingewürfeltem Apfel und feingeschnittenem Dill mischen und mit Salz abschmecken. Rote Bete mit der Masse füllen, mit Paniermehl und geriebenem Käse bestreuen und in heißer Butter oder saurer Sahne bei 180–200° im Rohr 15–20 Minuten garen.

Man kann die Füllung für rote Bete auch mit Salzhering (siehe untenstehende Abbildung), gekochtem Fleisch, gebratenen Pilzen oder gekochtem Reis variieren.

Rote Bete mit Pflaumen

KRASNAJA SWEKLA S TSCHERNOSLIWOM

Für 4 Personen

3 Knollen rote Bete
250 g getrocknete Pflaumen
3 EL Olivenöl
2 EL Zucker, Salz

Gewaschene rote Bete mit der Schale im Rohr bei Mittelhitze backen (Garprobe mit einem Hölzchen machen!). Etwas abkühlen, schälen, nudelig schneiden und mit Olivenöl übergießen.
In der Zwischenzeit die gewaschenen Trockenpflaumen mit Wasser bedeckt zusammen mit dem Zucker weich kochen. Abgetropfte Pflaumen mit den roten Beten mischen, eventuell etwas Pflaumensud zufügen und nach Belieben vorsichtig salzen.
Als Beilage zu gebratenen Fleisch- und Wildgerichten oder als Vorspeise servieren.

Gefüllte rote Bete

Rübenpüree

GARNIR IS REPI

Für 4 Personen

1200 g Runkel-, Steck- oder Zuckerrüben
½–¾ l Bouillon, 1 EL Butter
2 EL Mehl, ⅜ l Milch oder Sahne
Salz, Zucker, Muskat

Geschälte, in Würfel geschnittene Rüben in Salzwasser aufkochen und abseihen. Gut abgetropfte Rübenwürfel in Butter kurz andünsten und so viel Brühe angießen, daß sie halb bedeckt sind. Zugedeckt weich dünsten und anschließend durch ein Sieb passieren.
Die Milch oder Sahne mit Mehl aufkochen, mit dem Rübenpüree verrühren, würzen und dick einkochen.
Zu Hacksteaks, Rinderrouladen, gebratenem oder gekochtem Rind- oder Hammelfleisch servieren.

Karottenauflauf

MORKOWNAJA SAPEKANKA

Für 4 Personen

---

450 g Karotten
45 g Grieß, ¼ l Milch, 3 Eier, 150 g Quark
Butter, Salz, Zucker
evtl. Rosinen

Kleingeschnittene Karotten in ⅛ l Milch weich dünsten und durch ein Sieb passieren (oder im Mixer pürieren). Den Grieß und die restliche Milch zugen und einige Minuten dick einkochen. Häufig umrühren! Masse etwas abkühlen lassen und mit Quark und Eigelb verrühren. Mit Salz und Zucker abschmecken (evtl. eine Handvoll Rosinen zufügen) und das steifgeschlagene Eiweiß unterziehen. In eine gebutterte Auflaufform füllen und bei Mittelhitze 20–30 Minuten backen.
Den fertigen Auflauf mit zerlassener Butter oder Sahne übergießen.

Gefüllte Rüben

FARSCHIROWANNAJA REPA

Für 4 Personen

6–8 kleine Zuckerrüben
100 g Korinthen, ca. 200 g Paniermehl
⅛ l Weißwein
2–3 EL Nußöl, 2 EL Honig, 3–4 TL Zucker
Salz, Muskat

Gründlich gereinigte Rüben in Wasser weich kochen, einen Deckel abschneiden und aushöhlen. Das Rübeninnere mit dem Nußöl zerreiben, mit etwa 150 g Paniermehl, überbrühten Korinthen und Wein gut mischen und mit Zucker, Salz und Muskat würzen. Die Rüben mit der Masse füllen und den Deckel wieder aufsetzen. Mit Honig (eventuell mit etwas Wasser verdünnt) rundherum bestreichen und mit Paniermehl bestreuen. Im heißen Rohr 10–15 Minuten backen.
Als Beilage zu Wild- und Geflügelgerichten oder als Nachspeise servieren.

Karottenpudding

PUDING IS MORKOWI

Für 4 Personen

---

500 g Karotten
100 g Paniermehl, 6 Eier
100 g Zucker, 100 g Butter
100 g Rosinen oder gehackte kandierte Früchte

Zerkleinerte Karotten in wenig Wasser weich dünsten, durch ein Sieb passieren und mit dem Paniermehl verrühren.
Butter, Zucker und Eigelb schaumig schlagen und mit den Rosinen (oder kandierten Früchten) unter die Karotten mischen. Steifgeschlagenen Eischnee vorsichtig unterziehen und die Masse in eine gebutterte Puddingform (sie darf nur dreiviertel voll sein) füllen. Die Form verschließen und im Wasserbad etwa 40 Minuten garen.
Man kann den Karotten-Pudding auch in einer gebutterten Auflauf- bzw. Soufflé-Form im Rohr garen.

Gedünstete Gurken

TUSCHONIE OGURZI

Für 4 Personen

6–8 kleine Gemüsegurken (oder Salzgurken)
1 Zwiebel, 1 EL Butter
½ EL Mehl, ¼ l Brühe, ⅛ l saure Sahne
Salz, Pfeffer

Geschälte Gurken der Länge nach in Scheiben schneiden (frische Gurken salzen und ½ Stunde ziehen lassen).
Gehackte Zwiebel in Butter leicht anbraten, Gurkenscheiben zufügen und weich dünsten. Mehl anstauben, gut durchrühren und mit Brühe und saurer Sahne aufgießen. Unter ständigem Rühren aufkochen und etwas eindicken lassen und mit Salz und Pfeffer abschmecken.
Zu gekochtem Hammel- oder Rindfleisch reichen.

Tomaten mit Hirnfüllung

TOMATI FARSCHIROWANNIE MOSGAMI

Für 4 Personen

---

8 mittelgroße Tomaten
500 g Kalbshirn, 2 Zwiebeln
150–200 g Butter
je 1 Bund Petersilie und Dill
Salz, Pfeffer, Essig

Gesäubertes, von Haut und Äderchen befreites Kalbshirn in Salzwasser mit einem Schuß Essig etwa 20 Minuten garen. Hirn abtropfen, abkühlen und in sehr kleine Würfel oder Streifen schneiden. Mit gehackten, in Butter gerösteten Zwiebeln mischen und mit Salz und Pfeffer würzen.
Von den gewaschenen Tomaten einen Deckel abschneiden und das Fruchtfleisch aushöhlen. Die Tomaten mit der Hirnmasse füllen, den Deckel wieder aufsetzen und in einer gebutterten feuerfesten Form bei Mittelhitze im Rohr 20–25 Minuten garen. Die restliche Butter zerlassen, mit gehackten Kräutern verrühren und zum Servieren über die heißen Tomaten gießen.

Zwiebeln mit Lammfleischfüllung

FARSCHIROWANNIY LUCK

Für 4 Personen

---

400 g Lammfleisch
800 g Zwiebeln, 2 EL Reis, 1 Ei
ca. ½ l Fleischbrühe
2–3 EL Butter, 2 EL Tomatenmark
1 Bund Petersilie oder frischen Koriander
¼ l saure Sahne, Salz, Pfeffer
evtl. Mirabellen

Lammfleisch in Stücke schneiden und durch den Fleischwolf drehen.
1 gehackte Zwiebel in Butter rösten, Lammhack und zerkleinerte Petersilie (bzw. Koriander) mitbraten.
Reis in Wasser garen, abtropfen lassen, mit 1 Ei unter die Fleischmasse rühren und alles gut verkneten. Mit Salz und Pfeffer würzen.
Zwiebeln schälen und das Wurzelende abschneiden. Die Zwiebeln im Ganzen 3–4 Minuten in kochendem Wasser blanchieren. Herausnehmen, abtropfen lassen und vorsichtig in einzelne Hüllen zerlegen.
Die so entstandenen Körbchen mit der vorbereiteten Masse füllen und dicht nebeneinander (gegebenenfalls auch in mehreren Lagen) in eine Kasserolle setzen.
Das Gericht bekommt eine besondere Note, wenn man zwischen die einzelnen Schichten Mirabellen (frisch oder aus der Dose) legt.
Tomatenmark in der restlichen Butter braten, mit Fleischbrühe ablöschen und über die Zwiebeln gießen.
Bei geschlossenem Deckel etwa ½ Stunde dünsten.
Dazu reicht man die saure Sahne und körnig gekochten Reis.

Linsen

TSCHETSCHEWIZA S SUCHARJAMI

Für 4 Personen

---

400 g Linsen
3 Zwiebeln, 1 Karotte, 2–3 EL Öl
Salz, Pfeffer, Muskat, Essig
1–2 Scheiben Schwarzbrot

Gewaschene Linsen mit 2 ganzen Zwiebeln und 1 ganzen Karotte in Wasser weich kochen. Das Gemüse herausfischen und die Linsen abgießen. Die dritte Zwiebel hacken und in Öl anbraten. Gekochte Linsen zufügen und erhitzen. Mit Salz, Pfeffer, Muskat und einem Schuß Essig würzen. Mit geröstetem Schwarzbrot servieren oder als Beilage zu Lammgerichten reichen.

Gefüllte Artischocken

FARSCHIROWANNIE ARTISCHOKI

Für 4 Personen

---

16 kleine Artischocken
200 g gebratenes Kalbfleisch
gekochtes Krebsfleisch von 20 Krebsen
2 Eier, 1 EL saure Sahne, 1 Zitrone
Salz, Pfeffer, Muskat

SAUCE
1 EL Butter
½ EL Mehl, ¼ l Brühe, ¼ l Sahne

Von den gewaschenen Artischocken das Heu entfernen, Strunk und eventuell harte Blätter abschneiden und die Früchte mit Zitronensaft beträufeln. In leicht gesalzenem Wasser etwa 30 Minuten kochen und abtropfen.
Krebs- und Kalbfleisch zerkleinern, mit Eiern und saurer Sahne gründlich verrühren und mit Salz, Pfeffer und Muskat würzen. Die Farce in die Artischocken und auch zwischen die Blätter füllen.
Für die Sauce aus Butter und Mehl eine helle Einbrenne bereiten, mit Brühe und Sahne aufgießen und gut durchkochen. Die gefüllten Artischocken in der Sahnesauce 2–3 Minuten garen.

Gefüllter Kürbis

FARSCHIROWANNAJA TIKWA

Für 4–6 Personen

---

1 mittelgroßer Kürbis
300 g Reis, 150 g Rosinen, 70 g Butter
1 l Milch, Salz

Den Reis kochen und salzen. Inzwischen die Rosinen in etwas Wasser einweichen und vom Kürbis einen Deckel abschneiden.
Mit einem Löffel die Kürbiskerne herausnehmen und eventuell auch etwas Fruchtfleisch entfernen, damit die Füllung Platz hat. Den gegarten Reis mit der Butter und den gut abgetropften Rosinen vermischen und in den Kürbis füllen. Mit dem Deckel verschließen.
Den Kürbis bei mittlerer Hitze im Rohr garen. Das Gericht ist fertig, wenn der Kürbis weich ist (zur Probe mit einem Hölzchen in das Fruchtfleisch stechen). Mit einem großen Messer quer in Scheiben schneiden und mit heißer Milch servieren.

Gebackener Kürbis

SCHARENNAJA TIKWA

Für 4 Personen

1000–1200 g Kürbisfleisch
50 g Butter, 1 EL Mehl, 5–6 Eier, ½ l Milch
Salz, Pfeffer

Kürbis in fingerdicke und -lange Stücke schneiden. Butter in einer großen feuerfesten Form oder Pfanne zerlassen, Kürbis hineinlegen und mit Mehl leicht bestreuen. Im Rohr bei Mittelhitze backen, bis die Oberfläche hellbraun wird. Die Kürbisstücke vorsichtig wenden. Milch mit Eiern verquirlen und darübergießen. Goldbraun überbacken und mit Salz und Pfeffer würzen.

Gefüllter Kürbis

Hirseauflauf mit Kürbis

TIKWA S PSCHONNOI KASCHEI

Für 4 Personen

500 g Kürbisfleisch
5 EL Hirse
⅜ l Flüssigkeit (halb Milch, halb Wasser)
2 Eier, 50 g Butter, 1 EL Zucker
Paniermehl, ⅛ l saure Sahne

Hirse in die kochende Flüssigkeit schütten und auf kleiner Flamme quellen lassen. Sobald die Hirsegrütze dick wird, das in kleine Würfel geschnittene Kürbisfleisch, Zucker und Butter zufügen und zugedeckt 10–15 Minuten garen. Öfter umrühren, damit die Grütze nicht anbrennt.
Etwas abgekühlt in eine gebutterte, mit Paniermehl bestreute, feuerfeste Form füllen, glattstreichen und die saure Sahne darübergießen. Im heißen Rohr goldbraun überbacken.

Reibekuchen aus Kürbis und Kohl

OLADJI IS TIKWI I KAPUSTI

Für 4 Personen

600 g Kürbisfleisch
400 g Weißkohl, 2 EL Weizengrieß
Butter, saure Sahne, Salz

Kürbis und Kohl reiben oder durch den Fleischwolf drehen. Das Gemüse gut ausdrücken und mit dem ausgetretenen Saft den Grieß verrühren. Einige Zeit quellen lassen, mit Kohl und Kürbis mischen und salzen.
Aus der Masse in heißer Butter kleine Puffer (Reibekuchen) backen. Mit saurer Sahne servieren.

Gefüllte Oliven

OLIWI FARSCHIROWANNIE MJASOM

Füllung für 20 große Oliven mit Kern:
100 g Kalb- oder Hühnerfleisch
½ Scheibe Weißbrot, ⅛ l Milch, 1 Ei
1 TL Butter
Salz, Pfeffer, Muskat

Das Fleisch durch die feine Scheibe des Fleischwolfs drehen und mit in Milch eingeweichtem, ausgedrücktem Weißbrot, Ei und weicher Butter gut verrühren. Mit Salz, Pfeffer und Muskat abschmecken und die Farce in die entkernten Oliven füllen. In Fleischbrühe etwa 10 Minuten leise kochen lassen und als Suppeneinlage servieren.

Russische Beilage

RUSSKIY GARNIR

Für 4 Personen

200 g Sellerie
200 g Petersilienwurzel, 100 g Zwiebel
2 Salzgurken
50–100 g entkernte Oliven
50–100 g marinierte Steinpilze
100–150 g gekochte Krabben, 2–3 EL Öl
geriebener Meerrettich
Salz, Pfeffer, Zitrone

Sellerie und Petersilienwurzel in kleine (erbsengroße) Würfel schneiden und im eigenen Saft nicht zu weich dünsten.
Gehackte Zwiebel in Öl anbraten.
Die geschälten, gewürfelten Salzgurken ebenfalls in Öl dünsten und Oliven, Steinpilze und Krabben zufügen.
Alle Zutaten mischen, mit geriebenem Meerrettich, Salz und Pfeffer würzen und mit Zitronenscheiben garnieren.
Als Beilage zu gekochtem Fleisch und ohne Krabben auch zu gebratenem Fleisch reichen.
Man kann diese pikante Mischung auch in einer dicken Tomatensauce servieren.

Gemüse in Milchsauce

OWOSCHI W MOLOTSCHNOM SOUSE

Für 4 Personen

---

400 g Karotten
200 g Kohlrüben oder Rettich
200 g grüne Erbsen
½–¾ l Milch, 1 EL Butter, 1 EL Mehl
Salz, Zucker

Karotten und Rüben in kleine Würfel schneiden und in wenig Wasser weich dünsten (die Flüssigkeit soll vollständig verdampft sein). Mit Milch aufgießen, die Erbsen zufügen und einige Minuten kochen.
Aus Butter und Mehl eine helle Einbrenne bereiten, mit etwas Milch ablöschen und das Gericht damit binden. Gut verrühren, etwas einkochen und mit Salz und Zucker würzen.

Gedünstete Äpfel zu gebratenem Fisch

TUSCHONIE JABLOKI
K SCHARENNOIY RIBE

Für 4 Personen

---

8 säuerliche Äpfel
2–3 EL Zucker, Zimt
2 EL Fischbratensaft oder 1 Schuß Wein

Geschälte, entkernte Äpfel vierteln und mit Zucker und Zimt in wenig Wasser weich dünsten. Mit Fischbratensaft oder Wein würzen.

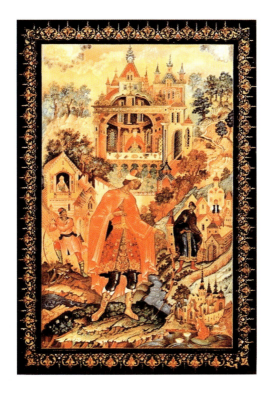

Grütze, Teigwaren und Quark- gerichte

KASCHI,
MUTSCHNIE
BLUDA I BLUDA
IS TWOROGA

Zu den russischen Nationalgerichten mit langer Tradition gehören Grütze und Brei aus Getreide. Früher war es zum Beispiel Brauch, bei Friedensverträgen zusammen mit dem Feind Brei zu kochen und den geschlossenen Frieden beim gemeinsamen Breiessen zu besiegeln. Daher stammt das russische Sprichwort »Mit dem kann man keinen Brei kochen«, das heißt, keine Abmachungen treffen.

Bei den Erntearbeitern und in den Wohngebieten der Kosaken gehörte gemeinsames Breiessen zum Ritual, bei dem sich die Menschen näherkamen. Solche Gemeinschaften nannte man deswegen »Brei«. Und schließlich waren Grütze und Brei traditionelle Speisen zu Taufe, Hochzeit, Beerdigung. »Fürstliche Bewirtung« bedeutete das Wort Grütze im 14. Jahrhundert. In Rußland wachsen alle Getreidesorten, und aus allen werden auch Grütze und Brei bereitet. Mit Abstand an der Spitze der Beliebtheit steht allerdings Buchweizengrütze. Zar Peter der Große machte eine Ausnahme – er bevorzugte Gerstengrütze.

Ab dem 14. Jahrhundert beeinflußten Tataren und Nachbarvölker Sibiriens die russische Küche. Ihnen verdanken wir unter anderem das Rezept für Nudelteig – glücklicherweise, denn ohne Teigwaren ist die russische Küche heutzutage nicht mehr denkbar. *Pelmeni, Wareniki, Kolduni, Galuschki...* nahezu jede Familie hat ihr Hausrezept, und so vielfältig wie die Zubereitungsarten sind auch die Verwendungsmöglichkeiten: als Beilage, Suppeneinlage, Hauptgericht.

Quark ist bei uns überaus beliebt und wird mit Obst, Gemüse oder Fisch kombiniert, für Saucen, Füllungen, Teig- und Backwaren verwendet und pikant oder süß gewürzt. Der Edelstein unter den Quarkgerichten aber ist *Paska*, unsere berühmte, traditionelle Osterspeise, über die ich im Kapitel »Desserts und Paska« ausführlich berichte.

Kascha aus Buchweizen

KASCHA GRETSCHNEWAJA

Für 8 Personen

---

600 g Buchweizenschrot
300 g Rindermark, 50 g getrocknete Pilze
3–4 EL Butter, Salz

Gereinigte Trockenpilze in reichlich Wasser weich kochen und abgießen (Pilze für ein anderes Gericht verwenden).
Aus dem Buchweizenschrot im Pilzsud eine dicke Grütze kochen, mit 2–3 EL Butter verfeinern und mit Salz abschmecken.
In einen gebutterten Topf abwechselnd Grütze und Markscheiben schichten (die letzte Lage soll aus Mark bestehen) und zugedeckt im Rohr bei Mittelhitze 30–40 Minuten garen.

Buchweizenkascha »Krupenik«

KASCHA GRETSCHNEWAJA »KRUPENIK«

Für 4 Personen

---

300 g Buchweizenschrot
400 g Quark, 200 g saure Sahne, 1 Ei
40 g Zucker, 3 EL Butter
Salz

Eine körnige Buchweizengrütze kochen und etwas abkühlen lassen. Mit Quark, 150 g saurer Sahne, Ei, 2 EL Butter, Zucker und einer Prise Salz gründlich verrühren.
Die Masse in eine große, gebutterte Form (oder auf ein gebuttertes Backblech) streichen, mit der restlichen sauren Sahne überziehen und im Rohr bei Mittelhitze goldbraun backen.
Mit Butter oder saurer Sahne servieren.

Gretschnewik

GRETSCHNEWIK

Für 3–4 Personen

---

250 g Buchweizenkörner
¾ l Wasser, 1 Ei
Pflanzenfett, Salz

Gretschnewik ist ein beliebter Imbiß, der früher
von Straßenverkäufern feilgeboten wurde.
Buchweizen in Wasser zu einer dicken Grütze kochen. Auf ca. 60° abkühlen lassen und mit einem
verquirlten Ei verrühren. Die Masse auf ein gefettetes Backblech streichen und erkalten lassen. In
4 x 4 cm große Quadrate schneiden und in Pflanzenfett auf beiden Seiten goldbraun backen.

Hafergrütze

OWSJANNAJA KASCHA

Für 4 Personen

---

1 l Milch
100 g Haferflocken
2 EL Butter, 2 EL Rosinen, 2 EL Kakao
Zucker, Vanillezucker
Nüsse oder Kürbiskerne

Zarte Haferflocken in einem Sieb schütteln und das
dabei abgesiebte Mehl mit dem Kakao mischen. In
die heiße Milch schütten und unter ständigem Rühren dicklich einkochen.
Haferflocken in Butter rösten und mit den Rosinen
in die Grütze rühren. 5 Minuten kochen. Mit Zucker
und Vanillezucker abschmecken, abkühlen und
mit Nüssen oder Kürbiskernen bestreut servieren.
Kalte Milch dazu reichen.

Gefüllte Reisbällchen

RISOWIE SRASI

Für 4 Personen

---

2 Tassen Reis
3–4 Eier, 1 Zwiebel, 1 Bund Petersilie
Paniermehl, Öl
Salz, Pfeffer, Muskat, Nelken

FÜLLUNG
50 g getrocknete Pilze
½ Zwiebel, 1 EL Butter

Gewaschenen Reis mit ganzer Zwiebel, gehackter
Petersilie, Salz, Pfeffer, Muskat und Nelken in 4 Tassen Wasser garen (der Reis soll sehr weich und
trocken sein). Die Zwiebel entfernen und den abgekühlten Reis mit 2–3 Eiern mischen. Kleine Bäll-
chen formen, in die Mitte etwas Pilzfüllung drükken, in verquirltem Ei und Paniermehl wenden und
in Öl goldbraun braten.
Für die Füllung die Trockenpilze in Wasser weich
kochen, abtropfen, zerkleinern und mit gehackter
Zwiebel in Butter braten.
Zu grünen Erbsen, Huhn oder Ente servieren.

Körnige Buchweizengrütze

KASCHA GRETSCHNEWAJA RASSIPTSCHATAJA S GRIBANI

Für 2–3 Personen

---

250 g Buchweizenkörner
¾–1 l Wasser, 20 g getrocknete Steinpilze
2 Zwiebeln, 2 Eier
3–4 EL Sonnenblumenöl, Salz

Buchweizen mit Wasser übergießen, leicht salzen
und mit eingeweichten Trockenpilzen zugedeckt
aufkochen, 2 EL Öl unterrühren und auf kleiner
Hitze weich kochen. Die Flüssigkeit muß ganz aufgesogen sein, eventuell bei geöffnetem Topf ab-
dampfen. Mit gehackten, in Öl gerösteten Zwiebeln
und hartgekochten, gewürfelten Eiern mischen
und noch etwas durchziehen lassen.

Körnige Buchweizengrütze ▷

Reis mit getrockneten Pflaumen

RIS S TSCHERNOSLIWOM

Für 4 Personen

150 g Reis
125 g getrocknete Pflaumen, 125 g Rosinen
125 g Konfitüre
Saft und Schale von ½ Zitrone
Zucker, Zimt, Vanillezucker

Reis mit Zitronenschale und 1 Messerspitze Zimt garen. Abtropfen und abkühlen lassen.
Entkernte Pflaumen und Rosinen mit kochendem Wasser überbrühen, zugedeckt quellen lassen, abkühlen und abtropfen. Mit Konfitüre und Zitronensaft unter den Reis mischen, mit Zucker abschmecken und in eine mit kaltem Wasser ausgespülte Form füllen. Einige Stunden in den Kühlschrank stellen, auf eine Platte stürzen und mit Fruchtsirup servieren.

Reis mit gefüllten Äpfeln

RIS S JABLOKAMI

Für 4 Personen

200 g Reis
8 Äpfel, Himbeermarmelade, Butter
Zucker, Zimt

Äpfel schälen und das Kerngehäuse ausstechen. In gezuckertem Wasser halbweich dünsten, abtropfen und mit Marmelade füllen.
Den gewaschenen Reis im Apfelsud garen, die Hälfte in eine gebutterte, feuerfeste Form füllen und mit Zimtzucker bestreuen. Die Äpfel daraufsetzen, den restlichen Reis darüberstreichen, mit Butterflöckchen belegen und im Rohr bei Mittelhitze etwa ½ Stunde überbacken.
Mit Himbeer- oder Kirschsirup servieren.

Safranreis

RIS S SCHAFRANOM

Für 4 Personen

250 g Reis
ca. 1 l Bouillon, 2 g Safran, 1½ EL Butter
50–100 g geriebener Parmesankäse
Salz

Reis in Butter leicht anrösten, mit der Bouillon aufgießen und zugedeckt auf kleiner Flamme ausquellen lassen.
Safran in etwas heißem Wasser auflösen und kurz vor Ende der Garzeit unter den Reis rühren. Mit Salz abschmecken und mit reichlich Parmesan bestreut servieren.

Reis mit Mandeln

RIS S MINDALÖM

Für 4 Personen

200 g Reis
150 g süße und 2–3 bittere Mandeln, 1 Orange
Himbeer- oder Kirschsirup
Zucker

Körnig gekochten Reis mit abgeriebener Orangenschale, gemahlenen Mandeln und Zucker (nach Geschmack) mischen. Auf einer flachen, mit Zucker bestreuten Platte auskühlen lassen und mit Himbeer- oder Kirschsirup übergießen.

Äpfel mit Reisfüllung

JABLOKI FARSCHIROWANNIE RISOM

Für 4 Personen

6–8 Äpfel
2–3 EL gekochter Reis, Butter, saure Sahne
Zucker, Zimt

Äpfel schälen und das Kerngehäuse ausstechen. Reis mit Zucker und Zimt würzen und in die Äpfel füllen. In eine gebutterte Form setzen und im Rohr backen. Die heißen Äpfel mit gesüßtem Sauerrahm übergießen.

Reis mit Erdbeermus

RIS S KLUBNIKOIY

Für 4 Personen

200 g Reis
1 Vanilleschote, 800 g Erdbeeren
Zucker

Reis mit Vanilleschote kochen. Abtropfen, abkühlen, in eine Schüssel füllen und in die Mitte eine Vertiefung drücken.
Erdbeeren durch ein Sieb streichen, zuckern und in den Reisrand gießen.

Kascha »Gurjevskaja«

SNAMENITAJA »GURJEVSKAJA« KASCHA

Für 4 Personen

400 ml Milch
100 g Weizengrieß
100 g getrocknete Aprikosen (oder Rosinen)
ca. 100 g Zucker, 1 Päckchen Vanillezucker
2 Eier, 250 g Sahne, 1 EL Butter, 10 Walnüsse

Grieß in die kochende Milch schütten und unter Rühren aufwallen lassen. Überbrühte, zerkleinerte Aprikosen (oder Rosinen) zufügen und zu einem dicken Grießbrei ausquellen lassen.
Die Eier mit 50–70 g Zucker und dem Vanillezucker schaumig schlagen und unter den abgekühlten Brei rühren.
In der Zwischenzeit die Sahne in eine breite Kasserolle gießen und ins heiße Rohr stellen. Sobald sich an der Oberfläche eine hellbraune Haut bildet, diese »Sahnehaut« in eine Schüssel abschöpfen. Den Vorgang so lange wiederholen, bis die Sahne aufgebraucht ist.
In eine gebutterte, feuerfeste Form lagenweise Grießbrei und gebräunte Sahnehaut schichten. Mit Grießbrei abschließen und die Oberfläche mit Zucker bestreuen. Im Rohr goldbraun überbacken. Walnußhälften mit etwas Zucker rösten (karamelisieren) und die Kascha damit verzieren.

Man kann statt getrockneten Aprikosen 200 g gemahlene Nüsse oder Mandeln unter den Grieß rühren, die Kascha mit Konfitüre oder Früchten verzieren und auch zwischen die einzelnen Schichten Konfitüre streichen.

Weizengrütze

KUTJA

Für 4 Personen

500 g Weizenkörner
200 g Zucker
100 g Honig

Weizen mit kochendem Wasser überbrühen, abgießen und mit frischem, kaltem Wasser bedecken. Zugedeckt im Rohr bei niedriger Hitze etwa 4 Stunden dünsten. Die weichgekochten Weizenkörner mit Zucker und Honig mischen.

Der auf diese Art gegarte Weizen kann auch mit anderen Zutaten bereitet werden:

500 g Weizenkörner
125 g gemahlener Mohn, 200 g Zucker oder Honig

500 g Weizenkörner
200 g geschälte Walnüsse
100 g Rosinen
100 g Honig, 100 g Zucker

500 g Weizenkörner
200 g gehackte Zwiebeln
100 g Walnüsse
100 g Zucker, 1 Msp Salz

Kutja ist ein beliebtes, traditionsreiches Gericht. Es wird zum Beispiel nach einem Begräbnis zu Ehren des Verstorbenen serviert.

Gefüllte Teigtaschen

PELMENI, WARENIKI, KOLDUNI

Pelmeni, Wareniki, Kolduni sind überaus beliebte Teigtaschen (ähnlich wie Ravioli oder Maultaschen) mit pikanter oder süßer Füllung. Sie werden in Salzwasser gegart und mit zerlassener Butter, geröstetem Paniermehl, gepfeffertem Essig, saurer Sahne, süßer Sahne oder Zucker serviert. In Sibirien läßt man Pelmeni im Freien gefrieren, füllt sie in Stoffsäcke und bewahrt sie gekühlt auf – nicht nur eine praktische Vorratshaltung, die Pelmeni bekommen dadurch auch einen besonders guten Geschmack.

Wir brauchen keine sibirische Kälte abzuwarten, sondern frieren die Täschchen einfach ein. Es lohnt sich also, eine größere Menge zuzubereiten.
Es gibt verschiedene Möglichkeiten, die Taschen zu formen:
Der Teig wird immer dünn ausgerollt (1–1½ mm). Mit einem Glas runde Plätzchen ausstechen (etwa 5 cm im Durchmesser), mit etwas Füllung belegen, die Ränder mit Eiweiß bestreichen, zu Halbmonden zusammenklappen, gut zusammendrücken, damit die Füllung beim Kochen nicht austreten kann.
Oder auf eine Teigplatte kleine Häufchen der Füllung setzen, die Zwischenräume mit Eiweiß bestreichen, mit einer Teigplatte bedecken und Halbmonde ausstechen.
Oder Teigquadrate mit Füllung belegen, wieder die Ränder mit Eiweiß bestreichen, zu Dreiecken zusammenklappen und festdrücken.
Auf diese Weise entstehen Wareniki und Kolduni, wobei Wareniki auch etwas größer als 5 cm im Durchmesser sein können.
Für Pelmeni werden die Halbmonde zusätzlich zu kleinen »Öhrchen« geformt: die beiden Spitzen zusammendrücken und mit Daumen und Zeigefinger einmal umeinanderdrehen.

Sibirische Pelmeni I

GRUNDREZEPT
Für 4 Personen

400 g Mehl
2 Eier, 125–175 ml Wasser, ½ TL Salz

Das Mehl mit den Eiern und so viel Wasser verrühren, daß ein fester, glatter Teig entsteht (wie Nudelteig). Mit Salz würzen und auf einem bemehlten Brett 1–1½ mm dünn ausrollen. Füllen, Täschchen formen und in Salzwasser 10–15 Minuten bei kleiner Hitze kochen. Mit einem Schaumlöffel herausnehmen, abtropfen lassen und in eine vorgewärmte Schüssel füllen.

In den folgenden Rezepten wird jeweils nur die Füllung beschrieben, da die Zubereitung des Teiges das Füllen und Kochen stets auf die gleiche Weise geschieht.

Sibirische Pelmeni I

SNAMENITIE SIBIRSKIE PELMENI I

200 g Rindfleisch
250 g Schweinefleisch
1 Zwiebel, 5 Zehen Knoblauch
3 EL Brühe oder Wasser
Salz, Pfeffer

Fleisch, Zwiebel und Knoblauch durch den Fleischwolf drehen, mit Brühe oder Wasser geschmeidig rühren und mit Salz und Pfeffer würzen. Mit zerlassener Butter, saurer Sahne oder gepfeffertem Essig reichen.

Sibirische Pelmeni II

SNAMENITIE SIBIRSKIE PELMENI II

400 g Rindfleisch
200 g Nierenfett, 2 Zwiebeln
Salz, Pfeffer

Alle Zutaten durch den Fleischwolf drehen, gut mischen und würzen.

Sibirische Pelmeni III

SNAMENITIE SIBIRSKIE PELMENI III

200 g Schinken
200 g Wild- oder Rindfleisch, 1 Zwiebel
gestoßenes Eis
Salz, schwarzer und weißer Pfeffer
2–3 Nelken

Schinken, Fleisch und Zwiebel durch den Fleischwolf drehen, mit etwas gestoßenem Eis geschmeidig rühren und mit Salz, Pfeffer und zerdrückten Nelken würzen.

Pelmeni mit Pilzen

PELMENI S GRIBAMI

150 g getrocknete Steinpilze
1 Zwiebel, 1 EL Butter, 1–2 hartgekochte Eier
Salz, Pfeffer

Gewaschene Pilze weich kochen, abtropfen und kleinschneiden. Gehackte Zwiebel in Butter anbraten, Pilze kurz mitrösten und mit Salz und Pfeffer würzen. Abgekühlt mit gehackten Eiern verrühren.

Pelmeni mit Pilzen und Schinken

PELMENI S GRIBAMI I WETSCHINOI

100 g getrocknete Pilze
400 g gekochter Schinken
1 Zwiebel, 1 EL Butter
Salz, Pfeffer

Gewaschene Pilze weich kochen, abtropfen und kleinschneiden. Gehackte Zwiebel in Butter anbraten, Pilze kurz mitrösten und den sehr fein geschnittenen Schinken zufügen. Gut mischen und würzen. (Eventuell 1 hartgekochtes, gewürfeltes Ei unter die Füllung mischen.)

Pelmeni mit Pilzen und Grütze

PELMENI S GRIBAMI I KASCHEI

20 g getrocknete Steinpilze
250 g Buchweizengrütze (oder gekochter Reis)
1 hartgekochtes Ei
1 Zwiebel, 2 EL Sonnenblumenöl
Salz

Gewaschene Pilze weich kochen, abtropfen und fein hacken. Mit gehackter Zwiebel in Öl braten und mit dicker Buchweizengrütze (siehe Grundrezept Seite 226) oder gekochtem Reis und gewürfeltem Ei gut verrühren und salzen.

Pelmeni mit Fisch

PELMENI S RIBOIY

450 g Fischfilet
3 Zwiebeln, 50–100 g Butter
Salz, Pfeffer

Fisch und Zwiebeln zweimal durch den Fleischwolf drehen. Mit weicher Butter zu einer geschmeidigen Masse rühren und mit Salz und Pfeffer würzen.

Pelmeni mit Kraut

PELMENI S KAPUSTOIY

350 g Schweinefleisch
200 g Weißkraut (Weißkohl), 2 Zwiebeln
1–2 EL Wasser, Salz, Pfeffer

Fleisch mit Zwiebeln durch den Fleischwolf drehen und mit ganz fein gehacktem Kraut mischen. Salzen und pfeffern und mit Wasser geschmeidig rühren.

Kolduni mit Kalbfleisch und Hering

KOLDUNI S TELJATINOIY I SELODKOIY

600 g Kalbfleisch
1 Salzhering, 1 Zwiebel, 1 EL Butter
2 hartgekochte Eier
je 6 schwarze und weiße Pfefferkörner
Muskat

Hering filetieren und mit dem Kalbfleisch durch den Fleischwolf drehen. Gehackte Zwiebel in Butter anbraten, die Fleischmasse kurz mitrösten und abgekühlt mit gehackten Eiern gut verrühren. Mit zerdrückten Pfefferkörnern und Muskat würzen. Mit in Butter geröstetem Paniermehl servieren.

Wareniki mit Äpfeln

WARENIKI S JABLOKAMI

1 kg Äpfel (möglichst weich)
ca. 150 g Zucker

Äpfel schälen, entkernen und in sehr kleine Würfel schneiden oder raspeln. Mit Zucker vermischt 15 Minuten ziehen lassen.

Wareniki mit Kartoffeln

WARENIKI S KARTOFELEM

1 kg Kartoffeln
3 Zwiebeln, 2 EL Butter oder Öl
Salz, Pfeffer

Salzkartoffeln kochen und durch die Presse drücken. Mit in Butter gebratener Zwiebel, Salz und Pfeffer mischen.
Man kann auch gekochte, feingeschnittene Trokkenpilze unter die Kartoffelfüllung rühren.

Wareniki
mit Sauerkirschen

WARENIKI S WISCHNEIY

---

1 kg Sauerkirschen
ca. 200 g Zucker

Kirschen entsteinen, mit Zucker mischen und 3–4
Stunden in die Sonne (oder an einen warmen Ort)
stellen.
5–6 Kirschkerne im Mörser zerstoßen und mit den
anderen Kernen in etwa ⅛ l Wasser auskochen. Den
Sud durch ein Haarsieb oder einen Filter gießen.
Kirschen abtropfen und die Wareniki damit füllen.
Den Kirschsaft mit dem gefilterten Sud der Kerne
aufkochen, mit Zucker abschmecken und abgekühlt zusammen mit saurer Sahne und Zucker zu
den Wareniki servieren.

Wareniki kann man auch mit frischen Pflaumen,
Erdbeeren oder Mohn füllen.

Wareniki mit Quark

WARENIKI S TWOROGOM

---

700 g Quark
2 Eier, 2–3 EL Zucker

Quark durch ein Sieb passieren und mit Eiern und
Zucker glattrühren.
Mit Zucker und Öl (oder zerlassener Butter) ser-
vieren.

Wareniki mit Quark ▷

Wareniki mit Leber und Speck

WARENIKI S PETSCHONKOIY I SALOM

600 g Leber
600 g gekochter Speck
3 Zwiebeln, 2 EL Butter
Salz, Pfeffer

Gehäutete Leber in Wasser weich kochen und mit dem Speck durch den Fleischwolf drehen. Mit gehackter, in Butter gebratener Zwiebel mischen und mit Salz und Pfeffer würzen.
Zum Servieren mit Öl übergießen.

Wareniki mit Innereien

WARENIKI S POTROCHAMI

1 kg Innereien
(Herz, Lunge, Leber vom Kalb oder Rind)
3 Zwiebeln, 2 EL Butter
Salz, Pfeffer

Innereien in leicht gesalzenem Wasser garen und durch den Fleischwolf drehen. Mit in Butter gebratener Zwiebel mischen und mit Salz und Pfeffer würzen.

Wareniki mit Bohnen und Pilzen

WARENIKI S FASOLIYU I GRIBAMI

400 g gekochte weiße Bohnen
100 g Trockenpilze, 2 Zwiebeln, 1 EL Butter
Salz, Cayennepfeffer

Gekochte Bohnen durch ein Sieb passieren oder im Mixer pürieren. Mit gekochten, feingeschnittenen Pilzen und in Butter gerösteten Zwiebeln mischen und würzen.

Wareniki mit Kohl oder Sauerkraut

WARENIKI S KAPUSTOIY

1 kg Sauerkraut oder frischer Weißkohl
2–3 Zwiebeln, 1 Karotte
1 Bund Petersilie, 1½ EL Tomatenmark
2 EL Sonnenblumenöl
Salz, Pfeffer, Zucker

Sauerkraut etwas ausdrücken und kleinschneiden (frischen Kohl fein hobeln). In 1 EL Öl andämpfen Tomatenmark und etwas Brühe oder Wasser zufügen und zugedeckt weich dünsten. Zwiebeln Karotte und Petersilie hacken, im restlichen Öl leicht anbraten, mit dem Kraut gut vermischen und würzen.
Kochen, bis die Flüssigkeit verdampft ist (Topf nicht zudecken).
Mit in Butter gebräunten Zwiebeln servieren.

Wareniki mit Fleisch

WARENIKI S MJASOM

400 g gekochtes oder gebratenes
Rind- oder Schweinefleisch
2 Zwiebeln
1 EL Butter, 1 altbackenes Brötchen
Salz, Pfeffer

Brötchen in Wasser einweichen, ausdrücken und mit dem Fleisch durch den Fleischwolf drehen. Mit gehackter, in Butter gerösteter Zwiebel mischen und mit Salz und Pfeffer würzen.
Man kann einen Teil des Fleisches auch durch gekochten, gut ausgedrückten Weißkohl ersetzen der mit durch den Fleischwolf gedreht wird.
Mit leicht angeröstetem Paniermehl und zerlassener Butter servieren.

Süße Quarkkeulchen

SIRNIKI

Für 4 Personen

---

600 g Quark
4 EL Mehl, 1 Ei, 3 EL Zucker

Alle Zutaten gut verrühren und auf einem bemehlten Brett 1½ cm dick ausrollen. Runde oder rechteckige Küchlein ausstechen und in heißer Butter von beiden Seiten goldbraun braten. Mit Puderzucker bestäuben und mit saurer Sahne servieren.

Galuschki

GALUSCHKI

Galuschki ist ein typisches ukrainisches Alltagsgericht aus Weizen- oder Buchweizenmehl, Grieß, Kartoffeln oder Quark. Man formt aus dem Teig eine 1½ cm dicke Rolle und schneidet sie in wiederum 1½ cm dicke Scheiben. Oder man rollt den Teig 1½ cm dick aus und schneidet ihn in kleine Quadrate oder Streifen.
Galuschki werden in Salzwasser, Milch oder Brühe so lange gekocht, bis sie an die Oberfläche steigen. Mit einem Schaumlöffel herausheben, gut abtropfen lassen und mit Butter, Öl, saurer Sahne, ausgelassenem Speck oder gebratenen Zwiebeln servieren.

Einfache Galuschki

PROSTIE GALUSCHKI

Für 4 Personen

---

400 g Mehl
2 Eier, 100 g Butter, etwa 80 ml Wasser
Salz

Mehl in eine Schüssel sieben, mit Wasser, Eiern und Butter zu einem glatten Teig schlagen und kneten, der fester als der Teig für Wareniki sein muß. Leicht salzen.
Galuschki in Butter schwenken und mit saurer Sahne servieren.

Kartoffel-Galuschki

GALUSCHKI IS KARTOFELJA

Für 4 Personen

---

5 gekochte Kartoffeln
2 EL geriebene rohe Kartoffeln
1½ EL Mehl, 1 Zwiebel
1 EL Sonnenblumenöl, 2 Eier
Salz, Cayennepfeffer

Gekochte Kartoffeln reiben und mit rohen Kartoffeln, Mehl und Eiern zu einem Teig verarbeiten. Gehackte, gekochte, in Öl gebratene Zwiebel daruntermischen und mit Salz und Pfeffer würzen. Mit zerlassener Butter oder als Suppeneinlage servieren.

Quark-Galuschki

GALUSCHKI IS TWOROGA

Für 4 Personen

---

600 g Quark, 30 g Butter
75 g Mehl, 4 Eiweiß, 1½ EL Zucker

Trockenen Quark durch ein Sieb passieren und mit weicher Butter, Mehl und Zucker gut verrühren. Steifgeschlagenen Eischnee unter den Teig heben. Mit saurer Sahne servieren.

Quarkkeulchen

SIRNIKI

Für 4 Personen

---

500 g Quark
400 g Kartoffeln, 1 Ei, 4–5 EL Mehl
Salz

Die Kartoffeln kochen, schälen und durch die Kartoffelpresse drücken. Mit Quark, Ei und Mehl gründlich verrühren und salzen. Aus dem Teig fingerlange und -dicke Rollen formen und in heißer Butter braun braten.
Mit saurer Sahne servieren.

Pfann-kuchen und Bliny

BLINY I
BLINTSCHIKY

Der russische Dichter Alexander Kuprin (1870 bis 1938) schrieb über die berühmten russischen Pfannkuchen: »Bliny sind rund und heiß und schön wie die herrliche Sonne. Bliny sind Erinnerung an die Opfer, die den Göttern gebracht wurden. Bliny sind Symbol für Sonne, schöne Tage, gute Ernte, glückliche Ehen, gesunde Kinder...«

Bliny bäckt man das ganze Jahr über, aber nach alter Tradition gehören sie vor allem zur *Masleniza*, zur »Butterwoche«, einem ausgelassenen Fest, mit dem der lange, kalte Winter vertrieben und der Frühling begrüßt wird. Man hüllte sich in Tierfelle, schwärzte das Gesicht mit Ruß und lärmte ganz fürchterlich, um die bösen Geister zu verjagen. Wenn es in der Hitze des Gefechts zu Schlägereien kam, hatte das auch sein Gutes: Blut sorgte für Regen, und der wiederum war wichtig für eine gute Ernte.

Während der *Masleniza* durfte kein Fleisch gegessen werden. Also ersann man die köstlichen Pfannkuchen aus Buchweizen-, Roggen- oder Weizenmehl und verzehrte sie mit heißer Butter, saurer Sahne, Hering, Lachs und natürlich Kaviar, aber auch mit Honig, Marmelade oder eingelegten Früchten. Gegen Ende der »Butterwoche« wurden die Zutaten und Beilagen immer spärlicher und bescheidener; man trauerte dem Fest nach und stellte sich auf die darauffolgende siebenwöchige Fastenzeit ein.

Bliny sind die berühmten russischen Hefepfannkuchen aus Buchweizen- oder Weizenmehl. Ursprünglich wurden sie – ähnlich wie hierzulande die Krapfen – in der Fastnachtswoche gebacken. Bliny gelingen nur dann wirklich gut, wenn man eine schwere Pfanne mit dickem Boden verwendet, die möglichst nie gewaschen, sondern nur mit Küchenkrepp ausgerieben wird und nur für Teig- und Eiergerichte benützt werden sollte.

Der Teig wird etwa ½ cm hoch eingefüllt, da Bliny dicker als Pfannkuchen sind. Sie werden in heißer Butter, Butterschmalz oder Öl auf beiden Seiten goldbraun gebacken, wobei vor dem Wenden die Oberseite mit Butter etc. bestrichen wird. Grundsätzlich sollte man nicht mit Fett sparen! Mit der Zubereitung muß rechtzeitig begonnen werden, damit der Teig in Ruhe aufgehen kann.

Das folgende Grundrezept gilt für alle Teigarten: Hefe in etwas lauwarmer Milch auflösen und 20 Minuten aufgehen lassen. Nach und nach mit Mehl und Milch verarbeiten und zu einem glatten Teig kneten. Zugedeckt an einem warmen Ort 1 Stunde gehen lassen. Je nach Rezept Eigelb, Sauerrahm, Milch etc., Salz und Zucker unterrühren und noch einmal 1½–2 Stunden gehen lassen. Der Teig wird besonders locker, wenn man kurz vor dem Backen steifgeschlagenen Eischnee unterzieht.

Gebackene Bliny möglichst frisch aus der Pfanne servieren oder übereinandergeschichtet im Ofen warm halten.

Bliny werden mit zerlassener Butter, Sauerrahm, Kaviar, Lachs, in Milch eingelegten Sardellen, Quark oder Sahne verzehrt, aber auch mit Konfitüre, eingelegten Früchten oder Kompott.

Bliny aus Buchweizenmehl

BLINY GRETSCHNEWIJE

500 g Buchweizenmehl
1–1¼ l Milch, 20 g Hefe, 2 Eigelb
1 EL weiche Butter
je 1 TL Salz und Zucker

Den Teig mit ¾ l Milch kneten und gehen lassen.
Restliche Milch mit Salz und Zucker aufkochen
und mit Butter und Eigelb unter den Teig arbeiten.
Erneut gehen lassen.
(Evtl. vor dem Backen zwei steifgeschlagene
Eiweiß unterheben.)

Bliny aus Buchweizen- und Weizenmehl I

BLINY PROSTIE I

400 g Buchweizenmehl
400 g Weizenmehl, 25 g Hefe, ½ l Wasser
¾ l Milch, 150–200 g Butter
5 Eier, je 2 TL Salz und Zucker

Teig aus Weizenmehl, Hefe und warmem Wasser
1½–2 Stunden gehen lassen. Buchweizenmehl und
warme Milch einarbeiten und wieder gehen lassen.
Butter mit Eigelb, Salz und Zucker verrühren und
unter den Teig kneten. Nochmals eine Stunde
gehen lassen und steifgeschlagenen Eischnee
unterziehen.

Bliny

Bliny aus Buchweizen- und Weizenmehl II

BLINY PROSTIE II

400 g Buchweizenmehl, 200 g Weizenmehl
20 g Hefe, ½ l Wasser, ½ l Milch
3 Eier, 50 g Butter, je 1 TL Salz und Zucker

Teig aus Weizenmehl, 200 g Buchweizenmehl, Hefe und warmem Wasser gehen lassen. Restliches Buchweizenmehl mit kochender Milch überbrühen, abkühlen und einarbeiten. Gehen lassen und Butter, ganze Eier, Salz und Zucker darunterrühren und noch 1 Stunde ruhen lassen.

Bliny aus Weizenmehl

BLINY PSCHENITSCHNIE

600 g Weizenmehl
25 g Hefe, ½ l Milch, 150 g Butter, 5 Eier
je 1 TL Salz und Zucker

Hefeteig gehen lassen. Butter mit Eigelb, Salz und Zucker schaumig schlagen, unter den Teig rühren und wieder gehen lassen. Zum Schluß steifen Eischnee unterziehen.

Bliny aus Weizenmehl mit geschlagener Sahne

BLINY PSCHENITSCHNIE SO SLIWKAMI

400 g Weizenmehl
20 g Hefe, ⅝ l Milch, 200 g Butter
2 Eier, ⅛ l Sahne
je 1 TL Salz und Zucker

Den Teig wie im vorigen Rezept bereiten, jedoch mit dem Eischnee auch steifgeschlagene Sahne unterziehen.

Zaren-Bliny aus Buchweizen- und Weizenmehl

BLINY ZARSKIE

600 g Buchweizenmehl, 600 g Weizenmehl
40 g Hefe, 1½ l Milch
½ l süße Sahne, ⅛ l saure Sahne, 10 Eier
150 g Butter, je 1 EL Salz und Zucker

Teig aus Buchweizenmehl, Hefe und ½ l Milch gehen lassen. Restliche Milch und Weizenmehl einarbeiten und wieder gehen lassen. Butter mit Eigelb, saurer und süßer Sahne, Salz und Zucker mischen und in den Teig rühren. Nochmals 1½–2 Stunden gehen lassen und steifen Eischnee unterziehen.

Bliny für die Fastenzeit

BLINY POSTNIE

200 g Buchweizenmehl
300 g Weizenmehl, 20 g Hefe, ca. 1 l Wasser
je 1 TL Salz und Zucker

Bliny für die Fastenzeit werden ohne Milch und Eier bereitet und in Pflanzenfett gebacken.
Teig aus Buchweizenmehl, 150 g Weizenmehl, Hefe und ca. ½ l Wasser 24 Stunden gehen lassen. Restliches Mehl, Salz, Zucker und so viel warmes Wasser einarbeiten, bis der Teig die richtige Konsistenz hat. Noch 1 Stunde gehen lassen.

Bliny aus Weizenschrot

BLINY S OTRUBJAMI

---

400 g Weizenschrot
400 g Weizenmehl, 400 g Buchweizenmehl
40 g Hefe, ca. 1¾ l Wasser, 200 g Butter
je 2 TL Salz und Zucker

Weizenschrot in 1¼ l Wasser aufkochen und zu einem flüssigen Brei ausquellen lassen. Über Nacht abkühlen. Hefe in etwas warmem Wasser auflösen und mit dem Weizenmehl unter den Brei arbeiten und anschließend gehen lassen. Buchweizenmehl, weiche Butter, Salz und Zucker unterrühren und so viel heißes Wasser zufügen, bis der Teig die richtige Konsistenz hat.

Zaren-Bliny

ZARSKIE BLINY – SLADKIE

---

200 g Butter, 200 g Zucker
6 Eigelb, ⅜ l Sahne, 100 g Mehl
½ EL Pomeranzenlikör
Zitronensaft, Konfitüre oder Gelee, Zucker

Butter erhitzen, durch ein Tuch filtern und abkühlen. Mit Eigelb und Zucker schaumig schlagen und kühl stellen.
Mehl mit ¼ l Sahne glattrühren, erhitzen und unter ständigem Rühren dick einkochen (bis zur Konsistenz von Bliny-Teig).
Abgekühlt mit der Buttermischung gründlich verrühren und mit dem Likör würzen. Restliche Sahne steif schlagen, unter den Teig heben und sofort mit dem Backen beginnen.
Die fertigen Bliny mit Zucker bestreuen und mit Zitronensaft beträufeln und übereinanderstapeln. Mit Konfitüre oder Gelee verzieren.

Schnelle Bliny

BLINY SKORIE

---

800 g Weizenmehl
8 Eier, 200 g Butter
Dickmilch

Mehl mit Eigelb und weicher Butter glattrühren. So viel Dickmilch zufügen, bis der Teig die richtige Konsistenz hat. Steifgeschlagenes Eiweiß unterheben.

Bliny aus Weizengrieß

MANNIYE BLINY

---

100 g Weizengrieß, 100 g Weizenmehl
¾ l Milch, 2 EL Wasser, 1–2 Eigelb, ½ EL Butter
je 1 Prise Salz und Zucker

¼ l Milch mit Butter aufkochen, den Grieß einrühren und zu einem Brei ausquellen lassen. Mehl mit der restlichen Milch sowie Eigelb, Wasser, Salz und Zucker glattrühren und mit dem abgekühlten Grießbrei gründlich mischen.

Blintschiki

BLINTSCHIKI

Blintschiki sind hauchdünne Pfannkuchen, die am besten in einer beschichteten Pfanne gebacken werden.
Der Teig muß dünnflüssig sein, damit er sich gut über den Pfannenboden verteilen läßt. Man bäckt Blintschiki in Butter oder reibt die Pfanne mit ungesalzenem Schweinespeck ein. Vor dem Wenden muß die Pfanne wieder eingefettet werden. Für manche Rezepte werden die Blintschiki allerdings nur auf einer Seite gebacken. Man kann die Röllchen auch vor dem Backen in Ei und Paniermehl wenden.

GRUNDREZEPT FÜR DEN TEIG
260 g Mehl
¾ l Milch, 2 Eier, ½ EL Butter
je ½ TL Salz und Zucker

Eigelb mit weicher Butter, Salz und Zucker schaumig schlagen. Die Milch zufügen und nach und nach unter ständigem Rühren mit dem Mehl zu einem glatten Teig verarbeiten. Eiweiß steif schlagen und vorsichtig unterziehen. In Butter oder Speckfett (siehe oben) hauchdünne Pfannkuchen backen.

Blintschiki mit Quark

BLINTSCHIKI S TWOROGOM

Teig nach Grundrezept (siehe oben)
200 g Quark, ½ EL weiche Butter
1–2 Eigelb, 1–2 EL Zucker, 1 Prise Salz
evtl. 30–50 g Rosinen

Blintschiki nur auf einer Seite backen. Quark mit den übrigen Zutaten verrühren und jeweils etwas Füllung auf die gebackene Seite der Blintschiki streichen. Wie ein Kuvert zusammenfalten und in heißer Butter auf beiden Seiten bräunen.

Blintschiki mit Äpfeln

BLINTSCHIKI S JABLOKAMI

Teig nach Grundrezept (siehe oben)
1200 g Äpfel, 100 g Zucker, 200 g Butter
Zimt, Nelken

Blintschiki von beiden Seiten backen. Geschälte Äpfel in dünne Scheiben schneiden und mit Zukker, Zimt und Nelken mischen.
In eine gebutterte Kasserolle lagenweise Blintschiki und Äpfel schichten. Butterflöckchen auf die Äpfel und auf die oberste Schicht setzen und bei mittlerer Hitze etwa 1 Stunde goldbraun bakken. Zucker dazu reichen.

Blintschiki mit Creme

BLINTSCHIKI S KREMOM

Teig nach Grundrezept (siehe oben)
5 Eigelb, 100 g Zucker, ⅛ l saure Sahne

Blintschiki von beiden Seiten backen. 4 Eigelb mit Zucker schaumig schlagen und die saure Sahne unterrühren.
Eine Kasserolle fetten und mit Paniermehl bestreuen.
Abwechselnd Blintschiki und Creme einschichten. Oberste Blintschiki mit dem restlichen Eigelb bestreichen und etwa 20 Minuten im heißen Rohr backen.

Blintschiki mit Leber

BLINTSCHIKI S PETSCHONKOIY

Teig nach Grundrezept (siehe oben)
½ Kalbsleber, ½ Kalbslunge
1 Karotte, 1 Zwiebel, 1 Bund Petersilie
4–5 hartgekochte Eier, 1½ EL Butter
Salz, Pfeffer, Muskat

Blintschiki von beiden Seiten backen.
Gewaschene Innereien mit Karotte und Petersilie in Salzwasser weich kochen und durch den Fleischwolf drehen.
Gehackte Zwiebel in Butter anbraten und die durchgedrehten Innereien kurz mitrösten. Mit kleingewürfelten Eiern mischen, mit Salz, Pfeffer und Muskat würzen und abkühlen.
In eine gefettete Kasserolle lagenweise Blintschiki und Füllung schichten und im Rohr bei Mittelhitze etwa 1 Stunde goldbraun backen.
Eine pikante dunkle Sauce dazu servieren.

Blintschiki

Piroschki aus Blintschiki

PIROSCHKI IS BLINTSCHIKOW

Blintschiki von einer Seite backen und etwas abkühlen lassen.
Die gebackene Seite dünn mit Füllung bestreichen. Zwei gegenüberliegende Seiten einschlagen und von der dritten Seite her vorsichtig aufrollen. Die vierte Seite mit etwas Eiweiß bestreichen und festkleben, damit die Röllchen nicht aufgehen. In heißer Butter oder in der Friteuse rundherum goldbraun backen und mit frischer oder gebratener Petersilie oder saurer Sahne garnieren.

Krebsfüllung

NATSCHINKA IS RAKOW

Fleisch von 30 Krebsen
4 Eier, 1 EL Butter, 50 g Paniermehl
2–3 EL Sahne
Salz, Muskat, Petersilie

Aus verquirlten Eiern mit feingehackter Petersilie in der Butter Rührei bereiten. Mit gehacktem Krebsfleisch, Paniermehl und Sahne mischen und mit Salz und Muskat würzen.

Hirnfüllung

NATSCHINKA IS MOSGOW

1 Kalbshirn
1 EL Butter, Salz, Pfeffer, Dill

Gewässertes, von Haut und Fett befreites Hirn sehr fein hacken und in Butter braten. Mit Salz, Pfeffer und Dill würzen.

◁ *Piroschki aus Blintschiki*

Rindfleischfüllung

MJASNAJA NATSCHINKA

400 g gekochtes Rindfleisch
1 Zwiebel, 1 EL Butter, 2–3 hartgekochte Eier
Salz, Pfeffer, Petersilie, Dill

Rindfleisch durch den Fleischwolf drehen. Mit gehackter, in Butter gebratener Zwiebel, kleingewürfelten Eiern und feingeschnittenen Kräutern mischen. Mit Salz und Pfeffer würzen.

Blintschiki schichtweise gefüllt

BLINTSCHIKI SLOJÖNIE

Teig nach Grundrezept (siehe Seite 246)
400 g gekochtes Rindfleisch
1 Zwiebel, ½ EL Butter, 1–2 hartgekochte Eier
Salz, Pfeffer

Rindfleisch durch den Fleischwolf drehen und mit in Butter angebratenen Zwiebeln, gewürfelten Eiern und Salz und Pfeffer mischen.

200 g Quark, 1 Ei
1–2 EL saure Sahne, ½ EL Butter
Alle Zutaten gründlich verrühren.

⅛ l Milch, 60 g Grieß
1 EL Butter, 1 Ei, Salz

Milch mit Butter aufkochen. Grieß mit dem Ei verrühren, in die heiße Milch schütten, salzen und unter ständigem Rühren zu einem krümeligen Brei kochen.

Blintschiki von beiden Seiten braten. Abwechselnd mit Fleisch-, Quark- und Grießfüllung in eine gefettete Kasserolle schichten. Im Rohr bei Mittelhitze goldbraun backen.

Pirogge aus Bliny

BLINTSCHATIYE PIROGI

Eine berühmte, traditionelle Zubereitungsart.
Man bäckt Bliny aus Weizen- oder Buchweizenmehl und legt damit eine hohe, gefettete Springform aus: zunächst den Boden ganz bedecken und
seitlich mit übereinanderliegenden Bliny einen
hohen Rand bilden. Lagenweise Füllung und Bliny
einschichten, die überstehenden Ränder darüberklappen und mit Bliny vollständig bedecken.
Die Pirogge mit Sahne und Eigelb oder heißer Butter übergießen, mit Paniermehl bestreuen und bei
Mittelhitze 20–30 Minuten im Rohr goldbraun
backen.
Mit Bouillon, als Vorspeise oder zum Frühstück servieren.

FÜLLUNGEN

hartgekochte, gewürfelte Eier mit
gehackter Petersilie, Dill, Salz und heißer Butter;
Quark mit gekochten Eiwürfeln und Salz;
Quark mit Buchweizengrütze;
Fleisch oder Innereien
(s. »Füllungen für Piroggen«);
geriebener Käse;
gedünstetes Obst;
Marmelade usw. usw.

Man kann auch die Bliny einzeln füllen, aufrollen,
in eine feuerfeste Form legen und mit Béchamelsauce und geriebenem Käse überbacken.
Süße Bliny werden mit einer Mischung aus saurer
Sahne, Eigelb und Zucker überbacken.

Piroggen
und
Pasteten

PIROGI I
PASCHTETI

Bei diesem Kapitel scheint es mir angebracht, über den russischen Ofen zu erzählen. Er war der Mittelpunkt des Hauses, um den sich alles drehte, und er hatte viele Funktionen: Er war nicht nur Backofen für Brot, Piroggen und Kuchen, Kochgelegenheit für Fleisch- und Fischgerichte, Suppen und Grütze – auf dem Ofen schliefen die alten Menschen und die Kinder, das riesige Ofenrohr war ideale Sauna, rund um den Ofen trocknete man Zwiebeln, Knoblauch, Hopfen und Kräuter, nasse Kleider und Schuhe, man pflanzte sogar Gerste auf dem Ofen und nutzte die Wärme zum Bierbrauen. Da man früher noch keinen Schornstein kannte, war das ganze Haus zwar verrußt, aber auch das hatte sein Gutes: Das Räuchern bewirkte eine Art Desinfektion, und die gleichmäßig verteilte Wärme sorgte für ein gesundes Raumklima.

Um unsere Öfen ranken sich zahlreiche Legenden, aber auch wahre Geschichten, wie die des berühmten Brotbäckers Ivan Philippow. Sein Brot war so unvergleichlich gut, daß es auch der Zar nicht missen mochte. Vergeblich versuchten die Köche am Zarenhof, solches Brot zu backen. Philippow wußte, weshalb es nicht gelang: Das Wasser der Newa war nicht gut genug. Philippow verwendete für sein Brot und für seine Backwaren Mehl aus eigenen Mühlen. Das Getreide dafür kaufte er in Tambow, einem kleinen Ort, in dem ich aufgewachsen bin.

Zusammen mit Brot backte man Piroggen, die zu den Nationalgerichten meiner Heimat gehören und die je nach Region mit verschiedenen Füllungen bereitet werden: in Sibirien mit Fisch, im Süden mit Gemüse und Eiern, im Westen mit Pilzen.

Pasteten haben französische Köche nach Rußland gebracht, und wir haben die Rezepte mit unseren Zutaten und nach unserem Geschmack verändert und verfeinert. In der Mitte des 19. Jahrhunderts wurden die ersten Pasteten-Restaurants eröffnet. Das berühmteste gehörte Afanasjew in Petersburg. Dort konnte man zwischen zwanzig verschiedenen Pasteten wählen, die mit heißen und kalten Saucen serviert wurden.

Piroggen, Piroschki, Watruschki

PIROGI, PIROSCHKI, WATRUSCHKI

Diese berühmten russischen Spezialitäten werden aus Hefe-, Mürbe- oder Blätterteig bereitet, pikant oder süß gefüllt und im Rohr goldbraun gebacken. Sie unterscheiden sich nur durch ihre Form und Größe:

PIROGGEN

sind groß und meistens rund. Eine dünn ausgerollte Teigplatte wird mit Füllung belegt, mit einer ebenfalls dünnen Teigplatte bedeckt und mit Teigresten verziert. Die Ränder mit Ei bestreichen und gut festkleben, die Oberfläche mit einer Gabel mehrmals einstechen und mit Eigelb bepinseln. Im mittelheißen Rohr je nach Füllung 30–60 Minuten backen.

PIROSCHKI

sind kleine Piroggen. Der Teig wird ebenfalls dünn ausgerollt und zu 8–12 cm großen, runden Fladen ausgestochen. Mit einem Löffel Füllung belegen, die Ränder mit Ei bestreichen, mit einem Teigfladen bedecken, gut zusammendrücken, die Oberfläche mit Ei bepinseln und im Ofen backen. (Oder Füllung auf den Teig setzen, die Ränder hochziehen und fest zusammendrücken.) Zu pikanten Piroschki werden in reichlich Öl oder Butter (oder in der Friteuse) gebratene, ganze Petersilienstengel serviert.

WATRUSCHKI

sind offen gebackene Piroschki, d. h., runde Teigplättchen werden mit etwas Füllung belegt und die Teigränder wie eine kleine Schüssel hochgezogen.

Für pikante Füllungen wird am besten Hefe- oder Mürbeteig verwendet, für süße eignet sich sehr gut Hefeblätterteig.

Russischer Hefeteig

RUSSKOE DROSCHSCHIWOE TESTO

---

400 g Mehl, 30 g Hefe
3 Eigelb, 150 g Butter, ⅛ l Milch, ¼ l Wasser
je 1 Prise Salz und Zucker

Die Hälfte des Mehls in eine Schüssel sieben. Hefe
in lauwarmem Wasser auflösen und zufügen. Mit
einem Holzlöffel alles gut verrühren, die Schüssel
mit einem Tuch zudecken und den Vorteig an
einem warmen Ort ¾–1 Stunde gehen lassen.
Der Vorteig soll sich um das 1½- bis 2fache vergrö-
ßern und die Konsistenz von dickem Sauerrahm
haben.
Eigelb mit Butter schaumig schlagen und mit Salz
und Zucker unter den Teig rühren. Die Milch zufügen und zu einem glatten Teig verarbeiten. Das restliche Mehl darübersieben, durchrühren und den
Teig nun auf ein bemehltes Brett legen. So lange
kräftig kneten, bis der Teig nicht mehr an Brett und
Händen klebt. (Ist er zu fest, noch etwas Milch oder
Wasser zufügen, ist er zu weich, etwas Mehl dazugeben.)
Den Teig wieder zudecken und an einem warmen
Ort 1–2 Stunden aufgehen lassen.
Es ist sehr wichtig, daß alle Zutaten für den Hefeteig Zimmertemperatur haben.

Hefeteig
für die Fastenzeit

TESTO DLJA POSTA

---

400 g Mehl, 20 g Hefe
40 g Sonnenblumenöl, ¼–⅜ l Wasser
je 1 Prise Salz und Zucker

Hefeteig für die Fastenzeit besteht nur aus pflanzlichen Produkten. Er wird wie »Russischer Hefeteig« (siehe oben) zubereitet, jedoch anstelle von
Eigelb und Butter mit Öl verrührt.
Falls der Teig gefüllt wird, werden die Ränder nicht
mit Ei, sondern mit Bier oder Kwaß (siehe Rezept
Seite 317) bestrichen und verklebt.

Hefe-Blätterteig

SLOENOE DROSCHSCHIWOE TESTO

Zutaten wie »Russischer Hefeteig«
(siehe nebenstehendes Rezept)
100–150 g Butter

Russischen Hefeteig bereiten und gut aufgehen lassen. Den Teig in 4 Stücke teilen, die jeweils 3–4 cm
dick ausgerollt werden. 10 Minuten ruhen lassen
und noch dünner (2–2½ cm) ausrollen. In die
Mitte von 3 Teigplatten je ein Stück Butter legen,
übereinanderschichten, mit der 4. Teigplatte abdecken und die Ränder fest zusammendrücken.
Den Teig 2–3 cm dick ausrollen, mit Butterflöckchen belegen und zusammenklappen. Noch einmal mit Butter belegen, zusammenklappen, leicht
darüberrollen und eine halbe Stunde kühl stellen.
Hefe-Blätterteig eignet sich sehr gut für süße Piroggen oder für feine Brötchen, gefüllt mit Marzipan,
Marmelade, Mohn, Zimt.

Mürbeteig
mit saurer Sahne

TESTO RUBLENNOJE SO SMETANOIY

---

400 g Mehl
200 g Butter, 100 g saure Sahne, 3 Eigelb
1 Prise Salz

Mehl auf ein Brett sieben und in die Mitte eine Vertiefung drücken. Eigelb mit saurer Sahne mischen,
in die Mulde gießen und mit einem breiten Messer
unter das Mehl mischen. Kalte Butterstückchen
zufügen und weiter mit dem Messer hacken, bis
alle Zutaten gut vermengt sind. Mit kalten Händen schnell zu einem glatten, festen Teig kneten,
mit Pergamentpapier oder Folie bedecken und
20 Minuten in den Kühlschrank stellen.

Mürbeteig muß stets rasch und mit kalten Zutaten
bereitet werden. Falls er bröckelig geworden ist,
vorsichtig etwas kalte Milch zufügen, ist er zu fest,
1 EL saure Sahne einarbeiten.
Mürbeteig eignet sich für Piroggen, Pasteten und
Watruschki.

Einfacher Mürbeteig

PROSTOE RUBLENNOE TESTO

---

400 g Mehl
200 g Butter, ca. 125 ml Wasser, 1 EL Rum
1 Prise Salz

Alle Zutaten wie bei »Mürbeteig mit saurer Sahne«
(siehe Rezept Seite 255) zu einem festen Teig
verarbeiten.

Ausbackteig

RUSSKIY KLAR

---

125 g Mehl, 175 ml Wasser
1 TL Butter, 1 EL Olivenöl, 2–3 Eiweiß
1 Prise Salz

Mehl mit heißem Wasser glattrühren, Butter, Öl
und Salz gründlich untermischen und das steifgeschlagene Eiweiß unter den Teig ziehen.

oder

250 ml Bier
1 EL Olivenöl, Mehl
1 Prise Salz

Bier mit Öl mischen und soviel Mehl einrühren,
bis ein dickflüssiger Teig entsteht. Salzen.

Briocheteig

TESTO BRIOSCHNOE

---

400 g Mehl, 30 g Hefe
3 Eigelb, 150 g Butter, ⅛ l Milch, ¼ l Wasser
je 1 Prise Salz und Zucker

Ein Drittel des Mehls in eine Schüssel sieben und in
die Mitte eine Vertiefung drücken. Hefe im warmen
Wasser auflösen und in die Mulde gießen. Zuerst
mit einem breiten Messer und dann mit den Händen zu einem glatten Teig kneten, zu einer Kugel
formen und vom Rand zur Mitte hin 4 Einschnitte

machen. Diesen Vorteig in einen mit warmem
Wasser gefüllten Topf legen und 15–20 Minuten
gehen lassen (er schwimmt dann oben).
Inzwischen das restliche Mehl auf ein Brett sieben,
auch eine Vertiefung in die Mitte drücken und
Eigelb und lauwarme Milch hineinfüllen. Zuerst
Eigelb mit Milch mischen und dann das Mehl ein-
arbeiten.
Die Butter ganz leicht bräunen und abkühlen
lassen.
Den aufgegangenen Vorteig mit einem Schaumlöf-
fel aus dem Wasser heben, abtropfen und mit der
Butter in den Teig einarbeiten. So lange kneten, bis
der Teig nicht mehr an den Händen und am Brett
klebt. Zudecken und an einem warmen Ort 1½–2
Stunden gehen lassen.
Briocheteig ist weniger säuerlich als Russischer
Hefeteig, da er schneller aufgeht.

Nudelteig I

LAPSCHOWOE TESTO I

---

400 g Mehl
3 Eigelb, 250 ml Wasser, 1 EL Butter
Salz

Alle Zutaten rasch zuerst mit einem Messer und
dann mit kalten Händen zu einem glatten Teig verarbeiten.

Nudelteig II

LAPSCHOWOE TESTO II

---

500 g Mehl
2 Eigelb, 50 g Butter, 180–200 ml Wasser
1 TL Zitronensaft
1 EL Zucker, 1 Msp Soda
Salz

Alle Zutaten rasch zu einem festen, glatten Teig verarbeiten.

Pastetenteig I

PASCHTETNOE TESTO I

200 g Roggenmehl
200 g Weizenmehl (oder nur Weizenmehl)
125 ml Wasser, 50 g Fett, 2 Eier
1 Prise Salz

Mehl mit kochendem Wasser und zerlassenem Fett übergießen, salzen, gut durchrühren und einige Minuten stehenlassen. Eier untermischen und zu einem festen Teig kneten.

Pastetenteig II

PASCHTETNOE TESTO II

400 g Mehl, 300 g Butter
200 g saure Sahne, 1 EL Rum oder Cognac, 1 Ei
je 1 Prise Salz und Zucker
(evtl. 2 Eier, Wasser)

Mehl mit kalter Butter, saurer Sahne, Rum, 1 Ei, Salz und Zucker zu einem glatten Teig kneten und kühl stellen.
Dieser Teig wird besonders fein, wenn man ihn über Nacht ruhen läßt und dann wie Blätterteig weiterverarbeitet: 4 Teile ausrollen, mit etwas mit Wasser verquirltem Ei bestreichen, übereinanderlegen, ausrollen, wieder mit Ei bestreichen, zusammenklappen usw.

Hochzeitspirogge

KURNIK

Für 6 Personen

1 küchenfertiges Huhn
250 g Reis, 5 hartgekochte Eier
200 g Pilze, 200 g Butter
⅜ l Bouillon, ⅛ l Sahne, 50 g Mehl, 1 Ei
je 1 Bund Petersilie und Dill
Salz, Pfeffer
Mürbeteig aus 400 g Mehl
(siehe Grundrezept Seite 255)

Das gewaschene Huhn in leicht gesalzenem Wasser weich kochen.
Abgekühlt tranchieren, Haut und Knochen entfernen und das Fleisch in Scheiben schneiden.
Aus Mehl und 50 g Butter eine helle Einbrenne bereiten, mit Bouillon ablöschen, durchkochen und mit Sahne und gehackter Petersilie verrühren.
Die Sauce mit Salz und Pfeffer abschmecken.
Reis körnig kochen und abtropfen.
Pilze blättrig schneiden und in Butter braten.
Die restliche Butter zerlassen und mit gehackten Eiern und Dill mischen.
Hühnerfleischscheiben und Pilze jeweils getrennt mit Sauce verrühren.
Etwa ¼ des Mürbeteigs zu einer runden, halbfingerdicken Platte für den Boden ausrollen und auf ein mit Mehl bestäubtes Blech legen. Nacheinander mit Reis, Eiermasse, Hühnerfleisch und Pilzen belegen. Die Reihenfolge wiederholen, bis alle Zutaten aufgebraucht sind. Die Lagen müssen nach oben hin kleiner werden, damit eine Kuppel, eine Halbkugel entsteht.
Den restlichen Teig zu einer großen runden Platte ausrollen und über die Füllung decken. Überstehenden Teig abschneiden und die Ränder fest zusammendrücken. Die Pirogge mit den Teigresten verzieren und in die Mitte ein kleines Loch (Kamin) schneiden, damit der Dampf entweichen kann.
Mit verquirltem Ei bestreichen und bei guter Mittelhitze etwa 40 Minuten backen.
Die Pirogge mit beliebiger Sauce servieren oder als Beilage zur Suppe reichen.
Man kann zwischen die einzelnen Schichten auch gebackene Bliny (siehe Grundrezept Seite 243) legen. *Abbildung* ▷

Hochzeitspirogge

Füllungen für Piroggen und Piroschki

NATSCHINKA DLJA
PIROGOW I PIROSCHKOW

---

800 g Rind- oder mageres Schweinefleisch
3 Zwiebeln
100 g Butter, 3 Eier, Fleischbrühe
Salz, Pfeffer

Fleisch würfeln und mit gehackten Zwiebeln in Butter braten.
Mit Brühe oder Wasser aufgießen und zugedeckt weich dünsten. Fein hacken und mit ebenfalls fein-gehackten, hartgekochten Eiern mischen. Mit Salz und Pfeffer würzen und eventuell 1–2 EL Brühe unterrühren, falls die Masse zu trocken ist.

Man kann die Füllung mit eingeweichtem, ausgedrückten Weißbrot verrühren oder einige gehackte Sardellen zufügen.

FÜLLUNG MIT INNEREIEN
800 g Innereien (Herz, Leber, Lunge)
2 Zwiebeln, 100 g Butter
3 hartgekochte Eier, ⅛ l saure Sahne
Salz, Pfeffer, Petersilie, Dill

Innereien in Salzwasser weich kochen und fein hacken. Mit in Butter gerösteten Zwiebeln, gewürfelten Eiern, gehackten Kräutern und saurer Sahne gründlich mischen und mit Salz und Pfeffer würzen.

FÜLLUNG MIT HIRN
½ Ochsenhirn
1 Zwiebel, 50 g Butter, ½ EL Mehl
125 g saure Sahne
Salz, Pfefferkörner, Muskat
Lorbeerblatt, Essig, Zitronensaft

Gewässertes Hirn mit Salz, Pfeffer, Lorbeerblatt und einem Schuß Essig in wenig Wasser 10 Minuten kochen, abkühlen und kleinschneiden. Gehackte Zwiebel in Butter braten, Mehl kurz mitrösten und mit saurer Sahne ablöschen. Gut umrühren und aufkochen. Das Hirn zufügen, mit Zitronensaft, Muskat, Salz und Pfeffer abschmecken und einige Minuten ziehen lassen.

FÜLLUNG MIT NIERE
1 Kalbsniere
150 g Speck, 1 Zwiebel, 100 g Weißbrot
je 1 Gläschen Rum und Madeira
Salz, Pfeffer
Lorbeerblatt, Muskat, Dill, Petersilie

Gewässerte, gereinigte Niere kleinschneiden und mit Speck- und Zwiebelwürfeln und Gewürzen kräftig durchbraten. Mit eingeweichtem, ausgedrücktem Weißbrot durch den Fleischwolf drehen, mit gehackten Kräutern, Rum und Madeira verrühren und abschmecken.

FÜLLUNG MIT HUHN
1 Huhn (küchenfertig)
1 Bund Suppengrün, 200 g Buchweizengrütze
5 hartgekochte Eier, 200 g Butter
Salz, Pfeffer, Dill

Huhn in Salzwasser mit Suppengrün kochen und das ausgelöste Fleisch zerkleinern. Mit körnig gekochter Buchweizengrütze, gewürfelten Eiern und weicher Butter gründlich verrühren und mit Salz, Pfeffer und gehacktem Dill würzen.

FÜLLUNG MIT FISCH I
200 g Hecht oder Barsch
200 g Lachs, 50 g Butter
Salz, Pfeffer, Muskat, Petersilie

Hecht oder Barsch entgräten, fein hacken oder durch den Fleischwolf drehen. In Butter anbraten, Lachsstücke vorsichtig untermischen und mit gehackter Petersilie, Salz, Pfeffer und Muskat würzen.

FÜLLUNG MIT FISCH II
400 g Hecht oder Barsch
1 Zwiebel, 50 g Butter, 1 hartgekochtes Ei
Salz, Pfeffer

Kleingeschnittenes, entgrätetes Fischfleisch mit gehackter Zwiebel in Butter braten. Mit gewürfeltem Ei mischen und würzen.

FÜLLUNG MIT KREBSEN
Fleisch von 20 Krebsen
50 g Krebsbutter
2 Eigelb, 1 EL Mehl, 2 EL saure Sahne
Salz, Muskat

Mehl in der Krebsbutter anschwitzen, mit saurer Sahne verrühren und etwas einkochen. Würzen, zerkleinertes, gekochtes Krebsfleisch in der Sauce einige Minuten ziehen lassen und mit verquirltem Eigelb legieren.

FÜLLUNG MIT FISCHFILET
200 g entgrätetes Fischfilet
1 Zwiebel
Salz, Pfeffer

Diese Füllung wird nur für Piroschki verwendet und ist eine nordrussische (karelische) Spezialität. Das gesäuberte Fischfilet wird in feine Streifen geschnitten und roh auf die Teigplättchen gelegt, mit gehackten Zwiebeln bestreut und mit Salz und Pfeffer gewürzt.

FÜLLUNG MIT FRISCHEN PILZEN
500 g frische Pilze
100 g Butter, 5 hartgekochte Eier
125 ml saure Sahne
Petersilie, Dill, Frühlingszwiebeln
Salz, Pfeffer

Blättrig geschnittene Pilze in Butter dünsten, mit gehackten Kräutern und gewürfelten Eiern mischen, saure Sahne unterrühren und würzen.

FÜLLUNG MIT SALATGURKE
1 Gurke (ca. 1200 g)
3–4 hartgekochte Eier, 50 g Butter
Salz, Dill

Geschälte Gurke und Eier kleinschneiden und mit weicher Butter und gehacktem Dill mischen. Salzen. Es empfiehlt sich, zwischen diese Füllung gebackene Bliny (siehe Rezept Seite 243) zu legen.

FÜLLUNG MIT GETROCKNETEN PILZEN
50 g getrocknete Pilze
2 Zwiebeln, 125 g Reis, 50 g Butter
Salz, Pfeffer

Gekochte Trockenpilze und Zwiebeln fein hacken und in der Butter braten. Mit gekochtem Reis mischen und würzen.

FÜLLUNG MIT KAROTTEN
400 g Karotten
2–3 hartgekochte Eier, 50 g Butter
Salz, Zucker

Kleingeschnittene Karotten in Butter mit Salz und Zucker weich dünsten, fein hacken oder zerdrücken und mit gewürfelten Eiern mischen. Abschmecken.

FÜLLUNG MIT SAUERKRAUT
1 kg Sauerkraut
2–3 Zwiebeln, 3–4 EL Butter
Salz, Pfeffer

Sauerkraut kleinschneiden und mit etwas Butter in wenig Wasser weich dünsten. Mit gerösteten Zwiebeln mischen und würzen.

FÜLLUNG MIT REIS
150 g Reis
3 hartgekochte Eier, 50 g Butter
Salz, Pfeffer, Petersilie

Gekochten Reis mit gewürfelten Eiern, weicher Butter und gehackter Petersilie mischen. Würzen.

FÜLLUNG MIT SAUERKRAUT UND FISCH
400 g Sauerkraut
1 Zwiebel, 100 g Pflanzenfett (oder Öl)
600 g gesalzener Lachs, Stör etc.
Salz, Pfeffer

Zwiebel in 50 g Fett rösten, Sauerkraut und wenig Wasser oder Brühe zufügen, würzen und weich dünsten. Fisch entgräten, in Stücke schneiden und im restlichen Fett braten. Lagenweise einfüllen.

FÜLLUNG MIT QUARK
500 g Quark, 50 g Zucker
1 Ei, 50 g Butter, 1 Prise Salz
(evtl. Rosinen, kandierte Früchte, Vanillezucker)

Quark mit den anderen Zutaten gut verrühren. Eventuell Rosinen, kandierte Früchte oder Vanillezucker zufügen.

FÜLLUNG MIT ÄPFEL
1 kg säuerliche Äpfel
150–200 g Zucker
Zimt
(evtl. Rosinen oder kandierte Früchte)

Geschälte, entkernte Äpfel in feine Scheiben schneiden, mit Zucker und Zimt mischen und 15–20 Minuten ziehen lassen.
Eventuell Rosinen oder kandierte Früchte zufügen.

FÜLLUNG MIT OBST
800 g Blaubeeren oder Sauerkirschen
200–300 g Zucker

Beeren oder entkernte Sauerkirschen mit Zucker mischen und 15–20 Minuten ziehen lassen.

Apfelpirogge

261

Pirogge mit Weißkohl

PIROG S KAPUSTOJ

Für 4 Personen

1 mittelgroßer Weißkohlkopf
1–2 Zwiebeln, 50–100 g Butter
3–4 hartgekochte Eier
1–2 Eigelb, Salz, Pfeffer
Mürbeteig aus 400 g Mehl
(siehe Grundrezept Seite 255)

Den Weißkohl in feine Streifen schneiden bzw.
hobeln. Salzen, etwa 10 Minuten ziehen lassen und
ausdrücken.
Kohl mit gehackter Zwiebel in Butter weich dün-
sten. Zwischendurch immer wieder umrühren,
damit nichts anbrennt.
Hartgekochte Eier hacken und unter den abge-
kühlten Kohl mischen. Mit Salz und Pfeffer würzen.
Mürbeteig halbfingerdick ausrollen und in 2 Recht-
ecke teilen, wobei eines etwas größer sein muß.
Das kleinere Teigstück auf ein mit Mehl bestäubtes
Backblech legen und die Kohlfüllung daraufhäu-
fen. Mit der zweiten Teigplatte bedecken und die
Ränder gut festdrücken.
Die Pirogge mit Teigresten hübsch verzieren, mit
Eigelb bepinseln und mit einer Gabel mehrmals
einstechen.
Bei 175–200° etwa 30 Minuten backen.

Pirogge mit Weißkohl ▷

Kulebjaka

KULEBJAKA

Für 4 Personen

Hefeblätterteig aus 400 g Mehl
4–6 Bliny (siehe Rezept Seite 243), 700 g Zander
150 g Champignons, 1 Zwiebel
100 g Butter
50 g Grieß, 5 hartgekochte Eier
Salz, Pfeffer, Petersilie, Dill

Eine typische Moskauer Spezialität, die ähnlich wie Piroggen zubereitet wird, aber eine längliche Form hat und höher ist. Man kann sie statt mit Fisch auch mit Fleisch füllen.

Fisch häuten und entgräten und aus den Abfällen eine Brühe kochen. Ausgelöstes Fischfleisch zerkleinern.
Blättrig geschnittene Champignons in etwas Butter und Fischbrühe dünsten, Fischfleisch zufügen, mit Salz und Pfeffer würzen und garen.
Knapp ¼ l Wasser mit 1 EL Butter und etwas Salz aufkochen, den Grieß hineinschütten und zu einem dicken, krümeligen Brei ausquellen.
Den Hefeblätterteig auf einem bemehlten Tuch etwa 30 x 35 cm ausrollen. Mit der Hälfte der gebackenen Bliny ganz belegen (Ränder abschneiden) und in die Mitte etwa 9 cm breit die Hälfte des Grießbreis streichen. Die Hälfte der Eischeiben darauf anordnen, die Fisch-Pilzmasse darüberfüllen, mit den restlichen Eischeiben, dem Grießbrei und Bliny bedecken. Petersilie und Dill (beides gehackt) dazwischenstreuen.
Mit Hilfe des Tuches den Teig darüberklappen, die Ränder gut zusammendrücken und mit der Nahtstelle nach unten auf ein mit Wasser abgespültes Backblech legen. Mit Teigresten gitterförmig verzieren und mit Ei bepinseln. Mit einem spitzen Messer kleine Einschnitte machen und bei ca. 150° etwa 40 Minuten backen.

Kulebjaka ▷

Piroschki-Rastegai

PIROSCHKI-RASTEGAI

Hefeteig aus 400 g Mehl
100 g Rückgrat von Lachs oder Stör
3 hartgekochte Eier
1 Zwiebel, 1 Bund Petersilie, 100 g Butter
Salz, Pfeffer

Rückgrat von Lachs oder Stör mit kaltem Wasser aufsetzen und etwa 2½ Stunden ganz weich kochen (man muß es mit den Fingern leicht zerdrücken können). Gehackte Zwiebel in Butter rösten, kleingeschnittenes Rückgrat kurz mitbraten und mit gewürfelten Eiern und gehackter Petersilie mischen. Mit Salz und Pfeffer abschmecken. Hefeteig 5–8 mm dünn ausrollen und mit einem Glas runde Platten von 8–10 cm Durchmesser ausstechen. Mit etwas Füllung belegen, die Ränder hochziehen und wie Schiffchen zusammendrükken. In der Mitte muß ein Stückchen wie ein Kamin offenbleiben. 20 Minuten ruhen lassen und in den »Kamin« ein Stückchen Butter oder Lachs, Stör etc. legen. Mit heißer Milch oder Sahne bestreichen und bei Mittelhitze 20–30 Minuten goldbraun backen.
Die fertigen Rastegai mit ein wenig Butter bestreichen und mit einem etwas angefeuchteten Tuch bedecken, damit sie weich werden.
Zu Fisch- und Krebssuppen servieren.

Putenfleisch-Pastete

PASCHTET IS INDEIKI

Für 8–12 Personen

½ große Pute (küchenfertig)
600 g fettes Kalbfleisch
100 g geräucherter Speck
125 g Butter, 2 Zwiebeln
2 EL geriebene Trüffel (oder 1 EL Kapern)
10–12 Sardellen
2–3 Scheiben Weißbrot
¼ l Milch, 1 Ei, 3–5 Eigelb
⅛ l Weißwein
⅛ l Madeira
2 EL Essig, 1 Bund Petersilie
Salz, schwarzer und weißer Pfeffer
Muskat, Lorbeerblatt
geriebene Zitronenschale
Pastetenteig (siehe Rezept Seite 257)

Die Putenhälfte waschen, abtrocknen, in Stücke zerlegen und salzen. In 100 g Butter mit einer gehackten Zwiebel, Petersilie, Lorbeerblatt, Zitronenschale und schwarzem Pfeffer anbraten. Weißwein, Essig und ca. ¼ l Wasser angießen und zugedeckt weich dünsten.
Inzwischen die Füllung bereiten:
Kalbfleisch durch den Fleischwolf (feine Scheibe) drehen oder im Mixer pürieren.
Weißbrot in Milch einweichen und ausdrücken, eine gehackte Zwiebel in der restlichen Butter rösten, Speck kleinwürfeln. Alles zusammen mit dem Kalbshack, 3–5 Eigelb, Trüffel und zerkleinerten Sardellen gut vermischen. (Je nachdem, ob die Sauce zum Schluß mit Trüffeln oder Sardellen gewürzt werden soll, läßt man die Hälfte Trüffel oder Sardellen übrig.)
Die Farce mit Muskat, weißem Pfeffer und Salz abschmecken.
Das gegarte Putenfleisch von den Knochen lösen und in Scheiben schneiden.
Eine Pasteten- oder Auflaufform mit Teig auskleiden und lagenweise Kalbfleischmasse und Putenscheiben einschichten (mit Kalbfleischmasse beginnen und enden).
Mit dem restlichen Teig bedecken und die Ränder gut festdrücken. Die Teigdecke mehrmals einschneiden (Dampfabzug!) und mit verquirltem Ei bepinseln.

Bei 150–175° etwa 1 Stunde backen.
Für die Sauce restliche Trüffel oder Sardellen in Madeira kurz aufkochen. Mit der abgeseihten Flüssigkeit, in der die Pute gedünstet wurde, aufgießen, gut durchrühren und etwas einkochen.
In die fertige Pastete eine kleine Öffnung schneiden und vorsichtig etwas von der heißen Sauce hineingießen. Den Rest zur heißen Pastete servieren.

Hähnchen- oder Puten-Pastete mit Krebsfleisch

PASCHTET IS KURIZI ILI INDEIKI S RAKAMI

Für 8–12 Personen

---

2 kleine Hähnchen
oder 1 junge Pute (1000–1500 g)
200 g frischer Speck
150 g Krebsfleisch
100 g Butter, 50 g Krebsbutter
3 Scheiben Weißbrot
¼ l Milch, 1 Zwiebel, 3 Eier
400 ml Bouillon
½ geschälte Zitrone
je 1 Bund Petersilie und Dill
Salz, Pfeffer, Muskat, Lorbeerblatt, 3–4 Nelken
Pastetenfüllung aus Kalbsleber
Pastetenteig (siehe Rezept Seite 257)

Gewaschene, abgetrocknete Hähnchen in Stücke zerlegen. Kleingewürfelten Speck in Butter ausbraten.
Hähnchenteile mit Zitronenscheiben, gehackter Zwiebel, je ½ Bund Petersilie und Dill (ebenfalls gehackt), Nelken, Lorbeerblatt und Muskat im Speckfett 15 Minuten anbraten. Bouillon aufgießen und bei geschlossenem Deckel etwa 20 Minuten weich dünsten.
Inzwischen für die Füllung das Krebsfleisch zerkleinern. Mit in Milch eingeweichtem, ausgedrücktem Weißbrot, 2 Eiern und Krebsbutter kräftig verrühren und mit den restlichen gehackten Kräutern, Salz und Muskat würzen.
Außerdem eine Pastetenfüllung aus Kalbsleber bereiten (siehe Rezept Seite 271).

Das fertige Hähnchenfleisch von den Knochen lösen und in Scheiben schneiden. Brühe durch ein Sieb gießen.
Eine Pasteten- oder Auflaufform (ca. 24 cm Durchmesser) sorgfältig buttern und folgendermaßen belegen: Hähnchenfleischscheiben – Kalbsleberfüllung – Krebsfüllung – Kalbsleberfüllung – Hähnchenfleischscheiben. Die einzelnen Lagen müssen nach oben hin immer kleiner werden, so daß eine Halbkugel, eine Kuppel, entsteht. Vorsichtig mit einigen Löffeln der abgeseihten Brühe übergießen und mit dem Pastetenteig bedecken. Die Teigränder am Boden rundherum gut festdrücken. Die Pastete mit Teigresten verzieren, mehrere Male einschneiden und mit verquirltem Ei bepinseln.
Bei 150–175° etwa 45 Minuten backen.
Die restliche Brühe etwas einkochen, abschmecken (evtl. mit Madeira verfeinern) und als Sauce zur heißen Pastete reichen.

Enten-Pastete

PASCHTET IS UTKI

Für 8–12 Personen

1 küchenfertige Ente
je 1 Karotte, Zwiebel, Petersilienwurzel
Lauchstange, Selleriescheibe
¼ l Bouillon, 2 EL Sherry
½ geschälte Zitrone
1 EL Mehl, 1 Ei, 2 EL Butter
Salz, Pfeffer, 4–5 Nelken
Pastetenfüllung aus Kalbsleber und -fleisch
Pastetenteig (siehe Rezept Seite 257)

Die Ente gründlich waschen, abtrocknen, zerlegen und mit Salz und Pfeffer einreiben. Mit zerkleinertem Gemüse und Nelken in einen Kochtopf legen, Bouillon angießen und bei geschlossenem Deckel auf kleiner Flamme weich dünsten.

Inzwischen eine Pastetenfüllung aus Kalbsleber und -fleisch bereiten (siehe Rezept Seite 271).

Das gegarte Entenfleisch von den Knochen lösen und in Scheiben schneiden.

In eine gebutterte Pastetenform lagenweise Kalbsfüllung und Entenscheiben einschichten (erste und letzte Lage besteht aus Kalbsfüllung). Mit Pastetenteig bedecken, die Ränder gut festdrücken und den Teig mehrmals einschneiden. Mit Teigresten beliebig verzieren.

Verquirltes Ei mit 1 EL zerlassener Butter verrühren und die Pastete damit bestreichen.

Bei 150–175° etwa 1 Stunde backen (falls der Teig zu rasch bräunt, mit Alufolie abdecken).

Die Entenbrühe durch ein Sieb gießen, mit glattgerührtem Mehl binden und mit kleinen Zitronenwürfeln und Sherry aufkochen.

Abschmecken und zur heißen Enten-Pastete servieren.

◁ *Enten-Pastete*

Rastegai Moskauer Art

RASTEGAI MOSKOWSKIE

Hefeteig aus 400 g Mehl (siehe Rezept Seite 255)
100 g Rückgrat von Lachs oder Stör
200 g Lachskopf mit Knorpel
200 g Lachsfilet
50 g Reis, 1 Bund Suppengrün, 50 g Zwiebel
100 g Butter, Salz

Rückgrat etwa 2½ Stunden in Wasser ganz weich kochen und kleinschneiden.
Lachskopf mit Suppengrün ebenfalls weich kochen, Knorpel auslösen und zerkleinern.
Gehackte Zwiebel in etwas Butter dünsten. Reis kochen und mit der restlichen Butter mischen.
Hefeteig dünn ausrollen und Platten von 8–10 cm Durchmesser ausstechen. Nacheinander mit Reis, Zwiebel, Knorpel, Rückgrat und kleinen Lachsfiletstücken belegen. Die einzelnen Lagen vorsichtig salzen, die Teigränder hochziehen und zu Schiffchen zusammendrücken. In der Mitte eine Öffnung lassen und ein Stückchen Butter hineinlegen. Mit heißer Milch oder Sahne bestreichen und 20–30 Minuten goldbraun backen.
In die Öffnung der fertigen Rastegai etwas heiße Fischbrühe gießen.

Gänseleber-Pastete

PASCHTET IS GUSINOIY PETSCHONKI

Für 8–12 Personen

4–5 Gänselebern
250 g frischer Speck
100 g geräucherter Speck, 4 Hähnchenfilets
100 g gekochter Schinken
100 g Champignons, 50 g Schalotten
5 Eier, 2–3 Anchovis
50 g Butter, ¼ l saure Sahne, ½ l Milch
2 EL Bouillon, 2 EL geriebener Parmesan
⅛ l Olivenöl, 1 Zitrone
Salz, Pfeffer, Muskat
Pastetenteig

Gewaschene Lebern 2–3 Stunden in Milch legen. Abtrocknen und mit 50 g frischem Speck und Anchovis (beides in dünne Streifen geschnitten) spicken.
Olivenöl erhitzen, mit Zitronensaft mischen und über die gespickten Lebern gießen. Etwa 2 Stunden marinieren.
Für die Füllung Hühnerfilets, restlichen frischen Speck, Schinken, Champignons und Schalotten durch den Fleischwolf drehen und gründlich mischen.
Aus 2 Eiern und 2 Eigelb in heißer Butter Rührei bereiten. Zerpflücken und mit der Bouillon unter die Hühnerfleischmasse rühren. Mit Salz, Pfeffer und Muskat abschmecken. Eine Pasteten- oder Auflaufform mit Teig auskleiden.
Die Wände mit saurer Sahne bestreichen und mit Parmesan bestreuen.
Die Hälfte der Farce einfüllen, mit den Gänselebern belegen und zunächst mit Marinade und dann mit der restlichen sauren Sahne übergießen. Mit der zweiten Hälfte der Farce bedecken.
Geräucherten Speck in dünne Scheiben schneiden und darüberlegen. Mit dem restlichen Pastetenteig abdecken und die Ränder gut festdrücken.
In den Teigdeckel mit einem spitzen Messer kleine Öffnungen schneiden, damit der Dampf entweichen kann.
Die Pastete mit verquirltem Ei bepinseln und im Rohr bei 150–175° etwa ½ Stunde backen. Den Ofen ausschalten und die Pastete noch etwa 15 Minuten ziehen lassen.
Den Teigdeckel vorsichtig abnehmen, die Speckscheiben entfernen und den Deckel wieder aufsetzen.
Heiß servieren und eine Anchovissauce (siehe Rezept Seite 197) dazu reichen.

Pastetenfüllungen

PASCHTETNIE FARSCHI

PASTETENFÜLLUNG AUS KALBSLEBER UND KALBFLEISCH

½ Kalbsleber, 200 g Kalbfleisch
200 g frischer Speck
je 1 Karotte, Zwiebel, Selleriescheibe, Lauchstange
4–5 Eier, 2 Scheiben Weißbrot
¼ l Milch, 3–4 EL Bouillon
Salz, 5–10 Pfefferkörner, 1 Lorbeerblatt

Kalbsleber in Stücke schneiden und mit dem kleingewürfelten Speck anbraten. Zerkleinerte Gemüse,
Lorbeerblatt und Pfefferkörner zufügen und gar
braten. Alles zusammen durch den Fleischwolf
drehen.
Kalbfleisch ebenfalls durchdrehen und mit der
Lebermasse mischen. Eier und in Milch eingeweichtes, ausgedrücktes Weißbrot sorgfältig unterrühren. Schließlich löffelweise Bouillon zufügen,
bis eine geschmeidige Masse entsteht, die mit Salz
abgeschmeckt wird.

PASTETENFÜLLUNG AUS KALBSLEBER UND BÉCHAMELSAUCE

½ Kalbsleber
frischer Speck (⅓–½ der Lebermenge)
1 EL Béchamelsauce (siehe Rezept Seite 191)
50–100 ml Madeira
2 EL geriebener Parmesan, 1 Zwiebel
Pfeffer, Salz
Thymian, Majoran, Lorbeerblatt

Kalbsleber so lange in kaltes Wasser legen (mehrmals wechseln), bis kein Blut mehr austritt. Abtrocknen und in Stücke schneiden.
Gewürfelten Speck anbraten, gehackte Zwiebel
mitrösten, schließlich Leberstücke und Gewürze
zufügen und gar braten. Etwas abkühlen lassen
und alles zusammen durch den Fleischwolf drehen.
Die Masse mit Béchamelsauce, Madeira und Käse
geschmeidig rühren und mit Salz abschmecken.

PASTETENFÜLLUNG AUS HÜHNERFLEISCH I

1 Huhn oder ½ Pute
100 g Paniermehl oder 2 Scheiben Weißbrot
¼ l Milch, 2 Eier
50 g Butter oder Krebsbutter, 2–3 EL Sahne
Salz, Pfeffer, Muskat

Das Huhn waschen, abtrocknen und das Fleisch
von den Knochen lösen. Fleischstücke zweimal
durch den Fleischwolf drehen (oder im Mixer
pürieren). Mit verquirlten Eiern, in Milch eingeweichtem, ausgedrücktem Weißbrot (bzw. Paniermehl), Butter und Sahne sehr gut mischen und mit
Salz, Pfeffer und Muskat würzen.

PASTETENFÜLLUNG AUS HÜHNERFLEISCH II

1 Huhn oder ½ Pute
¼ l Sahne, Salz, Pfeffer

Das Huhn waschen, abtrocknen und das Fleisch
von den Knochen lösen. Fleischstücke zweimal
durch den Fleischwolf (feine Scheibe) drehen
oder im Mixer pürieren.
Die Masse in eine Schüssel füllen, die auf Eiswürfel
oder in Eiswasser gestellt wird. Nach und nach die
Sahne unterrühren und mit Salz und Pfeffer
abschmecken.
Konsistenzprobe: Ein kleines Klößchen formen
und in kochendes Wasser legen. Wird es hart, muß
die Masse mit Sahne geschmeidiger gerührt werden, zerfällt es, muß der Teig mit etwas abgekühlter, heller Einbrenne gebunden werden.
Aus diesen Pastetenfüllungen kann man auch
Klößchen als Suppeneinlage bereiten.

PASTETENFÜLLUNG AUS FISCH

600 g Fischfilet (Hecht, Zander, Barsch)
1 Zwiebel, 2 Scheiben Weißbrot
⅛ l Milch, ⅛ l Sahne, 3 EL Butter
3–5 EL Bouillon
je 1 Bund Petersilie und Dill
Salz, Pfeffer, Muskat

Gewaschenes Fischfilet entgräten und in kleine Stücke schneiden. Gehackte Zwiebel in 1 EL Butter anrösten und die Fischstücke mitbraten. Mit in Milch eingeweichtem, ausgedrücktem Weißbrot durch die feine Scheibe des Fleischwolfs drehen oder im Mixer pürieren.

Die Masse mit Sahne, der restlichen Butter und gehackten Kräutern mischen und löffelweise mit Bouillon geschmeidig rühren. Mit Salz, Pfeffer und Muskat würzen.

Lachspastete

PASCHTET IS OSETRINI

Für 6 Personen

---

800 g Lachs
1 Zwiebel, ⅛ l Weißwein, 2 EL Essig
3 EL Butter, 2–3 EL Olivenöl
Salz, 5 Pfefferkörner, 2 Lorbeerblätter
Pastetenteig (siehe Rezept Seite 257)
Fischfüllung (siehe nebenstehendes Rezept)

Lachs waschen, trockentupfen, in Scheiben schneiden und salzen.

Gehackte Zwiebel in Butter hell rösten und die Lachsstücke darin anbraten. Wein, Essig und etwas Wasser angießen und mit Pfefferkörnern und Lorbeerblättern würzen. Zugedeckt auf kleiner Flamme garen.

Die Lachsstücke herausheben und abkühlen. Den Sud durch ein Sieb gießen.

Eine Pastetenform mit Teig auskleiden und lagenweise Fischfüllung und Lachsscheiben einschichten (mit Füllung beginnen und enden). Etwas Fischsud darübergießen und mit Teig bedecken. Die Ränder gut festdrücken und in den Deckel einige Öffnungen schneiden. Die Pastete bei 150° etwa 1 Stunde backen.

Den restlichen Lachssud mit Olivenöl cremig schlagen und zur heißen Pastete reichen.

Hasenpastete

PASCHTET IS SAIZA

Für 8–12 Personen

---

1 küchenfertiger Hase
100 g frischer Speck, 4 EL Butter, 6 Eier
50 g geriebener Käse
⅛ l saure Sahne, ¼ l Hühnerbrühe
3–4 El Madeira
½ geschälte Zitrone, Essig oder Bier
Salz, Pfeffer, Muskat
Pastetenteig (siehe Rezept Seite 257)

Den Hasen gründlich waschen und 24 Stunden in Essigwasser (2 Teile Wasser, 1 Teil Essig) oder Bier marinieren.
Danach den Hasen gut abtrocknen, mit feinen Speckstreifen spicken und mit Salz und Pfeffer einreiben. In 2 EL Butter rundherum anbraten (im Ganzen oder zerlegt) und im Rohr bei mittlerer Hitze garen. Immer wieder mit dem eigenen Saft begießen und löffelweise Wasser zufügen.
10 Minuten vor Ende der Garzeit die saure Sahne über den Hasen träufeln.

Das Fleisch abkühlen und von den Knochen lösen. Die schönen Teile in feine Scheiben schneiden. Für die Füllung das restliche Fleisch mitsamt der Haut durch den Fleischwolf drehen.
Aus 5 Eiern ein Omelett (Rührei) bereiten, abkühlen und zerpflücken. Zusammen mit dem geriebenen Käse und der restlichen Butter unter das durchgedrehte Hasenfleisch rühren, mit Salz, Pfeffer und Muskat würzen und die Füllung gut mischen.
Eine Pastetenform mit Teig auskleiden, lagenweise Füllung und Hasenfleischscheiben einschichten (erste und letzte Lage besteht aus Füllung) und mit Teig bedecken. Die Ränder gut festdrücken, den Deckel mehrmals einschneiden und mit verquirltem Ei bepinseln.
Bei 150–175° etwa 45 Minuten backen.
Inzwischen die Sauce bereiten: Zerkleinerte Hasenknochen im Rohr bräunen. Mit der Hühnerbrühe ablöschen und auf dem Herd 10 Minuten auskochen lassen. Durch ein Sieb gießen, kleine Zitronenwürfel und Madeira zufügen, umrühren und aufkochen. Abschmecken und zur heißen Pastete servieren.

Desserts
und
Paska

DESERT I PASHI

In Rußland hatte die Nachspeise, »der letzte Genuß«, ursprünglich die Aufgabe, nicht noch mehr sattzumachen, sondern zu entlasten, den Kopf und die Seele auf angenehme Gespräche und positive Gefühle einzustimmen. Deshalb reichte man als Dessert früher Tee mit Konfitüre oder leichtem Gebäck, frische Gurken mit Honig, gebackene Äpfel, kandierte Früchte, *Kissel* (Fruchtgrütze) oder Fruchtgelee (unser Gelee »Moskowit« ist international berühmt). Im Laufe der Zeit sind zu den leichten Nachspeisen auch gehaltvollere Desserts gekommen – Cremes, Puddinge, Soufflés.

Paska nimmt eine Sonderstellung in der russischen Küche ein, denn diese himmlische Quarkspeise ist nicht nur traditionelles Ostergericht, sie ist Symbol für Auferstehung und Erlösung, für das Erwachen der Natur, für den Frühling... Wir feiern das Osterfest im Kreis der Familie und mit so vielen guten Freunden, daß auf meinem Einkaufszettel allein für die *Paskas* 15 Kilogramm Quark, 200 Eier und 10 Liter Sahne stehen.

Während der Zubereitung, die einem feierlichen Ritual gleicht und zu der man Zeit und innere Ruhe braucht, verrichtet man alle anderen Vorbereitungen für das Osterfest – man bäckt *Kulitsch* und Schinken in Brotteig, bereitet Fischpasteten, färbt Ostereier... und richtet alles nach alter Tradition auf der festlichen Ostertafel an. Überall brennen Kerzen, und die Atmosphäre in der lang erwarteten Osternacht ist einzigartig und nur schwer zu beschreiben – wehmütig und erwartungsfroh, voller Liebe, Freundschaft und Hoffnung. Bei Sonnenaufgang beginnt das Fest der Auferstehung – mit der *Paska* als kulinarischer Krönung.

Slawisches Dessert

SLAWJANSKIY DESERT

Für 4 Personen

200 g trockenes Roggenbrot
100–150 g Zucker, 100 g gehackte Nüsse
100 ml Sahne, 30–40 ml Zitronensaft
abgeriebene Zitronenschale

Das Brot reiben und mit Nüssen, Zitronenschale und mit ca. 80 g Zucker mischen. Sahne mit dem restlichen Zucker steif schlagen. In eine Glasschüssel lagenweise Brot und Sahne schichten und die Brotmischung jeweils mit Zitronensaft beträufeln. Gut kühlen und mit Konfitüre oder kalter Milch servieren.

Fruchtgrütze

KISSEL

Kissel aus Stachelbeeren

KISSEL IS KRISCHOWNIKA

Für 8 Personen

1½ kg Stachelbeeren
Zucker nach Geschmack, 2 EL Kartoffelmehl
1 Vanillestange

Reife Beeren von Blüten und Stielen befreien, mit Wasser bedecken und mit Zucker und Vanillemark dünsten, bis die Beeren zerfallen. Kartoffelmehl mit etwas kaltem Wasser glattrühren, zu den Beeren gießen, gut mischen und einmal aufkochen. In eine Schüssel füllen, kühlen und mit Sahne oder Mandelmilch servieren.

Kissel aus Mandeln

KISSEL IS MINDALJA

Für 4 Personen

200 g süße Mandeln
50 g bittere Mandeln, 150–200 g Zucker
1 EL Kartoffelmehl

Geschälte Mandeln mit etwas Wasser im Mixer pürieren und mit etwa 1 l Wasser einige Minuten kochen. Durch ein Tuch gießen und die Mandelmasse kräftig ausdrücken. Die Flüssigkeit mit

Zucker abschmecken, mit etwas Wasser angerührtes Kartoffelmehl zufügen, gut durchrühren und aufkochen. In eine Schüssel füllen, kühlen und mit Fruchtsirup servieren.

Kissel aus Äpfeln, Kirschen, Pflaumen, Johannis- oder Himbeeren

KISSEL FRUKTOWIY

Für 4 Personen

500–600 g Früchte
Zucker nach Geschmack
etwas Zitronensaft
1 EL Kartoffelmehl

Das Obst mit Wasser bedeckt weich dünsten, durch ein Sieb streichen und mit Zucker und Zitronensaft abschmecken. Mit glattgerührtem Kartoffelmehl aufkochen und kühlen. Mit Sahne oder Milch servieren.

Haferschleim

OWSJANNIY KISSEL

Hafer, Wasser

Ein klassisches, sehr gesundes Gericht. Haferkörner in einem Tontopf mit warmem Wasser bedecken und an einem warmen Ort 2–3 Tage stehenlassen. Dabei bildet sich Schaum, der nicht abgeschöpft, sondern untergerührt wird. Den eingeweichten Hafer abgießen und die Körner gut ausdrücken. Es entsteht eine trübe, mehlige Flüssigkeit. (Die ausgedrückten Körner werden weggeworfen.) Der Haferschleim wird unter ständigem Rühren dicklich eingekocht (nicht würzen!) und mit Marmelade, kalter Milch oder in Öl gebratenen Zwiebeln serviert.

Roggenbrotgrütze

KISSEL IS TSCHÖRNOGO CHLEBA

Für 4 Personen

---

400 g dunkles Roggenbrot
1 l Wasser
200 g getrocknete Früchte
100 g Zucker, 2 EL Kartoffelmehl
1 EL geriebene Orangenschale

Brotscheiben im Ofen rösten, mit heißem Wasser übergießen, einige Minuten kochen und durch ein Sieb passieren. Wieder aufkochen und mit kalt angerührtem Kartoffelmehl binden. Eingeweichtes Trockenobst in Wasser weich kochen, abtropfen und unter die Brotgrütze rühren. Mit Zucker abschmecken, aufkochen und abkühlen. Mit Orangenschalen bestreuen und mit kalter Milch servieren.

Aprikosencreme

ABRIKOSOWIY KREM

Für 4 Personen

---

500 g reife Aprikosen
150 g Zucker, 1/8 l Sahne
6 Blatt Gelatine

Aprikosen mit kochendem Wasser überbrühen, schälen, entkernen und in Stücke schneiden. Mit Zucker und wenig Wasser zugedeckt weich dünsten und durch ein Sieb passieren. Mit eingeweichter Gelatine mischen und nach dem Abkühlen mit steifgeschlagener Sahne verrühren. In eine Form füllen und einige Stunden kühlen.

Apfelcreme

JABLOTSCHNIY KREM

Für 4 Personen

5–6 Äpfel
150–200 g Zucker, 2 Eiweiß
1 Zitrone, 1 Gläschen Maraschino
6 Blatt Gelatine

Von den Äpfeln das Kerngehäuse ausstechen und sie im Rohr backen. Durch ein Sieb passieren, mit Eiweiß und Zucker mischen und kühl stellen. Mit Zitronensaft, Maraschino und geriebener Zitronenschale cremig schlagen und die aufgelöste Gelatine unterrühren. In eine Form füllen und kühl stellen.

Man kann unter die Creme vor dem Gelieren ¼ l leicht gesüßte, steifgeschlagene Sahne heben.

Reiscreme

RISOWIY KREM

Für 4 Personen

---

125 g Milchreis, ⅜ l Milch, 3–4 Eigelb
125 g Zucker, ⅜ l Sahne
50 g kandierte Früchte, 4–5 Blatt Gelatine
geriebene Zitronenschale, Vanille, Cognac

Milchreis kochen und mit etwas Zucker, Zitronenschale und Vanille würzen. ⅛ l Milch erhitzen und die mit 100 g Zucker schaumig geschlagenen Eigelb einrühren. Eingeweichte Gelatine in der heißen Masse auflösen, gehackte, kandierte Früchte mit Cognac beträufeln. Beides unter den Milchreis mischen und die steifgeschlagene Sahne unterheben. Im Kühlschrank mehrere Stunden kühlen.

Weincreme

KREM IS WINA

Für 4 Personen

¼ l schwerer Wein (z. B. Malaga)
125 g Zucker
4 Eigelb, ⅜ l Sahne, 6 Blatt Gelatine

Eigelb mit 100 g Zucker schaumig rühren, den Wein zufügen und im Wasserbad zu einer dicken Creme schlagen. Vom Herd nehmen, die aufgelöste Gelatine dazugeben und durch ein feines Sieb gießen. Die Creme unter mehrmaligem Rühren erkalten lassen. Kurz vor dem Gelieren steifgeschlagene, mit dem restlichen Zucker gesüßte Sahne unterziehen und die Creme gut kühlen.

Kompott aus Äpfeln und getrockneten Pflaumen

KOMPOT IS JABLOK I TSCHERNOSLIWA

Für 4 Personen

---

500 g Äpfel
150–200 g getrocknete Pflaumen ohne Kern
150–200 g Zucker
10 Nelken, 1 Zimtstange

Geschälte, entkernte Äpfel in Viertel oder Achtel schneiden, mit Nelken spicken und in wenig Wasser mit Zucker (nach Geschmack) und der Zimtstange weich dünsten. Abgießen, den Saft auffangen und die Äpfel in eine Schüssel füllen.
Eingeweichte Trockenpflaumen in wenig Wasser weich kochen, abtropfen lassen, dann über die Äpfel schichten.
Den Apfelsaft mit Zucker dick einkochen und über das Kompott gießen. Gut kühlen.
Man kann die Äpfel auch mit etwas geriebener Orangen- oder Zitronenschale dünsten.

Getrocknete Pflaumen mit Quarkfüllung

TSCHERNOSLIV FARSCHIROWANNIY TWOROGOM

Für 4 Personen

---

300 g getrocknete Pflaumen
100 g Quark, 1 Eigelb, 50 g Zucker
100 g saure Sahne, 25 g Butter

Gewaschene Pflaumen mit kochendem Wasser überbrühen, zugedeckt quellen lassen, abtropfen und entkernen. Quark mit Zucker und Eigelb verrühren und die Pflaumen damit füllen. In eine flache Form setzen, mit saurer Sahne übergießen und im Rohr goldgelb backen. Das fertige Gericht mit etwas zerlassener Butter beträufeln und mit saurer Sahne servieren.

Kompott aus Kirschen und Birnen

KOMPOT IS WISCHNI I GRUSCH

Für 4 Personen

---

400 g Kirschen
6–8 Birnen, 400 g Zucker

Kirschen entkernen, Birnen schälen und halbieren. Aus 300 g Zucker mit ½ l Wasser und einigen zerstoßenen Kirschkernen einen Sirup kochen, die Kirschen zufügen und einmal aufkochen. Durch ein Sieb gießen, die Kirschen kühl stellen und den Sirup dickflüssig einkochen. Erkaltet über die Kirschen gießen.
Birnenhälften in ca. ½ l mit 100 g Zucker gesüßtem Wasser weich dünsten, mit einem Schaumlöffel herausnehmen und über die Kirschen schichten. Die Dünstflüssigkeit durch ein Haarsieb gießen, zur Hälfte einkochen und nach dem Abkühlen über die Birnen füllen.

Gelee »Moskowit«

GELEE »MOSKOWIT«

Für 4 Personen

Saft von 4 Orangen und 2 Zitronen
½ l Wasser
Zucker nach Geschmack
Gelatine nach Flüssigkeitsmenge

Für dieses sehr berühmte Gelee Orangen- und Zitronensaft mit Wasser und Zucker sirupartig einkochen und die eingeweichte Gelatine darin auflösen. Das Gelee in Hörnchenformen füllen (wie Eistüten) und abkühlen lassen.
Die Formen dann auf Eis stellen und ab und zu umdrehen. Dabei bildet sich außen eine Eiskristallschicht, innen muß die Masse geleeartig bleiben. Die Hörnchen bekommen dadurch zwei verschiedene Farben und sind auch innen und außen von unterschiedlichem Geschmack.

Rote-Bete-Gelee

GELEE IS SOKA KRASNOIY SWEKLI

Für 4 Personen

¾ l Rote-Bete-Saft
150 g Zucker, Mark von 1 Vanillestange,
9 Blatt Gelatine

Rote-Bete-Saft mit Zucker und Vanille aufkochen, die eingeweichte Gelatine darin auflösen und in eine Schüssel oder in Portionsförmchen füllen. Erstarren lassen, stürzen und mit Sahne servieren.

Man kann das Rote-Bete-Gelee auch pikant mit Salz, Pfeffer und Zitrone würzen und nach dem Stürzen mit einem Löffel Mayonnaise als Vorspeise servieren.

Fruchtgelee

FRUCKTOWOE GELEE

Einfarbig oder bunt – Fruchtgelee ist in der russischen Küche sehr beliebt. Man bereitet es aus dem Saft von Zitronen, Orangen, Berberitzen, Melonen, Ananas, Äpfeln, Kirschen, Mirabellen, Johannis-, Moos-, Himbeeren, aber auch aus Tee, Kaffee, Wein, Milch oder Sahne.

Der Saft wird mit Zucker sirupartig eingekocht und mit Gelatine (nach Packungsvorschrift) verrührt. Das Gelee wird im Kühlschrank gut durchgekühlt und soll ganz fest werden.

Bei mehrfarbigem Gelee müssen die einzelnen Schichten erstarrt sein, bevor man die nächste Lage einfüllt.

Die heiße Masse wird in kalt ausgespülte Formen, Schüsseln oder Portionsschälchen gegossen und zum Stürzen ganz kurz in heißes Wasser getaucht. Gefärbt wird in der russischen Küche mit natürlichen Produkten:

Grün: 400 g Spinat mit 600 ml Wasser aufkochen, durch ein feines Sieb gießen und mit 300 g Zucker, Zitronensaft und 1 Glas Weißwein aufkochen.

Blau: 100 g Kornblumen mit 400 ml Wasser überbrühen, abseihen und mit 200 g Zucker aufkochen.

Hellgrün: grüne Pistazien überbrühen.

Weiß: aus Sahne, Milch oder Mandelmilch.

Würzig: Weiß- oder Rotwein mit Zimt, Nelken, Kardamom, Minze, Zitronenschale aufkochen und abseihen.

◁ *Fruchtgelee*

Gelee »Mosaik«

GELEE »MOSAIK«

Für dieses sehr berühmte Dessert möglichst viele verschiedenfarbige Gelees bereiten, fest werden lassen und in Würfelchen schneiden. Bunt mischen, in Portionsschälchen füllen und mit klarem Zitronengelee überziehen. Erstarren lassen und stürzen.

Geschichtete Apfelcharlotte aus Roggenbrot

SCHARLOTKA IS TSCHÖRNOGO CHLEBA S JABLOKAMI

Für 4–6 Personen

500 g trockenes Roggenbrot
500 g Äpfel
150–200 g Zucker, 200 g Butter, 2 EL Konfitüre
1 Gläschen Portwein
1 EL gehacktes Orangeat
geriebene Zitronenschale, Zimt, Nelkenpulver

Geriebenes Brot unter ständigem Rühren in 150 g Butter rösten und abgekühlt mit Zucker, Portwein, Orangeat, Zitronenschale, Zimt und Nelken mischen. Geschälte, entkernte Äpfel in feine Scheibchen schneiden.
Eine hohe Auflaufform buttern und mit Zucker ausstreuen (evtl. den Boden mit Backpapier belegen). Lagenweise Brot, Äpfel und Konfitüre einschichten und mit Brot abschließen. Etwas zusammendrükken, mit zerlassener Butter beträufeln und etwa 1 Stunde bei Mittelhitze backen. Die Charlotte stürzen, mit Puderzucker bestreuen und mit Sahne servieren.

Apfelcharlotte

SCHARLOTKA S JABLOKAMI

Für 4–6 Personen

500 g Äpfel
4–6 Brötchen, 150 g Zucker, 200 g Butter
2 Eigelb, ⅛ l Milch, Rum

Geschälte, entkernte Äpfel in Streifen schneiden und in 50 g Butter mit Zucker und einem Schuß Rum weich dünsten. Die eine Hälfte der altbackenen Brötchen in Scheiben, die andere Hälfte in Streifen schneiden. Mit etwas Milch anfeuchten. Eine hohe, feuerfeste Form buttern und den Boden eventuell mit Backpapier auslegen. Mit der Hälfte der Brötchenscheiben dicht belegen und die Brötchenstreifen aufrecht an den Rand stellen. Die Streifen vorher kurz in verquirltes Eigelb tauchen, damit sie aneinanderkleben.
Brötchenreste würfeln und in Butter rösten. Abgekühlt mit den Äpfeln mischen und die Masse einfüllen. Mit den restlichen Brötchenscheiben vollständig bedecken, mit etwas zerlassener Butter beträufeln und bei Mittelhitze etwa 1 Stunde backen. Die Charlotte stürzen und warm oder kalt mit Fruchtsirup oder süßer Eiersauce servieren.

Wassermelone mit Sekt

ARBUS S SCHAMPANSKIM

Für 4–6 Personen

1 reife Wassermelone
1–2 Flaschen Sekt oder Champagner

Das obere Drittel der Melone waagrecht abschneiden und das Fruchtfleisch mit einem Kugelausstecher auslösen. Dabei die Kerne vorsichtig entfernen. Die Melonenbällchen wieder in die ausgehöhlte Frucht füllen und mit gekühltem Sekt (am besten natürlich mit Krim-Sekt) oder Champagner vorsichtig aufgießen. Bis zum Servieren noch einmal gut durchkühlen und als erfrischendes Dessert reichen.

Wassermelone mit Sekt

Sauerkirschpudding

PUDING IS WISCHNI

Für 4 Personen

---

400 g Sauerkirschen
50 g getrocknetes Schwarzbrot
300 g Zucker
50 g geriebene Mandeln, 6 EL Mehl, 5 Eier
50 g Butter, Zimt

SAUCE
⅛ l Rotwein
Zucker, 1 TL Kartoffelmehl

Eigelb mit Butter und Zucker schaumig rühren, mit geriebenem Schwarzbrot, Mandeln, Mehl und Zimt gründlich mischen und zuletzt das steifgeschlagene Eiweiß unterheben.
Einen Teil der Masse in eine gebutterte Auflaufform füllen und im heißen Rohr leicht bräunen. Einen Teil der entkernten Sauerkirschen darüberfüllen, mit Teig bedecken und wieder leicht bräunen. Den Vorgang wiederholen, bis alle Zutaten aufgebraucht sind (die letzte Schicht muß Teig sein).
Für die Sauce einige Kirschkerne im Mörser zerstoßen und mit ⅛ l Wasser auskochen. Filtern und den Sud mit Wein und Zucker aufkochen. Mit kalt angerührtem Kartoffelmehl binden, unter ständigem Rühren aufwallen lassen und warm zum Pudding servieren.

Karottensoufflé

SUFLE IS MORKOWI

Für 4 Personen

---

400 g Karotten
250 g Zwieback, 50–100 g Zucker, 4 Eier
100 g Rosinen
20 g Butter, etwas Milch

Karotten in Scheiben schneiden und in Butter weich dünsten. Durch ein Sieb passieren und mit Rosinen und in Milch eingeweichtem Zwieback mischen. Eigelb mit Zucker schaumig schlagen,

unterrühren und zuletzt den steifgeschlagenen Eischnee unterheben. In eine gebutterte Soufflé-Form füllen und bei 200° 30–40 Minuten backen. Mit saurer Sahne oder zerlassener Butter servieren.

Kürbispudding

PUDING IS TIKWI

Für 4 Personen

---

500 g Kürbisfleisch
5 Eier, 1½ EL Butter, 50 g Zucker
1 EL Zwiebackbrösel, Zimt

Kürbiswürfel in wenig Wasser weich dünsten und durch ein Sieb passieren. Die abgekühlte Masse mit Zucker und Zimt würzen. Eigelb mit Butter schaumig schlagen und unterrühren. Zuletzt den steifgeschlagenen Eischnee unterheben und entweder in eine gebutterte Puddingform füllen, verschließen und im Wasserbad etwa 30 Minuten garen oder in einer gebutterten Auflaufform bei Mittelhitze 30 Minuten backen.
Mit Zucker und Sahne servieren.

Spinatpudding

PUDING IS SCHPINATA

Für 4 Personen

---

200 g altbackenes Weißbrot
200–400 g Spinat
300 ml Milch oder Sahne, 150 g Zucker
6 Eier, 50 g Butter
1 TL Salz, ½ TL Muskat

Weißbrot entrinden, mit kochender Milch übergießen und ½ Stunde quellen lassen. Durch ein Sieb passieren und leicht salzen. Gewaschenen Spinat in wenig Salzwasser dünsten, abtropfen und durch ein Sieb passieren. (Die Spinatmenge richtet sich danach, ob der Pudding mehr oder weniger grün aussehen soll.)
Eigelb mit Butter und Zucker schaumig schlagen, mit Spinat und Weißbrot gründlich mischen und mit Muskat würzen. Steifgeschlagenes Eiweiß

unterheben und die Masse in eine gebutterte, mit Paniermehl bestreute Puddingform füllen (sie darf nur dreiviertel voll sein). Verschließen und im Wasserbad 1 Stunde garen.

Auf eine Platte stürzen und mit süßer Eiersauce (siehe unten) servieren.

Süße Eiersauce

SLADKIY JAITSCHNIY SOUS

3 Eigelb, 2 ganze Eier
125 g Zucker
⅛ l Madeira
geriebene Schale und Saft von ½ Zitrone

Eigelb, Eier und Zucker gut mischen und im Wasserbad cremig schlagen (das Wasser darf nicht kochen und es muß immer nur in einer Richtung gerührt werden). Zitronensaft und -schale sowie nach und nach Madeira zufügen und so lange schlagen, bis aus der ganzen Masse Schaum geworden ist. Warm zu Pudding, Charlotten oder süßem Gemüse (z. B. Kürbis) als Vorspeise servieren.

Paska

PASHA

Paska ist eine traditionelle russische Osterspeise aus Quark (Topfen, Weißkäse).

Sie wird in einer pyramidenförmigen Holzform zubereitet, die an der schmalen Seite abgeflacht ist und ein oder mehrere Löcher hat, damit die Flüssigkeit ablaufen kann.

Als Ersatz für eine Paska-Form eignet sich ganz gut ein neuer, gewaschener Blumentopf, der mit Mull oder dünnem Baumwollstoff ausgekleidet wird. Das Stoffstück muß an den Rändern der Form überhängen, damit die Füllung bedeckt werden kann. Der Quark, der im alten Rußland natürlich aus Milch, süßer oder saurer Sahne selbst bereitet wurde, muß frisch und möglichst trocken sein. Die heutzutage angebotenen Quarksorten sind im allgemeinen zu cremig. Die besten Erfahrungen habe ich mit Schichtkäse gemacht oder mit Topfen aus gänzlich unbehandelter Milch, den man in Reformhäusern und Naturkostläden bekommt.

Der Einfachheit halber verwende ich in den folgenden Rezepten einheitlich die Bezeichnung »Quark«. Man läßt den Quark abtropfen und preßt ihn zusätzlich noch aus (in eine Serviette einschlagen, zwischen zwei Holzbrettchen legen und über Nacht beschweren, z. B. mit einem Stein oder mit einem Topf, der mit Wasser gefüllt ist).

Anschließend wird der Quark passiert, mit den in den Rezepten angegebenen Zutaten vermischt, in die Form gefüllt und 24 Stunden im Kühlschrank getrocknet. Dabei die Masse wieder beschweren und die Form in ein Gefäß stellen, da ja während des Trocknens Flüssigkeit austritt.

Die fertige Paska wird auf eine Platte gestürzt und mit religiösen Motiven aus kandierten Früchten, bunten Zuckerperlen usw. verziert.

In den folgenden Rezepten werden jeweils nur die Zutaten und die Zubereitung der Quarkmasse angegeben, denn das Vorbereiten, Trocknen und Servieren erfolgt stets auf die bereits beschriebene Weise.

Paska des Zaren

PASHA ZARSKAJA

Für 6–12 Personen

---

600 g vorbereiteter Quark
1½ l Schlagsahne, 400 g Butter
400 g Puderzucker, 6 Eigelb
100 g kandierte Honig- oder Wassermelone
. 100 g kandierte Kirschen
Mark von 1–2 Vanille-Stangen
375 ml Schlagsahne

1½ l Sahne in einen breiten Topf oder in eine Pfanne mit hohem Rand füllen und ins heiße Backrohr (175°) stellen. Nach einiger Zeit bildet sich an der Oberfläche eine dickliche, hellbraune Haut, die in eine Schüssel abgeschöpft wird. Den Vorgang so lange wiederholen, bis aus der ganzen Sahne gebräunte »Sahnehaut« geworden ist.
Butter mit Puderzucker und Vanille schaumig schlagen und nach und nach die Eigelb (roh oder gekocht und passiert) einrühren. Den Quark und die abgekühlte »Sahnehaut« zufügen und alles sehr gut durchrühren. Mit kandierten, in kleine Würfel geschnittenen Früchten mischen und die steifgeschlagene Sahne (375 ml) unterheben. Die Masse in die Form füllen.

Einfache Paska

PROSTAJA PASHA

Für 6–12 Personen

1600 g vorbereiteter Quark
250 ml saure Sahne, 200 g Butter
500 g Zucker
100 g gehackte Mandeln oder 200 g Rosinen
Mark von 2 Vanillestangen oder
abgeriebene Schale von 1½ Zitronen
2 TL Salz

Den Quark mit allen anderen Zutaten gründlich mischen und in die Form füllen.

Paska mit Schlagsahne I

PASHA SIRAJA I

Für 6–12 Personen

1600 g vorbereiteter Quark
400 g Butter, 400 g Zucker, 375 ml Schlagsahne
2–3 Eigelb, Mark von 1 Vanillestange
oder abgeriebene Schale von 1 Zitrone

Weiche Butter mit Eigelb, Zucker und Vanille oder Zitronenschale schaumig schlagen und sorgfältig mit dem Quark verrühren. Steifgeschlagene Sahne unterheben und die Masse in die Form füllen.

Paska mit Schlagsahne II

PASHA SIRAJA II

Für 6–12 Personen

---

800 g vorbereiteter Quark
400 g Butter, 200 g Zucker, 375 ml Schlagsahne
2 Eigelb, Mark von 1 Vanillestange
evtl. 50 g gehackte Mandeln

Butter schaumig rühren, Eigelb mit 125 ml Sahne verquirlen. Beides mit Zucker, Vanille und eventuell gehackten Mandeln sorgfältig mit dem Quark mischen. Restliche, steifgeschlagene Sahne unterheben und die Masse in die Form füllen.

Rote Paska gebacken

PASHA KRASNAJA

1200 g vorbereiteter Quark
150 g Butter, 150 g fette saure Sahne
300 g Zucker, 6 Eigelb
150 g Orangeat oder Zitronat
100 g kernlose Rosinen
100 g feingehackte Mandeln
Mark von 1 Vanillestange

Butter mit Zucker, Eigelb und saurer Sahne schaumig schlagen. Mit gewürfeltem Orangeat oder Zitronat, Rosinen, Mandeln und Vanille unter den Quark mischen und gut durchrühren. Eine große Napfkuchen-, Auflauf- oder Puddingform mit Mull oder dünnem Baumwollstoff auskleiden und die Masse einfüllen (die Form darf nur dreiviertel voll sein). Zudecken (z.B. mit Alufolie) und bei kleiner Hitze im Backrohr 3–4 Stunden backen.
Die Paska muß durch und durch gebräunt (»rot«) sein.
In der Form abkühlen lassen und stürzen.

Paska mit gekochtem Eigelb I

PASHA S WARÖNIMI JAIZAMI I

Für 6–12 Personen

1600 g vorbereiteter Quark
400 ml möglichst dicke saure Sahne
400 g Butter
12 gekochte Eigelb, 800 g Zucker
200 g Rosinen, 200 g kandierte Früchte
Mark von 1 Vanillestange

Butter mit Zucker und Vanille schaumig schlagen. Eigelb durch ein Sieb drücken und mit der sauren Sahne gründlich unter die Butter mischen. Nach und nach den Quark dazurühren und zum Schluß gehackte, kandierte Früchte und Rosinen zufügen. Noch einmal gut durchrühren und in die Form füllen.

Paska mit gekochtem Eigelb II

PASHA S WARÖNIMI JAIZAMI II

Für 6–12 Personen

800 g vorbereiteter Quark
500 g Butter, 500 g Zucker, 375 ml Schlagsahne
6 gekochte Eigelb, 200 g kandierte Früchte
Mark von 1 Vanillestange

Butter mit Zucker und Vanille schaumig schlagen. Eigelb durch ein Sieb drücken und gründlich mit der Butter mischen. Nach und nach den Quark dazurühren und die gehackten, kandierten Früchte zufügen. Noch einmal gut durchrühren, die steifgeschlagene Sahne unterheben und die Masse in die Form füllen.

Erhitzte Paska I

PASHA WARÖNAJA I

Für 6–12 Personen

1200 g vorbereiteter Quark, 400 g Butter
400 ml saure Sahne, 750 g Zucker
5 Eigelb, 100 g feingehackte Mandeln
Vanille- oder Orangenaroma

Quark, Butter, saure Sahne, Zucker, Eigelb und Mandeln sorgfältig mischen. Unter ständigem Rühren auf kleiner Flamme bis kurz vor dem Siedepunkt erhitzen (keinesfalls kochen, da die Masse sonst gerinnt – es darf höchstens eine kleine Blase aufsteigen!). Den Topf vom Feuer nehmen, mit Vanille- oder Orangenaroma (oder Essenz) würzen, abkühlen lassen und in die Form füllen.

Festliche Tafel ▷

Erhitzte Paska II

PASHA WARÖNAJA II

Für 6–12 Personen

---

800 g vorbereiteter Quark
400 g Butter, 4 Eigelb, 250 g Zucker
350 ml Schlagsahne
Mark von 1 Vanillestange (oder Vanillearoma)

Quark mit schaumig gerührter Butter, Sahne und mit dem mit Zucker verquirltem Eigelb gründlich mischen. Unter ständigem Rühren auf kleiner Flamme erhitzen (siehe Rezept I), vom Feuer nehmen und mit Vanille würzen. Abgekühlt in die Form füllen.

Erhitzte Paska III

PASHA WARÖNAJA III

Für 6–12 Personen

1600 g vorbereiteter Quark
¼ l saure Sahne, 200 g Butter, 625 g Zucker
4–5 Eier, 2 TL Salz
Mark von 1 Vanillestange oder
abgeriebene Zitronenschale

Quark, saure Sahne, Butter, 500 g Zucker und Salz gründlich mischen. Eier mit 125 g Zucker cremig schlagen und zufügen. Die Masse unter ständigem Rühren erhitzen (siehe Rezept I), vom Feuer nehmen und mit Vanille oder Zitronenschale würzen. Abgekühlt in die Form füllen.

Erhitzte Paska IV

PASHA WARÖNAJA IV

Für 6–12 Personen

1600 g vorbereiteter Quark
10 Eigelb, 500 g Zucker, 400 g Butter, 375 ml Milch
1 Vanillestange oder abgeriebene Zitronenschale

Eigelb mit Zucker schaumig schlagen und mit Milch verdünnen. Aufgeschlitzte Vanillestange oder Zitronenschale zufügen und unter ständigem Rühren erhitzen (keinesfalls kochen – siehe Rezept I). Den Topf vom Feuer nehmen und die Butter in Flöckchen unter die heiße Masse schlagen. Abkühlen lassen und gründlich mit dem Quark verrühren. In die Form füllen.

Erhitzte Paska V

PASHA WARÖNAJA V

Für 6–12 Personen

1600 g vorbereiteter Quark
8–12 Eigelb, 400–600 g Zucker
½ l Schlagsahne, 400 g Butter
200–400 g kandierte Früchte, 200 g Rosinen
Mark von 1 Vanillestange

Eigelb, Zucker, Sahne und Vanille auf kleiner Flamme zu einer dicken Creme schlagen (nicht kochen – siehe Rezept I). Den Topf vom Feuer nehmen und Butterflöckchen in die heiße Creme rühren. Quark, gehackte, kandierte Früchte und Rosinen daruntermischen und die Masse unter ständigem Rühren noch einmal erhitzen. Abgekühlt in die Form füllen.

Schokoladenpaska

PASHA SCHOKOLADNAJA

Für 6–12 Personen

800 g vorbereiteter Quark
400 g Schokolade, 400 g Butter, 400 g Zucker
6 Eigelb, ⅛ l Schlagsahne
Mark von 1 Vanillestange

Eigelb mit Zucker schaumig schlagen. Mit geriebener Schokolade, Sahne und Vanille mischen und unter ständigem Rühren erhitzen (nicht kochen – siehe Rezept I). Den Topf vom Feuer nehmen und den Quark und die schaumig geschlagene Butter gründlich unter die Masse rühren. Abgekühlt in die Form füllen.

Fruchtpüree mit Zucker und Eigelb auf kleiner Flamme zu einer dicken Creme schlagen (nicht kochen, da das Eigelb sonst gerinnt). Etwas abkühlen lassen, Quark, Rosinen und gehackte, kandierte Früchte untermischen und die Masse unter ständigem Rühren noch einmal erhitzen. Den Topf vom Feuer nehmen, die Butterflöckchen in die heiße Masse schlagen und mit Zitronenschale würzen. Abgekühlt in die Form füllen.

Paska mit Aprikosen, Himbeeren oder Erdbeeren

PASHA S ABRIKOSAMI,
MALINOIY ILI KLUBMIKOIY

800 g vorbereiteter Quark
400 g Aprikosen-, Himbeer- oder Erdbeerpüree
400 g Butter, 400 g Zucker, 6 Eigelb
200 g kandierte Früchte, 100 g Rosinen
abgeriebene Schale von 1 Zitrone

Mandel-Paska

PASHA MINDALNAJA

Für 6 – 12 Personen

1200 g vorbereiteter Quark
1500 ml Schlagsahne
200 g feingehackte Mandeln
2–3 feingehackte bittere Mandeln
250 g Zucker

Den Quark mit der Sahne glattrühren. Mit Mandeln und Zucker gut vermischen und in die Form füllen.

Kuchen, Kleingebäck und Torten

KULITSCHI,
KRENDELI,
PETSCHENIJE
I TORTI

Selbstgebackenes gehört zu jeder Teestunde und zum reich beladenen »süßen Tisch«, den die Braut mit den Eltern nach alter Tradition am dritten Tag nach der Hochzeit für ihre Gäste deckt.

Bei vielen Backrezepten ist der Einfluß französischer, italienischer und deutscher Köche und Konditoren spürbar, und wir haben auch die Bezeichnungen für das Gebäck beibehalten. Deshalb gibt es auch bei uns *Ekler* (Eclair), *Bise* (Baiser), *Merengi* (Meringue), *Sawaren* (Savarin), *Briosch* (Brioche) usw.

Aber natürlich haben wir auch typisch russische Backwaren: süße Piroggen zum Beispiel mit Quark- und Marmeladenfüllung (*Watruschki*), die berühmten, kräftig gewürzten Lebkuchen »Tula« mit ihren besonderen Formen, köstliche, gehaltvolle Kuchen wie *Baba* und *Karawaji* und vor allem *Kulitsch*, der traditionelle Osterkuchen, der nur einmal im Jahr gebacken wird. Nach der vorausgegangenen siebenwöchigen Fastenzeit sind Geruchs- und Geschmackssinn sensibel für Aromen und Düfte, die bei der Zubereitung von *Kulitsch* durchs Haus ziehen. Das Backen und später das Verzieren gleicht einem feierlichen Ritual, und voller Ungeduld wartet man auf den Ostersonntag, denn erst dann darf der Kuchen gegessen werden.

Schokoladen-Kulitsch

SCHOKOLADNIY KULITSCH

200 g Mehl, 400 g geriebene Mandeln
100 g geriebene Schokolade
100 g Roggenbrotbrösel, 300 g Zucker
16 Eigelb, 12 Eiweiß
⅛ l Rum, ⅛ l Rotwein, 30 g Hefe, ⅛ l Wasser
50 g gehacktes Orangeat
1 TL Zimt, ½ TL Nelken, Saft von 1 Zitrone
1 Prise Salz, Schokoladenglasur

Hefe in lauwarmem Wasser auflösen, mit dem Mehl vermischen und gehen lassen. Eigelb mit Zucker schaumig schlagen und mit den übrigen Zutaten (bis auf das Eiweiß!) unter den Hefevorteig rühren. Gründlich durcharbeiten und 1½–2 Stunden gehen lassen.

Das steifgeschlagene Eiweiß unterheben und den Teig in eine gefettete, mit Paniermehl ausgestreute Form füllen. Die Form muß hoch und rund sein, (siehe Rezept »Osterkuchen« unten).

Den Kuchen eventuell mit einem Kreuz aus Teig verzieren. Mit Eigelb bepinseln und bei Mittelhitze 1–1½ Stunden backen. Nach dem Auskühlen mit Schokoladenguß überziehen.

Osterkuchen

SCHAFRANOWIY KULITSCH

1200 g Mehl, 15 Eigelb
200 g Zucker, 300 g Butter, ½ l Milch oder Sahne
50 g Hefe, 100 g Rosinen
100 g Zitronat oder gemischte, kandierte Früchte
50 g geriebene Mandeln
1 g Safran, 1 TL Muskat, 15 Körner Kardamom
1 Prise Salz

Zerbröckelte Hefe mit lauwarmer Milch (oder Sahne) und der Hälfte des Mehls zu einem Vorteig rühren und an einem warmen Ort gut aufgehen lassen. Die restlichen Zutaten daruntermischen und mit den Händen so lange kneten, bis der Teig Blasen wirft. Noch einmal 1½–2 Stunden gehen lassen. Eine hohe, runde Form buttern und mit Paniermehl bestreuen. Man kann dafür z. B. eine große, gereinigte Kaffeedose nehmen, die man mit einem breiten Streifen starker Alufolie noch höher macht. Die Form halbvoll mit Teig füllen und gehen lassen (die Form soll dreiviertel voll sein). Bei mittlerer Hitze mindestens 1¼ Stunden backen.

Den fertigen Kuchen kann man glasieren und mit kandierten Früchten verzieren.

Es empfiehlt sich, diese Menge in zwei Formen zu backen.

Ostertafel

Einfacher Kulitsch

PROSTOI KULITSCH

600 g Mehl, ¼ l Milch
30 g Hefe, 100 g Butter, 170 g Zucker, 2–3 Eier
50 g gehackte Mandeln
10 Körner Kardamom, 1 g Safran
1 Gläschen Rum oder Cognac
1 Prise Salz

Die Milch aufkochen lassen, mit 1 TL Butter und 200 g Mehl verrühren, salzen und abkühlen lassen. Mit in etwas Wasser aufgelöster Hefe verrühren und 1½–2 Stunden gehen lassen. Restliche Zutaten einarbeiten (Safran vorher in Rum oder Cognac auflösen) und den Teig gründlich kneten. Noch einmal 1–1½ Stunden gehen lassen, in eine gefettete, bebröselte, hohe, runde Form füllen und etwa 1¼ Stunden bei Mittelhitze backen.

Festlicher Karawaji

PRASDNITSCHNIY KARAWAJI

800 g Mehl, 400 g Zucker
30 Eigelb, ¾ l Milch, 50 g Hefe
125 g zerlassene Butter
Vanilleessenz, 1 TL Salz

Hefe in etwas warmer Milch auflösen. Restliche Milch aufkochen und über ca. 250 g Mehl gießen. Verrühren, abkühlen lassen und mit der Hefe mischen. An einem warmen Ort 1½–2 Stunden gehen lassen. Eigelb mit Zucker schaumig rühren und mit Vanille und Salz unter den Vorteig mischen. Nach und nach das restliche Mehl zufügen, den Teig gründlich kneten und noch einmal 1–2 Stunden gehen lassen. In eine gefettete Form füllen und bei Mittelhitze 1–1½ Stunden backen.

Feines Brot
nach Hausfrauenart

KARAWAJI – WKUSNIY
CHLEB PO-DOMASCHNI

1200 g Mehl, 9 Eigelb
300–400 g Butter, ¾ l Milch (oder Wasser)
150 g Zucker, 60 g Hefe, 1 g Safran
1 Prise Salz
1 Eigelb zum Bestreichen

Aus den Zutaten einen glatten Hefeteig (siehe Grundrezept Seite 255) bereiten, gut aufgehen lassen und zu einer Kugel formen. Noch einmal 20–30 Minuten ruhen lassen, mit verquirltem Eigelb bestreichen und bei etwa 200° ca. 1 Stunde backen.

Man kann den Teig auch in einer runden, hohen Form backen, die aber nur dreiviertel voll sein darf.

Hirse-Karawaji

PSCHONNIY KARAWAJI

200 g Hirse, 200 g Mehl
150 g Butter, 6 Eier, 1–1½ l Milch
20 g Hefe, Salz

Aus Milch und Hirse einen dicken Brei kochen und durch ein Sieb passieren. Abgekühlt mit Hefe, die in etwas warmem Wasser aufgelöst wurde, Eigelb, zerlassener Butter und Mehl mischen. An einem warmen Ort gehen lassen. Das mit etwas Salz steifgeschlagene Eiweiß unterheben und den Teig in einer runden, hohen Form bei Mittelhitze 40 Minuten backen.

Man kann aus diesem Hirseteig auch eine Pirogge mit Fleischfüllung backen.

Safran-Baba

SCHAFRANOWAJA BABA

400 g Mehl, ⅛ l Milch
30 g Hefe, 1 Eigelb, 2 Eiweiß, 120 g Zucker
1 g Safran, 1 Gläschen Wodka
50 g Butter

Ein Drittel des Mehls mit heißer Milch überbrühen, glattrühren und abkühlen lassen. Hefe, verquirltes Eigelb und steifgeschlagenen Eischnee untermischen und 1–1½ Stunden gehen lassen. Restliches Mehl und Zucker darunterkneten und Safran, der in Wodka aufgelöst wurde, zufügen. Gut durcharbeiten und noch einmal gehen lassen. In eine Springform mit hohem Rand (gefettet und mit Paniermehl bestreut) füllen, noch einmal gehen lassen und bei Mittelhitze etwa 1 Stunde backen.

Mandel-Baba

MINDALNAJA BABA

400 g süße Mandeln
100 g Bittermandeln, 400 g Zucker, 24 Eier
70 g Kartoffelmehl, etwas Salz

Mandeln mit kochendem Wasser überbrühen, schälen und reiben. Mit 1 Eiweiß verrühren. Eigelb mit Zucker schaumig schlagen und mit den Mandeln mischen (nur in eine Richtung rühren!). Restliches Eiweiß mit Salz steif schlagen und unter die Masse heben. Kartoffelmehl darübersieben und alles vorsichtig, aber gründlich mischen. Eine hohe Form fetten und mit Paniermehl ausstreuen. Den Teig dreiviertel hoch einfüllen und bei Mittelhitze etwa 1 Stunde backen. In der Form erkalten lassen.

Schwere Baba

TJASCHOLAJA BABA

550 g Mehl, 150 g Butter, ⅛ l Milch
40 g Hefe, 10 Eigelb, 5 Eier
140 g Zucker, 50 g geriebene Mandeln
5–10 geriebene Bittermandeln, 100 g Rosinen
50 g gehacktes Zitronat und Orangeat
etwas Salz

Die Hälfte des Mehls mit der warmen Milch und Hefe verrühren und gehen lassen. Eier und Eigelb schaumig schlagen und mit dem restlichen Mehl unter den Vorteig mischen. So lange kneten, bis der Teig nicht mehr an den Händen klebt. Zerlassene Butter und restliche Zutaten einarbeiten, in eine gefettete, bebröselte, hohe Springform füllen und noch einmal aufgehen lassen. Bei Mittelhitze etwa 1¼ Stunden backen.

Zitronenbaba

LIMONNAJA BABA

150 g Mehl, 150 g Kartoffelmehl
300 g Zucker, 3–4 Stück Würfelzucker, 3 Zitronen
15 Eier, 1 Prise Salz

Zitronenschale mit Würfelzucker abreiben und den Würfelzucker mit dem anderen Zucker im Mörser ganz fein zerstoßen.
Die Zitronen schälen und mit Wasser bedeckt weich kochen. Entkernen und im Mixer pürieren und mit Zucker und Eigelb gründlich verrühren. Mehl und Kartoffelmehl darübersieben und zu einem glatten Teig mischen. Zum Schluß das mit etwas Salz steifgeschlagene Eiweiß unterheben. Den Teig in eine hohe, gefettete, mit Mehl bestäubte Form füllen und bei Mittelhitze etwa 1 Stunde backen.

Berühmtes Kleingebäck

Berühmtes Kleingebäck

SNAMENITAJA »KARTOSCHKA«

---

6 Eier, 6 EL Zucker, 4 EL Mehl
1 EL Kartoffelmehl

CREME
150 g Butter
2 EL Cognac oder Rum
6 EL Puderzucker

Schokoladenglasur oder Kakaopulver

Eier und Zucker mit dem Schneebesen im Wasserbad cremig schlagen. Etwas abkühlen lassen und Mehl und Kartoffelmehl vorsichtig unterrühren. 3–4 cm hoch in eine gefettete Form füllen und bei 200–220° etwa 30–40 Minuten backen.

Inzwischen aus Butter, Puderzucker und Cognac oder Rum eine Buttercreme rühren.

Den ausgekühlten Biskuitteig durch den Fleischwolf drehen, mit der Buttercreme gründlich verrühren (1 EL zum Garnieren übriglassen) und die Masse zu 10 »Kartoffeln« formen. 20–30 Minuten in den Kühlschrank stellen, in Kakaopulver wälzen oder mit Schokoladenglasur überziehen und mit der restlichen Buttercreme kleine Tupfer (wie Kartoffelkeime) aufsetzen.

Apfelpirogge

JABLOTSCHNIY PIROG

Mürbeteig aus 250 g Mehl
500 g Äpfel, 2 EL Rosinen, 1 EL Rum
100–150 g Zucker
50 g süße und 2–3 bittere Mandeln
50 g Butter, 1 Eigelb

Geschälte, entkernte Äpfel in Scheiben schneiden und in Butter mit Rum und Zucker weich dünsten. Mit geriebenen Mandeln mischen. Dreiviertel des Mürbeteigs dünn ausrollen, in eine Springform legen und einen Rand hochziehen. Die abgekühlte Apfelmasse einfüllen, aus dem restlichen Teig ein Gitter darüberlegen und die Zwischenräume mit Rosinen füllen. Mit Eigelb bestreichen und bei Mittelhitze 30–40 Minuten backen.

Äpfel auf Petersburger Art

JABLOKI PO PETERSBURGSKI

4 große Äpfel
300 g tiefgekühlter Blätterteig
Vanillezucker, Zitronensaft
2 Eigelb

Die Äpfel schälen und das Kerngehäuse ausstechen. Mit Zitronensaft einreiben und mit Vanillezucker füllen.
Aufgetauten Blätterteig in 2 cm breite Streifen schneiden und auf einer Seite mit verquirltem Eigelb bestreichen. Die Äpfel mit den Teigstreifen überlappend umwickeln, mit restlichem Ei bestreichen und im Rohr goldbraun backen.

Quarkschnecken

TWOROSCHNIE BULOTSCHKI

500 g trockener Quark (Schichtkäse)
200 g Butter, 350 g Zucker
450 g Mehl, ½ Päckchen Backpulver
1 EL Zimt, 1–2 Eigelb

Quark mit weicher Butter, 300 g Zucker, Mehl und Backpulver gründlich verrühren. Den Teig auf einem bemehlten Brett 5 mm dick ausrollen, restlichen Zucker mit Zimt mischen und darüberstreuen. Den Teig locker aufrollen, in 2 cm dicke Scheiben schneiden und jede »Schnecke« in der Mitte etwas nach oben drücken. Auf ein gefettetes, mit Mehl bestreutes Backblech setzen, mit verquirltem Eigelb bestreichen und bei 180–200° goldbraun backen.

Lebkuchen

PRJANIKI

Bei russischen Lebkuchen unterscheidet man drei Zubereitungsarten:

ROHER HONIGTEIG
Honig mit weicher Butter, Eiern und Gewürzen mischen und Mehl zufügen;

ERHITZTER HONIGTEIG
Honig, Zucker und Wasser auf ca. 70° erhitzen, mit Gewürzen und der Hälfte des Mehls verarbeiten, auf Zimmertemperatur abkühlen und das restliche Mehl rasch darunterkneten;

ZUCKERTEIG
Zucker mit Wasser aufkochen, abschäumen, mit Butter verrühren und auf Zimmertemperatur abkühlen lassen. Mit Mehl, Eiern und Gewürzen mischen.

Der Teig wird 5–8 mm dünn ausgerollt, ausgestochen und – je nach Größe – bei 180–200° 20–30 Minuten gebacken.
Fester Teig wird auf ein mit Wasser abgespültes, weicher Teig auf ein gefettetes Blech gelegt.
Die fertigen Lebkuchen mit etwas Wasser bepinseln, damit sie schön glänzen. Wenn man sie nach dem Abkühlen mit Zuckerglasur überzieht, trocknen sie nicht aus.

Lebkuchen »Tula«

TULSKIE PRJANIKI

300 g Mehl, 200 g Zucker, 50 g Honig
100 g Butter, 1 Ei, ½ TL Natron, ⅛ l Wasser
Zimt, Nelken, Kardamom
150 g dickflüssige Marmelade
1 Ei, Zuckerglasur

»Erhitzten Honigteig« bereiten und 5–8 mm dünn ausrollen. Etwa 10–12 cm große Rechtecke oder Kreise ausstechen, die Hälfte davon mit Marmelade bestreichen und die Ränder mit Ei bepinseln. Mit den restlichen Teigstücken bedecken, am Rand gut zusammendrücken und mit Ornamenten verzieren. Entweder aus Teigresten Monogramme oder andere Verzierungen formen oder etwas Teig in eine Model oder in ein Spekulatiusbrett drükken, herausnehmen und auf die Lebkuchen setzen. In Rußland gibt es dafür besondere Formen für Namen, Initialen usw.
Die Lebkuchen bei nicht zu starker Hitze 20–30 Minuten backen und mit Zuckerglasur überziehen.

Lebkuchen Moskauer Art

MOSKOWSKIE PRJANIKI

600 g Roggenmehl, 600 g Honig
90 ml reiner Alkohol
100 g gehackte Pomeranzenschale
je 3 g Nelken, Ingwer, weißer Pfeffer
je 6 g Anis und getrockneter Dill, Bier
Mandeln, Zitronat, Orangeat (zum Verzieren)

Den Honig langsam aufkochen und den Schaum abschöpfen. Vom Feuer nehmen, Alkohol und Gewürze unterrühren und mit der heißen Masse das Mehl übergießen. Den Teig lange und gründlich kneten (bis er hell wird) und auf ein gefettetes Backblech streichen. Mit Bier bepinseln und 30 Minuten ruhen lassen. Mit Mandeln, Zitronat und Orangeat verzieren und bei etwa 200° 20–30 Minuten backen. Etwas abkühlen lassen und anschließend in Rechtecke schneiden.

Pfefferminzlebkuchen

MJATNIE PRJANIKI

600 g Mehl
3–5 Tropfen Pfefferminzessenz
300 g Zucker, ½ TL Natron
50 g Butter, ⅛ l Wasser, 1 Ei, Zuckerglasur

Zucker mit Wasser unter ständigem Rühren sirupartig kochen. Auf Zimmertemperatur abkühlen lassen und mit den anderen Zutaten gründlich durchkneten. Walnußgroße Kügelchen formen, auf ein gefettetes Backblech setzen und bei 180–200° etwa 5–7 Minuten backen. Mit Zuckerglasur ganz überziehen.

Lebkuchen mit Schweineschmalz

PRJANIKI NA SALE

800 g Mehl
400 g Schweineschmalz, 200 g Zucker
2 Eier, etwas Wasser

Aus den Zutaten einen festen Teig kneten, dünn ausrollen und Plätzchen ausstechen. Auf ein mit Wasser abgespültes Blech legen und etwa 10 Minuten bei 180° backen.

Lebkuchen
aus frischen Beeren

PRJANIKI IS SWESCHICH JAGOD

400 g Erd- oder Himbeeren
400 g Zucker, 4 Eiweiß

Beeren durch ein Sieb drücken und mit Zucker und Eiweiß zu einer festen Masse schlagen. Kleine Häufchen auf ein mit Backwachs eingeriebenes Blech setzen und bei 220° 2–3 Minuten backen. Die Temperatur zurückdrehen und die Plätzchen im Ofen trocknen lassen. Nach dem Auskühlen mit Zucker bestreuen und in einer Blechbüchse aufbewahren.

Masurek

MASUREK

200 g Butter, 200 g Zucker
200 g Mehl, 6 Eier, 100 g geriebene Mandeln
3–4 geriebene Bittermandeln

Butter mit Zucker und Eigelb schaumig schlagen, Mandeln und Mehl darunterrühren und zum Schluß das steifgeschlagene Eiweiß unterziehen. Die Masse auf ein mit Backpapier ausgelegtes Blech streichen und bei Mittelhitze 20–30 Minuten backen. Mit Mandelblättchen und Zucker bestreuen oder mit einer beliebigen Glasur überziehen.

Masurek mit Wein

MASUREK S WINOM

250 g Mehl
¼ l saure Sahne, 100 g Zucker
125 ml Wein, 1 Ei
etwas geriebene Zitronenschale

Alle Zutaten bis auf einen Rest Wein zu einem Teig verarbeiten, ausrollen und auf ein gefettetes Backblech legen. Mit Wein bestreichen und bei Mittelhitze 20–30 Minuten backen. Mit Mandelblättchen und grobem Zucker bestreuen.

Vyborger Kringel

WIBORGSKIE KRENDELI
ILI KALATSCHI

500 g Mehl, ¼ l Milch
2 EL Butter, 30 g Hefe, 100 g Zucker
Salz, Kardamom, Muskat

Milch mit Butter aufkochen, über das Mehl gießen, gut verrühren und abkühlen lassen. In wenig warmem Wasser aufgelöste Hefe, Zucker und Gewürze zufügen und zu einem festen Teig kneten (eventuell noch etwas Mehl einarbeiten). Den Teig zu dünnen Rollen formen und daraus geflochtene Kringel oder Brezeln drehen. Ein Backblech mit Holzzahnstochern bedecken und darauf das Gebäck legen (dadurch wird es nicht flach, sondern bleibt auch unten rund). Den Teig gehen lassen und bei Mittelhitze ca. 30 Minuten backen. Die noch heißen Kringel mit kochendem Wasser übersprühen und auf Küchenkrepp trocknen lassen.

Salzige Kringel

SOLÖNIE KRENDELI

800 g Mehl
Wasser, 2 Eier, 2 EL Butter
40 g Hefe, Salz, Kümmel

Mehl mit so viel Wasser verrühren, daß ein fester Teig entsteht. In etwas warmem Wasser aufgelöste Hefe, Eier und Butter zufügen, gut verkneten und salzen. Den Teig aufgehen lassen, dünne Rollen formen und zu Kringeln oder Brezeln drehen. Noch einmal gehen lassen und das Gebäck mit einem Schaumlöffel kurz in kochendes Wasser tauchen. Auf ein gefettetes Backblech legen, mit grobem Salz und Kümmel bestreuen und bei Mittelhitze ca. 30 Minuten hell backen.

Safran-Kringel

SCHAFRANOWIE KRENDELI ILI KALATSCHI

---

800 g Mehl, 8 Eigelb
300 g Butter, 200 g Zucker, 50 g Hefe
100 g gehackte Mandeln
100 g Rosinen, 100 g gehacktes Zitronat
1 g Safran, ⅜ l Sahne
1 Ei, Mandelblättchen

Hefe in ¼ l Sahne auflösen und mit 400 g Mehl verrühren. Den Vorteig an einem warmen Ort gehen lassen. Eigelb mit Zucker schaumig schlagen und mit zerlassener Butter und in etwas Wasser aufgelöstem Safran unter den Vorteig rühren. Restliches Mehl, Mandeln, Rosinen, Zitronat und restliche Sahne einarbeiten und zu einem glatten Teig kneten. Dünne Rollen formen, zu Kringeln drehen und auf ein gefettetes Backblech setzen. Noch etwas gehen lassen, mit verquirltem Ei bestreichen und mit Mandelblättchen bestreuen. Bei Mittelhitze ca. 30 Minuten backen.

Moskauer Kringel

MOSKOWSKIE KALATSCHI

---

400 g Mehl, 4 Eigelb
50 g Butter, 3 EL Zucker, 3 EL saure Sahne
10 g Hefe, 1 Prise Salz

Die Butter zerlassen und nacheinander 3 Eigelb und 2 EL Zucker einrühren. Hefe mit dem restlichen Zucker zerkrümeln und mit Mehl, saurer Sahne und Salz in die Buttermischung rühren. Zu einem festen Teig verarbeiten und an einem warmen Ort gehen lassen.
Kleine Kringel formen, auf ein gefettetes Backblech legen und mit dem restlichen Eigelb bepinseln. Mit etwas Zucker bestreuen und bei Mittelhitze ca. 30 Minuten backen.

Hundertjähriges Gebäck

STOLETNEJE PETSCHENIYE

---

200 g Kartoffelmehl
100 g Butter, 200 g Zucker, 6 Eier
geriebene Zitronenschale

Butter und Zucker schaumig schlagen und nach und nach die Eier einrühren. Mehl und Zitronenschale daruntermischen und aus dem Teig walnußgroße Häufchen auf ein gefettetes Backblech setzen. Bei Mittelhitze ca. 20 Minuten goldgelb backen.

Haferflockenplätzchen

OWSJANNOE PETSCHENIYE

---

150 g grobe Haferflocken
150 g Mehl, 100 g Butter, 1 EL Zucker, 1 Ei
2 EL Milch oder saure Sahne
1 Msp Soda, ½ EL Essig

Die Butter schaumig schlagen und mit Zucker, Ei und Milch oder saurer Sahne verrühren. Haferflocken und gesiebtes Mehl daruntermischen und das in Essig aufgelöste Soda zufügen. Gut verrühren und den Teig durch den Fleischwolf drehen. Mit zwei Löffeln kleine, flache Häufchen auf ein gefettetes Backblech setzen und bei schwacher Hitze etwa 15 Minuten backen.

Sibirische Brötchen

»SCHANESCHKI« – SIBIRSKIE BULOTSCHKI

800 g Weizenmehl
200 g Butter, 100 g Zucker, 6 Eigelb, 375 ml Milch
40 g Hefe, etwas Salz

ZUM BESTREICHEN
2 EL saure Sahne, 1 EL Butter, 2 TL Mehl

Aus der Hälfte des Mehls mit lauwarmer Milch und zerbröckelter Hefe einen Vorteig bereiten und gehen lassen. Verquirltes Eigelb, Butter, Zucker, Salz und restliches Mehl zufügen und zu einem glatten Teig arbeiten. Nochmals 1½–2 Stunden gehen lassen. Runde, flache Brötchen formen, auf ein gefettetes Backblech legen und noch etwas ruhen lassen. Saure Sahne mit weicher Butter und Mehl verquirlen, die Brötchen damit bestreichen und bei Mittelhitze 20–30 Minuten knusprig backen.

Mandeltorte

MINDALNIY TORT

400 g Mandeln
400 g Zucker, 10 Eier

FÜLLUNG
¾ l Sahne
200 g Zucker, Mark von 1 Vanillestange
ganze Mandeln zum Verzieren

Den Zucker mit den ganzen Eiern schaumig schlagen und die gemahlenen Mandeln unterrühren. Aus der Masse in einer gefetteten Springform zwei Böden jeweils bei Mittelhitze 15–20 Minuten backen und abkühlen lassen.
Für die Füllung Sahne mit Zucker und Vanillemark dick einkochen, bis die Masse hellbraun wird. Abkühlen lassen.
Einen Teil der Zuckersahne auf einen Tortenboden füllen, mit dem zweiten Boden bedecken und die Torte rundherum mit der restlichen Zuckersahne bestreichen. Mit Mandeln verzieren.

Königstorte

KOROLEWSKIY TORT

400 g Butter
400 g Zucker
400 g Kartoffelmehl, 10 Eier
100 g süße Mandeln, 50 g bittere Mandeln
abgeriebene Zitronenschale
Zuckerglasur, kandierte Früchte

Butter mit Zucker und Eigelb schaumig schlagen. Kartoffelmehl, gemahlene Mandeln und Zitronenschale zufügen und gut verrühren. Den steifgeschlagenen Eischnee unterziehen und die Masse in eine gebutterte, mit Paniermehl bestreute Springform füllen.
60–70 Minuten bei Mittelhitze backen, mit Zuckerglasur überziehen und mit kandierten Früchten verzieren.

Baumkuchentorte

»BAUMKUCHEN« TORT

100 g Butter
100 g Zucker, 75 g Mehl, 6 Eier
1 Prise Salz

Butter erwärmen und dann auf Eis schaumig und kalt schlagen. Zucker mit Eigelb ebenfalls schaumig schlagen und mit der Butter und dem Mehl mischen. Steifgeschlagenen Eischnee mit einer Prise Salz unterheben.
In eine gefettete Springform eine dünne Schicht Teig gießen und im Rohr bei Mittelhitze ca. 20 Minuten hellbraun backen. Wieder dünn Teig darübergießen und backen. Den Vorgang so lange wiederholen, bis der Teig aufgebraucht ist (je mehr Schichten, um so besser wird die Torte). Die fertige Torte nach Belieben glasieren.

Napoleon-Torte

TORT »NAPOLEON«

¼ l saure Sahne oder Crème fraîche
50 g Butter, 2 Eigelb, ½ Eiweiß
1 EL Wodka oder Cognac, 350–400 g Mehl
1 EL Zucker, 1 Prise Salz

FÜLLUNG
1½ l Milch
10 Eigelb, 1 Eiweiß, 400 g Zucker
1 Päckchen Vanillezucker
250 g Butter, 6 EL Mehl

Schokoladenblätter und Walnüsse zum Verzieren

Butter mit Zucker schaumig rühren, mit steifge-
schlagenem Eiweiß, saurer Sahne und Wodka
(oder Cognac) gründlich mischen. Eine Prise Salz
und löffelweise Mehl unterrühren. Der Teig muß
weich und dickflüssig sein.
Eine kleine Springform buttern und mit Mehl
bestreuen, eine hauchdünne Schicht Teig eingießen und bei Mittelhitze ca. 10 Minuten goldgelb
backen. Auf diese Weise 14 Schichten backen und
abkühlen. Wenn der Teig beim Backen Blasen wirft,
mit einer Gabel einstechen.
Für die Füllung Eigelb mit Eiweiß und Zucker
schaumig schlagen und mit dem Mehl gründlich
mischen. Langsam in die erhitzte Milch schütten
und unter ständigem Rühren eine dicke Creme
bereiten. Die Butter zufügen und die Creme erkalten lassen. Dabei immer wieder gut durchrühren.
12 Böden mit Creme bestreichen, aufeinandersetzen und mit dem 13. bedecken. Den 14. Boden zerkrümeln, über die Torte streuen und mit Schokola-
denblättern und Walnüssen verzieren.
4–5 Stunden kühl stellen.

Napoleon-Torte ▷

Walnußtorte

ORECHOWIY TORT

400 g gemahlene Walnüsse
400 g Zucker, 18 Eier, 3 EL Paniermehl

FÜLLUNG
200 g Mandelmus, 200 g Zucker
4 EL Sahne, 4 Eier
Zuckerglasur, Walnußhälften zum Verzieren

Eigelb mit Zucker schaumig schlagen (der Zucker muß vollständig aufgelöst sein). Nüsse und Paniermehl zufügen und das sehr steif geschlagene Eiweiß unterziehen.
Aus der Masse in einer gebutterten, mit Mehl bestreuten Springform zwei Böden jeweils bei Mittelhitze ca. 20 Minuten backen. (Während des Bakkens den Herd nicht öffnen, damit die luftige Masse nicht zusammenfällt.)
Die Tortenböden abkühlen und jeweils noch einmal quer durchschneiden.
Für die Füllung Mandelmus mit Zucker, Sahne und ganzen Eiern gut verrühren und erhitzen (aber nicht kochen!). Abkühlen. Die Tortenböden mit der Füllung bestreichen und aufeinanderlegen. Die Torte mit Zuckerglasur überziehen und mit Walnußhälften verzieren.

Quarktorte

TWOROSCHNIY TORT

1200 g frischer Quark, 10 Eier
400 g Zucker, 200 g Butter
2 EL Brösel aus süßem Hefegebäck
100–150 g Rosinen
50 g Zitronat, 100 g Mandarinat (Orangeat)
1 Vanilleschote

GUSS
250 g saure Sahne
450 g Zucker, 50 g Schokolade

Butter mit Zucker schaumig schlagen und nach und nach die Eigelb einrühren. Quark und ausgekratztes Vanillemark zufügen und alles gut mischen. Brösel, Rosinen, Zitronat und die Hälfte Mandarinat (beides gehackt) dazugeben, gut verrühren und den sehr steifgeschlagenen Eischnee unterheben.
Die Masse in eine gebutterte, mit Paniermehl bestreute Form füllen und bei Mittelhitze etwa 1 Stunde backen. Falls die Oberfläche zu rasch bräunt, mit Folie abdecken.
Die Torte in der Form auskühlen lassen und dann auf eine Platte setzen.
Für den Guß saure Sahne mit Zucker 10 Minuten dick einkochen. Im Wasserbad aufgelöste Schokolade unterrühren und die Torte überziehen. Mit dem restlichen, gehackten Mandarinat verzieren.

Apfel- oder Beerentorte

JABLOTSCHNO ILI JAGODNIY TORT

Hefeteig aus 400 g Mehl
6–9 Äpfel, 50 g Rosinen, 100 g Zucker
½ EL Butter
Zimt, geriebene Zitronenschale
1 Schuß Wein
(oder 400 g Johannis-,
Stachel- oder Himbeeren, Zucker)

Äpfel schälen, entkernen und in kleine Stücke schneiden. Mit Butter, Zucker, Wein, Rosinen, Zimt und ˈZitronenschale nicht zu weich dünsten. Abkühlen.
Dreiviertel des Hefeteigs dünn ausrollen und in eine gefettete Form legen. Dabei einen Rand hochziehen. Die Apfelmasse einfüllen. Aus dem restlichen Teig dünne Rollen formen und ein Gitter über die Torte legen. Mit Eigelb bepinseln und 30–40 Minuten im mittelheißen Rohr backen.
Statt mit Äpfeln kann man die Torte mit gezuckerten Beeren bereiten.

Sibirische Torte

SIBIRSKIY TORT

---

500 g Mehl
1 Backpulver, 200 g Zucker, 200 g Butter

FÜLLUNG
1–1½ Zitronen
250 g Moosbeeren (ersatzweise Preiselbeeren)
250 g Zucker, 4 Eiweiß, 125 g Zucker

Butter und Zucker schaumig schlagen und mit Mehl und Backpulver einen Teig rühren. Aus der Masse in einer gefetteten Springform jeweils bei Mittelhitze 15–20 Minuten drei Böden backen und abkühlen.
Geschälte, entkernte Zitronen mit Zucker und Beeren im Mörser zerstoßen.
Eiweiß mit 125 g Zucker steif schlagen.
Zwei Tortenböden dünn mit Eischnee und jeweils mit der Hälfte der Beerenmasse bestreichen, aufeinandersetzen, mit dem dritten Boden bedecken und die Torte rundherum mit dem restlichen Eischnee überziehen. Mit Beeren garnieren und 24 Stunden kühl stellen.

Tortenglasuren

GLASURI DLJA TORTA

Zuckerglasur

SACHARNAJA GLASUR

---

100 g Puderzucker
geriebene Zitronenschale
Saft von 1 Zitrone

Alle Zutaten gut verrühren.

Orangenglasur

APPELSINOWAJA GLASUR

---

100 g Puderzucker
Saft und geriebene Schale von 1 Orange

Kaffeeglasur

KAFEINAJA GLASUR

---

100 g Puderzucker
1–2 EL starker schwarzer Kaffee

Rumglasur

ROMOWAJA GLASUR

---

100 g Puderzucker
1–2 EL Rum, Saft von ½ Zitrone

Pistazienglasur

FISTASCHKOWAJA GLASUR

---

50 g geschälte, grüne Pistazien
(im Mörser zerrieben)
100 g Puderzucker
geriebene Zitronenschale
1–2 EL Orangenblütenwasser

Eingelegte
Gemüse
und
Konfitüre

KWASCHENNIJE
OWOSCHI
I WARENIJA

Ich glaube, man kann ohne Übertreibung sagen, daß der Russe ohne Salzgurken, Sauerkraut und Salztomaten eigentlich nicht leben kann. Sie sind Mittelpunkt so vieler Gerichte und für uns fast so wichtig wie das tägliche Brot. Zur Erntezeit werden in ganz Rußland die heißgeliebten sauren Vorräte für den Winter zubereitet, und dabei beschränken wir uns nicht nur auf Gurken, Kohl und Tomaten. Nach den für diese Gemüse beschriebenen oder ähnlichen Methoden legen wir nahezu alles ein: Paprika, Zwiebeln, Kürbis, rote Bete, Auberginen, Zitronen, Melonen, Pflaumen...

Und noch ein anderes Fieber grassiert zur Erntezeit im ganzen Land: Man kocht Marmelade, Konfitüre und vor allem russische *Warenje*. Es gibt keinen Haushalt ohne selbstgemachte *Warenje*, und wir verwenden dafür spezielle Kupfertöpfe, die breit und nicht zu hoch sind, damit alles gleichmäßig kocht. Aus allen Obstarten, aber auch aus Nüssen, Hagebutten, Karotten, Kürbis, Rosenblättern und Chrysanthemen wird *Warenje* zubereitet, ein Wort, das man am besten mit »in süßer Flüssigkeit gekochte Süßigkeit« übersetzen kann. Wenn man alles richtig gemacht hat, wenn die Zutaten von erster Qualität und der Sirup dick und klar und durchsichtig war, dann ist die fertige Köstlichkeit so gut und ausgiebig, daß man mit einem Teelöffel voll eine große Tasse Tee trinken kann... (sagt eine alte russische Küchenweisheit).

Sauerkraut

KAPUSTA KWASCHENNAJA

pro 1 kg Weißkohl
1–1½ EL Salz, 30 g Karotte
70 g Apfel oder 15 g Preiselbeeren
1 TL Thymian

Der Weißkohl für selbstgemachtes Sauerkraut muß frisch, fest geschlossen und mild sein.

Das Sauerkraut wird in einem Holzfaß (nicht Tanne oder Kiefer!) bereitet, das sehr gut gewaschen und mit Kerbel, Johanniskraut, Pfefferminz- und Lindenblättern ausgelegt wird. Mit kochendem Wasser überbrühen, abkühlen lassen und die Kräuter und Blätter entfernen. Nun das Faß am Boden und an den Seiten mit Honig einstreichen. Weißkraut, Karotten und Äpfel fein hobeln und mit Salz und Thymian gründlich mischen. Einen Teil in das vorbereitete Faß füllen, mit einem Holzlöffel kräftig drücken und stampfen, bis sich Flüssigkeit bildet. Restlichen Kohl in mehreren Arbeitsgängen einfüllen (immer wieder drücken und stampfen), mit einem sauberen Tuch bedecken und mit einem Stein beschweren. 3–4 Tage bei Zimmertemperatur stehenlassen und danach an einen kühlen Ort stellen. Den sich bildenden Schaum mit einem Tuch entfernen.

Das Sauerkraut ist fertig, wenn sich kein Schaum mehr bildet (nach 3–4 Wochen).

Das Faß muß sehr sauber gehalten werden. Einmal pro Woche den Rand abwischen, den Stein heiß waschen und das Tuch auswechseln.

Salzige Tomaten

POMIDORI SOLONIE

7 kg Tomaten
30 g Dill, 30 g Meerrettichblätter
30 g Sellerieblätter
2–3 Chilischoten
je 1 Handvoll Majoran, Koriander
Lorbeerblätter, Zimt, Salz

Man kann sowohl ausgereifte, als auch halbreife oder kleine grüne Tomaten verwenden. Für große reife Tomaten rechnet man 70 g Salz pro 1 l Wasser, für grüne oder halbreife Tomaten 60 g Salz pro 1 l Wasser.

Die gereinigten Tomaten lagenweise mit Kräutern und Gewürzen in ein Faß schichten (unten und oben sollen Kräuter sein) und so viel Salzwasser angießen, daß die Tomaten bedeckt sind. Mit einem Deckel (oder passenden Teller) verschließen, 24 Stunden bei Zimmertemperatur stehenlassen und danach an einen kühlen Ort stellen.

Salzgurken
auf Neschin Art

SNAMENITIE »NESCHINSKIE«
OGURTSCHIKI

Für 100 kg Gurken:
1½ kg Dill
300 g Meerrettichwurzeln
300 g Meerrettichblätter
60 g frische Chilischoten (oder 20 g getrocknete)
500 g Petersilie, Kerbel
Estragon und Sellerieblätter
200 g Knoblauch
Kirsch-, Eichen- und Johannisbeerblätter
600 g Salz für 10 l Wasser

Salzgurken aus kleinen, höchstens 14 cm langen Gurken bereiten. Man verwendet ein Steingut- oder Holzfaß (aus Eiche, Buche oder Linde), das sehr gründlich gewaschen und kurz vor dem Einfüllen mit heißem Wasser ausgespült werden muß. Boden und Wände mit Knoblauch einreiben oder mit getrocknetem wilden Basilikum ausräuchern. Den Faßboden mit Kirsch-, Eichen- und Johannisbeerblättern belegen und die Gurken aufrecht (damit sie ihre Form behalten) einschichten. Jede Lage mit Kräutern und Gewürzen bestreuen (Knoblauch und Meerrettichwurzeln zerkleinern). Mit einer Holzscheibe belegen und mit einem Gewicht (z. B. einem Stein) beschweren. So viel Salzwasser darübergießen, daß es 3–4 cm über der Holzscheibe steht. (Früher verwendete man frisches Quellwasser; heutzutage kann man sich mit Mineralwasser ohne Kohlensäure behelfen).

Das Faß mit einem Tuch zudecken, 1–2 Tage bei Zimmertemperatur stehenlassen und danach an einen kühlen Ort stellen.

Man kann die Gärung beschleunigen, wenn man 2–3 Scheiben dunkles Roggenbrot oder einige Weißkohlblätter in das Faß legt.

Konfitüre

WARENJIE

Pro 400 g Früchte:
400 g Zucker, ¼ l Wasser
1 EL Rum oder Cognac
2 TL Zitronensaft

Für diese Zubereitungsart kann man Sauerkirschen, Erdbeeren, Himbeeren, rote oder schwarze Johannisbeeren, Quitten, Weintrauben, Wasser oder Honigmelonen oder Orangenschalen verwenden.

Die Früchte sollen trocken sein. Also möglichst nur mit einem Tuch abreiben oder nach dem Waschen gründlich abtrocknen. Beeren von den Stielen befreien, Kirschen entkernen, große Früchte in Würfel schneiden.

Das Obst mit Rum oder Cognac beträufeln und 2–3 Stunden ziehen lassen.

Zucker mit Wasser langsam unter ständigem Rühren zu einem Sirup kochen. Er ist fertig, wenn er keine Blasen mehr wirft und sich an der Oberfläche ein »Netz« bildet.

Vorsichtig das Obst und den Zitronensaft einfüllen, den Topf schütteln und einmal aufkochen lassen. Vom Herd nehmen, den Schaum entfernen und 3–4 Stunden abkühlen. Den Vorgang dreimal wiederholen, bis die Früchte schwer vom Sirup sind und auf den Topfboden sinken. Sie dürfen nicht zerfallen, deshalb nicht umrühren, sondern den Topf nur schütteln.

In Dosen oder Gläser füllen und verschließen.

Rum oder Cognac ist wichtig, damit sich später kein Schimmel bildet, Zitronensaft sorgt für eine schöne Farbe.

Warenjie aus Äpfeln oder Birnen

WARENJIE IS JABLOK ILI GRUSCH

wird ebenso zubereitet. Man verwendet möglichst harte Früchte, die geschält, entkernt und geviertelt werden. Sofort mit Zitronensaft beträufeln, damit sie sich nicht verfärben. Man kann entkernte Zitronenscheiben oder auch Vanillemark mitkochen.

Warenjie aus Birnen und Karotten

WARENJIE IS GRUSCH I MORKOWI

1 kg Birnen
200 g Karotten, 800 g Zucker, ½ l Wasser
3–4 Lorbeerblätter

Birnen schälen, vierteln und entkernen (jeweils ein Stückchen Stiel dranlassen). Mit heißem Zukkersirup übergießen und über Nacht stehenlassen. Am nächsten Tag einige Minuten kochen (dabei den Topf schütteln) und danach wieder 24 Stunden stehenlassen.

Die geputzten Karotten in feine Scheiben schneiden, auf Zwirn auffädeln und mit den Lorbeerblättern zu den Birnen geben. Noch etwa 10–20 Minuten kochen lassen (Topf schütteln!), Karottenscheiben und Lorbeerblätter entfernen und die Früchte mit dem Sirup in Gläser füllen. Verschließen.

Die erkalteten, kandierten Karotten kann man mit kalter Milch verzehren.

Warenjie
aus Stachelbeeren

WARENJIE IS KRISCHOWNIKA

Für 400 g Stachelbeeren:
400 g Zucker, ¼ l Wasser, 1 EL Rum
2 TL Zitronensaft
90%iger Alkohol, Kirschblätter
(evtl. Vanillemark oder Zitronenscheiben)

Stachelbeeren mit einem Tuch abreiben, von den Stielen befreien, seitlich einschneiden und entkernen. In einer flachen Schale mit Eiswasser und Eiswürfeln bedecken und 10–15 Minuten stehenlassen. Beeren gut abtropfen und schichtweise mit Kirschblättern in einen Kupfertopf legen. Mit 90%igem Alkohol bedecken und zwei- bis dreimal aufkochen. Abgießen, die Kirschblätter entfernen und die Stachelbeeren 3–4 Minuten in Eiswasser abschrecken.
Zuckersirup kochen, abgetropfte Beeren, Rum und Zitronensaft zufügen, den Topf schütteln und aufkochen lassen. Vom Herd nehmen und nach einigen Minuten wieder aufkochen lassen. Den Vorgang noch zweimal wiederholen und beim letzten Aufkochen nach Belieben Vanillemark oder geschälte, entkernte Zitronenscheiben zufügen.

In Gläser oder Dosen füllen und verschließen. Die Stachelbeeren müssen transparent und der Sirup soll schön grün sein.
Eine besondere Warenjie entsteht, wenn man die entkernten Stachelbeeren mit Walnußstückchen füllt.

Warenjie aus Kürbis

WARENJIE IS TIKWI

400 g Kürbis
600 g Zucker, ⅜ l Wasser
Saft von 1 Zitrone

Zuckersirup kochen und nudelig geschnittenes Kürbisfleisch und Zitronensaft zufügen. Den Topf schütteln und 5–10 Minuten kochen lassen. Den Schaum abschöpfen und das Kürbisfleisch mit einem Schaumlöffel herausnehmen. Nach 24 Stunden den Sirup wieder erhitzen, Kürbis und eventuell noch etwas Zitronensaft zufügen und 10–15 Minuten kochen lassen (Topf schütteln!).
Die Kürbisstreifen müssen transparent und der Sirup ganz schwer sein. In Gläser oder Dosen füllen und verschließen.

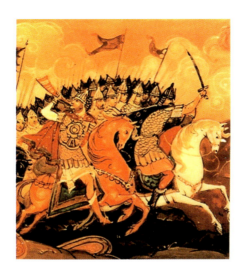

Getränke

NAPITKI

Eine ausführliche Getränkekunde würde den Rahmen dieses Kochbuchs sprengen. Aber unsere wichtigsten Getränke möchte ich Ihnen gern vorstellen und ein wenig von der historischen Entwicklung berichten.

Im Jahre 1638 brachte der russische Botschafter Starikow von seiner Reise in die Mongolei Zar Michail Fjodorowitsch ein besonderes Geschenk mit: 60 Kilo chinesischen Tee. Anfangs waren der Zar und seine Bojaren skeptisch gegenüber dem »getrockneten chinesischen Gras«. Doch bald entdeckten sie die belebende Wirkung dieses Getränks, das sie während ihrer langen Gespräche (und auch während des Gottesdienstes) wach hielt. 1679 schloß Rußland mit China einen Vertrag über die regelmäßige Lieferung von Tee – und damit war sein Siegeszug nicht mehr aufzuhalten. Tee wurde eines unserer Nationalgetränke, das überall und stets willkommen ist. Es gibt kaum eine Gelegenheit, zu der man nicht Tee trinkt. Bei einer Tasse Tee wickelt man Geschäfte ab, löst Familienprobleme, schmiedet Heiratspläne und Intrigen... Unsere Dichter haben die russische Teezeremonie und ihre Bedeutung eindrucksvoll in ihren Romanen, Erzählungen und Theaterstücken beschrieben.

Zu dieser Teezeremonie gehört der *Samowar*, ein Kessel aus Kupfer, Messing oder Silber, in dem das Teewasser erhitzt und warm gehalten wird. In einer mit heißem Wasser ausgespülten Keramikkanne übergießt man Teeblätter mit kochendem Wasser, bedeckt die Kanne mit einem Tuch und stellt sie zum Warmhalten auf den *Samowar*. Für 10 Gramm Tee rechnet man ¼ Liter Wasser. Nach 3–5 Minuten haben die Teeblätter ihr Aroma entfaltet. Man gießt ein wenig von dem kräftigen Teesud in die Tassen und füllt im Verhältnis 1:4 mit heißem Wasser aus dem *Samowar* auf. Dazu reicht man Honig, Zitronenscheiben und, hin und wieder, Milch oder Sahne in vorgewärmten Kannen.

Kunstvoll gearbeitete *Samoware* und mit traditionellen Motiven bemalte Teekannen gehören zu den begehrtesten Stücken unserer Volkskunst und werden in Museen in aller Welt ausgestellt. Keramikkannen und *Samoware* benutzte man schon lange vor der Einführung des Tees, und zwar zur Zubereitung des »russischen Glühweins« *Sbiteny*. Dieses volkstümliche heiße Honiggetränk, das für unsere kalten Winter so geeignet ist, wurde früher von Straßenverkäufern feilgeboten. Sie trugen große Gefäße auf dem Rücken, die in dicke Tücher eingehüllt waren, um das Getränk möglichst lange heiß zu halten.

Im nachfolgenden Rezeptteil finden Sie einige berühmte *Sbiteny*-Rezepte.

Zu unseren Nationalgetränken gehört unbestritten auch *Kwaß*, vermutlich das weltbeste nichtalkoholische Getränk! *Kwaß* wird seit Urzeiten bereitet, ist überaus erfrischend, löscht ausgezeichnet den Durst, enthält viele Vitamine und sorgt für eine gesunde Darmflora. Früher setzte man *Kwaß* aus Malz und Roggen-, Weizen- oder Buchweizenmehl an – eine Methode, die jetzt nur noch bei der fabrikmäßigen Herstellung angewendet wird. Im Haushalt wird *Kwaß* heutzutage mit Bierhefe zubereitet. *Kwaß* wird nicht nur gern getrunken, er ist auch Grundlage für Borschtsch, kalte Suppen etc.

Im Rezeptteil erkläre ich Ihnen die Zubereitung und verrate Ihnen einige typische *Kwaß*-Rezepte.

In Rußland trinkt man außerdem gern Früchte- und Kräuter-Tees und Säfte aus Gemüse und Obst, für die ich Ihnen auch im Rezeptteil einige Vorschläge mache.

Und in Rußland trinkt man auch gern Alkohol... Man trinkt auf die Bekanntschaft oder die Freundschaft, auf die Familie und die Kinder und erfindet als Trinksprüche, die jedes Essen einleiten, oftmals lange verschrobene Geschichten. Einer dieser Trinksprüche, der mich mein Leben lang begleitet, sei an dieser Stelle wiedergegeben: *Erhebt eure Gläser. Möge euch und euren Lieben, euren Kindern und Freunden so viel Leid, so viel Pech und Unglück widerfahren wie Tropfen in euren Gläsern bleiben.*

Wie viele andere Volksstämme haben die Slawen zuerst aus Honig starken Wein gebraut. Aber das war auf die Dauer kostspielig, da große Mengen Honig nur relativ wenig Wein ergaben. Deshalb wurde im 16. Jahrhundert unter Iwan dem Schrecklichen die Produktion eingestellt und durch die Herstellung von gebranntem Schnaps, unserem berühmt-berüchtigten »Wässerchen« *Wodka* abgelöst. Von Anfang an war die *Wodka*-Brennerei Monopol des Staates, und die Verbreitung von *Wodka* brachte Reichtum für den Staat und Unglück für die armen Leute. *Kabakow*, Gaststätten mit einer *Wodka*-Lizenz, schossen wie Pilze aus dem Boden. Bereits 1847 gab es in Moskau 3178 solcher Kneipen. Aber in Maßen getrunken, vor dem Essen oder zur Vorspeise, ist das »Wässerchen« ein bekömmlicher Genuß.

Rußland ist kein Wein-Land. Man begann zwar im 17. Jahrhundert, im Nordkaukasus, im Astrachan- und Don-Gebiet französische Weinstöcke anzupflanzen, denn der Zar wollte russischen Wein trinken. Aber die Erträge waren so unergiebig, daß sie nur an den Hof des Zaren geliefert wurden. 1783 fiel dann ein fruchtbares, von den Griechen kultiviertes Weinbaugebiet ans Russische Reich: die Halbinsel Krim. Schon 1804 wurde die erste russische Schule für Weinkunde auf der Krim eröffnet, und bald kelterte man nicht nur Wein, sondern auch den berühmten Krim-Sekt.

Ein wichtiger Mann in der russischen Weinwirtschaft war Fürst Lew Galitzin. Ihm gehörten riesige Weinfelder, und die Namen seiner Winzereien, »Nowiyswet« oder »Abrau-Dürso«, stehen heute noch für berühmte Krim-Weine und erlesenen Krim-Sekt.

Bojaren-Kwaß

BOJARSKIY KWAS

3200 g Roggenzwieback (oder Roggenbrot)
2000 g brauner Zucker (Rohrzucker)
100 g blaue Rosinen
100 g Pfefferminzblätter, 50 g Bierhefe
2 EL Mehl, 16 l Wasser

Zwieback oder Roggenbrotscheiben im Backrohr braun rösten. Mit Pfefferminze in ein großes Gefäß füllen, mit kochendem Wasser übergießen, gut zudecken und 24 Stunden ziehen lassen. Abseihen und mit einem Teil der Flüssigkeit Zucker, Hefe und Mehl verrühren. Zusammen mit der restlichen Flüssigkeit wieder in das Gefäß gießen und an einem warmen Ort 5 Stunden gären lassen. Durch ein feines Sieb in Flaschen abfüllen, Rosinen zufügen und die Flaschen fest verkorken. 5 Tage ruhen lassen.

Goldener Kwaß

SOLOTOIY KWAS

1 kg Karotten, 400–600 g Zucker
Zitronensaft nach Geschmack
20–30 g Bierhefe
1 Scheibe Roggenbrot, 5 Nelken, 2 l Wasser

Karotten reiben und zusammen mit den anderen Zutaten mit kochendem Wasser übergießen. 12 Stunden an einen warmen Ort stellen, durch ein feines Sieb in Flaschen abfüllen, verschließen und 24 Stunden kühlen.

Apfel-Kwaß

JABLOTSCHNIY KWAS

1½ kg nicht ganz reife Äpfel
400–600 g Zucker, 20–30 g Bierhefe
100 g Rosinen, 10 l Wasser

In Scheiben geschnittene, entkernte Äpfel, Rosinen, Zucker und Hefe in ein Steingutgefäß füllen und mit kochendem Wasser übergießen. Zugedeckt 1–2 Tage gären lassen, durch ein feines Sieb in Flaschen füllen, verschließen und 3–4 Tage bei Zimmertemperatur stehenlassen.

Apfel-Vogelbeeren-Kwaß

JABLOTSCHNO-RJABINOWIY KWAS

1½ kg säuerliche Äpfel
¼ l Vogelbeerensaft
350–400 g Zucker oder Honig
15 g Bierhefe, Zimt
abgeriebene Zitronen- oder Orangenschale
5 l Wasser

Zubereitung wie »Apfel-Kwaß« (siehe oben).

Alkoholfreie Getränke ▷

Rote-Bete-Kwaß

SWEKOLNIY KWAS

1 kg rote Bete
400–600 g Zucker, 20–30 g Zitronensaft
20–30 g Bierhefe
1–2 Scheiben Roggenbrot
1 Msp Salz, 3–4 l Wasser

Gewaschene, geschälte rote Bete reiben und mit kochendem Wasser übergießen. 1–2 Stunden ziehen lassen, die übrigen Zutaten zufügen und an einen warmen Ort stellen, bis sich Schaum bildet. Kwaß durch ein feines Sieb in Flaschen abfüllen, verschließen und 24 Stunden kühlen.
Aus Rote-Bete-Kwaß läßt sich ein aparter Cocktail bereiten:
1 l Kwaß mit 1 EL gehacktem Dill und 1 frischen, geriebenen Gurke mischen und mit Salz, Zucker und frischgemahlenem schwarzen Pfeffer würzen.

Zitronen-Kwaß

LIMONNIY KWAS

6 reife Zitronen
1200 g brauner Zucker oder Honig
400 g helle Rosinen
50 g Bierhefe, 1 EL Mehl, 12 l Wasser

Entkernte Zitronenscheiben und Honig oder Zucker mit 2–3 l kochendem Wasser übergießen und zugedeckt 24 Stunden gären lassen. Die übrigen Zutaten und das restliche Wasser zufügen, das Gefäß wieder zudecken und so lange an einen warmen Ort stellen, bis Rosinen und Zitronenscheiben nach oben steigen. Durch ein feines Sieb in Flaschen füllen, fest verkorken und 5 Tage ruhen lassen.

Kwaß »Alt-Moskau«

KWAS PO »STARO-MOSKOWSKI«

2 kg Moosbeeren (ersatzweise Preiselbeeren)
400 g Zucker
1 Bund Pfefferminze
1 Päckchen Vanillezucker
1 TL Bierhefe
4 l Wasser

Beeren mit einem Holzlöffel in einem Porzellangefäß zerstoßen, mit kochendem Wasser übergießen und 24 Stunden zugedeckt an einen warmen Ort stellen. Abseihen.
Pfefferminze mit kochendem Wasser bedecken und 7 Stunden ziehen lassen. Durch ein Sieb gießen.
Beerensud mit Hefe einige Stunden gären lassen. Wenn sich viel Schaum bildet, noch einmal durch ein Sieb gießen. Mit Pfefferminzsud, Zucker und Vanillezucker gründlich verrühren, in Flaschen füllen und verschließen.

Moskauer Sbiteny

MOSKOWSKIY SBITENY

¼ l Wasser, 3 EL Zucker, 3 EL Honig
2 Lorbeerblätter, 1 EL Nelken, 1 EL Zimt
1 EL Ingwer oder Kardamom

Wasser mit allen anderen Zutaten aufkochen, abschäumen und 30 Minuten ziehen lassen. Abseihen und warm trinken.

Sbiteny »Slawjanka«

SBITENY »SLAWJANKA«

¼ l Wasser
4 EL Honig, 1 EL Zimt, 1 EL Nelken
2 EL geriebene Muskatnuß

Wasser mit allen anderen Zutaten 15 Minuten kochen, abschäumen, abseihen und heiß trinken.

Sibirische Sbiteny

SIBIRSKIY SBITENY

¼ l Wasser, 2 TL Tee
4 EL Honig, 1 EL Zimt, 1 EL Nelken

Einen starken Tee aufbrühen, abseihen und mit den anderen Zutaten 5 Minuten kochen. 30 Minuten ziehen lassen, abseihen und heiß trinken.

Volkssbiteny

NARODNIY SBITENY

1 l Wasser
200 g Honig, 5–6 g Hopfen, 1 TL Zimt

Wasser mit den anderen Zutaten 2–3 Stunden kochen, ab und zu umrühren und den Schaum abschöpfen. Durchseihen und kalt servieren.

Kürbissaft mit Salzgurken

TIKWENNIY SOK S SOLONIMI OGURZAMI

1 kg Kürbis
3 Salzgurken, 100 g Salzgurkenlake
Salz, Zucker, Pfeffer

Kürbis entsaften, Gurken mit Lake im Mixer pürieren. Gut mit dem Kürbissaft mischen und mit Salz, Zucker und Pfeffer nach Geschmack würzen.

Getränk von der Wolga

WOLTSCHSKIY NAPITOK

½ l Kürbissaft
2 EL Rote-Bete-Saft, 2 EL Vogelbeerensaft
Zucker, Eiswürfel

Die Säfte miteinander mischen, mit Zucker würzen und über Eiswürfel gießen.

Tomatensaft mit Salzgurken

TOMATNIY SOK S SOLONIMI OGURZAMI

½ l Wasser
½ l Tomatensaft, 2 Salzgurken
2 EL Zitronensaft
gehacktes Zwiebelgrün
Salz, Zucker

Wasser mit Tomaten- und Zitronensaft und kleingeschnittenen Salzgurken mischen, mit Salz und Zucker abschmecken und mit Zwiebelgrün bestreuen.

Getränk »Winterzeit«

NAPITOK »SIMA«

¼ l Weißkohlsaft
4 EL Karottensaft, 4 EL Apfelsaft
Zucker

Die Säfte gut mischen und mit dem Zucker abschmecken.

Most »Petersburg«

MORS »PETERSBURG«

1 l Wasser
Saft von 2 Zitronen, 6 EL Zucker
1 EL Speisesoda oder Natron

Alle Zutaten gut verrühren, in Flaschen füllen, fest verschließen und kühl stellen.

Alphabetisches Rezeptregister, russisch

A

Abrikosowiy Krem   277
– Sup s Risom   73
Apfelsinowaja Glasur   307
Arbus s Schampanskim   282
Aserbaidschanskiji Plow   106
Asu po Tatarski   86
Aurora Sous   193

B

Baklaschannaja Ikra   21
Baranina po Domaschnemu   97
– s Owotschami w Gorschotschke   102
– s Sellereem   103
– s Tikwoi   97
– Tuschonaja   102
– – s Fruktami   102
Baranja Grudinka Farschirowannaja   97
Baranji Frikadeli   100, 103
»Baumkuchen« Tort   303
Bef Stroganow   78
Belie Gribi w Kljare   213
– – w Smetannom Souse   216
Beliy Marinad   198
– Sous   191
– – k Ribe   197, 198
– – s Gortschizoi, Chrenom i Kapersami   192
Beschamel Sous   191
Blintschatiye Pirogi   251
Blintschiki   245
– s Jablokami   246
– s Kremom   246
– s Petschonkoiy   246
– s Tworogom   246
– Slojönie   250
Bliny Gretschnewije   243
– Postnie   244
– Prostie   243, 244
– Pschenitschnie   244
– – so Sliwkami   244
– s Otrubjami   245
– Skorie   245
– Zarskie   244
Bojarskiy Kwas   317
Borschtsch is Karasei   39
– Kiewskiy   36
– – s Gribami   42
– Poltawskiy   38
– Selönij   39
Botwinja is Ribi   68
Bucharskiji Plow   106

C

Cholodnie Sousi   199

F

Farschirowannaja Gusinaja Scheja   152
– Indeika   130
– Kapusta   212
– Krasnaja Swekla   216
– Kuriza   137
– Osetrina s Beschamel Sousom   158
– Pularda   136
– Repa   218
– Schüka   165, 166
– Selodka   183
– Swinaja Grudinka   108
– Teljatschja Grudinka   94
– Tikwa   220
– Utka   132
Farschirowannie Artischoki   220
– Baklaschani   208
– Gribi   214
– Jaiza   21
– Kartofelnie Kotleti   207
– Kurinie Noschki   141
Farschirowanniy Beliy Chleb   92
– Fasan   145
– Gowjaschiy Scheludok   118
– Gus   136
– Jasik   118
– Karp   159
– – po Kawkasski   162
– – po Ukrainski   162
– Kartofel   204
– Luck   219
– Swinoi Scheludok   119
– Ugor   181
Farschirowannoe Filet Losja ili Kosuli   148
Fasan s Sellereem w Wine   145
File is Indeiki pos Wischnöwim Sousom   132
Fistaschkowaja Glasur   307
Forel Farschirowannaja Risom i Isümom   174
– po Russki – pod Sousami   174
Forschmack is Schüki ili Sudaka   173
Frikadeli is Petschönki   121
– is Seldodki   184
– is Soma   182
Frikando po Slawjanski   87
Frucktowoe Gelee   281

G

Galuschki   239
– is Kartofelja   239
– is Tworoga   239
Garnir is Repi   218
Gelee is Soka Krasnoiy Swekli   279
– »Mosaik«   282
– »Moskowit«   279
Glasuri dlja Torta   307
Gortschitschniy Sous   200
Gowjadina w Gorschotschke   86
Gretschnewik   227
Gribi w Gorschotschkach   216
Gribnaja Ikra   21
Gribnoy Sous   195, 200
– – s Chrenom   201
– Sup   68
Gusinie Potrocha pod Sousom is Tschernosliwa   153

I

Indeika s Abrikosami   131

J

Jabloki Farschirowannie Risom   231
– po Petersburgski   299
Jablotschniy Krem   278
– Kwas   317
– Pirog   299
– Sup s Tschornim Chlebom   73
Jablotschno ili Jagodniy Tort   306
– Rjabinowiy Kwas   317
Jaiza Farschirowannie Sapetschonie   21

K

Kafeinaja Glasur   307
Kalmari w Gortschitschnom Souse   25
Kambala Sapetschonaja s Kartofelem   184
Kapusta Kwaschennaja   310
  – Marinowannaja po Grusinski   15
Kapustniy Salat   14
Karawaji – Wkusniy Chleb po-Domaschni   296
Karp Farschirowanniy Gretschnewoji Kascheji   160
  – – po Ukraninski   26
  – Otwarnoiy w Wine   162
  – w Oreschowom Souse   163
Kartofelnaja Sapekanka   207
Kartofelnie Kotleti   207
Kartofelniy Sup s Gribami   68
Kartofel s Sousom is Solönich Ogurzow   205
Kascha Gretschnewaja   226
  – – »Krupenik«   226
  – – Rassiptschataja s Gribani   227
Kislo-Sladkiy Sous is Tschernosliwa   196
  – – s Isumom   195
Kissel   276
  – Fruktowiy   277
  – is Krischownika   276
  – is Mindalja   276
  – is Tschörnogo Chleba   277
Klassitscheskie Mjasnie Kotleti   88
Klötzki dlja Supow   74
Kolduni   232
  – s Teljatinoiy i Selodkoiy   235
Kompot is Jablok i Tschernosliwa   278
  – is Wischni i Grusch   279
Korolewskiy Tort   303
Kotleti is Teljatini s Sousom is Mosgow   94
  – is Treski   176
  – po-Kiewski   143
Krasnaja Swekla s Tschernosliwom   217
Krem is Wina   278
Kulebjaka   264
Kurinie Ruleti, Farschirowannie Gribami   143
Kuriniy Sup po Grusinskiy   65
Kurnik   257
Kuropatka, Farschirowannja Antschousami   144
Kutja   232
Kwas po »Staro-Moskowski«   320

L

Lapscha Gribnaja   58
  – s Kurizei   58
Lapschowoe Testo   256
Lesch Farschirowanniy Gretschnewoi Kaschei   164
  – – Kisloij Kapustoj   180
  – pos Selönim Lukom   178
Limonnaja Baba   297
Limonniy Kwas   320
Linj pod Kapustoi   176
Lukowiy Sous   191

M

Madera Sous   193
Manniye Bliny   245
Marinowannie Sardini   22
  – Sproti   182
Masljanniy Sous po Polski   192
Masurek   301
  – s Winom   301
Mindalnaja Baba   297
Mindalniy Tort   303
Mjasnaja Natschinka   250
  – Sapekanka s Gribami   87
  – Sapekanka s Kartofelem   206

Mjasnoj Bouillon   35
Mjatnie Prjaniki   300
Molotschniji Sup s Tikwoiji   72
Molotschniy Sup po Litowski   72
  – – s Owotschami   69
  – – – – i Makaronami   72
Morkownaja Sapekanka   218
Mors »Petersburg«   321
Mosgi po Rakowim Sousom   126
  –, Sapetschönie w Rakowinach   125
  – w Kljare   123
Moskowskie Kalatschi   302
  – Prjaniki   300
Moskowskiy Rakowiy Sup   50
  – Salat ili »Olivie«   14
  – Sbiteny   320

N

Napitok »Sima«   321
Narodniy Sbiteny   321
Natschinka dlja Pirogow i Piroschkow   258
  – is Mosgow   250
  – is Rakow   250
Nowomichailowskie Kurinie Kotleti   141

O

Ochotnitschiyi Sous   193
Ochotnitschiy Schaschlik   100
Okroschka Mjasnaja   67
  – po Polski so Smetanoiji   70
  – Postnaja   70
Okuny Farschirowanniy   180
Oladji is Petscheni   121
  – is Tikwi i Kapusti   222
Oliwi Farschirowannie Mjasom   222
Orechowiy Tort   306
Osetrina Marinowannaja po-Korolewski   24
  – s Gortschitschnim Sousom   157
  – s Wischnowim Sousom   158
Owoschi w Molotschnom Souse   223
Owoschnoiy Puding s Selodkoi   208
Owsjannaja Kascha   227
Owsjanniy Kissel   277
Owsjannoe Petscheniye   302

P

Paschtet is Gusinoiy Petschonki   270
  – is Indeiki   266
  – is Kurinoiy Petschonki   29
  – is Kurizi ili Indeiki s Rakami   267
  – is Osetrini   272
  – is Saiza   273
  – is Utki   269
Paschtetnie Farschi   271
Paschtetnoe Testo   257
Pasha   285
  – Krasnaja   287
  – Mindalnaja   291
  – s Abrikosami, Malinoiy ili Klubmikoiy   291
  – Schokoladnaja   291
  – Siraja   286
  – s Warönimi Jaizami   287
  – Warönaja   287, 290
  – Zarskaja   286
Pelmeni   232
  – s Gribami   234
  – – – i Kaschei   235
  – – – i Wetschinoi   234
  – s Kapustoiy   235
  – s Riboiy   235
Perepölka Scharennaja s Wischnjami   144

Petschönotschniy Paschtet   29
Pikantnaja Sapekanka is Swinini   113
Pirogi   254
Pirog s Kapustoj   263
Piroschki   254
  – is Blintschikow   250
  – Rastegai   266
Plow   103
  – s Kurizeiji   106
Polskiy Borschtsch   38
Pomidori Solonie   310
Porosönok Farschirowanniy Gretschnewoi Kaschei   107
  – – Kisloi Kapustoi   108
Potschki Sapetschönie s Gribami i Wetschinoi   126
  – s Kabatschkami ili Baklaschanami   127
  – w Gorschotschkach   127
Prasdnitschniy Karawaji   296
Prjaniki   299
  – is Sweschich Jagod   301
  – na Sale   300
Prostaja Pasha   286
Prostie Galuschki   239
Prostoe Rublennoe Testo   256
Prostoi Kulitsch   296
Prostoiy Tomatniy Sous   194
Pschonniy Karawaji   296
Ptitschja Petschönka pod Madera Sousom   152
Puding is Gribow   216
  – is Kurizi   143
  – is Kuropatki   144
  – is Morkowi   218
  – is Rakow i Risa   187
  – is Schpinata   284
  – is Sudaka   172
  – is Teljatschiych Mosgow   123
  – is Teljatschjei Petschönki   122
  – is Tikwi   284
  – is Wischni   284
  – is Kartofelja i Wetschini   208

R

Rachmanowskie Schtschi   46
Ragu is Kurinich Potrochow   151
Rakowiy Sous   198
Rakowoe Maslo   198
  – Sufle   187
Rassolnik is Ribi   49
  – s Gribami   48
  – s Potrochami   48
  – s Solönimi Ogurzami i Potschkami   46
  – Vegetarianskiy   270
Rastegai Moskowskie   270
Riba s Gribami   185
  – w Kljare   184
  – w Teste   185
Ribniy Bouillon   35
  – Schnitzel na Omlete   186
Risowie Srasi   227
Risowiy Krem   278
Ris s Jablokami   230
  – s Klubnikoiy   231
  – s Mindalöm   230
  – s Schafranom   230
  – s Tschernosliwom   230
Romowaja Glasur   307
Rublennaja Teljatina Sapetschönaja s Selödkoi   96
Ruleti is Okoroka ili Wetschini   114
Rulet is Gowjadini Farschirowanniy   88
  – – porosönka Holodniy   31
Russkiy Garnir   222
  – Klar   256

  – Salat   12
  – Wenigret   17

S

Sacharnaja Glasur   307
Salat is Fasoli s Orechami   14
  – is Kisloiy Kapusti   14
  – is Krasnoiy Swekli   18
  – is Tschornoiy Redki   12
Saliwnoe is Gribow   18
  – is Karasei   24
  – is Osetrini i Rakow   24
  – is Sudaka i Schuki   22
  – is Treski   177
Saliwnoiy Karp   163
Sapekanka is Gowjadini s Selödkoi i Kartofelem   87
Sapetschönoe Gowjaschje File   82
Sapetschonaja Treska   177
Saprawka is Smetani   199
  – po Polski   199
Saziwi is Ditschi   29
  – is Ribi   26
Sbiteny »Slawjanka«   320
Schafranowaja Baba   297
Schafranowie Krendeli ili Kalatschi   302
Schafranowiy Kulitsch   294
  – Sous   195
»Schaneschki« – Sibirskie Bulotschki   303
Scharennaja Dickaja Utka   133
  – Kuriza, Farschirowannaja Selodkoi   137
  – –, Kak Rjabtschik   140
  – Korüschka   180
  – Medweschatina   150
  – Osetrina   157
  – Tikwa   220
Scharennie Belie Gribi   214
Scharkoe is Dickoij Swinji   151
  – is Gowjadini »Gusarskja Petschen«   82
  – – – – – s Selödkoi   85
  – – – s Chrenom   85
  – – – w Teste   80
  – is Marinowannoiy Swinini   112
  – is Teljatschjei Petschönki pod Sousom is Lögkich   121
Scharlotka is Tschörnogo Chleba s Jablokami   282
  – s Jablokami   282
Schaschlik   96
  – is Petscheni   119
  – po Sewernomu   150
  – s Baklaschanami   96
Schokoladniy Kulitsch   294
Schpigowannaja Salom Petschönka   123
Schüka pod Schafranowim Sousom   168
  – po Jewreiyski s Schafranom   165
  – Sapetschönaja s Kisloiy Kapustoi   164
  – Tuschonaja s Chrenom i Smetanoij   168
  – Warönaja s Sirom   164
Schtschi   42
  – Sbornije (Petrowkije)   42
  – Selönije   43
  – s Osetrowoij Golowoij ili Prosto s Osetrinoij   45
  – s Schawelem i Schpinatom   45
  – Sutotschnije   43
Selodotschniy Paschtet   22
Selodotschnoe Maslo   184
Sibirskiy Sbiteny   321
  – Tort   307
Sig pod Sousom is Chrena i Smetani   174
Sirniki   239
Sladkiy Jaitschniy Sous   285
Slawjanskiy Desert   276
  – Salat   18

Sloenoe Droschschiwoe Testo   255
Smetanniy Sous   191
Smetanno Droschschiwoy Sous   193
 – Tomatniy Sous   194
Snamenitaja »Gurjevskaja« Kascha   231
 – »Kartoschka«   298
Snamenitie »Neschinskie« Ogurtschiki   311
 – Poscharskie Kotleti   140
 – Sibirskie Pelmeni   234
Soljanka Mjasnaja s Fasanom   55
 – na Skoworode (po-Krestjanski)   55
 – Ribnaja s Kapustoij   53
 – Sbronaja Mjasnaja   56
Solönie Krendeli   301
Solotoiy Kwas   317
Sous is Antschousow ili Sardinok   197
 – is Chrena   192
 – is Kalmarow   197
 – is Kisloi Kapusti   196
 – is Krasnoiy Smorodini   196, 201
 – is Luka Poreja   194
 – is Marinowannich Ogurzow   196
 – is Solönich Ogurzow   195
 – – – – k Ribe   197
 – Prowansal   199
 – Tartar   201
Sproti so Swinim Salom   183
 – s Owotschami   183
Srasi is Gowjadini   86
 – is Schüki   168
 – is Sudaka   170
Sterljad s Winom   158
Stoletneje Petscheniye   302
Studen   26
Sudak pod Sousom is Chrena i Smetani   170
 – po Kasazki   169
 – po Polski   171
 – Sapetschoniy   169
 – so Smetanoji   173
 – so Smortschkami   170
 – w Blintschikack   173
 – w Teste   171
Sufle is Morkowi   284
Sup is Bitschiych Hwostow (Prasdnitschniji)   58
 – is Indeiki so Smortschkami i Frikadelkami   64
 – is Tschörnogo Chleba   69
 – is Tschörnoiy Smorodini s Tworoschnimi
    Klötzkami   73
 – is Utki s Gribami i Krupoi   66
 – Korolewskiy   59
 – Püre is Chleba s Winom   62
 – – is Fasana s Schampanskim   66
 – – is Kurizi s Rakami i Zwetnoiy Kapustoiy   65
 – – is Rakow s Risom   54
 – – is Saiza   67
 – – is Trüfeleiy   62
 – – is Tschetschewitzi   61
Swekolniy Kwas   320
Swetliy Lukowiy Sous   192
 – Piwnoy Sous   194
Swinaja Grudinka pod Swekolnim Sousom   112
 – – pod Wischnöwim Sousom   113
Swinie Kotleti po Nowgorodski   109
Swinoe Scharkoe Schpigonannoe Tschesnokom i
    Lukom   112
 – – s Sousom is Tschernosliwa   111
Swinoiy Rulet Farschirowanniy Gribami   108

T

Teljatina pod Beschamel Sousom   92
 – Schpigowannaja Salom   93

 – – Wischnei   93
 – Tuschonaja s Sousom is Ikri   91
 – – s Tschernosliwom   92
Teljatschja Petschönka pod Gwosditschnim Sousom   122
 – – s Schampinonami   122
Telnoe Otwarnoe   186
Testo Brioschnoe   256
 – Rublennoje so Smetanoiy   255
Tikwa s Pschonnoi Kaschei   222
Tikwenniy Sok s Solonimi Ogurzami   321
Tjascholaja Baba   297
Tomati Farschirowannie Mosgami   219
Tomatniy Marinad   198
 – Sok s Solonomi Ogurzami   321
 – Sous   200
 – – s Lukom   194
Tömniy Piwnoy Sous   193
 – Sous – Osnownoiy Rezept   191
Tort »Napoleon«   304
Treska pod Sousom is Wischni s Winom   175
 – Sapetschonaja   176
 – Sapetschonaja-w-Moloke s Kartofelem   175
 – s Grenkami   175
Tschernosliv Farschirowanniy Tworogom   279
Tschesnotschniy Sous   200
 – – s Orechami   200
Tschetschewiza s Sucharjami   220
Tulskie Prjaniki   300
Tuschonaja Kapusta po Litowski   213
 – Osetrina   157
Tuschonie Jabloki k Scharennoiy Ribe   223
 – Ogurzi   219
Tuschoniy Krolik s Tikwoi   147
 – Sajaz ili Krolik   144
Tuschonoe Serdze   127
 – Wimja s Risom i Jablokami   126
Tworoschnie Bulotschki   299
Tworoschniy Tort   306

U

Ucha is Lososja s Schampanskim   54
 – is Siga ili Sudaka   49
 – is Ugrja s Selönim Goroschkom   54
 – Opekannaja   45
Ugor Scharenniy w Souse   181
 – Waroniy   181
 – – Krasmom Wine   182
Ukrainskie Pampuschki   74
Ukrainskiy Borschtsch   36
Usbekskiji Plow   106
Utka s Repoiy   133

W

Wareniki   232
 – s Fasoljü i Gribami   238
 – s Jablokami   235
 – s Kapustoiy   238
 – s Kartofelem   235
 – s Mjasom   238
 – s Petschonkoiy i Salom   238
 – s Potrochami   238
 – s Tworogom   236
 – s Wischneiy   236
Warenjie   312
 – is Grusch i Morkowi   312
 – is Jablok ili Grusch   312
 – is Krischownika   313
 – is Tikwi   313
Warönniy Farschirowanniy Porosönok   107
Watruschki   254
Wiborgskie Krendeli   301

Wischnöwiy Sup s Krupoi   63
Wischnowiy Sous   196
Wolschskiy Napitok   321

Z

Zarskie Bliny – Sladkie   245
Zipljata Tabaka   140

Alphabetisches Rezeptregister, deutsch

A

Aal, gebratener, in Sauce   181
– , gefüllter   181
– ,gekochter   181
– in Rotwein   182
Aalrutte, gedünstete   180
Aalsuppe mit grünen Erbsen   54
Äpfel auf Petersburger Art   299
– , gedünstete, zu gebratenem Fisch   223
– mit Reisfüllung   231
Apfelcharlotte   282
– , geschichtete, aus Roggenbrot   282
Apfelcreme   278
Apfel-Kwaß   317
Apfel- oder Beerentorte   306
Apfelpirogge   299
Apfelsuppe mit Roggenbrot   73
Apfel-Vogelbeeren-Kwaß   317
Aprikosencreme   277
Aprikosensuppe mit Reis   73
Artischocken, gefüllte   220
Aspik   35
Auberginen, gefüllte   208
Auberginen-Kaviar   21
Aurora-Sauce   193
Ausbackteig   256

B

Baba, schwere   297
Bärenbraten   150
Barsch, gefüllter   180
Baumkuchentorte   303
Béchamelsauce   191
Beilage, russische   222
Biersauce, dunkle   193
– , helle   194
Biskuitklößchen   75
Blintschiki   245
– mit Äpfeln   246
– mit Creme   246
– mit Leber   246
– mit Quark   246
– , schichtweise gefüllt   250
Bliny aus Buchenweizenmehl   243
– aus Buchweizen- und Weizenmehl   243, 244
– aus Weizenmehl   244
– – – mit geschlagener Sahne   244
– aus Weizengrieß   245
– aus Weizenschrot   245
– für die Fastenzeit   244
– , schnelle   245
Bœuf Stroganow   78
Bohnensalat mit Walnüssen   14
Bojaren-Kwaß   317
Borschtsch auf Kiewer Art   36
– – – – mit Pilzen (vegetarisch)   42
– auf Poltawer Art (mit Nockerln)   38
– aus Karausche, Kaulbarsch oder Renke   39
– , grüner   39
– , polnischer   38
– , ukrainischer   36
Botwinja mit Fisch   68

Brasse, gebackene, mit Buchweizenfüllung   164
– , – , mit Sauerkrautfüllung   180
– mit Frühlingszwiebeln   178
Brathuhn mit Heringsfüllung   137
Briocheteig   256
Brötchen, sibirische   303
Brotcremesuppe   62
Brot, feines, nach Hausfrauenart   296
Buchweizengrütze, körnige   227
Buchweizenkascha »Krupenik«   226
Buttersauce auf polnische Art   192

D

Dessert, slawisches   276
Dorschauflauf   176
Dorsch, überbackener   177
Dressing auf polnische Art   199
Dunkle Sauce   191

E

Eier, gefüllte   21
– , russische   21
Eiersauce, süße   285
Ente, gefüllte   132
– mit Steckrüben   133
Enten-Pastete   269
Entensülze   30
Entensuppe mit Perlgraupen   66
Euter, gedünstetes, mit Äpfeln und Reis   126

F

Fasanencremesuppe mit Champagner   66
Fasan, gefüllter   145
– in Wein mit Sellerie   145
Feines Brot nach Hausfrauenart   296
Fischbrühe   35
Fisch, gedünsteter, mit Pilzen   185
– in Ausbackteig   184
– in Brotteig   185
– nach Kosakenart   169
Fischklöße (zu Fischsuppen)   186
Fischrassolnik   49
Fischschnitzel auf Omelette   186
Fisch-Sülze   22
Fischsuppe Rachmanow   46
Fleischbrühe   35
Fleisch-Kartoffel-Pastete   206
Fond   35
Forelle, gefüllte, mit Reis und Rosinen   174
– , gekochte, mit verschiedenen Saucen   174
Fruchtgelee   281
Fruchtgrütze   276
Füllungen für Piroggen und Piroschki   258

G

Gänsehals, gefüllter   152
Gänseinnereien mit Pflaumensauce   153
Gänseleber-Pastete   270
Galuschki   239
– , einfache   239
Gans, gefüllte   136
Gebäck, hundertjähriges   302

Geflügelleber in Madeira 152
Gelee »Mosaik« 282
– »Moskowit« 279
Gemüse in Milchsauce 223
Gemüsepudding mit Hering 208
Germknödel mit Knoblauchsauce 74
Getränk von der Wolga 321
– »Winterzeit« 321
Gretschnewik 227
Grießklößchen 75
Gurkencremesuppe 63
Gurken, gedünstete 219
Gurkensauce, saure 196
–, –, zu Fisch 197

H

Hackfleischauflauf mit Pilzen 87
Hackfleisch-Kohl-Auflauf 113
Hackfleischrolle, gefüllte 88
Hackfleisch, überbackenes 87
Hacksteaks, gefüllte 86
Hähnchen, gebratene, nach Haselhuhnart 140
– , gebratenes, nach georgischer Art 140
– , gefülltes 137
Hähnchenleber-Pastete 29
Hähnchen- oder Puten-Pastete mit Krebsfleisch 267
Hähnchenpudding 143
Hähnchenschenkel, gefüllte 141
Haferflockenplätzchen 302
Hafergrütze 227
Haferschleim 277
Haselhuhnpastete in Aspik 30
Hasencremesuppe 67
Hasenkeulen, gedünstete 144
Hasenpastete 273
Hecht, gefüllter 165, 166
– , gekochter, mit Sahne-Käse-Sauce 164
– in Safransauce 168
– nach jüdischer Art 165
– , überbackener, mit Meerrettich 168
– , –, mit Sauerkraut 164
Hechtrouladen, gefüllte 168
Hefeblätterteig 255
Hefe-Saure-Sahne-Sauce 193
Hefeteig für die Fastenzeit 255
– , russischer 255
Heringe, gefüllte 183
Heringsbutter 184
Heringsfrikadellen 184
Heringspastete, einfache 22
Herz, gedünstetes 127
Hirnfüllung 250
Hirseauflauf mit Kürbis 222
Hirse-Karawaji 296
Hochzeitspirogge 257
Hühnerbrühe mit Nudeln 58
Hühnercremesuppe mit Krebsschwänzen und Blumenkohl 65
Hühnerfleischrouladen mit Pilzfüllung 143
Hühnerfrikadellen »Novomihailovski« 141
Hühnerkotelett nach Kiewer Art 143
Hühnerkoteletts Pojarski Art 140
Hühnersuppe, kaukasische 65
Hundertjähriges Gebäck 302

I

Imbiß aus Hecht oder Zander 173

J

Jägersauce 193
Jägerschaschlik 100

Johannisbeersauce 201
– , rote 196
Johannisbeersuppe, schwarze, mit Quarkklößchen 73

K

Kabeljau auf Toast 175
– in Milch 175
– in roter Wein-Kirsch-Sauce 175
Kabeljaufrikadellen 176
Kaffeeglasur 307
Kalbfleischförmchen mit Hering 96
Kalbfleisch, gedünstetes, gespicktes 93
– , –, mit Pflaumen 92
– , –, mit Kaviarsauce 91
– , überbackenes 92
Kalbsbraten mit Sauerkirschen gespickt 93
Kalbsbrust, gefüllte 94
Kalbsfrikandeau, slawisches 87
Kalbshirn, fritiertes 123
– mit Krebssauce 126
– , überbackenes 125
Kalbshirn-Pudding 123
Kalbskoteletts mit Hirn 94
Kalbsleber, gebratene, mit Lungensauce 121
– , gedünstete, in Nelkensauce 122
– mit Champignons 122
Kalbsleber-Pudding 122
Kalte Saucen 199
– Suppe auf polnische Art 70
– – für die Fastenzeit 70
Kaninchen, gedünstetes, mit Kürbis 147
Karawaji, festlicher 296
Karottenauflauf 218
Karottenpudding 218
Karottensoufflé 284
Karpfen, gebackener, gefüllt mit Buchweizengrütze 160
– , gefüllter, auf armenische Art 162
– , –, auf ukrainische Art 26, 162
– , gekochter, in Rotweinsauce 162
– in Aspik 163
– mit Nuß-Sauce 163
– mit Reis-Pilz-Füllung 159
Kartoffel-Buletten 207
Kartoffel-Galuschki 239
Kartoffelklößchen 75
Kartoffeln, gefüllte 204
– mit Salzgurken 204
Kartoffelpüree-Knödel, gefüllte 207
Kartoffelpüree, überbackenes, mit Innereien 207
Kartoffelpudding 208
Kartoffelsuppe mit Pilzen 68
Kascha aus Buchweizen 226
– »Gurjevskaja« 231
Kaulbarsch-Sülze 24
Kirschensauce 196
Kirschensuppe mit Buchweizengrütze 62
Kissel aus Äpfeln, Pflaumen, Johannis- oder Himbeeren 277
– aus Mandeln 276
– aus Stachelbeeren 276
Kleingebäck, berühmtes 298
Klopse aus Wels mit weißen Bohnen 182
Knoblauchsauce 200
– mit Walnüssen 200
Königssuppe 59
Königstorte 303
Kohl, gefüllter 212
Kolduni mit Kalbfleisch und Hering 235
Kompott aus Äpfeln und getrockneten Pflaumen 278
– aus Kirschen und Birnen 279
Konfitüre 312

Kraut, gedünstetes, auf Litauer Art   213
  –, mariniertes, auf georgische Art   15
Krautsalat   14
Krebsbutter   198
Krebscremesuppe mit Reis   54
Krebsfüllung   250
Krebs-Reis-Pudding   187
Krebssauce   198
Krebs-Soufflé   187
Krebssuppe, Moskauer   50
Kringel, Moskauer   302
  –, salzige   301
  –, Vyborger   301
Kürbis, gebackener   220
  –, gefüllter   220
Kürbispudding   284
Kürbissaft mit Salzgurken   321
Kulebjaka   264
Kulitsch, einfacher   296
Kwaß »Alt-Moskau«   320
  –, goldener   317

L
Lachspastete   272
Lammbrust, gefüllte   97
Lammeintopf mit Früchten   102
  – mit verschiedenen Gemüsen   102
Lammfleisch-Eintopf   102
Lammfleisch mit Kürbis   97
  – mit Sellerie   103
Lammfrikadellen   100
Lammkeule, gebratene   97
Lammklößchen   103
Lauchsauce   194
Leber-Frikadellen   121
Leber, gespickte   123
Leberpastete mit Gemüse   29
Leber-Pfannkuchen   121
Leber-Schaschlik   119
Lebkuchen   299
  – aus frischen Beeren   301
  – mit Schweineschmalz   300
  – Moskauer Art   300
  – »Tula«   300
Linsen   220
Linsencremesuppe   61

M
Madeirasauce   193
Mandel-Baba   297
Mandel-Paska   291
Mandeltorte   303
Marinade, weiße   198
Masurek   301
  – mit Wein   301
Meerrettichsauce   192
Mehlklößchen   74
Melone mit Sekt   282
Moskauer Salat   14
Milchsuppe auf Litauer Art   72
  – mit Gemüse   69
  – mit Kürbis   72
  – mit Nudeln und Gemüse   72
Most »Petersburg«   321
Mürbeteig, einfacher   256
  – mit saurer Sahne   255

N
Napoleon-Torte   304
Niereneintopf   127
Nieren mit Zucchini oder Auberginen   127

–, überbackene   126
Nudelsuppe   58
Nudelteig   256

O
Ochsenschwanzsuppe, klare   58
Okroschka mit Fleisch   67
Oliven, gefüllte   222
Orangenglasur   307
Osterkuchen   294

P
Paska   285
  – des Zaren   286
  –, einfache   286
  –, erhitzte   287, 290
  – mit Aprikosen, Himbeeren oder Erdbeeren   291
  – mit gekochtem Eigelb   287
  – mit Schlagsahne   286
  –, rote, gebackene   287
Pastetenfüllung aus Fisch   272
  – aus Hühnerfleisch   271
  – aus Kalbsleber und Béchamelsauce   271
Pastetenteig   257
Pelmeni mit Fisch   235
  – mit Kraut   235
  – mit Pilzen   234
  – – – und Grütze   235
  – – – und Schinken   234
  –, sibirische   234
Pflaumen, getrocknete, mit Quarkfüllung   279
Pflaumensauce, süßsaure   196
Pfefferminzlebkuchen   300
Pilaw   103
  – auf Buchara-Art   106
  – aus Aserbaidschan   106
  – mit Hähnchen   106
  –, usbekischer   106
Pilzauflauf   216
Pilzbrühe   68
Pilze, gefüllte   214
Pilz-Kaviar   21
Pilzpudding   216
Pilzsauce   195, 200
  – mit Meerrettich   201
Pilz-Sülze   18
Pilzsuppe mit Nudeln   58
Pirogge aus Bliny   251
  – mit Weißkohl   263
Piroggen   254
Piroschki   254
  – aus Blintschiki   250
Piroschki-Rastegai   266
Pistazienglasur   307
Poularde, gefüllte   136
Pudding aus Zander oder Hecht   172
Pute, gefüllte   130
Putenfilet mit Sauerkirschenpüree   132
Putenfleisch mit Aprikosen   131
Putenfleisch-Pastete   266

Q
Quark-Galuschki   239
Quarkkeulchen   239
  –, süße   239
Quark-Schnecken   299
Quarktorte   306

R
Ragout aus Hühnerinnereien   151
Rassolnik mit Hühnerklein   48

– mit Pilzen 48
– mit Salzgurken und Nieren 46
– vegetarisch 48
Rastegai Moskauer Art 270
Rebhuhn mit Sardellenfüllung 144
Rebhuhn-Pudding 144
Reh- oder Hirschfilet, gefülltes 148
Reibekuchen aus Kürbis und Kohl 222
Reisbällchen, gefüllte 227
Reiscreme 278
Reis mit Erdbeermus 231
– mit gefüllten Äpfeln 230
– mit getrockneten Pflaumen 230
– mit Mandeln 230
Renken in Meerrettichsahne 174
Rettichsalat, schwarzer 12
Rinderbraten Husarenart 80
– »Husarenleber« 82
– mit Heringsfüllung 85
– mit Meerrettichfüllung 85
Rindereintopf 86
Rinderfilet, überbackenes 82
Rindermagen, gefüllter 118
Rinderzunge, gefüllte 118
Rindfleischfüllung 250
Rindfleischküchlein 88
Rindfleisch Tatarenart 86
Roggenbrotgrütze 277
Rosinensauce, süßsaure 195
Rote Bete, gefüllte 216
– – mit Pflaumen 217
Rote-Bete-Gelee 279
Rote-Bete-Kwaß 320
Rote-Bete-Salat 18
Rüben, gefüllte 218
Rübenpüree 218
Rumglasur 307
Russische Beilage 222
– Eier 21
Russischer Salat 12

S

Safran-Baba 297
Safran-Kringel 302
Safranreis 230
Safransauce 195
Sahne-Dressing 199
Salat, Moskauer 14
–, russischer 12
–, slawischer 18
Salzgurken auf Neschin Art 311
Salzgurkensauce 195
Sardellensauce 197
Sardinen, marinierte 22
Sauce, dunkle 191
– Provençale 199
– Tartare 201
–, weiße 191
–, –, mit Senf, Meerrettich oder Kapern 192
–, –, zu Fisch 197, 198
Sauerkirschpudding 284
Sauerkraut 310
Sauerkrautsalat 14
Sauerkrautsauce 196
Sauerkrautsuppe 43
– mit Stör- oder Lachsköpfen 45
Saure Gurkensauce 196
– – zu Fisch 197
Saure-Sahne-Sauce 191
Saure-Sahne-Tomaten-Sauce 194
Saziwi von Fisch 26

– von Geflügel 29
Sbiteny, Moskauer 320
–, sibirische 321
– »Slawjanka« 320
Schaschlik 96
– in Auberginen 96
– nach nordischer Art 150
Schinkenrouladen 114
Schleie, gebratene, mit Kohl 176
Schokoladen-Kulitsch 294
Schokoladenpaska 291
Scholle mit Kartoffeln und Zwiebeln 184
Schtschi 42
–, grüne 43
– mit gemischtem Fleisch 42
– mit Spinat und Sauerampfer 45
–, 24-Stunden- 43
Schwarzbrotsuppe 69
Schweinebraten, eingelegter 112
–, gespickt mit Knoblauch und Zwiebeln 112
– mit Pflaumensauce 111
Schweinebrust, gefüllte 108
– in Rote-Bete-Saft 112
– mit Fruchtsauce 113
Schweinekoteletts Nowgorod 109
Schweinemagen mit Kartoffelfüllung 119
Schweinerouladen mit Pilzen 108
Senfsauce 200
Sibirische Brötchen 303
– Torte 307
Slawischer Salat 18
Soljanka in der Kasserolle (auf Bauernart) 55
– mit Fisch und Kraut 52
– mit gemischtem Fleisch 56
– mit Kalbfleisch und Wachteln (oder Fasan) 55
Spanferkel, gekochtes 30
–, –, mit Fleischfüllung 107
– mit Buchweizenfüllung 107
– mit Sauerkrautfüllung 108
Spanferkel-Roulade, kalte 31
Spinatpudding 284
Sprotten in Specksauce 183
–, marinierte 182
– mit Kartoffeln und Lauch 183
Steinpilze in Ausbackteig 213
– in Sauerrahm 216
–, überbackene 214
Stör, gebackener, mit Senfsauce 157
–, gedünsteter 157
–, gefüllter, mit Mandelbéchamelsauce 158
– in Chablis 158
–, marinierter, auf königliche Art 24
– mit roter Wein-Kirsch-Sauce 158
– oder Lachs, gebackener 157
Stör- oder Lachssuppe mit Champagner 54
Sülze 26
– aus Dorsch 177
– aus Lachs und Krebsfleisch 24
Süßsaure Pflaumensauce 196
– Rosinensauce 195
Suppe, kalte, auf polnische Art 70
–, –, für die Fastenzeit 70
Suppenklößchen 74

T

Teigtaschen, gefüllte 232
Tintenfisch in Senfsauce 25
Tintenfischsauce 197
Tomatenmarinade 198
Tomaten mit Hirnfüllung 219
–, salzige 310

Tomatensaft mit Salzgurken   321
Tomatensauce   200
  –, einfache   194
  – mit Zwiebeln   194
Tortenglasuren   307
Torte, sibirische   307
Trüffelcremesuppe   62
Truthahnsuppe mit Morcheln und
  Fleischklößchen   64

U
Ucha aus Süßwasserfischen   49
  – mit Backfisch   45

V
»Vinaigrette«, russische   17
Volkssbiteny   321

W
Wachteln mit Sauerkirschen   144
Walnußtorte   306
Wareniki mit Äpfeln   235
  – mit Bohnen und Pilzen   238
  – mit Fleisch   238
  – mit Innereien   238
  – mit Kartoffeln   235
  – mit Kohl oder Sauerkraut   238
  – mit Leber und Speck   238
  – mit Quark   236
  – mit Sauerkirschen   236

Warenjie aus Äpfeln und Birnen   312
  – aus Birnen und Karotten   312
  – aus Kürbis   313
  – aus Stachelbeeren   313
Watruschki   254
Weincreme   278
Weißbrot, gefülltes   92
Weiße Marinade   198
Weiße Sauce   191
  – – mit Senf, Meerrettich oder Kapern   192
  – – zu Fisch   197, 198
Weizengrütze   232
Wildente, gefüllte   133
Wildschweinbraten   151

Z
Zander auf polnische Art   171
  –, gebackener, mit Morcheln   170
  –, gedünsteter, mit Meerrettich und saurer Sahne   170
  – in Muschelförmchen   169
  – in Pfannkuchen   172
  – in saurer Sahne   173
  – mit Champignons auf Blätterteig   171
Zanderrouladen   170
Zaren-Bliny   245
  – aus Buchweizen- und Weizenmehl   244
Zitronenbaba   297
Zitronen-Kwaß   320
Zuckerglasur   307
Zwiebeln mit Lammfleischfüllung   219
Zwiebelsauce   191
  –, helle   192

Rezeptregister nach Sachgruppen, deutsch

VORSPEISEN UND ZWISCHENGERICHTE

Auberginen-Kaviar   21
Bohnensalat mit Walnüssen   14
Eier, gefüllte   21
  –, russische   21
Entensülze   30
Fisch-Sülze   22
Hähnchenleber-Pastete   29
Haselhuhnpastete in Aspik   30
Heringspastete, einfache   22
Karpfen, gefüllter, auf ukrainische Art   26
Kaulbarsch-Sülze   24
Kraut, mariniertes, auf georgische Art   15
Krautsalat   14
Leberpastete mit Gemüse   29
Moskauer Salat   14
Pilz-Kaviar   21
Pilz-Sülze   18
Rettichsalat, schwarzer   12
Rote-Bete-Salat   18
Russische Eier   21
Russischer Salat   12
Salat, Moskauer   14
  –, russischer   12
  –, slawischer   18
Sardinen, marinierte   22
Sauerkrautsalat   14
Saziwi von Fisch   26
  – von Geflügel   29
Slawischer Salat   18
Spanferkel, gekochtes   30

Spanferkel-Roulade, kalte   31
Stör, marinierter, auf königliche Art   24
Sülze   26
  – aus Lachs und Krebsfleisch   24
Tintenfisch in Senfsauce   25
»Vinaigrette«, russische   17

SUPPEN UND EINTÖPFE

Aalsuppe mit grünen Erbsen   54
Apfelsuppe mit Roggenbrot   73
Aprikosensuppe mit Reis   73
Aspik   35
Biskuitklößchen   75
Borschtsch auf Kiewer Art   36
  – – – – mit Pilzen (vegetarisch)   42
  – auf Poltawer Art (mit Nockerln)   38
  – aus Karausche, Kaulbarsch oder Renke   39
  –, grüner   39
  –, polnischer   38
  –, ukrainischer   36
Botwinja mit Fisch   68
Brotcremesuppe   62
Entensuppe mit Perlgraupen   66
Fasancremesuppe mit Champagner   66
Fischbrühe   35
Fischrassolnik   49
Fischsuppe Rachmanow   46
Fleischbrühe   35
Fond   35
Germknödel mit Knoblauchsauce   74
Grießklößchen   75

Gurkencremesuppe 63
Hasencremesuppe 67
Hühnerbrühe mit Nudeln 58
Hühnercremesuppe mit Krebsschwänzen und
    Blumenkohl 65
Hühnersuppe, kaukasische 65
Johannisbeersuppe, schwarze, mit Quarkklößchen 73
Kalte Suppe auf polnische Art 70
    – – für die Fastenzeit 70
Kartoffelklößchen 75
Kartoffelsuppe mit Pilzen 68
Kirschensuppe mit Buchweizengrütze 62
Königssuppe 59
Krebscremesuppe mit Reis 54
Krebssuppe, Moskauer 50
Linsencremesuppe 61
Mehlklößchen 74
Milchsuppe auf Litauer Art 72
    – mit Gemüse 69
– mit Kürbis 72
– mit Nudeln und Gemüse 72
Nudelsuppe 58
Ochsenschwanzsuppe, klare 58
Okroschka mit Fleisch 67
Pilzbrühe 68
Pilzsuppe mit Nudeln 58
Rassolnik mit Hühnerklein 48
    – mit Pilzen 48
    – mit Salzgurken und Nieren 46
    – vegetarisch 48
Sauerkrautsuppe 43
    – mit Stör- oder Lachsköpfen 45
Schtschi 42
    –, grüne 43
    – mit gemischtem Fleisch 42
    – mit Spinat und Sauerampfer 45
    –, 24-Stunden- 43
Schwarzbrotsuppe 69
Soljanka in der Kasserolle (auf Bauernart) 55
    – mit Fisch und Kraut 52
    – mit gemischtem Fleisch 56
    – mit Kalbfleisch und Wachteln (oder Fasan) 55
Stör- oder Lachssuppe mit Champagner 54
Suppe, kalte, auf polnische Art 70
    –, –, für die Fastenzeit 70
Suppenklößchen 74
Trüffelcremesuppe 62
Truthahnsuppe mit Morcheln und Fleischklößchen 64
Ucha aus Süßwasserfischen 49
    – mit Backfisch 45

FLEISCH

Bœuf Stroganow 78
Hackfleischauflauf mit Pilzen 87
Hackfleisch-Kohl-Auflauf 113
Hackfleischrolle, gefüllte 88
Hackfleisch, überbackenes 87
Hacksteaks, gefüllte 86
Jägerschaschlik 100
Kalbfleischförmchen mit Hering 96
Kalbfleisch, gedünstetes, gespicktes 93
    –, –, mit Pflaumen 92
    –, –, mit Kaviarsauce 91
    –, überbackenes 92
Kalbsbraten mit Sauerkirschen gespickt 93
Kalbsbrust, gefüllte 94
Kalbsfrikandeau, slawisches 87
Kalbskoteletts mit Hirn 94
Lammbrust, gefüllte 97
Lammeintopf mit Früchten 102

    – mit verschiedenen Gemüsen 102
Lammfleisch-Eintopf 102
Lammfleisch mit Kürbis 97
    – mit Sellerie 103
Lammfrikadellen 100
Lammkeule, gebratene 97
Lammklößchen 103
Pilaw 103
    – auf Buchara-Art 106
    – aus Aserbaidschan 106
    – mit Hähnchen 106
    –, usbekischer 106
Rinderbraten Husarenart 80
    »Husarenleber« 82
    – mit Heringsfüllung 85
    – mit Meerrettichfüllung 85
Rindereintopf 86
Rinderfilet, überbackenes 82
Rindfleischküchlein 88
Rindfleisch Tatarenart 86
Schaschlik 96
    – in Auberginen 96
Schinkenrouladen 114
Schweinebraten, eingelegter 112
    – gespickt mit Knoblauch und Zwiebeln 112
    – mit Pflaumensauce 111
Schweinebrust, gefüllte 108
    – in Rote-Bete-Saft 112
    – mit Fruchtsauce 113
Schweinekoteletts Nowgorod 109
Schweinerouladen mit Pilzen 108
Spanferkel, gekochtes, mit Fleischfüllung 107
    – mit Buchweizenfüllung 107
    – mit Sauerkrautfüllung 108
Weißbrot, gefülltes 92

INNEREIEN

Euter, gedünstets, mit Äpfeln und Reis 126
Herz, gedünstetes 127
Kalbshirn, fritiertes 123
    – mit Krebssauce 126
    –, überbackenes 125
Kalbshirn-Pudding 124
Kalbsleber, gebratene, mit Lungensauce 121
    –, gedünstete, in Nelkensauce 122
    – mit Champignons 122
Kalbsleber-Pudding 122
Leber-Frikadellen 121
Leber, gespickte 123
Leber-Pfannkuchen 121
Leber-Schaschlik 119
Niereneintopf 127
Nieren mit Zucchini oder Auberginen 127
    –, überbackene 126
Rindermagen, gefüllter 118
Rinderzunge, gefüllte 118
Schweinemagen mit Kartoffelfüllung 119

GEFLÜGEL UND WILD

Bärenbraten 150
Brathuhn mit Heringsfüllung 137
Ente, gefüllte 132
    – mit Steckrüben 133
Fasan, gefüllter 145
    – in Wein mit Sellerie 145
Gänsehals, gefüllter 152
Gänseinnereien mit Pflaumensauce 153
Gans, gefüllte 136

Geflügelleber in Madeira   152
Hähnchen, gebratene, nach Haselhuhnart   140
–, gebratenes, nach georgischer Art   140
–, gefülltes   137
Hähnchenpudding   143
Hähnchenschenkel, gefüllte   141
Hasenkeulen, gedünstete   144
Hühnerfleischrouladen mit Pilzfüllung   143
Hühnerfrikadellen »Novomihailovski«   141
Hühnerkotelett nach Kiewer Art   143
Hühnerkoteletts Pojarski Art   140
Kaninchen, gedünstetes, mit Kürbis   147
Poularde, gefüllte   136
Pute, gefüllte   130
Putenfilet mit Sauerkirschenpüree   132
Putenfleisch mit Aprikosen   131
Ragout aus Hühnerinnereien   151
Rebhuhn mit Sardellenfüllung   144
Rebhuhn-Pudding   144
Reh- oder Hirschfilet, gefülltes   148
Schaschlik nach nordischer Art   150
Wachteln mit Sauerkirschen   144
Wildente, gefüllte   133
Wildschweinbraten   151

FISCH

Aal, gebratener, in Sauce   181
–, gefüllter   181
–, gekochter   181
– in Rotwein   182
Aalrutte, gedünstete   180
Barsch, gefüllter   180
Brasse, gebackene, mit Buchweizenfüllung   164
–, –, mit Sauerkrautfüllung   180
– mit Frühlingszwiebeln   178
Dorschauflauf   176
Dorsch, überbackener   177
Fisch, gedünsteter, mit Pilzen   185
– in Ausbackteig   184
– in Brotteig   185
– nach Kosakenart   169
Fischklöße (zu Fischsuppen)   186
Fischschnitzel auf Omelette   186
Forelle, gefüllte, mit Reis und Rosinen   174
–, gekochte, mit verschiedenen Saucen   174
Hecht, gefüllter   165, 166
–, gekochter, mit Sahne-Käse-Sauce   164
– in Safransauce   168
– nach jüdischer Art   165
–, überbackener, mit Meerrettich   168
–, –, mit Sauerkraut   164
Hechtrouladen, gefüllte   168
Heringe, gefüllte   183
Heringsbutter   184
Heringsfrikadellen   184
Imbiß aus Hecht oder Zander   173
Kabeljau auf Toast   175
– in Milch   175
– in roter Wein-Kirsch-Sauce   175
Kabeljaufrikadellen   176
Karpfen, gebackener, gefüllt mit Buchweizengrütze   160
–, gefüllter, auf armenische Art   162
–, –, auf ukrainische Art   162
–, gekochter, in Rotweinsauce   162
– in Aspik   163
– mit Nuß-Sauce   163
– mit Reis-Pilz-Füllung   159
Klopse aus Wels und weißen Bohnen   182
Krebs-Reis-Pudding   187

Krebs-Soufflé   187
Pudding aus Zander oder Hecht   172
Renken in Meerrettichsauce   174
Schleie, gebratene, mit Kohl   176
Scholle mit Kartoffeln und Zwiebeln   184
Sprotten in Specksauce   183
–, marinierte   182
– mit Kartoffeln und Lauch   183
Stör, gebackener, mit Senfsauce   157
–, gedünstet   157
–, gefüllter, mit Mandelbéchamelsauce   158
– in Chablis   158
– mit roter Wein-Kirsch-Sauce   158
– oder Lachs, gebackener   157
Sülze aus Dorsch   177
Zander auf polnische Art   171
–, gebackener, mit Morcheln   170
–, gedünsteter, mit Meerrettich und saurer Sahne   170
– in Muschelförmchen   169
– in Pfannkuchen   172
– in saurer Sahne   173
– mit Champignons auf Blätterteig   171
Zanderrouladen   170

SAUCEN

Aurora-Sauce   193
Béchamelsauce   191
Biersauce, dunkle   193
–, helle   194
Buttersauce auf polnische Art   192
Dressing auf polnische Art   199
Dunkle Sauce   191
Gurkensauce, saure   196
–, –, zu Fisch   197
Hefe-Saure-Sahne-Sauce   193
Jägersauce   193
Johannisbeersauce   201
–, rote   196
Kalte Saucen   199
Kirschensauce   196
Knoblauchsauce   200
– mit Walnüssen   200
Krebsbutter   198
Krebssauce   198
Lauchsauce   194
Madeirasauce   193
Marinade, weiße   198
Meerrettichsauce   192
Pflaumensauce, süßsaure   196
Pilzsauce   195, 200
– mit Meerrettich   201
Rosinensauce, süßsaure   195
Safransauce   195
Sahne-Dressing   199
Salzgurkensauce   195
Sardellensauce   197
Sauce, dunkle   191
– Provençale   199
– Tartare   201
–, weiße   191
–, –, mit Senf, Meerrettich oder Kapern   192
–, –, zu Fisch   197, 198
Sauerkrautsauce   196
Saure Gurkensauce   196
– – zu Fisch   197
Saure-Sahne-Sauce   191
Saure-Sahne-Tomaten-Sauce   194
Senfsauce   200
Süßsaure Pflaumensauce   196

– Rosinensauce 195
Tintenfischsauce 197
Tomatenmarinade 198
Tomatensauce 200
–, einfache 194
– mit Zwiebeln 194
Weiße Marinade 198
Weiße Sauce 191
– – mit Senf, Meerrettich oder Kapern 192
– – zu Fisch 197, 198
Zwiebelsauce 191
–, helle 192

GEMÜSE

Äpfel, gedünstete, zu gebratenem Fisch 223
Artischocken, gefüllte 220
Auberginen, gefüllte 208
Beilage, russische 222
Fleisch-Kartoffel-Pastete 206
Gemüse in Milchsauce 223
Gemüsepudding mit Hering 208
Gurken, gedünstete 219
Hirseauflauf mit Kürbis 222
Karottenauflauf 218
Karottenpudding 218
Kartoffel-Buletten 207
Kartoffeln, gefüllte 204
– mit Salzgurken 204
Kartoffelpüree-Knödel, gefüllte 207
Kartoffelpüree, überbackenes, mit Innereien 207
Kartoffelpudding 208
Kohl, gefüllter 212
Kraut, gedünstetes, auf Litauer Art 213
Kürbis, gebackener 220
–, gefüllter 220
Linsen 220
Oliven, gefüllte 222
Pilzauflauf 216
Pilze, gefüllte 214
Pilzpudding 216
Reibekuchen aus Kürbis und Kohl 222
Rote Bete, gefüllte 216
– – mit Pflaumen 217
Rüben, gefüllte 218
Rübenpüree 218
Russische Beilage 222
Steinpilze in Ausbackteig 213
– in Sauerrahm 216
–, überbackene 214
Tomaten mit Hirnfüllung 219
Zwiebeln mit Lammfleischfüllung 219

GRÜTZE, TEIGWAREN UND QUARKGERICHTE

Äpfel mit Reisfüllung 231
Buchweizengrütze, körnige 227
Buchweizenkascha »Krupenik« 226
Galuschki 239
–, einfache 239
Gretschnewik 227
Hafergrütze 227
Kartoffel-Galuschki 239
Kascha aus Buchweizen 226
– »Gurjevskaja« 231
Kolduni mit Kalbfleisch und Hering 235
Pelmeni mit Fisch 235
– mit Kraut 235
– mit Pilzen 234

– – – und Grütze 235
– – – und Schinken 234
–, sibirische 234
Quark-Galuschki 239
Quarkkeulchen 239
–, süße 239
Reisbällchen, gefüllte 227
Reis mit Erdbeermus 231
– mit gefüllten Äpfeln 230
– mit getrockneten Pflaumen 230
– mit Mandeln 230
Safranreis 230
Teigtaschen, gefüllte 232
Wareniki mit Äpfeln 235
– mit Bohnen und Pilzen 238
– mit Fleisch 238
– mit Innereien 238
– mit Kartoffeln 235
– mit Kohl oder Sauerkraut 238
– mit Leber und Speck 238
– mit Quark 236
– mit Sauerkirschen 236
Weizengrütze 232

PFANNKUCHEN UND BLINY

Blintschiki 245
– mit Äpfeln 246
– mit Creme 246
– mit Leber 246
– mit Quark 246
–, schichtweise gefüllt 250
Bliny aus Buchweizenmehl 243
– aus Buchweizen- und Weizenmehl 243, 244
– aus Weizenmehl 244
– – – mit geschlagener Sahne 244
– aus Weizengrieß 245
– aus Weizenschrot 245
– für die Fastenzeit 244
–, schnelle 245
Hirnfüllung 250
Krebsfüllung 250
Pirogge aus Bliny 251
Piroschki aus Blintschiki 250
Rindfleischfüllung 250
Zaren-Bliny 245
– aus Buchweizen- und Weizenmehl 244

PIROGGEN UND PASTETEN

Ausbackteig 256
Briocheteig 256
Enten-Pastete 269
Füllungen für Piroggen und Piroschki 258
Gänseleber-Pastete 270
Hähnchen- oder Puten-Pastete mit Krebsfleisch 267
Hasenpastete 273
Hefeblätterteig 255
Hefeteig für die Fastenzeit 255
–, russischer 255
Hochzeitspirogge 257
Kulebjaka 264
Lachspastete 272
Mürbeteig, einfacher 256
– mit saurer Sahne 255
Nudelteig 257
Pastetenfüllung aus Fisch 272
– aus Hühnerfleisch 271
– aus Kalbsleber und Béchamelsauce 271
Pastetenteig 257

Pirogge mit Weißkohl   263
Piroggen   254
Piroschki   254
Piroschki-Rastegai   266
Putenfleisch-Pastete   266
Rastegai Moskauer Art   270
Watruschki   254

DESSERTS UND PASKA

Apfelcharlotte   282
  –, geschichtete, aus Roggenbrot   282
Apfelcreme   278
Aprikosencreme   277
Dessert, slawisches   276
Eiersauce, süße   285
Fruchtgelee   281
Fruchtgrütze   276
Gelee »Mosaik«   282
  – »Moskowit«   279
Haferschleim
Karottensoufflé   284
Kissel aus Äpfeln, Pflaumen, Johannis- oder Himbeeren   277
  – aus Mandeln   276
  – aus Stachelbeeren   276
Kompott aus Äpfeln und getrockneten Pflaumen   278
  – aus Kirschen und Birnen   279
Kürbispudding   284
Mandel-Paska   291
Melone mit Sekt   282
Paska   285
  – des Zaren   286
  –, einfache   286
  –, erhitzte   287, 290
  – mit Aprikosen, Himbeeren oder Erdbeeren   291
  – mit gekochtem Eigelb   287
  – mit Schlagsahne   286
  –, rote, gebacken   287
Pflaumen, getrocknete, mit Quarkfüllung   279
Reiscreme   278
Roggenbrotgrütze   277
Rote-Bete-Gelee   279
Sauerkirschpudding   284
Schokoladenpaska   291
Spinatpudding   284
Weincreme   278

KUCHEN, KLEINGEBÄCK UND TORTEN

Äpfel auf Petersburger Art   299
Apfel- oder Beerentorte   306
Apfelpirogge   299
Baba, schwere   297
Baumkuchentorte   303
Brötchen, sibirische   303
Brot, feines, nach Hausfrauenart   296
Feines Brot nach Hausfrauenart   296
Gebäck, hundertjähriges   302
Haferflockenplätzchen   302
Hirse-Karawaji   296
Hundertjähriges Gebäck   302
Kaffeeglasur   307
Karawaji, festlicher   296

Kleingebäck, berühmtes   298
Königstorte   303
Kringel, Moskauer   302
  –, salzige   301
  –, Vyborger   301
Kulitsch, einfacher   296
Lebkuchen   299
  – aus frischen Beeren   301
  – mit Schweineschmalz   300
  – Moskauer Art   300
  – »Tula«   300
Mandel-Baba   297
Mandeltorte   303
Masurek   301
  – mit Wein   301
Napoleon-Torte   304
Orangenglasur   307
Osterkuchen   294
Pfefferminzlebkuchen   300
Pistazienglasur   307
Quarkschnecken   299
Quarktorte   306
Rumglasur   307
Safran-Baba   297
Safran-Kringel   302
Schokoladen-Kulitsch   294
Sibirische Brötchen   303
  – Torte   397
Tortenglasuren   307
Torte, sibirische   307
Walnußtorte   306
Zitronenbaba   297
Zuckerglasur   307

EINGELEGTE GEMÜSE UND KONFITÜRE

Konfitüre   312
Salzgurken auf Neschin-Art   311
Sauerkraut   310
Tomaten, salzige   310
Warenjie aus Äpfeln oder Birnen   312
  – aus Birnen und Karotten   312
  – aus Kürbis   313
  – aus Stachelbeeren   313

GETRÄNKE

Apfel-Kwaß   317
Apfel-Vogelbeeren-Kwaß   317
Bojaren-Kwaß   317
Getränk von der Wolga   321
  – »Winterzeit«   321
Kürbissaft mit Salzgurken   321
Kwaß »Alt-Moskau«   320
  –, goldener   317
Most »Petersburg«   321
Rote-Bete-Kwaß   320
Sbiteny, Moskauer   320
  –, sibirische   321
  – »Slawjanka«   320
Tomatensaft mit Salzgurken   321
Volkssbiteny   321
Zitronen-Kwaß   320